Kohlhammer

Praktische Theologie heute

Herausgegeben von

Stefan Altmeyer
Christian Bauer
Kristian Fechtner
Thomas Klie
Helga Kohler-Spiegel
Benedikt Kranemann
Isabelle Noth
Birgit Weyel

Band 188

Gerald Kretzschmar / Samuel Lacher (Hrsg.)

Gottesdienst als Ort der Seelsorge

Eine empirische Analyse von Familiengottesdiensten in der Kinderklinik

Verlag W. Kohlhammer

1. Auflage 2023

Print:
ISBN 978-3-17-041660-4

E-Book-Format:
pdf: 978-3-17-041661-1

Vorwort

Gottesdienste für Familien und Kinder in Kinderkliniken sind etwas ganz Besonderes. Das gilt auch für die Familiengottesdienste in der Kinderklinik der Universitätsklinik in Tübingen. Von den Menschen, die sie besuchen, seien es Kinder, seien es Erwachsene, werden sie als so etwas wie eine wohltuende Oase im Klinikalltag empfunden. Der vorliegende Band präsentiert am Beispiel der Tübinger Familiengottesdienste eine umfassende Wahrnehmung dieses besonderen Gottesdienstformates. Die Leitfragen und Zielsetzungen, die uns zur Durchführung unserer empirischen Studie bewogen haben, werden in der Einleitung dieses Bandes entfaltet. Daher soll an dieser Stelle vorab nur schon einmal so etwas wie die ganz große Zielsetzung, oder besser gesagt Hoffnung, benannt werden, die wir mit unserer Studie und dem vorliegenden Band verfolgen: Das Ziel und die damit verbundene Hoffnung wären erreicht, wenn Leserinnen und Leser aus kirchlichen und akademischen Praxisbezügen durch die Lektüre ein für sie gut greifbares Bild davon gewonnen hätten, wie genau es gelingen kann, gottesdienstliche religiöse Kommunikation unter den Bedingungen einer modernen Gesellschaft so zu praktizieren, dass sie von Menschen als persönlich bereichernd und stärkend erlebt werden kann. Wenn dieses Bild dazu motivieren würde, die Wahrnehmung gelebter Religion in der Gegenwart zum maßgeblichen Bezugspunkt kirchlicher Praxis und wissenschaftlicher Reflexion zu machen, hätte diese praktisch-theologische Studie ihr Ziel erreicht.

Der Abschluss eines wissenschaftlichen Forschungsprojekts und dessen literarischer Dokumentation ist mit Dank verbunden. An erster Stelle möchten wir allen Familien, Kindern und Erwachsenen danken, mit denen wir Gottesdienst feiern durften und die uns für Interviews zur Verfügung standen. Danken möchten wir auch der Leitung der Kinderklinik des Universitätsklinikums Tübingen für die freundliche Erlaubnis, die Studie in der Kinderklinik durchzuführen. Weiter danken wir Pfarrerin Gisela Schwager, deren gottesdienstliche Praxis in der Kinderklinik die Basis für diese Studie bildete. Die eigene berufliche Praxis in einer so umfassenden Weise der empirischen Wahrnehmung und wissenschaftlichen Analyse auszusetzen – und sie damit zur Disposition zu stellen –, ist alles andere als selbstverständlich und verdient großen Respekt. Vielen Dank dafür! Das Forschungsprojekt wäre nicht zustande gekommen ohne das Interesse, das Prof. Dr. Kristin Merle (Universität Hamburg) noch während ihrer Zeit als wissenschaftliche Mitarbeiterin im Department Praktische Theologie an der evangelisch-theologischen Fakultät der Universität Tübingen den Familiengottesdiensten in der Kinderklinik entgegengebracht hat. Im intensiven und engagierten Austausch mit Pfarrerin Gisela Schwager entwickelte sie die Idee zu dieser Studie und initiierte deren Realisierung. Nach ihrem Wechsel auf die Professur für Praktische Theologie an der Universität Hamburg konnte sie sich nicht mehr an der Leitung des Projekts beteiligen. Darüber, dass Kristin Merle dieses schöne und interessante Projekt ins Leben gerufen hat und wir es nach ihrem Wechsel nach Hamburg fortführen konnten, sind wir sehr dankbar! Für die Mitarbeit in der Konzeptions- und Anfangsphase des Projekts danken wir Dr. Christine Siegl (Universität Bochum). Sowohl die Erhebung der empirischen Daten als auch die ersten Schritte deren Analyse leistete das Team der studentischen Projektmitarbeiterinnen und -mitarbeiter, dem Lena Warren, Kim Hellinga, Lisa Lottermann und Jonathan Steinestel angehörten. Für ihre engagierte und überaus präzise und zuverlässige Mitarbeit sind wir sehr dankbar. Über den Kreis des Projektteams hinaus haben die Beiträge weiterer Autorinnen die analytische und praktische Tiefenschärfe des vorliegenden Bandes bereichert. In diesem Zusammenhang danken wir Dr. Katharina Krause, Dr. Miriam Löhr, Dr. Evelina Volkmann, und Beate Bühler-Egdorf. Für die Arbeit des Korrekturlesens danken wir den studentischen Mitarbeitenden Marleen Wörner, Jessica Klotz und Lukas de Melo Bareiß. Schließlich gilt unser Dank Herrn Florian Specker vom Kohlhammerverlag, der die Entstehung des Bandes engagiert und freundlich begleitet hat sowie dem Herausgeberkreis von *Praktische Theologie heute* für die Aufnahme in die Reihe.

Jedes wissenschaftliche Projekt hat auch eine ökonomische Seite. Finanzielle Unterstützung gewährten der Förderverein für krebskranke Kinder Tübingen e.V., die Evangelische Gesamtkirchengemeinde Tübingen sowie die Evangelische Landeskirche in Württemberg. Ein herzliches Dankeschön dafür!

Tübingen im Oktober 2022
Gerald Kretzschmar und Samuel Lacher

Inhalt

Gottesdienst als Ort der Seelsorge – Einleitung

Gerald Kretzschmar / Samuel Lacher / Kristin Merle

1.   Intention

„Ich habe gesagt, dass der Gott uns helfen kann [...]. Wenn ich vielleicht [...] übermorgen [...] am Herz operiert werde, dann tut der meine Hand halten." Mit diesen Worten berichtet ein sieben Jahre altes Kind, was es Gott im Rahmen des Gebetsrituals des Familiengottesdienstes gesagt hat. Zitate wie dieses bringen ein wesentliches Charakteristikum zum Ausdruck, das die Wahrnehmung des Familiengottesdienstes in der Kinderklinik durch all diejenigen, die ihn miterleben, besonders auszeichnet.

So zeigt nicht nur das Interview mit dem sieben Jahre alten Kind, sondern faktisch jedes der im Rahmen dieser Studie geführte Interview mit Gottesdienstteilnehmenden, dass der Gottesdienst in der spezifischen Situation des Krankenhausaufenthaltes als überaus wohltuend empfunden wird. Er bietet eine Gelegenheit, alles, was gerade an Belastendem, aber auch an Hoffnungen im Raum steht, vor Gott wie auch in die gottesdienstliche Gemeinschaft zu bringen. Die Art und Weise, in der der Gottesdienst das ermöglicht, unterscheidet sich sowohl von den medizinisch-pflegerischen, als auch von den seelsorgerlich-gesprächsorientierten Kommunikationsstrukturen, die im Krankenhausalltag anzutreffen sind. In diesem Sinn ist der Familiengottesdienst in der Kinderklinik ein Ort der Seelsorge, das heißt ein Ort und ein Erleben, das guttut.

Doch nicht nur im speziellen Kontext der Kinderklinik ist der Familiengottesdienst ein Format, das sehr wertgeschätzt wird. Auch in der Breite, im Spektrum der gottesdienstlichen Angebote der Gliedkirchen der Evangelischen Kirche in Deutschland (im folgenden EKD) insgesamt spielen Familiengottesdienste eine gewichtige Rolle. Gestützt wird diese Feststellung bereits durch die alltagspraktische Wahrnehmung im kirchlichen Leben, wonach in den vergangenen dreißig Jahren eine kontinuierliche Ausweitung der familiengottesdienstlichen Angebote zu beobachten war.

Verstärkt wird diese Wahrnehmung aber auch durch wissenschaftliche Befunde. So richtete die fünfte Kirchenmitgliedschaftsuntersuchung der EKD ein besonderes Augenmerk darauf, „die faktische Pluralität der gottesdienstlichen Formen"[1] über Sonntagsgottesdienst und Kasualien hinaus in den Blick zu

---

1   Hermelink / Koll / Hallwaß 2015, 90.

nehmen. Zu den Befunden, die diese Weitung der Wahrnehmungsperspektive mit sich gebracht hat, zählt die wichtige Rolle, die Familiengottesdienste für die befragten Kirchenmitglieder spielen. Auf die Frage „Besuchen Sie gelegentlich Gottesdienste mit besonderen Themen oder Formen?" nehmen Familiengottesdienste in der Gruppe derjenigen, die angeben, mindestens mehrmals im Jahr einen Gottesdienst zu besuchen (das sind 55% aller Befragten)[2], mit Abstand die Spitzenposition ein: 43% aus dieser Gruppe geben an, Familiengottesdienste zu besuchen. Das an zweiter Stelle platzierte Gottesdienstformat, Segnungs- und Salbungsgottesdienste, liegt dann erst bei 30 Prozentpunkten.[3]

Sicher können aus diesem Befund keine Rückschlüsse über faktische Besucherzahlen von Familiengottesdiensten abgeleitet werden. Doch allein die Tatsache, dass die Befragten im Rahmen einer subjektiven Selbsteinschätzung ihrer eigenen Gottesdienstbesuchspraxis Familiengottesdiensten einen solch herausragenden Stellenwert beimessen, lässt den Schluss zu, dass Familiengottesdienste im Rahmen der gesellschaftlichen Inszenierung von Kirche eine bedeutende Rolle spielen. Im Blick auf die Kirchenbindung nicht weniger Menschen erfüllen sie eine wichtige Funktion.

Sowohl die besondere Funktion, die der Familiengottesdienst im Kontext der Kinderklinik spielt, als auch die hohe Wertschätzung von Familiengottesdiensten im weiteren kirchlichen Leben bilden den Anlass dafür, mit dem vorliegenden Band das Phänomen Familiengottesdienst eingehend empirisch zu analysieren und praktisch-theologisch zu reflektieren. Der dabei beschrittene Weg nimmt seinen forschungsstrategischen Ausgangspunkt bei dem besonderen Fall des Familiengottesdienstes in der Kinderklinik, berücksichtigt aber, gleichsam als Querschnittsperspektive, auch die Frage, was sich anhand dieses besonderen Falls hinsichtlich des Verständnisses und der Praxis von Familiengottesdiensten in anderen Kontexten lernen lässt. Damit versteht sich dieser Band als Beitrag zur empirischen Gottesdienstforschung im Sinne einer casestudy, die ausgehend von einem besonderen Fall auf einen verallgemeinerungsfähigen Erkenntnisgewinn zielt. Die Tatsache, dass Familiengottesdienste bislang kaum wissenschaftlich erforscht sind, ist ein weiterer Motivationsgrund zur Realisierung des vorliegenden Bandes und der ihm zugrundeliegenden empirischen Studie.[4]

---

2 Vgl. zur Kirchgangshäufigkeit im Überblick und im Zeitreihenvergleich von 1972 an a.a.O., 93.
3 Vgl. Koll / Kretzschmar 2014, 56.
4 Der letzte umfangreichere wissenschaftliche Grundlagenbeitrag zum Thema Familiengottesdienst ist der aus dem Jahr 2003 stammende Artikel von Wolfgang Ratzmann im „Handbuch der Liturgik"; vgl. Ratzmann 2003. Praktisch-theologische Beiträge, die der theologischen Begründung und Etablierung von Familiengottesdiensten als eigenem Gottesdienstformat dienen, stammen aus den 70er Jahren; vgl. exemplarisch Kugler / Lindner 1973, Kugler 1983 und Kleemann 1976. In den Jahren nach der Jahrtausendwende findet das Thema Familiengottesdienst seinen literarischen Niederschlag nahezu aus-

2.   Konkretion der Zielsetzung

Der Familiengottesdienst in der Kinderklinik des Universitätsklinikums Tübingen (im folgenden UKT) ist seit vielen Jahren fester Bestandteil der ökumenisch verantworteten Klinikseelsorge. Er erfüllt eine wichtige Funktion im Gesamtarrangement der Seelsorge an der Kinderklinik. Familien, deren Kind sich zur Behandlung in der Kinderklinik aufhält, erleben den Krankenhausaufenthalt in vielen Fällen als existentiell bedeutende Situation. Mit der Diagnose der Erkrankung eines Kindes sowie dessen medizinischer Behandlung gehen bei dem betroffenen Kind selbst sowie bei Eltern und Geschwistern Befürchtungen, Ängste, aber auch Hoffnungen einher. Die Reflexion und Bearbeitung all dieser Veränderungen und Entwicklungen kann seinen Raum im persönlichen Gespräch, dann aber auch im gemeinsam gefeierten Gottesdienst finden. Die Gottesdienste bieten, wie oben bereits erwähnt, für die institutionalisierte Klinikseelsorge Interaktionsmöglichkeiten, die über die gesprächsbasierte Begleitung der erkrankten Kinder und deren Familien hinausgehen. Sie tragen in besonderer Weise der spezifischen Lebenssituation, in der sich das Kind und seine Familie befindet, Rechnung. Der Familiengottesdienst ist damit ein multidimensionales Geschehen, das in seiner Komplexität analytisch erfasst und reflektiert werden will.

Dieser Band geht somit einem Forschungsdesiderat nach, das in verschiedenen Perspektiven der Bearbeitung bedarf:

Geht es grundsätzlich um die exemplarische Wahrnehmung und Reflexion einer erprobten Praxisform (der Familiengottesdienst wird in der Kinderklinik des UKT seit vielen Jahren angeboten und rege besucht), sollen die verschiedenen, unterschiedlichen Handlungsfeldern der Praktischen Theologie zuzuordnenden Elemente im Gottesdienst differenziert in den Blick kommen: Seelsorgliche und religionspädagogische Aspekte spielen hier genauso eine Rolle wie Aspekte der Gottesdienstgestaltung und der Predigt. Der Familiengottesdienst bietet die Gelegenheit, die unterschiedlichen Perspektiven in ihrem Zusammenstimmen am konkreten Beispiel zu untersuchen.

Das Besondere der Familiengottesdienste in der Kinderklinik besteht darin, dass der Gottesdienst – neben den Individuen – die Familien als eigene Systeme adressiert, und dass er prinzipiell mit einer überkonfessionellen, interreligiösen Situation rechnet. Damit ergeben sich für die Gestaltung besondere Herausforderungen, aber auch besondere Chancen mit Blick auf interkulturelle und interreligiöse Kommunikation. Die im vorliegenden Band präsentierten empirischen Befunde und Reflexionen informieren somit auch darüber, wie

---

schließlich in der immer umfangreicher werdenden Praxisliteratur. Diesen Umstand kann man als Ausdruck der zunehmenden Verbreitung und Ausdifferenzierung dieses Gottesdienstformats interpretieren.

(institutionell verantwortete) religiöse Kommunikation in der pluralen Gegenwartsgesellschaft gewinnbringend praktiziert werden kann.

Anregend wie klärungsbedürftig gleichermaßen ist in diesem Zusammenhang der Spiritualitätsbegriff. Zum einen spielt er gerade im Kontext der Klinikseelsorge – und hier insbesondere im Diskurs über Spiritual Care – eine bedeutsame und integrative Rolle. Die European Association for Palliative Care formuliert in diesem Sinne: "Spirituality is the dynamic dimension of human life that relates to the way persons (individual and community) experience, express and/or seek meaning, purpose and transcendence, and the way they connect to the moment, to self, to others, to nature, to the significant and/or the sacred."[5] Wesentlich verbindet sich mit dem Begriff der Spiritualität der Gedanke, dass das religiöse Verhältnis der Menschen entscheidend auf Bewusstseinsleistungen zurückzuführen ist, die sich den mentalen Aktivitäten des Individuums (im sozialen Zusammenhang) verdanken. So wichtig der Spiritualitätsbegriff im Kontext der Klinik ist, so changierend ist er im Gebrauch (auch in der Theorie). Insofern zielt der vorliegende Band ebenfalls darauf ab, für den konkreten ‚Fall‘ eine Schärfung des Spiritualitätsbegriffs zu erreichen.

Die empirische Wahrnehmung und Reflexion des gottesdienstlichen Geschehens dient schließlich als Impulsgeberin für die Praxis der Gestaltung von Familiengottesdiensten beziehungsweise von gottesdienstlichen oder gottesdienstähnlichen Feiern in Kinderkliniken, aber auch in anderen kirchlichen Kontexten wie zum Beispiel Parochialgemeinden.

3.   Rahmenbedingungen und Charakter des Familiengottesdienstes in der Kinderklinik

Die evangelischen Familiengottesdienste in der Kinderklinik des UKT finden alle vierzehn Tage statt (im wöchentlichen Wechsel mit katholischen Familiengottesdiensten). Die Zielgruppe der Familiengottesdienste sind Kinder, die sich gerade in der Klinik aufhalten, sowie deren Familienangehörigen (Eltern, Geschwister, Großeltern). Die Religions- beziehungsweise Konfessionszugehörigkeit der Teilnehmenden ist nicht auf den evangelischen Kontext beschränkt. Die Familiengottesdienste werden von Personen mit ganz unterschiedlichen religiösen und konfessionellen Hintergründen besucht. Insofern handelt es sich bei den evangelischen Familiengottesdiensten in der Kinderklinik des UKT, wie oben bereits erwähnt, um ein generationenübergreifendes, interkonfessionelles und interreligiöses Angebot.

---

5   https://www.eapcnet.eu/eapc-groups/reference/spiritual-care/ (aufgerufen am 14.3.2022).

Die Kindergottesdienste finden im Spielzimmer der Kinderklinik statt, da diese Räumlichkeit besonders gute Rahmenbedingungen für die Durchführung der Gottesdienste bietet. Die Einladung zu den Familiengottesdiensten erfolgt am Tag des Gottesdienstes auf persönlichem Weg durch die Klinikseelsorgerin ein bis zwei Stunden vor Gottesdienstbeginn.

Der Gottesdienst dauert ungefähr eine halbe Stunde, von 10.30 bis 11.00 Uhr. Er umfasst folgende liturgische Elemente: Begrüßung, Anzünden einer Kerze, Votum, Lied (alle Lieder werden mit orffschen Instrumenten oder Bewegungen begleitet), Psalm, Gebetsritual, Lied, Geschichte/inhaltlicher Impuls/Aktion, Lied, Segen (mit Bewegung), persönliche Verabschiedung mit „Giveaway".

Es sind vor allem drei Faktoren, die den Charakter der Gottesdienste prägen. Ein erster Faktor ist seine *Ritualität*. Zum einen lässt der Ablauf des Gottesdienstes eine rituelle Struktur erkennen (Trennungsphase, Transformationsphase und Wiedereingliederungsphase). Zum anderen gibt es einzelne konkrete Elemente, die in jedem Gottesdienst wiederkehren und auf der Ritualebene wichtige Funktionen erfüllen.

Der zweite Faktor, der den Gottesdienst besonders charakterisiert, ist das Moment der *Elementarisierung*. Theologische Sachverhalte werden in den Gottesdiensten so dargeboten, dass sie von den teilnehmenden Kindern unmittelbar nachvollzogen werden können.

Schließlich charakterisiert ein konsequenter *Situationsbezug* die Gottesdienste. Die spezifische Situation des Krankenhausaufenthaltes und die existentiell bedeutende, gegebenenfalls krisenhafte Lage der Kinder und ihrer Familien bedingen sowohl die gestalterischen als auch die inhaltlichen Aspekte des Gottesdienstes. Fragen nach Sinn, die Bedeutung des Segens sowie die Ermutigung der Kinder und der Erwachsenen in einer belastenden Lebenssituation bilden sich in den Gottesdiensten ab. Der ausgeprägte Situationsbezug des Gottesdienstes erfordert ein hohes Maß an Präsenz der Pfarrerin.

4. Forschungsfragen

In der kirchlichen Praxis sind Familiengottesdienste weit verbreitet. Für die öffentliche Inszenierung der Kirche spielen sie eine bedeutende Rolle. Bislang schlägt sich die faktische Relevanz von Familiengottesdiensten in der wissenschaftlichen Fachliteratur jedoch kaum nieder. Einem breiten Spektrum konkreter Handreichungen für die Praxis stehen so gut wie keine wissenschaftlichen Publikationen gegenüber. Indem die vorliegende Studie eine spezifische familiengottesdienstliche Praxis exemplarisch untersucht, leistet sie einen Beitrag der Grundlagenforschung zum Thema Familiengottesdienst insgesamt.

Ihre wissenschaftlichen Befunde lassen sich für eine weitergehende Erforschung der gegenwärtigen familiengottesdienstlichen Praxis in ihrer Breite nutzen. Folgende Fragestellungen leiten die Studie:

a) Wie ereignet sich religiöse Kommunikation unter den Akteuren (rituell-gestisch, sprachlich etc.)?

b) Welche Formen der Kommunikation werden von den Gottesdienstbesucherinnen und -besuchern als besonders sinnhaft in ihrer individuellen Situation erlebt?

c) Inwiefern bietet der Gottesdienst für die Besucherinnen und Besucher Raum für ‚Spiritualität'? Wie wird diese von den Besucherinnen und Besuchern näherhin qualifiziert (unter Umständen auch im Unterschied zu anderen Erfahrungskontexten)?

d) Welche Formen des Gottesdienstes erweisen sich für das Erleben der Besucherinnen und Besucher als nachhaltig?

e) Wie korrespondieren im Gottesdienst homiletische, liturgische und seelsorgliche Facetten?

f) Welche Merkmale benötigt ein evangelisch verantworteter Gottesdienst, der anschlussfähig für Familiensysteme wie für religiös plurale Besucherinnen und Besucher sein will?

Auch wenn die Klärung der genannten Fragestellungen für die Studie von besonderer Bedeutung ist, so wurde das Forschungsdesign von vornherein so angelegt, dass über Antworten auf die genannten Fragen hinaus auch weitere Erkenntnisse erzielt werden konnten, die dem Verständnis des Phänomens ‚Familiengottesdienst in der Kinderklinik' in einem umfassenden Sinn dienen.

5. Zum Aufbau des Bandes

Der Band befasst sich mit den beschriebenen Forschungsanliegen in insgesamt drei Kapiteln. Unter der Überschrift „Fokussierungen" erschließen die Beiträge des ersten Kapitels den weiteren Forschungskontext, in dem der Band zu verorten ist, und spezifizieren das Verhältnis zwischen diesem Forschungskontext und der in diesem Band dokumentierten Studie. *Katharina Krauses* Beitrag *Gottesdienst als Seelsorge? Überlegungen zur poimenischen Diskussion gottesdienstlicher Praktiken in Einrichtungen des Pflege- und Gesundheitswesens* bietet einen präzisen und differenzierten Überblick über die für diesen Band relevanten aktuellen Diskurse. Dabei wird deutlich, dass die Diskurse stark von der Handlungsperspektive involvierter Praktikerinnen und Praktiker sowie sich hieran anschließenden wissenschaftlichen Untersuchungen geprägt sind. Der Beitrag *Forschungsfragen und -desiderate des aktuellen Forschungsstandes zu Gottesdiensten im Anstaltskontext für die empirische Untersuchung von Familiengottesdiensten in der*

Kinderklinik von *Samuel Lacher* setzt den von Katharina Krause erhobenen Forschungsstand in Bezug zu Forschungsfragen und Forschungsgegenstand der hier verhandelten Studie. Insbesondere die empirisch multiperspektivische Methodik der in diesem Band dokumentierten Studie wird als forschungsstrategischer Zugang herausgestellt, mit dessen Hilfe auf maßgebliche Desiderate des aktuellen Diskurses zu Gottesdiensten im Anstaltskontext reagiert wird.

Das zweite Kapitel „Empirie" fungiert als Zentrum und Hauptteil des vorliegenden Bandes. Es dokumentiert in umfassender Weise die empirische Studie, durch die die Familiengottesdienste in der Kinderklinik des UKT wissenschaftlich untersucht und analysiert wurden. Nach einer Einführung in die empirische Methodik werden insgesamt sechs Gottesdienstanalysen präsentiert. Sie entfalten eingehend die empirischen Befunde der Studie und bieten am Beispiel je eines gottesdienstlichen Einzelfalls einen detaillierten Blick in Wirkungs- und Erlebnisweisen, die die Familiengottesdienste in der UKT ausmachen. Ein kontrastiver Vergleich aller sechs Einzelfallanalysen schließt das Kapitel ab. Indem hier die empirischen Befunde zu allen Gottesdiensten in Beziehung zueinander gesetzt werden, bildet sich gleichsam als Substrat der Studie ein empirisch fundiertes Gesamtbild dessen, was die Familiengottesdienste in der Kinderklinik des UKT als Gottesdienstformat näher charakterisiert.

Das dritte Kapitel „Praxisbezogene und praktisch-theologische Vertiefungen" widmet sich der Deutung und interpretierenden Zuspitzung der empirischen Befunde. Den Auftakt bildet dabei der Text *„Impro-Gottesdienste": Ritualität im Familiengottesdienst in der Tübinger Kinderklinik* von *Miriam Löhr*, der die ritualtheoretischen Zugänge der empirischen Untersuchungen systematisiert, einordnet und deutet. Einen hohen Stellenwert innerhalb der Betrachtungen nimmt die Spannung zwischen Ritualität und Spontanität ein, die als maßgebliches Charakteristikum der untersuchten Familiengottesdienste wahrgenommen wird. *Samuel Lacher* vertieft in seinem Beitrag *Die Hörerinnen und Hörer als Zielpunkt kirchlichen Handelns* den Aspekt der Orientierung an den Adressatinnen und Adressaten. Die im empirischen Teil als zentrale Kategorie beschriebene Handlungsmaxime wird mit Blick auf die Kommunikationswissenschaften und besonders die Rhetorik in ihrer Bedeutung für die Praktische Theologie insgesamt und deren Teildisziplinen im Einzelnen näher betrachtet. *Evelina Volkmann* spielt in ihrem Beitrag *Mit kranken Kindern Gottes Gegenwart feiern* die Perspektive der Gottesdienstberatung in die Betrachtung der empirischen Befunde ein. Sie weitet damit den Blick auch auf andere Gottesdienstformen, insbesondere den agendarischen Sonntagsgottesdienst. Verbindungslinien entwickelt sie etwa mithilfe von Gottesdienst-Spines, die als Reflexionskategorie für die Haltungsdimension der handelnden Pfarrerin dienen. *Gerald Kretzschmar* widmet sich der Transferfrage der empirischen Befunde. In seinem Text *Familiengottesdienst in der Kinderklinik als Impulsgeber für alle Familiengottesdienste* werden die positiven Befunde der empirischen Forschung über den Dreischritt

Haltung – Gestaltung – Effekt untersucht und für andere Familiengottesdienst-
settings anschlussfähig gemacht. Abgeschlossen wird das Kapitel mit einer
Perspektive aus der Praxis der Krankenhausseelsorge. Beziehen sich die empirischen Daten allesamt auf Gottesdienste, die sich mit dem Coronavirus und
den sich hieraus ergebenden Konsequenzen noch nicht auseinandersetzen
mussten, beschreibt *Beate Bühler-Egdorf* Möglichkeiten und Grenzen des Klinikgottesdienstes unter den veränderten Bedingungen der Coronapandemie. Ihr
Beitrag *Was ist da drin? – Erfahrungen mit „Kindergottesdienst in Tüten" in Pandemiezeiten* kann trotz der unterschiedlichen Ausgangssituationen deutliche Verbindungen zu den empirisch erhobenen Zusammenhängen aufzeigen.

Der abschließende *Epilog* verdichtet die empirischen Befunde wie auch deren deutende Reflexion mit Blick auf die in der Einleitung des Bandes genannten Forschungsfragen. Die so erarbeitete Quintessenz des vorliegenden Bandes
wird zudem für die praktisch-theologische Weiterarbeit perspektiviert.

Im Anhang findet sich ein *Interview mit Gisela Schwager*, die als Pfarrerin in
allen untersuchten Gottesdiensten auftrat. Im abgedruckten Interview spricht
sie über die Befunde der Studie sowie ihre eigene Arbeit und reflektiert die
damit verbundenen theologischen Zusammenhänge.

I. Fokussierungen

Gottesdienst als Seelsorge?
Überlegungen zur poimenischen Diskussion gottesdienstlicher Praktiken in Einrichtungen des Pflege- und Gesundheitswesens

Katharina Krause

Vorbemerkungen

Die Frage nach der Verhältnisbestimmung von Seelsorge und Gottesdienst ist in der Geschichte der Praktischen Theologie regelmäßig aufgeworfen worden, wobei sich immer wieder Positionen abgewechselt haben, die die Seelsorge entweder ganz im Licht des Gottesdienstes oder den Gottesdienst gänzlich von der Seelsorge her begreifen wollten.[1] Zwischen diesen Polen lässt sich allerdings auch eine Fülle unterschiedlicher Nuancierungen ausmachen. Die Frage, mit der dieser Beitrag überschrieben ist, kann angesichts ihrer breiten enzyklopädischen Bearbeitung also kaum Originalität beanspruchen. Dass sie trotzdem gestellt wird, hat mit der Beobachtung zu tun, dass gottesdienstliche Praxisliteratur in Kontexten der Krankenhaus- und insbesondere der AltenPflege-HeimSeelsorge (künftig: APHS) seit den 90er Jahren eine Konjunktur erfahren hat, die ihresgleichen sucht. Die Präsentation der Tübinger Studie zu Gottesdiensten in der Kinderklinik soll daher zum Anlass genommen werden, dieses Phänomen nach nunmehr bald drei Jahrzehnten anhaltender Literaturproduktion zu sichten und aus zeitlicher Distanz kritisch zu reflektieren.

Die Überlegungen gliedern sich deshalb zunächst in eine Literaturschau (1.), auf die eine Diskussion jener Tendenzen folgt, die sich aus Sicht der Verfasserin dabei abzeichnen (2.), um nach einer kurzen Darstellung der praktisch-theologischen Reflexion zum Thema (3.) mit einem eigenen Vorschlag zur

---

1   Vgl. Stollberg 1996 u. [2]2001, 222; Plüss 2012. Rekurriert wird unter anderem auf Vorschläge bei F. D. E. Schleiermacher und E. Thurneysen, D. Stollberg und C. Morgenthaler. Unter dem Aspekt der Dimensionalisierung pastoraler Praxis wäre neben den enzyklopädischen Entwürfen G. Ottos und W. Stecks nicht zuletzt auch E. C. Achelis zu nennen, (vgl. zur Fragestellung Achelis 1911, 1): „[I]n welchem Zweig seiner Amtswirksamkeit hat der Pfarrer nicht Seelsorge zu üben? Auch als Homilet, Katechet, als Liturg ist er Seelsorger." Noch einmal anders gelagert der Ansatz auf Seiten der katholischen Pastoral, die die cura animarum specialis als eine Form unter die cura animarum generalis subsumieren kann.

theoretischen Fundierung künftiger empirischer Forschung (4.) zu schließen. Die Leitfrage, unter die dieses Vorhaben gestellt ist, lautet: Welche Rolle gewinnt der Gottesdienst in Praxis und Theorie der anstaltsbezogenen Seelsorge? Dabei soll es weniger um den Umstand gehen, dass letztlich jegliche pastorale Praxis im Lichte einer anderen betrachtet und dimensionalisiert werden kann. Hintergrund der Frage ist vielmehr die Überzeugung, dass es der Erkenntnis dient, Verspartungen innerhalb der Praktischen Theologie zu irritieren. Ein Bereich, in dem dies mit interessanten Ergebnissen geschehen ist, ist die Kasualtheorie, von der nicht zuletzt auch produktive Anstöße ausgingen, die lebenslaufbezogene Seelsorge theoretisch und methodisch neu aufzustellen. Vor dem Hintergrund solcher Entwicklungen fragt sich, ob sich eine Querschnittsperspektive, die am exemplarischen Knotenpunkt von Gottesdienst und Seelsorge ansetzt, nicht auch für die Bereichsseelsorge fruchtbar machen lässt.

Angesichts der Materialfülle, die nicht zuletzt auch Reflex fortschreitender Spezialisierung und Professionalisierung in den jeweiligen Kontexten ist, bedarf es freilich gewisser Beschränkungen. Der Fokus soll deshalb zunächst auf Einrichtungen des Pflege- und Gesundheitswesens liegen. Aufschlussreiche Untersuchungsfelder wären aber neben der Gefängnis-, Militär-, und Schulseelsorge auch sogenannte Desaster-Rituals, wo gottesdienstliche Praxis eine unübersehbar poimenische Dimension gewinnt,[2] oder die Vielfalt liturgischer Praktiken am geöffneten Fenster im Umfeld der COVID-19-Pandemie, die als eine Form von Seelsorge neben vielfältigste zivilgesellschaftliche Initiativen zur Bewältigung der Situation treten.

Auch soll der Komplex ‚Gottesdienst als Seelsorge‘ primär anhand der deutschsprachigen Literatur vermessen werden. Textgattungen, die dazu herangezogen wurden, umfassen poimenische und liturgiewissenschaftliche Hand- und Lehrbücher sowie vor allem die Praxisliteratur selbst: Gottesdiensthilfen, Handreichungen und Checklisten, die nicht zuletzt auch auf Materialbörsen und Praxisportalen im Netz abgerufen werden können. Artikel in Zeitschriften, die ich als ‚reflektierte Praxisberichte‘ rubrizieren möchte, repräsentieren Mischformen mit mal stärker theoretischen, mal stärker praktischen Anteilen. Auch diese gehen in die Darstellung ein. Einschlägige Beiträge wurden zunächst über die Suchfunktion digitaler Zeitschriftendienste recherchiert, um sodann exemplarisch die Entwicklungen seit den 1980ern anhand eines Organs, der Zeitschrift *Wege zum Menschen*, zurückzuverfolgen. Das Tableau protestantischer Perspektiven lässt sich freilich nicht ohne Berücksichtigung der wechselseitigen Einflüsse zwischen evangelischer und katholischer Bereichsseelsorge darstellen. Praxisliteratur und reflektierte Praxisberichte gehen nicht selten aus ökumenischer Zusammenarbeit hervor, weshalb auch Jahrgänge der Zeitschrift *Lebendige Seelsorge* und *Diakonia* durchgesehen wurden.

---

2   Vgl. etwa Fechtner / Klie 2011 und Benz / Kranemann 2019.

Dabei fällt auf, dass sich über die Zeit hinweg überkonfessionell gewisse Konventionen der Literaturproduktion ausbilden. Modellgottesdiensten und Bausteinen für die liturgische Praxis werden in der Regel Situationsanalysen vorangestellt, aus denen sich das jeweilige Seelsorgekonzept ergibt, das die beschriebenen gottesdienstliche Praktiken nahelegt. Sowohl auf thematischer wie auf methodischer Ebene zeigt sich dabei eine immer stärkere Konvergenz. ‚Bewährtes' verstetigt sich aber auch im Bereich der theoretischen Bezugnahmen. Obgleich derzeit zunehmend auch Konzepte der Leibphänomenologie oder der Körpersoziologie rezipiert werden, wird im Bereich der Situationsanalysen gegenwärtig immer noch an einen Klassiker der Soziologie angeknüpft. Mal explizit, mal stärker implizit dient der Rekurs auf Erving Goffmans *Asylums*[3] dazu, Leserinnen und Leser einen Eindruck von den Lebensbedingungen in Einrichtungen des Pflege- und Gesundheitswesens – Goffman selbst charakterisiert sie als ‚total institutions', was üblicherweise mit ‚Anstalten' übersetzt wird – zu vermitteln. Totale Institutionen wie Gefängnisse, Kasernen, Internate, aber auch Altenheime und Klöster sind geschlossene Welten, Wohn- und zugleich Arbeitsstätten einer Vielzahl ähnlich gestellter Individuen, die für längere Zeit von der Außenwelt abgeschnitten ein formal durchreglementiertes Leben führen. Charakteristisch für totale Institutionen ist, dass sie ihre Mitglieder in umfassender Weise in Anspruch nehmen, indem sie die Freizügigkeit beschränken, sämtliche alltägliche Verrichtungen an ein und denselben Ort verlegen, wo sie mit ein und denselben Personen vollzogen werden, und diese an ein System formaler Regeln binden, das dem offiziellen Zweck der Institution dient. Am Beispiel der psychiatrischen Abteilung des St. Elizabeth Hospital im Washington der mittleren 1950er Jahre liefert Goffman eine minutiöse Beschreibung all jener Maßnahmen, die seinen Überlegungen zufolge einen Vorgang der Entselbstung aus sich heraussetzen, den er auch als die ‚moralische Karriere des Geisteskranken' konzeptualisieren kann. Unfreiwilligkeit, Fremdbestimmung, Verwissenschaftlichung und die damit einhergehende Verobjektivierung der Person, Machtlosigkeit und Ausgeliefertsein an die neuen Ritualisierungen des Klinikbetriebs, die Begrenzung sozialer Kontakte, der Verlust bisheriger sozialer Rollen und die mangelnde Privatsphäre und Intimität bestimmen ebenso wie die Unmöglichkeit eines selbstbestimmten Umgangs mit Zeit die Situation. Verbale und gestische Entwürdigungen, worunter Goffman auch das Sprechen in der *dritten* Person über „Insassen" in deren Beisein fasst, tragen ebenfalls dazu bei, dass die ‚Identitätsausrüstung' eines Menschen sukzessive zerbröckelt. Patienten reagieren mit Anpassungsleistungen. Goffman interessiert sich aber auch für Strategien des Ausbruchs und der subversiven Unterwanderung – Möglichkeiten des Überlebens in einer öffentlichen Institution, für die er die treffende Bezeichnung des ‚Unterlebens' findet.

---

3 Vgl. Goffman 1973.

In diesem Rahmen reflektiert Goffman auch sogenannte ‚Anstaltszeremonien'. Am Rande erwähnt er dabei auch die gottesdienstliche Versammlung:

> Wie Sport- und Wohltätigkeitsveranstaltungen, ist der Gottesdienst eine Gelegenheit, bei
> der die Einheit von Personal und Insassen demonstriert werden kann, indem gezeigt
> wird, daß beide in bestimmten, nicht relevanten Rollen Mitglieder desselben Publikums
> gegenüber demselben, von draußen kommenden Akteur sind.[4]

Anders als im Falle von Theater- und Sportveranstaltungen bleiben Goffmanns
Überlegung dazu aber unausgearbeitet. Analytisch wird aus dieser Beobachtung
kein Kapital mehr geschlagen. In einer Bemerkung an anderer Stelle konstatiert
er lediglich mit einer gewissen Verwunderung, dass keine Unterbringungsanstalt
ohne Sonntagsgottesdienst auskäme, „wobei man voraussetzt,
daß die Natur des Menschen Zeit für das Gebet erfordert, gleichgültig was er
getan hat, man glaubt, wir besäßen eine unveräußerliche Eigenschaft als religiöses
Wesen."[5]

Während die Analyse des Goffmenschen im anstaltsbezogenen Kontext
trotz ihres stolzen Alters von bald 70 Jahren bis heute breit rezipiert wird,[6] legt
die florierende poimenische Literaturproduktion doch nahe, dass sich aus unserer
Fragestellung noch mehr gewinnen lässt, als der Blick in Goffman suggerieren
möchte. Die Diskussion über die Systemrelevanz – oder -irrelevanz –
gottesdienstlicher Praxis in Einrichtungen des Pflege- und Gesundheitswesens
wird auf Konferenzen intensiv geführt und findet breiten Niederschlag auch in
der Literatur.

Der Gottesdienst wird dabei aber vor allem von ‚außen' reflektiert, das
heißt aus der Warte von Menschen, die eben gerade nicht der „Welt der Insassen"
– um die Goffmansche Wendung zu gebrauchen – angehören. Liturginnen
und Liturgen sowie Seelsorgerinnen und Seelsorger, seien sie haupt-, neben-
oder ehrenamtlich tätig, seien sie mit Spezialauftrag in den Einrichtungen
unterwegs oder in der Rolle der Gemeindepfarrerin, gehören der „Welt des
Personals" an, und dies allenfalls zeitweise. Dadurch gerät die Diskussion in ein
Spannungsfeld von ‚drinnen' und ‚draußen'. Als Frage formuliert: Gewinnt der
Gottesdienst vor allem dadurch, dass er ‚drinnen' ein Stück ‚Normalität von
‚draußen' repräsentiert – womit impliziert ist, dass in der Einrichtung der Ausnahmezustand
herrscht –, weshalb liturgische Praxis sich möglichst am ‚ganz
normalen' Sonntagsgottesdienst der Ortsgemeinde orientieren sollte? Oder gilt
es angesichts der ‚besonderen' Situation mit ihren ‚besonderen' Kommunikati-

---

4   A.a.O., 108f.
5   A.a.O., 191.
6   Für den poimenischen Diskurs an prominenter Stelle greifbar bei Sigrist 2008; für die
     Liturgiewissenschaft bei Wiggermann 1995; ders. 2003. In der ersten Auflage lautet die
     Überschrift des letzteren Beitrags noch ‚Gottesdienst in geschlossenen Bereichen', später
     rubriziert er unter ‚Krankenhaus-, Altenheim-, Militär- und Gefängnisgottesdienst'.
     Breit aufgenommen wird die Rezeption Goffmans durch Sigrist etwa auch bei Seiler 2009
     oder Karle 2010.

onsnotwendigkeiten, professionelle Modelle für Gottesdienste mit ‚besonderer‘ Zielgruppe auszuarbeiten? Kurz: Bedarf es eines „gesundheits-, alters-, sicherheits- und strafvollzugsspezifisch[en]"[7] Gottesdienstes oder besteht die Pointe gottesdienstlichen Handelns darin, dass sich liturgische Praxis den jeweiligen Anstaltslogiken gerade entzieht? Unterstützen Gottesdienste den therapeutischen Prozess oder handelt es sich dabei eher um eine Möglichkeit des „Unterlebens" in einer von Therapie und Rehabilitation dominierten Atmosphäre? Auch Zwischenpositionen sind denkbar, werden aber selten vertreten.[8] In der Regel dominiert die Alternative, mit einer deutlichen Präferenz für die therapeutische Option. Wie die Antworten auch ausfallen – Leserinnen und Leser sind allenthalben mit Konstruktionen konfrontiert, die sich in den Dichotomien von ‚drinnen‘ und ‚draußen‘[9], ‚besonders besonderem Gottesdienst‘[10] und ‚ganz normalem Gottesdienst‘[11] zum Ausdruck bringen.

Praktisch-theologische Forschung muss, soll sie Orientierung leisten, an der Konstruktivität solcher Positionierungen selbst ansetzen und sie genauer in den Blick nehmen. Das heißt: Es gilt, genauer zu vermessen, was innerhalb des professionellen Diskurses geschieht und zugleich zu fragen, was mit solchen Darstellungen eigentlich getan wird, um problematische Essentialisierungen kritisch hinterfragen und dadurch Handlungsspielräume (wieder) eröffnen zu können. Unter dieser Maßgabe soll im Folgenden daher zunächst einmal der professionelle Diskurs zum Thema ‚Gottesdienst als Seelsorge‘ für den Bereich der Krankenhausseelsorge wie der APHS aufgearbeitet und systematisiert werden.

1.   Literaturschau

Während Wiggermann in der zweiten Auflage seines Beitrags für das Handbuch Liturgik im Jahr 2003 immer noch daran festhalten kann, dass Literatur zum Krankenhaus- und Altenheimgottesdienst spärlich sei,[12] kann Schneider-Harpprecht zwölf Jahre später in einer Bestandsaufnahme neuerer Literatur zur Seelsorge einen rasanten Anstieg der Produktion an Büchern zu Praxisfeldern, Zielgruppen und Themen konstatieren, die gemeinhin der Bereichsseelsorge zugeordnet werden.[13] Insbesondere für die APHS stellt er eine starke

---

7   Wiggermann 2003, 847.
8   Vgl. etwa Stollberg 1996 u. 2001.
9   Exemplarisch Schibilsky 1991, 7.
10   In dieser Pointierung Plieth 2012.
11   Exemplarisch Dirschauer 1967.
12   Vgl. Wiggermann 2003, 846.
13   Vgl. Schneider-Harpprecht 2015, 202.

Konzentration auf die Praxis fest, die sich dadurch erkläre, dass diese Texte primär an neben- und ehrenamtliche Seelsorgerinnen und Seelsorger gerichtet seien, die zunehmend an Bedeutung gewönnen, weshalb es stärkerer Bemühungen um Aus- und Fortbildung bedürfe. Diese Lücke versuche die Literatur zu schließen, mit der Folge, dass sich zunehmend ein „Gefälle zwischen Theorie und Praxis, dem hohen Grad an Differenzierung und Professionalisierung in der Seelsorgetheorie und dem Bedürfnis der Praxis nach alltagstauglichen Praxismodellen und Methoden" abzeichne. Klie argumentiert auf derselben Linie, indem er die Literaturentwicklung mit den Bestrebungen der Seelsorge-Bewegung in den 1970ern vergleicht, die unter einem gewissen Handlungsdruck und auf Basis „einer nur unzureichend reflektierten Praxiswahrnehmung"[14] Ausbildungsprogramme konzipiert und neue pastorale Berufsfelder kreiert habe.

Tatsächlich lassen sich Verflechtungen von Praxisliteratur und poimenischer Theoriebildung beobachten, deren exemplarische Gattung der reflektierte Praxisbericht oder aber das anwendungsbezogene beziehungsweise ‚empirische' Kapitel in fundamentalpoimenischen Qualifikationsschriften darstellt, in dem letztlich über weite Strecken auf Wissen aus der Praxisliteratur rekurriert wird. Hier wie dort wird viel mit Fallbeispielen argumentiert – Vignetten, die auf einfühlsame Art und Weise ein Bild des seelsorglichen Geschehens zeichnen, das oft zutiefst anrührt und der Leserin großen Respekt vor dem Engagement der Praktikerinnen und Praktiker abnötigt.

Das Potential solcher Darstellungen liegt in ihrer Anschaulichkeit. Diese jedoch ist zugleich auch ihre Kehrseite. Fallbeispiele haben oft die Tendenz, so stark zu involvieren, dass es kaum mehr möglich ist, solche Re-Konstruktion von O-Tönen aus der ‚Welt der Insassen' als Darstellungen zu betrachten, die aus der Perspektive der ‚Welt des Personals' formuliert sind. Dies gilt in besonderem Maße für Schilderungen von Situationen, in denen verbales Kommunizieren an Grenzen gelangt – sei es mit Menschen mit fortgeschrittener Demenz oder im Fall von Patienten auf der Intensivstation. Tatsächlich fehlt es immer noch an empirisch gehaltvollen und methodisch wie theoretisch (selbst-) reflexiven Analysen, die nicht zuletzt auch die eigene Perspektivität und die damit einhergehenden Machtkonstellationen in das Bewusstsein rücken. Hilfreich ist aber auch schlicht eine Re-/Konstruktion des professionellen Diskurses, die auf einer Metaebene versucht, auch die institutionellen und professionstheoretischen Bedingungen zu berücksichtigen, die neben den konkreten Arbeitsbedingungen vor Ort die Sichtweisen der Praktikerinnen und Praktiker im Feld bestimmen. Dies soll im Folgenden zumindest ansatzweise versucht werden, um auf Grundlage dessen Tendenzen zur Verhältnisbestimmung von Seelsorge und Gottesdienst im Spiegel anstaltsbezogener Literatur ausmachen zu können.

---

14   Klie 2009, 455.

1.1. Krankenhausseelsorge

Gottesdienst im Krankenhaus scheint, je länger, desto mehr letztlich im Licht – oder Schatten – der Pastoralpsychologie zu stehen. Während Dirschauer in den ausgehenden 60er Jahren noch mit großer Eindringlichkeit gegen eine „Einengung des Sendungscharakters" des Gottesdienstes anarbeitet, in dem „die Predigt nur noch als Lebenshilfe"[15] betrachtet würde, ist von diesem Anliegen ein Jahrzehnt später kaum mehr etwas zu spüren. Gottesdienst zählt neben dem Krankenbesuch selbstverständlich zum Aufgabenspektrum der Krankenhausseelsorge,[16] wird zuweilen mit tiefenpsychologischen Konzepten begründet,[17] erfährt ansonsten aber selten eine so ausführliche Erörterung wie das Intensiv- oder Gruppengespräch.

1.1.1. Settings

Was indes konkrete Vorschläge zur Praxis anbelangt, so zeigt sich schnell, dass Gottesdienste sich von Station zu Station unterscheiden. Auf der Rheumastation[18] gestalten sie sich selbstverständlich anders als in der Kinderklinik.[19] Tatsächlich wird gottesdienstliche Praxis auch nur in bestimmten Bereichen der Klinik zu einem Schwerpunkt der Krankenhausseelsorge. Für den Bereich der Onkologie, Psychiatrie, Gynäkologie oder der Intensivmedizin wird er so gut wie kaum reflektiert. Das Beispiel der Kinderklinik demgegenüber erweist sich als ein besonders fruchtbares Feld, auf dem Gottesdienste eine gewisse Tradition haben und von dem Impulse für die Krankenhausseelsorge insgesamt erwartet werden.[20] Gottesdienstliches Handeln wird dabei vor allem als ein Kontrastgeschehen perspektiviert, das sich im Unterschied zu den ebenfalls ritualisierten Behandlungs- und Therapievollzügen insbesondere durch Freiwilligkeit auszeichne. Eine vergleichbare Wirkung entfalte die besondere Sinnlichkeit liturgischer Geräte sowie die atmosphärische Gestaltung der Räumlichkeit, die sich von der Sterilität des Hightech-Klinikbetriebs deutlich abhebe. Und nicht zuletzt stünden im Spielzimmer, in dem auch mal getobt und gelacht werden könne, andere Emotionen im Vordergrund als auf der Station, wo die belastende Öde angstvollen Wartens an der Tagesordnung sei.

Taufe und Abendmahl hingegen scheinen auf der Neonatanologie wie der Kardiologie eine besondere theologische Dichte zu gewinnen.[21] Pfarrerinnen

---

15 Dirschauer 1967, 37.
16 Vgl. exemplarisch Mayer-Scheu 1977.
17 Vgl. exemplarisch Weirich 1989a u. 1989b.
18 Vgl. Kolbe 2001.
19 Vgl. exemplarisch Städtler-Mach 1994.
20 Vgl. Kääb-Eber 2018; Schwager 2018.
21 Vgl. exemplarisch Schäfer-Breitschuh / Lenzen 1994; Bühler-Egdorf 2006.

und Pfarrer werden Zeugen der Not der Eltern, eröffneten ihnen im Ritual Möglichkeiten zu handeln und schafften mit Taufurkunde, Fotos und Fußabdrücken des Neugeborenen bleibende Erinnerungen an die Existenz eines Menschen, von dem es später für die Familien keine Spur mehr geben wird. Der Gedanke wiederum, dass einer sterben muss, damit eine andere lebt, gewinnt bei der emotionalen Verarbeitung einer Herztransplantation noch einmal eine ganz eigene Eindrücklichkeit.

Liturgische Praktiken sind aber auch von zentraler Bedeutung in Heilungsgottesdiensten[22] sowie im Rahmen der Seelsorge mit Sterbenden. Dabei erfährt die Krankensalbung vermehrt auch im evangelischen Bereich große Aufmerksamkeit, wenngleich sie doch im Kirchenvolk wie auf Seiten der Pfarrerinnen und Pfarrer bleibend auf Vorbehalte stößt.[23] Abschiedsrituale für Verstorbene schließlich, deren Design auf die bewährten Strukturen kirchlicher Bestattungsagenden zurückgreifen, werden auch und gerade für das Personal als eine wichtige Möglichkeit der Verarbeitung von Erfahrungen der Ohnmacht und Hilflosigkeit betrachtet, die Begegnung jenseits der Funktionalität professionellen Handelns ermögliche.[24]

1.1.2. Konzeptionelle Begründungen des Gottesdienstes

Steil theologische Begründungen gottesdienstlicher Praxis, wie sie im Umkreis der sogenannten dialektischen Theologie eher anzutreffen sind, haben sich in den vergangenen Jahrzehnten so gut wie verloren. Sieht Dirschauer den Gottesdienst noch vor allem deshalb geboten, um dem sich selbst und seiner Situation preisgegebenen Menschen „das durchwaltende und durchstaltende Wort"[25] zuzusprechen, das ihn aus der Passivität „in die Beziehung zur Passio Jesu"[26] führe,[27] wird spätestens seit den 1990ern vor allem von den Bedürfnissen der Zielgruppe her argumentiert. Die „Gemeinde der Mühseligen und Beladenen – Schicksalsgemeinde"[28] sei angesichts der Erfahrung von Krankheit in einer Situation größter Verunsicherung und Belastung. In solcher Krise sei Raum für die Mitteilung von Zorn und Trauer, Verbitterung, Leid und Klage notwendig. Heilsam seien aber auch die Erfahrungen ehrlicher Zuwendung und Annahme sowie der Geborgenheit, Zärtlichkeit und Nähe.[29]

---

22   Vgl. exemplarisch Ebeling 1998.
23   Vgl. Reiner 1994.
24   Vgl. exemplarisch Stiller 1998.
25   Dirschauer 1967, 45f.
26   Ebd.
27   In ähnlicher christologisch-soteriologischer Zuspitzung Weirich 1989a, 106.
28   Schibilsky 1991, 16.
29   Vgl. exemplarisch a.a.O., 14-16.

1.1.3. Konkrete Vorschläge zur Umsetzung[30]

Praxisliteratur, zuweilen aber auch die reflektierten Praxisberichte beinhalten in der Regel einen Teil mit Bausteinen für gottesdienstliche Feiern, Checklisten, Adressen, Buchempfehlungen und Rechtstexten. Diese werden meist mit Überlegungen zur Umsetzung eingeleitet. Dabei spielt die Rücksichtnahme auf die körperliche Belastbarkeit und die Konzentrationsfähigkeit der Gottesdienstbesucher eine wichtige Rolle, ebenso wie der Hinweis auf die Vielfalt religiöser Prägungen der Patientinnen und Patienten. Sorgfalt bei der technischen Ausrüstung und der Aufbau eines Kreises von Ehrenamtlichen werden dringend empfohlen, um den Gottesdienst zu den Menschen und Menschen zum Gottesdienst zu bringen.

Herausforderungen, mit denen ebenso souverän umgegangen werden muss, ergeben sich aus der hohen Fluktuation der Patientinnen und Patienten sowie vor allem aus der Beschaffenheit der Räumlichkeiten, in denen der Gottesdienst gefeiert wird. Nicht selten handelt es sich dabei um Multifunktionsräume, in denen sich gottesdienstliche Atmosphären nur unter einem gewissen Herstellungsaufwand erzeugen lassen. Zentrale Stellschrauben dabei sind die Materialität der Ausstattung, Musik und die persönliche Zuwendung in Form von persönlicher Begrüßung und Verabschiedung, was nicht zuletzt Gesprächsoffenheit über den Gottesdienst hinaus signalisiere.

Ganz offensichtlich erzeugen die vorgefundenen Räumlichkeiten unterschiedliche Interaktionsdichten, die mal zu mehr, mal zu weniger direkter Reaktion veranlassen. Je nach Seelsorgekonzept wird deshalb auch entweder die Niederschwelligkeit des Multifunktionsraums favorisiert oder aber die atmosphärische Fremdheit der (improvisierten) Kapelle. Bevorzugt wird jedoch fast ausschließlich eine Sitzanordnung im Kreis. Ein gewisser Konsens herrscht auch darüber, dass es, gleichviel, in welchem Raum der Gottesdienst stattfindet, eines erkennbaren Zentrums bedarf, das mit einem Altartisch mit Decke, Kerzen, Blumen und Altarbibel markiert ist und die Blicke fokussiert. Ob ein Talar getragen wird oder gerade nicht, ist Gegenstand engagierter Diskussion. Ähnliches gilt für die Alternative von Gesangbuch oder Liedblatt. Letzteres wird deshalb besonders geschätzt, weil es aufs Zimmer mitgenommen und dadurch auch nach dem Gottesdienst noch nachwirken kann.[31]

Neben der materiell-räumlichen Dimension wird auch dem Aspekt der Zeitlichkeit eine gewisse Aufmerksamkeit zuteil, wobei sich die Literatur tendenziell darüber einig ist, dass eine gottesdienstliche Feier nicht länger als 30–

---

30 Ausgewertet wurden Adam 1976; Mayer-Scheu 1977; Gestrich 1987; Weirich 1989a u. 1989b; Domay u.a. 1991; Peglau 1998; Kolbe 2001; Bernhard u.a. 2003; Domay 2005; Rehm und Gary 2007; Wortmann 2008; Seiler 2009; Scheuer 2013 sowie die Themenhefte der Zeitschrift Wege zum Menschen 46 (1994); 50 (1998); 58 (2006) und 70 (2018).

31 Vgl. exemplarisch Seiler 2009.

45 zu dauern habe. Was die Ritualarchitektur anbelangt, so kann sowohl für
freie Formen argumentiert werden als auch für Gottesdienste mit gewohnter
agendarischer Struktur, die gegebenenfalls an manchen Stellen verschlankt
wird. Thematisch wird geraten, die Feier an den Topoi des Kirchenjahrs auszurichten, weil sich darin die im Krankenhaus dominierenden Gefühlslagen leicht
aufnehmen und bearbeiten ließen: Angst und Mut, Aufbruch und Segen, Er-
schöpfung, Heimweh, Theodizee, Leben und Tod.

Angesichts der charakteristischen Emotionalität der Situation werden Predigten, denen es ausschließlich um argumentative Brillanz zu tun sei, abge-
lehnt: „Verkündigung ist eine andere Ebene der gleichen seelsorgerlichen
Grundaufgabe"[32] – es gehe ihr vor allem um die Vermittlung von Trost, was mit
großer persönlicher Glaubwürdigkeit zu geschehen habe und sich nicht zuletzt
auch auf nonverbaler Ebene zeige. Predigt habe sich wie der Gottesdienst insgesamt eher an freien und dialogischen Formen zu orientieren, was den souve-
ränen Umgang mit ‚Störungen' einschließe. Die Haltung gegenüber Mitmach-
Aktionen und kreativen Elementen demgegenüber kann aber durchaus gespal-
ten sein. Während es beispielsweise in der Kinderklinik naheliegt, das Gottesdienstkonzept gänzlich darauf ausrichten,[33] kann davon in anderen Klinikbe-
reichen mit dem Argument unterschiedlicher Nähe- und Distanzbedürfnisse
auch dezidiert abgerückt werden.[34] Mit Ausnahme der Kinderkrankenseelsorge
überwiegen infolgedessen klassische Formen und Medien, wenngleich Dia-
Gottesdienste in der Praxisliteratur zeitweise eine gewisse Konjunktur ver-
zeichnen.

1.2.   AltenPflegeHeimSeelsorge

Die gerontologische Alter(n)sforschung gerät vergleichsweise spät in den Horizont der evangelischen Praktischen Theologie, wird dann aber innerhalb kürzester Zeit an gleich mehreren Stellen als ein diakonisches und poimenisches
Anliegen profiliert.[35] Die Implikationen, die der demographische Wandel für die
pastorale Praxis mit sich bringt, werden im katholischen Kontext deutlich
früher reflektiert. So formuliert Wittrahm[36] schon zu Beginn der 1990er Jahre
Bedenken gegenüber der klassischen Kaffee- und Kuchen-Altenarbeit und plädiert für eine Sensibilisierung für die ganz unterschiedlichen Prägungen von
Menschen, an die die Angebote der so genannten Altenpastoral typischerweise

---

32   Schibilsky 1991,12.
33   Vgl. exemplarisch aber auch Adam 1976.
34   Vgl. Kolbe 2001.
35   Vgl. zur Einordnung vgl. Kobler-von Komorowski / Schmidt 2005; Klie u.a. 2009; Kunz
     2007; Charbonnier und Roy 2012 sowie die Themenhefte zu Fragen rund um das Alter(n)
     in der Zeitschrift Wege zum Menschen 62 (2010) und 63 (2011).
36   Vgl. Wittrahm 1991.

gerichtet sind. In einer empirischen Studie, die auf 30 Leitfadeninterviews basiert, identifiziert er eine Vielfalt religiöser und nicht-religiöser Stile, was der Formatierung der kirchlichen Angebote für diese Zielgruppe deutlich mehr Flexibilität abverlangt als bislang vermutet. Entsprechend verzichtet die Untersuchung auch auf konkrete Hinweise für die Pastoral. Darin unterscheidet sich dieser frühe Beitrag deutlich von der Tendenz der evangelischen APHS, die auf Basis breiter Praxiserfahrungen eher einen Duktus der Empfehlung pflegt, wie er sich in zahllosen *best-practice*-Beispielen dokumentiert.

Dies mag nicht zuletzt auch am Stil jener Publikation liegen, die im evangelischen Bereich für eine breitere Wahrnehmung der Seelsorge mit hochaltrigen Menschen gesorgt und dadurch Prozesse angestoßen hat, die der Entwicklung der APHS zu mehr Organisationsförmigkeit dienlich gewesen sind. Gemeint ist das zweibändige Werk Klaus Deppings mit dem Titel *Altersverwirrte Menschen seelsorgerlich begleiten,*[37] das aus einem langjährigen Praxisprojekt der Evangelisch-lutherischen Landeskirche Hannovers hervorging, in dem es schwerpunktmäßig um die Zurüstung von Pfarrpersonen und kirchlichen Mitarbeitenden für die Seelsorge an pflegebedürftigen und desorientierten Menschen ging. Noch ist nicht die Rede von ‚Demenz' – Depping wählt Umschreibungen wie ‚Desorientierung" beziehungsweise ‚Verwirrtheit'. Auffällig jedoch ist die breite Darstellung medizinisch-pflegerischer Aspekte, deren Berücksichtigung seitdem für die Gattung des Praxisbuches im Bereich der APHS bestimmend wird. Von dort her entfaltet Depping das Konzept einer Leib-Seelsorge, die insbesondere dann zum Zuge kommen soll, wenn Seelsorge als Gespräch an ihre Grenzen gerate. Den Gottesdienst begreift er in diesem Zusammenhang als eine „altersgedächtnis- und biographiefreundliche," „aktivierungsfreundliche" und „emotionsfreundliche"[38] Form der Begegnung, deren größtes Potential die unterschiedlichen Formen und Möglichkeiten körperlich-leiblicher Kommunikation seien.[39]

Die poimenische Theoriebildung wird vor allem durch Zimmermann und Zimmermann auf Deppings Ansatz aufmerksam.[40] Handreichungen und Praxishilfen in Buchformat, die von den Landeskirchen – häufig in Kooperation mit diakonischen Werken – herausgegeben werden und den Ansatz breit aufnehmen, folgen.[41] Der im März 2003 in Heidelberg veranstaltete erste internationale Kongress für Altenheimseelsorge und Sterbebegleitung tritt mit großer Deutlichkeit für eine spezialisierte Seelsorgeausbildung ein und fordert eine stärkere wissenschaftliche Sensibilisierung für die Thematik.[42] Wie schon bei Depping wird der Anschluss an pflegewissenschaftliche Ansätze gesucht wie

---

37 Vgl. Depping 1993.
38 A.a.O., 68.
39 Vgl. Depping 2009, 380f.
40 Vgl. Zimmermann / Zimmermann 1997 u. 1999.
41 2003 in Bayern; 2006 in Württemberg; 2008 im Rheinland.
42 Vgl. Kobler-von Komorowski und Schmidt 2005.

beispielsweise das Realitäts-Orientierungs-Training, Validation oder Basale Stimulation.[43]

In schöner Regelmäßigkeit folgen seitdem Qualifikationsschriften, die sich den komplexen Problemlagen der Seelsorge mit Hochaltrigen und insbesondere mit Menschen mit Demenz widmen.[44] Gottesdienst wird – mit einer Ausnahme[45] – dabei stets als eine Gestalt reflektiert, in der sich Seelsorge ereignet. Nach grundlegenden Erwägungen zur Unzulänglichkeit moderner Person- und Würdeverständnisse gerade im Hinblick auf Menschen mit Demenz und einer breiten Reflexion biblisch-anthropologischer Alternativen folgt zumeist eine kritische Infragestellung gängiger, zumal protestantischer poimenischer Praxis, die als zu intellektualistisch und wortlastig kritisiert wird. Auf Grundlage einer Beschreibung der Bedürfnisse und Ressourcen der Zielgruppe, die unter Rekurs auf ganz unterschiedliche pflegewissenschaftliche Konzepte plausibilisiert werden,[46] geht die Argumentation sodann zumeist dazu über, poimenische Konsequenzen zu reflektieren. Die Handschrift der dabei entfalteten Seelsorgekonzepte zeigt sich insbesondere an den theoretischen Bezugnahmen, unter welchen auch Gottesdienst als Seelsorge perspektiviert werden kann. Die Überlegungen schließen in der Regel mit Vorschlägen zu konkreten seelsorgerlichen Interventionen, die entweder auf eigenen Praxiserfahrungen gründen oder aber der Praxisliteratur entnommen sind.

1.2.1. Settings

Aus Sicht der Praxisliteratur eröffnen Gottesdienste vor allem in der Begegnung mit Menschen mit Demenz wichtige Kommunikationsmöglichkeiten. Insbesondere das gemeinsame Singen rege Bewohnerinnen und Bewohner, die sonst kaum äußerlich wahrnehmbar auf ihre Umwelt reagierten, an, für einige Augenblicke in gemeinsamen Vollzug einzutauchen. Schilderungen solcher Erfahrungen begegnen in den Fallbeispielen häufig und sind oft von einer besonderen Dichte und Anmutung. Menschen mit dementiellen Veränderungen unterschiedlicher Grade und Ausprägungen sind in der Mehrzahl der Personen in Einrichtungen der Altenpflege. Die Hochschätzung gottesdienstlicher Praktiken im Bereich der APHS kommt also nicht von ungefähr. Vielerorts existieren längst so genannte Demenz-Wohnbereiche, was Seelsorgende vor die Aufgabe stellt, liturgische Formen zu entwickeln, die unter den gegebenen Rah-

---

43 Vgl. Keetmann / Bejick 2005.

44 Vgl. Fröchtling 2008; Swinton 2012; Roy 2013; Schlarb 2015; Stuck 2020.

45 Vgl. Schlarb 2015.

46 Das Tableau der diskutierten Ansätze wird dabei gegenüber Keetmann / Bejick 2005 noch einmal deutlich erweitert. Neben Konzepten der Validation, des ROT und der Basalen Stimulation kommen Ansätze der Biographiearbeit und Reminiszentherapie, der Ergo-, Musik-, Garten- oder Puppentherapie aber auch ‚Warme Zorg' oder personzentrierte Pflege nach Tom Kitwood zum Tragen.

menbedingungen umsetzen sind. Abendmahlsfeiern, aber auch Salbungsgottesdienste werden in diesem Zusammenhang von den Praktikerinnen und Praktiker besonders geschätzt. In jüngerer Zeit wird vermehrt auch auf das Format des Abendsingens am Bett mit ehrenamtlichen Sängerinnen und Sängern aus den Kirchengemeinden zurückgegriffen.

1.2.2. Konzeptionelle Begründungen des Gottesdienstes

Was die Begründungen gottesdienstlichen Handelns anbelangt, überwiegen Positionen, die bei den spezifischen Bedürfnissen und Ressourcen der Klientel ansetzen. Dabei wird häufig anthropologisch argumentiert, indem Leiblichkeit als eine Möglichkeit des Menschseins profiliert wird, die auch im Angesicht dementieller Veränderungen erhalten bleibt. Neuerdings können dabei auch Konzepte des impliziten beziehungsweise Leibgedächtnisses stark gemacht werden.[47] Immer wieder wird dabei auch Henning Luthers Gedankenfigur des Fragments aufgerufen,[48] zuweilen läuft sie implizit mit, etwa wenn Plieth dafürhält, Gottes Dienst als Dienst Gottes am Menschen bestehe darin, dass das fragmentierte, weil in so vielen Hinsichten eingeschränkte Leben in sein Licht gerückt würde, wo es mit liebevollen Augen angesehen werde.[49] Indem „Defizite und Defizit-Erfahrungen" – Plieth spricht unter Aufnahme einer Selbstbeschreibung auch von Webfehlern im Lebensteppich[50] – auf diese Weise transzendiert würden, gewönnen Gottesdienste ein „präventiv-unterstützendes oder sogar therapeutisches Profil"[51].

1.2.3. Konkrete Vorschläge zur Umsetzung[52]

Empfehlungen zur Umsetzung von Gottesdiensten, die von Seiten der APHS formuliert werden, stimmen weitgehend mit jenen überein, die aus dem Bereich der Krankenhausseelsorge stammen. Dies ist umso bemerkenswerter, als in den einleitenden Teilen stets auf die Besonderheit der (homiletischen) Situa-

---

47	Vgl. Lewitz-Danguillier 2017 unter Bezug auf Fuchs 2012.
48	Vgl. exemplarisch Roy 2013.
49	Vgl. Plieth 2012.
50	Vgl. a.a.O., 172.
51	A.a.O., 170.
52	Ausgewertet wurden Depping 1993; Schildknecht 1998; Peglau u.a 2000; Reich 2001; Lödel 2003; Muntanjohl 2005; Eglin u.a. 2006; dies. 2008; Herrmann 2006; Evangelische Landeskirche in Württemberg / Diakonisches Werk Württemberg 2006; Pechmann 2007; Diakonie Rheinland-Westfalen-Lippe 2008; Peglau 2008; Eglin und Schroder 2009; Depping 2009, Hurtley 2010; Drechsel 2010; Lödel 2012; Plieth 2012; Hille / Kohler 2013; Sprakties 2013, Plieth 2014; Goldschmidt 2014; Korczmarek und Kraus 2013; Saß 2016; Lewitz-Danguillier 2017; Benz 2019 sowie das Praxisportal im Internet: https://www.seelsorge-im-alter.de/ (aufgerufen am 26.3.2020).

tion in der jeweiligen Einrichtung abgehoben wird. Indes, in beiden Kontexten gilt es, auf die körperliche Belastbarkeit und Konzentrationsfähigkeit Rücksicht zu nehmen und die Vielfalt der religiösen Prägungen in Rechnung zu stellen. Beide Bereiche teilen die Erfahrung der hohen Fluktuation von Patientinnen und Bewohnern, binden Ehrenamtliche für Hol- und Bringdienste ein und müssen sich mit dem Umstand abfinden, dass die räumliche Umgebung für den Gottesdienst oft erst vorbereitet werden muss.

Anders als die Krankenhausseelsorge plädiert die APHS indes stark für Erkennbarkeit, was impliziert, dass die Gestaltung der Räumlichkeiten und das Auftreten der Liturginnen und Liturgen möglichst an die Gepflogenheiten der sonntäglicher Hauptgottesdienste anzupassen seien. Der Altar mit Bibel, Kerzen, Parament und Blumenschmuck gilt als unverzichtbar. Auch die bekannten agendarische Strukturen in unterschiedlichen lokalen Ausprägungen werden geschätzt, wenngleich zumeist auf eine Länge von 30 bis maximal 45 Minuten komprimiert. Thematisch orientiert sich der Gottesdienst an den Topoi des Kirchenjahrs, in das die für das Leben in der Einrichtung genannten relevanten emotionalen Gehalte eingepasst werden können. Tod und Endlichkeit spielen tendenziell eine größere Rolle in der Diskussion der APHS, in den Gottesdienstentwürfen bleibt die Thematik gleichwohl oft marginal. Das Anliegen, gottesdienstliche Atmosphären zu schaffen, die Geborgenheit, Ruhe und Vertrautheit vermitteln, überwiegt.

Was die Predigt anbelangt, so gerät Diskursivität bisweilen stark in Misskredit, was womöglich auch damit zu tun hat, dass neuere Entwicklungen auf dem Gebiet der Homiletik nur sporadisch rezipiert werden.[53] Empfohlen wird demgegenüber ein Predigtstil, der die Sinnlichkeit und Emotionalität der Hörerinnen und Hörern anzusprechen vermag. Schließlich gehe es „weniger um eine intellektuelle Auseinandersetzung mit Themen des Glaubens"[54] und auch nicht „um das Aktivieren, vielmehr um die Gewährung und Herstellung von Ruhe"[55] Predigten, so die Empfehlung, sollten ihren Gegenstand daher am besten narrativ und bildhaft entfalten, ihn in einfacher Sprache und unter Berücksichtigung der Möglichkeiten non- sowie paraverbaler Kommunikation umkreisen und vor allem kurz sein.

Darin fügen sie sich in ein gottesdienstliches Gesamtkonzept, dem es – noch einmal stärker akzentuiert als in der Krankenhausseelsorge – um das Erzeugen von Resonanzen im Leib-, und Emotionengedächtnis geht. Erkennbare Formen, Texte, Lieder und Klänge, aber auch eine breite Vielfalt visueller, olfaktorischer, gustatorischer und perzeptiver Eindrücke werden dafür zur Voraussetzung gemacht. Inbegriff solcher Gottesdienstpraxis ist das sogenannte Mitgebsel, in dem sich die Thematik der Feier, die sich möglichst auf einen

---

53   Vgl. exemplarisch Hille / Koehler 2013, 174ff.
54   Schildknecht 1998, 15.
55   Depping 2009, 378.

emotionalen Kerngehalt zu bringen sei, verdichtet.[56] Gern gebraucht werden neben klassisch religiösen Symbolen wie Brot und Wein, Wasser, Kreuz oder Taufkleid auch Gegenstände aus der Natur oder dem vermuteten Alltag zu Kindheitszeiten der Gottesdienstbesucher.

Leib und Sinne, Emotionen und Rituale bilden im professionellen Diskurs einen Komplex, der nicht selten auch in harscher Abgrenzung zu Diskursivität in Stellung gebracht wird. Nur zuweilen sind Stimmen vernehmbar, die diesen Zugang als Pauschallösung für Gottesdienste im Pflegeheim in Frage stellen. Lödel etwa gibt zu bedenken, inwieweit Menschen mit fortgeschrittenen de-mentiellen Veränderungen die damit implizierte – durchaus auch auf emotio-naler Ebene zu leistende – Verknüpfung von Bild- und Sachhälfte bewerkstelli-gen können.[57] Auch werden angesichts der Selbstverständlichkeit, mit der Salbung oder Fußwaschung als Formen „handvermittelte[r] Zärtlichkeit"[58] praktiziert werden, nur vereinzelt Stimmen vernehmbar, die die unterschiedli-chen Nähe- Distanzbedürfnisse von Menschen in Rechnung stellen.[59] Dass Be-rührungen auch negative Erfahrungen auslösen können, zumal bei einer Gene-ration, in deren Leib sich nicht zuletzt auch Kriegs- und Fluchterfahrungen eingeschrieben haben, wird nirgendwo diskutiert. Mit deutlich mehr Sensibili-tät werden Berührung und Berührbarkeit im Angesicht des Todes reflektiert.[60]

Die Vielfalt religiöser Prägungen demgegenüber wird regelmäßig themati-siert; in Stil- und Geschmacksfragen tendieren die Maßgaben allerdings oft zu klassischen Alters-Stereotypen.[61] Nicht allen sagt die Ästhetik einer von insti-tutioneller Wohnlichkeit beeinflussten Gottesdienstatmosphäre zu – zumal, wenn diese mit einer gewissen Verkindlichung gepaart ist, die wiederum durchaus Gegenstand der Diskussion werden kann. Ging die ältere Literatur noch selbstverständlich davon aus, hochaltrige Menschen vollzögen eine Re-gression in die Welt des Kleinkindes,[62] wird neuerdings immer deutlicher da-rauf aufmerksam gemacht, dass Gottesdienstbesucherinnen und -besuchern Hilfen zum Verstehen und Ertragen ihrer Situation erwarteten, weshalb es fatal sei, wenn sie in Liturgie und Predigt wie Kinder adressiert würden.[63]

---

56 Vgl. Plieth 2012 oder Sprakties 2013, 59.
57 Vgl. Lödel 2012, 82.
58 Depping 2009, 380.
59 Vgl. exemplarisch Eglin u.a. 2006, 32f.
60 Vgl. Lödel 2003, 97f.
61 Vgl. exemplarisch Depping 2003, 83f.; besonders greifbar auch in der Anmutung vieler Mitgebsel.
62 Vgl. exemplarisch Depping 2009, aber auch die Selbstbeschreibung durch Josuttis 2016.
63 Vgl. Muntanjohl 2005, 14.

2.   Gemeinsame Tendenzen anstaltsbezogener Praxisliteratur

Wie auch andernorts, stehen Pfarrerinnen und Pfarrer in Krankenhäusern und Pflegeheimen vor der Aufgabe, situationsgerechte, lebendige Gottesdienste zu gestalten. Dennoch werden gottesdienstliche Feiern in Einrichtungen des Pflege- und Gesundheitswesens stets als „etwas besonders Besonderes"[64] profiliert. Wer sich dort einfinde, befände sich in einer besonders herausgeforderten Lebenssituation in einem besonderen System und bedürfe darum besonderer Formen der Zuwendung und Kommunikation. Die Betonung der Einzigartigkeit der liturgischen Situation geht bisweilen auch in Stilisierungen von Eigentümlichkeit über. Vor allem das Pflegeheim erscheint als fremde soziale Lebens- und Erlebniswelt, die nicht zuletzt auch mit Bildern des Exils umschrieben werden kann.[65] So zentral das Problem des Fremdverstehens für eine jede zwischenmenschliche Begegnung ist, die wechselseitige Annahme eines zu einem gewissen Grad geteilten Erlebens scheint in den Bereichen der Sonderseelsorge noch einmal mehr an Selbstverständlichkeit zu verlieren. Tendenzen zu VerÄnderung in der Darstellung der Lebenssituationen erklären sich womöglich aber auch vor dem Hintergrund des Empfindens, dass sich hier die Grunderfahrungen des Menschen auf unabweisbare Weise verdichten: Leben und Tod, Macht und Ohnmacht, Verzweiflung und Hoffnung, Lebensbilanzierung und Versagen, Schuld und Vergebung. Fragmentarität und Endlichkeit scheinen sich noch einmal deutlicher aufzudrängen als in der Alltagsinteraktion all jener, die frei sind zu kommen und zu gehen.

Das große Engagement spezialisierter Seelsorgerinnen und Seelsorger, das sich in Fallbeispielen dokumentiert, ist beachtlich. Ausdrücklich zu würdigen ist auch das Ringen um eine theoretische Einordnung des eigenen gottesdienstlichen Handelns. Auch wird die Suche nach Möglichkeiten, religiöse Kommunikation aufrecht zu erhalten, mit großem persönlichem Einsatz vorangetrieben. Der Weg führt dabei meist über die Trias von Emotionalität, Sinnlichkeit und Leiblichkeit. Liturgische Praxis erhält von dorther ihr Profil, was Anschlüsse an Symbol- und Ritualtheorien nahelegt, die auch schon auf der Ebene des professionellen Diskurses gesucht und gefunden werden. Insbesondere an Ritualität werden große Erwartungen herangetragen, in Grenzsituationen handlungs- und sprachfähig zu bleiben. ‚Rituale' sind in der Literatur darum durchweg positiv belegt; im Sinne Catherine Bells[66] lässt sich aber auch zurückfragen, ob die Betonung von Ritualität nicht vielleicht doch auch eine Möglichkeit ist, das

---

64   Plieth 2012, 169.
65   Vgl. Drechsel 2007; Fröchtling 2008, 205ff.; Sprakties 2013, 63.
66   Vgl. Bell 2009.

„besonders Besondere" des Gottesdienstes herauszustellen beziehungsweise womöglich sogar auch allererst zu konstruieren.

Dass sich mit Ritualen auch Möglichkeiten des Machtmissbrauchs verbinden, etwa indem sie Entscheidungen über die Verlängerung medizinisch-pflegerischer Maßnahmen oder deren Abbruch vorwegnehmen und gewissermaßen absegnen,[67] wird an keiner Stelle reflektiert. Das routinierte Anbieten von Ritualen vermag überdies Haltungen der Annahme zu insinuieren, noch bevor die Ritualteilnehmerinnen und -teilnehmer selbst bereit geworden sind, ihre Lage zu akzeptieren. Unbedacht bleibt schließlich auch das Problem, dass Rituale oft auch dann in Dienst genommen werden, wenn Seelsorgerinnen und Seelsorger ihre eigene Ohnmacht und Hilflosigkeit nicht zulassen können. Vor allem aber in multireligiösen Kontexten wie der Klinik läuft ein vergleichsweise unbekümmerter Umgang mit Ritualität – zumal an Weihnachten – Gefahr, das Gegenüber religiös und seelsorgerlich zu vereinnahmen.

Die unzähligen positiven Erfahrungen mit liturgischer Praxis scheinen gleichwohl für sich zu sprechen. Insbesondere in der Begegnung mit Kindern oder Menschen mit Demenz gewinnen die Möglichkeiten dessen, was mit der Chiffre des ‚Rituals' belegt wird, eine so starke Evidenz, dass daraus auch der Anspruch abgeleitet werden kann, Konzepte ganzheitlicher Leib-Seelsorge für die Seelsorgetheorie insgesamt fruchtbar zu machen.[68] Anschlüsse werden dabei an Entwürfe einer energetischen beziehungsweise mystagogischen Seelsorge, aber auch an Konzepte von Seelsorge als Leibsorge gesucht, wie sie etwa bei Nauer oder Naurath entfaltet werden. Christlicher, zumal protestantischer Poimenik kann dabei eine Wortzentriertheit bescheinigt werden, die auf Kosten von Leib- und Körperlichkeit gehe.

Die dadurch gewonnene Profilierung ist jedoch zwiespältig. Der berechtigte Ruf nach einer Sicht, die mit der Körperlichkeit und Sinnlichkeit des Menschen rechnet, kann wiederum mit Vorstellungen von Ganzheitlichkeit eingehen, die selbst wiederum zu einer gewissen Einseitigkeit tendieren. Mal mehr, mal weniger indirekt werden kranke und vor allem alte Menschen primär auf deren Körperlichkeit und Emotionalität reduziert. Das Gefühl wird dabei so stark in den Fokus gerückt, dass Rationalität in Misskredit gerät. Überzeichnungen, die Einsichten der Neurowissenschaften oder der Körpersoziologie kaum standhalten, sind vielleicht aber auch unumgänglich, wo mit biblisch-anthropologischen Argumenten gegen die Übermächtigkeit des Ideals vom ratio-autonomen Menschen für die Würde – zumal dementiell veränderter oder ganz junger Personen – eingetreten werden muss. Wie emotional der Diskurs an dieser Stelle geführt wird, zeigt sich auch an Aussagen, die das Selbstverständliche – nämlich, „dass auch alte und unnütz erscheinende Men-

---

67 Vgl. Moos u.a. 2016, 250-252.
68 Vgl. Drechsel 2010; Heymel 2010; Kohl 2015.

schen eine unantastbare Würde besitzen"[69] – so deutlich zu betonen meinen müssen, dass es darin schon wieder fraglich erscheint.

Auch im Bereich des Atmosphärischen begegnen Stereotypisierungen. Gottesdienste im institutionellen Kontext scheinen oft nur eine Tönung zu kennen. Es geht um Erwartungssicherheit, Entlastung, Ruhe und Trost. Raum für negative Gefühle, kritische Anfragen und Protest scheint demgegenüber eher das Seelsorgegespräch zu eröffnen. Verbitterung, Enttäuschung, aber auch Erfahrungen der Entfremdung und der Gewalt, wie sie unausweichlich sind, wenn Menschen gezwungen sind, auf engstem Raum miteinander klarzukommen, werden in den Gottesdienstentwürfen selten berücksichtigt. Auch das gesellschaftliche und politische Tagesgeschehen jenseits des Alltags in den Einrichtungen bleibt seltsam unterbelichtet, wenngleich immer wieder betont wird, dass Menschen, die das Gefühl haben, nichts mehr für sich und andere tun zu könnten, darin Empowerment erfahren, dass sie in Gebet und Fürbitte für andere einzutreten vermögen.

3.   Poimenische und liturgiewissenschaftliche Diskussion

Gottesdienstliche Praktiken werden in poimenischen Hand- und Lehrbüchern fraglos als Teil des Aufgabenspektrums in institutionellen Kontexten genannt. Wie intensiv dabei über Möglichkeit und Eigensinn liturgisch-ritueller Kommunikation nachgedacht wird, ist allerdings unterschiedlich. Das Spektrum reicht von der bloßen Erwähnung des gottesdienstlichen Auftrags[70] bis zu Ansätzen, die den Gottesdienst als tragendes Fundament seelsorgerlichen Handelns profilieren.[71] Klar ist: Was unter Gottesdienst als Seelsorge oder gar einer liturgisch konzipierten Seelsorge[72] zu verstehen ist, hängt vom jeweiligen Seelsorge- und Gottesdienstverständnis ab, wobei in der Regel, wie schon in der Praxisliteratur, viel über Ersteres, aber weniger über Letzteres nachgedacht wird.

In einer Optik, die Seelsorge als Care- oder Dienstleistung formatiert, die den therapeutischen Zielen des medizinisch-pflegerischen Behandlungssystems zuarbeitet, kommen gottesdienstliche Praktiken tendenziell weniger in den Blick. Die Energie richtet sich – mit gewissen Ausnahmen[73] – dann eher auf Fragen der Explizität oder Implizität des theologischen Auftrags. Begreift sich

---

69   Mes / Nauer 2007, 362.
70   Vgl. exemplarisch Morgenthaler 2009; Klessmann 2012.
71   Vgl. Dirschauer 1967; Stollberg 2008.
72   Vgl. Plüss 2012.
73   Vgl. Rehm / Gary 2007, 22.

Seelsorge demgegenüber als Akteurin an den Bruchstellen der Systeme, wird Gottesdienst gern als eine Möglichkeit im Handlungsrepertoire reflektiert, für das Zweckfreiheit, Fremdheit und Andersartigkeit in Anspruch genommen wird, womit auch Erwartungen einhergehen, die sich auf die Chiffre der ‚heilsamen Unterbrechung' bringen lassen. Die Schwerpunktsetzung auf ‚Gespräch' oder ‚Ritual' ist aber auch eine Frage der institutionellen Zuordnung. Beide haben sie einen gewissen Stallgeruch und können in einer Situation des Wettbewerbs um personelle und finanzielle Ausstattung durchaus auch gegeneinander ausgespielt werden.[74] Entsprechend wird auch auf unterschiedliche Kompetenzen abgehoben – KSA versus spirituelle Kompetenz.

Tatsächlich hat es in der Geschichte der Praktischen Theologie immer wieder Anregungen gegeben, derlei Verspartungen aufzuweichen, indem pastorale Praxis auf unterschiedliche Art und Weise dimensionalisiert wurde. Mal galt Seelsorge, mal Verkündigung als das leitende Paradigma. Die Vielfalt der Positionen kreist dabei stets um zwei Pole: So wird entweder auf die Chancen abgehoben, die mit einer klaren Unterscheidung zwischen gottesdienstlicher und seelsorgerlicher Kommunikation einhergehen (a), oder aber auf Komplementarität von Gottesdienst und Seelsorge gesetzt, um das eine vom anderen her zu denken und zu gestalten (b).

a) Trotz ihrer unterschiedlichen theologischen Ausrichtung können sowohl Dirschauer[75] als auch Stollberg[76] als zwei wichtige Vertreter der ersten Position gelten. Kult und Seelsorge werden – mit durchaus unterschiedlichen Implikationen für die Praxis – als voneinander zu unterscheidende Kommunikationsformen beschrieben. Während Dirschauer für eine konsequente, am sonntäglichen Gemeindegottesdienst ausgerichtete Praxis plädiert, die sich ihren Charakter gerade nicht von den konkreten Lebensbedingungen im institutionellen Kontext vorschreiben lässt, kann sich Stollberg durchaus eine Seelsorge vorstellen, die ihren Auftrag aus dem Gottesdienst heraus erhält und entsprechend doxologisch begründet ist, ohne dass dabei ständig Gottesdienste abzuhalten wären. Seelsorgende vertreten seiner Ansicht nach vielmehr eine Organisation, deren Wirklichkeitssicht von der Anbetung her bestimmt sei. Die Begegnung zwischen Seelsorger und Patient sei infolgedessen durch eine Haltung qualifiziert, die in die Perspektive einer über Leben und Tod hinausgreifenden Ewigkeit gestellt sei, in deren Licht der Alltag transzendiert würde. An keiner Stelle geht es Stollberg deshalb darum, ein Surplus liturgischer Praxis gegenüber den Möglichkei-

---

74 Eher beschreibend Lödel 2012, 7f.; deutlich programmatisch Heymel 2010 oder Drechsel 2010, welch letzterer zwei dominierende Paradigmen der Seelsorge postuliert: die beratende Seelsorge, sowie eine „liebende Seelsorge", der es um zweckfreie Zuwendung zum Nächsten aus einer liebevollen Haltung heraus zu tun sei.

75 Vgl. Dirschauer 1967.

76 Vgl. Stollberg 2008.

ten einer beratenden, helfenden oder begleitenden Seelsorge zu profilieren.

Klessmann[77] schließlich argumentiert wissenssoziologisch, indem er dafürhält, dass sich der ,religiöse Kosmos' auf unterschiedlichem Wege absi-
chern ließe – entweder durch die überindividuelle, präsentative Symbolik
des darstellenden gottesdienstlichen Handelns oder aber in der wirksamen
Reparatur brüchig gewordener individueller Sinnwelten. Beide Kommunikationsformen hätten ihre Berechtigung in unterschiedlichen Lebenssituationen. Während die seelsorgerliche Kommunikation indes auch Raum bö-
te für das Ausloten und Durcharbeiten von Ambivalenzen, wirke die Liturgie stärker affirmativ, was letztlich bedeute, dass Kontingenz durch das
Ausschalten von Widerspruch bearbeitet würde.

b) Bieritz[78] vertritt demgegenüber einen Ansatz, der stärker auf Komplemen-
    tarität setzt und den er deshalb auch auf das Begriffspaar des poimeni-
    schen Gottesdienstes wie der gottesdienstlichen Seelsorge auf den Begriff
    bringt. Konzeptionell, aber auch in der praktischen Ausrichtung seien bei-
    de in dem Sinne ,kasuell', als sie an den konkreten Lebensverhältnissen ih-
    rer Adressaten orientiert sind. Im Kern geht es ihm um eine „Ritualisie-
    rung von Situationen und die Personalisierung von Ritualen"[79]. Liest man
    diesen Vorschlag heute, mag der Ansatz kaum mehr überraschen. Die Pra-
    xisliteratur zeigt, wie stark er zum Allgemeingut geworden ist. Die Selbst-
    verständlichkeit indes, mit der die Kasualtheorie praktisch-theologisch re-
    flektiert wird, war zu dem Zeitpunkt noch kaum abzusehen, und auch in
    der pfarramtlichen Praxis musste sie sich erst gegen Vorbehalte etablie-
    ren.[80]

Kasualisierung der Seelsorge wird, folgt man der Deutung bei Plüss,[81] auch bei
Morgenthaler greifbar, dessen systemischer Ansatz oft anhand von Fallbeispielen anschaulich würde, die die Begleitung im Umfeld von Amtshandlungen
zum Gegenstand hätten. Seelsorge gewönne von dort her eine liturgische Zielperspektive. Auch handelten die Amtsträgerinnen und -träger stets im Bewusstsein ihrer Rolle, die sie als eine Ressource einzubringen vermöchten.
Plüss' eigener Vorschlag einer liturgisch sensiblen beziehungsweise sogar liturgisch konzipierten Seelsorge schließt daran an und geht zugleich einen
Schritt weiter, indem er unter Rekurs auf Schleiermacher und Thurneysen auf
die Potentiale religiöser Sinnformen aufmerksam macht, die insbesondere im
gottesdienstlichen Handeln zur Darstellung kommen.

---

77   Vgl. Klessmann 2007.
78   Vgl. Bieritz 1983.
79   A.a.O., 223.
80   Vgl. Meyer-Blanck 1998.
81   Vgl. Plüss 2012.

Stärker pastoralpsychologisch argumentiert Haustein,[82] wenn er Gottesdienst mit Hilfe von Konzepten aus der Tiefenpsychologie zur *cura animarum generalis* erklärt, worin sich die Aufnahme legitimer regressiver menschlicher Grundbedürfnisse nach Nähe, Geborgenheit, Trost, Zuwendung und Annahme ereigne. Aufgestaute Emotionen würden in Liedern und Gebeten einer Katharsis zugeführt, Fürbitte, Absolution und Evangeliumszuspruch eröffneten Möglichkeiten der Entlastung. Vor allem aber sei der Gottesdienst auch eine Einübung in eine Haltung der Hinnahme und des Geschehenlassens des Unumgänglichen.

4. Den eigenen Blick in den Blick nehmen. Ein Ansatz zur Dezentrierung professioneller Selbstverständlichkeiten

Das größte Pfund der Praxisliteratur ist ihre Kreativität. Noch nicht annähernd ist die Vielzahl der dort formulierten Vorschläge auf der Ebene der praktisch-theologischen Theoriebildung eingeholt. Das Spezialistentum der Bereichsseelsorge lässt freilich aber auch gewisse professionelle Selbstverständlichkeiten entstehen, die ihre eigenen Blindheiten erzeugen. Auf zwei miteinander verbundene Problemlagen ist im Folgenden gesondert einzugehen. Zur Beschreibung dessen, was gemeint ist, möchte ich mich ihnen mit Hilfe des Begriffs des therapeutischen Blicks nähern (4. 1). Zu guter Letzt gilt es, die Möglichkeiten einer Forschungsstrategie auszuloten, die sich der damit verbundenen Probleme annimmt, indem sie diese dezidiert vor die analytische Linse holt. (4. 2) Das Programm, das damit verfolgt wird, ist ein empirisches, in dessen theoretische Zurichtung Momente gesteigerter Selbstreflexivität eingebaut sind. Damit soll versucht werden, den Fokus auf die Standortgebundenheit des eigenen Blicks zu richten, um auf diesem Wege feldtypischer Essentialisierungen ansichtig zu werden, statt sie durch die praktisch-theologische Theoriebildung wieder bloß zu reifizieren.

4.1. Der therapeutische Blick

In einer kleinen medizinhistorischen Studie aus dem Jahr 1963, die mit dem Titel *Die Geburt der Klinik. Eine Archäologie des ärztlichen Blicks* überschrieben ist, rekonstruiert der französische Philosoph Michel Foucault die Veränderungen

---

82 Vgl. Haustein 2003.

im Umgang mit Krankheit und Gebrechen an der Wende vom 18. zum 19. Jahrhundert, die zur Herausbildung eines neuen medizinisch-wissenschaftlichen Paradigmas geführt haben. Anhand der Ablösung des zumeist kirchlich verantworteten Spitalwesens durch das neu entstehende Krankenhaus und am Beispiel der Herausbildung der modernen Pathologie illustriert er einen Vorstellungswandel, demzufolge Krankheit kein unabweisbares Schicksal, sondern vielmehr ein Zusammenspiel fehlgeleiteter Körperfunktionen darstellt, die der ärztliche Blick nüchtern durchschaut und analysiert.

Der den Körper taxierende, ihn vermessende und durchleuchtende, klassifizierende, diagnostizierende und auf Eingriffe abzielende Blick des Arztes, mit dem er die geheimnisvolle Hülle des Menschen zu durchdringen sucht, verfolgt vor allem die Absicht, medizinisches Wissen anzuhäufen. Dies ist freilich nur unter konkreten Bedingungen der Verräumlichung möglich.[83] Es bedarf dazu eines geeigneten Rahmens, der Labore zur Verfügung stellt, Patienten versammelt, vom Alltag abtrennt und gegebenenfalls sogar panoptisch überwacht. Beiprodukt solcher Verräumlichung ist eine Verobjektivierung des Menschen, hinter der der Einzelne zu verschwinden droht. Durch die Unterscheidung von Dysfunktionen, Defiziten und Defekten wird er auf extreme Weise auf seinen überdiagnostizierten Körper reduziert und zum Objekt in den Händen von Ärzten, Therapeuten oder Pflegekräften. Zugleich verfügt er kaum mehr über die Möglichkeit, sich seiner körperlichen Bedürfnisse selbst zu versichern oder gar gegen Eingriffe, die seine leib-seelische Integrität bedrohen, zur Wehr zu setzen.[84]

Foucaults Beschreibung ist mittlerweile längst zu relativieren. Ansätze personenbezogener Pflege und die vielfältigen Bemühungen um Patientenorientierung im Krankenhaus lassen das Interesse an Fragen subjektiver Lebensqualität zunehmend zum Standard werden. Dennoch sind Foucaults Überlegungen anregend, machen sie doch darauf aufmerksam, dass sich bestimmte Vorstellungen von Menschen in Handlungsprogramme übersetzen, die nicht zuletzt auch in materiell-räumliche Settings eingelagert sind. Anders – nämlich mit Goffmann – gesprochen: Anstaltsidentitäten werden hervorgebracht durch die Routinen der Praxis und die in sie eingebaute materielle Kultur.

Pastorale Praxis, zumal unter Bedingungen hochgradiger Spezialisierung, ist davon vermutlich nicht ausgenommen. In der Praxisliteratur zumindest basieren die Überlegungen zu konkreten poimenischen und liturgischen Interventionen in der Regel auf Situationsanalysen, die ein klares und oft auch einseitig überzeichnetes Bild vom ‚Patienten‘ beziehungsweise ‚Bewohner‘ zeichnen. Die Darstellung der Bedürfnisse operiert tendenziell mit negativen Stereotypisierungen. Die Klientel braucht vor allem Ruhe, Trost und Geborgenheit, ist

---

83 Vgl. Foucault 2008, 32, 68.
84 Vgl. a.a.O., 31, 74f.

schnell aus dem Gleichgewicht zu bringen und bald überfordert, so sie mit Neuem konfrontiert wird.

Gottesdienst und Seelsorge im institutionellen Setting geraten dabei tendenziell in den Fokus des therapeutischen Blicks: Das pastorale Handeln sieht sich auf den ‚Ausnahmezustand' bezogen und infolgedessen vor die Frage gestellt, was sie zu dessen Milderung oder gar Beseitigung beitragen kann. Damit gleitet sie selbstverständlich in ein Netz von Diskursen und Dispositiven, dem es um Rehabilitation – eben um die (ansatzweise) Wiederherstellung von ‚Normalität' – zu tun ist und an dem sie, wie gezeigt, auch in gewisser Weise mitstrickt. Die Maßstäbe, die dabei angelegt werden, um zu bestimmen, was unter Normalität eigentlich zu fassen sei, bilden sich zumeist anhand der dichotomen Gegenüberstellung von ‚drinnen' und ‚draußen' heraus. Angesichts der Persistenz jener Routinen und Umgebungen, in die diese Vorstellungen eingelassen sind, gewinnen sie allmählich die kaum mehr abweisbare Evidenz des Faktischen. Dies erklärt auch die Selbstverständlichkeit, mit der gewisse Zeichnungen aus der Fremdzuschreibung in der Selbstwahrnehmung von ‚Patienten' beziehungsweise ‚Bewohnern' übernommen werden.

Die anstaltsbezogene Seelsorge kann für derlei Mechanismen freilich wenig und es gibt reichlich Indikatoren, dass sie die Zwänge selbst, in die sie eingespannt ist, registriert und dagegen anzuarbeiten versucht. Ein konkretes Beispiel: Ob Gottesdienste auf dem neu entstehenden Demenzwohnbereich von der Kollegin vom Sozialen Dienst oder der Heimleitung als ein bereicherndes Angebot begrüßt werden oder als eine zusätzliche Turbulenz für die sowieso schon gebeutelten ‚Bewohner' und Pflegekräfte abgewehrt werden, hängt letztlich auch von den Argumenten ab, mit denen für das Unterfangen geworben wird. Überzeugen kann man vielleicht, indem man herausstellt, dass pflegewissenschaftliche Konzepte wie die Biographiearbeit und die Basale Stimulation, die im Haus eine wichtige Rolle spielen, auch bei der kleinen Feier auf dem Wohnbereich zum Tragen kommen. Liturgisches Handeln wird dadurch als eine therapeutische Intervention plausibilisiert. Ob die Pfarrerin nun von dieser Charakterisierung selbst überzeugt ist oder nicht – der Gottesdienst verliert dadurch die Möglichkeiten, die mit seiner Eigenzwecklichkeit einhergehen könnten. Formatiert als ‚Aktivierung', rubriziert er in der Hauszeitung unter derselben Sparte wie das wöchentliche Angebot des Rollatortanzes oder gemeinsamen Zeitunglesens.

Daran ist – je nach Seelsorgekonzept und Gottesdienstverständnis – mehr oder weniger auszusetzen, und die Meinungen darüber, ob von einer Funktionalisierung des Gottesdienstes zu sprechen ist oder ob solcherlei Aushandlungsprozesse zwischen Pfarrerin, Sozialem Dienst und Heimleitung überhaupt erst auf Grundlage eines Rollenverständnisses entstehen, das der Pfarrerin nun eben auf die Füße fällt, sind sicherlich geteilt. Indes, ob der Gottesdienst nun therapeutisch ist oder gerade „kein Aktivierungs- oder Therapieangebot"[85] darstellt, ist ein Diskurs, der mit Verve geführt und sicherlich noch lange andauern wird; eigentlich aber müsste er doch vor allem zur empirischen Frage werden. Was denken Menschen, die für eine gewisse Zeit im Krankenhaus oder im Pflegeheim leben, selbst? Erleben sie sich tatsächlich als rundum therapiert, als Objekt von ‚care' in allen Lebensbereichen? Und wenn ja, was für Folgen hat das in ihrer Wahrnehmung des seelsorgerlichen und gottesdienstlichen Handelns?

4.2.   Fokus auf die eigene Standortgebundenheit

Die Untersuchung, der der vorliegende Band gewidmet ist, lässt sich so deuten, dass Gottesdienst vor allem dann guttut, wenn er Raum eröffnet, sich einmal ohne Defizit zu erleben. Widersteht er der Versuchung, die Menschen, an die er gerichtet ist, auf ihre Krisensituation festzulegen, schafft er für eine kleine Weile ein Moratorium, in dem Fragen darüber, was ‚drin' und was ‚draußen' eigentlich normal ist oder eben gerade nicht, vorübergehend sistiert werden können. Gottesdienst wird eigensinnig und kann so neben seiner Entlastungs-, Bestätigungs-, Erinnerungs-, Artikulations- und Gemeinschaftsfunktion[86] auch eine Ausbruchsfunktion gewinnen. Ritualität würde, so gesehen, auch in ihrer Subversivität zur Geltung kommen, die Raum gibt für Alternativen zum Vorherrschenden.

Auf Ebene der Emotionen etwa wäre einmal zu überprüfen, was aus Sicht der Gottesdienstteilnehmerinnen und -teilnehmer passiert, wenn auch einmal Platz ist für Gefühle wie Protest, aber auch Dank und Anbetung. Auf der Ebene der Diskursivität ließe sich fragen, ob gottesdienstliche Sprache und Argumentation, die im Kontrast zum Ärzte- oder Pflegejargon bewusst versucht, diagnostische Fixierungen zu vermeiden, neue Möglichkeiten der Selbstwahrnehmung und -darstellung eröffnet, die Selbstdistanzierung einschließen. Und auch die so sorgsam vorbereitete räumliche Umgebung könnte samt ihrer materiellen Kultur auf die Aufforderungen und Zwänge hin untersucht werden, die davon auf die Gottesdienstteilnehmerinnen und -teilnehmer ausgehen: Was ‚macht' eigentlich ein eine vergoldete Patene in den Augen jener, die auf ihrem Weg zum Gottesdienst an Einmalwaschlappen, Gummihandschuhen und Windelsäcken vorbeikommen? Was verlangt ein Stuhlkreis an Haltungen und Bereitschaften ab, zumal dann, wenn ich im Rollstuhl sitze?

Die Diskussion über Gottesdienst im anstaltsbezogenen Kontext profitierte also, wenn sie das Verhältnis umdrehte und die professionellen Sichtweisen der Praktiker im Feld ebenso wie die daran anschließenden wissenschaftlichen

---

85   Korczmarek 2013, 46.
86   Vgl. Bieritz 1990; Plüss 2012.

Perspektiven mit den Wahrnehmungen und Sichtweisen ihrer Objekte konfrontieren würde, das heißt jener, die zu Patienten und Bewohnern – kurz: zu Anstaltsinsassen gemacht werden. Vor allem aber hätte die pastorale Praxis auch ihren eigenen Blick in den Blick bekommen. Dazu muss sie sich selbst über die Schulter schauen, um sich über die Selbstverständlichkeiten ihres eigenen Tuns klar zu werden.

Dies ist freilich leichter gesagt als getan. Notwendig dafür ist das vermehrte Bemühen der Praktischen Theologie um eine empirische Forschung, die versucht, möglichst vielen Perspektiven auf das fragliche Geschehen Stimme zu verleihen und dabei zugleich danach fragt, wie diese Perspektiven – die der Forscherin inbegriffen – eigentlich zustande kommen. Welche Sichten der Dinge ergeben sich von welchen Standorten? Wo liegen die Chancen dieser Beobachtungsposition, wo ihre Grenzen? Und wie lässt sich die eigene Perspektivität dezentrieren?

Der Ruf nach einer solch selbstreflexiven Empirie ist wohlfeil. Und doch gibt es Zugänge, die es der Forscherin dezidiert zur Aufgabe machen, ihre eigenen Annahmen sowie jene, die sich am ehesten Gehör zu verschaffen vermögen, zum hinterfragbaren Gegenstand selbst zu machen, indem methodisch die eigene und die beobachtete Praxis befremdet wird. Zugänge, die, wie sich im vorliegenden Band dokumentiert, Ethnographie in der eigenen Gesellschaft betreiben, können nur gewinnen, wenn die Deutungen und Praktiken eines konkreten Feldes unter einem gewissen gedanklichen Aufwand, der zugleich etwas Spielerisches hat, befremdet werden. Überraschende Einsichten lassen sich etwa organisieren, indem dezidiert Situationen beobachtet werden, in denen die fraglichen Deutungen und Praktiken in eine Krise geraten. An Situationen, in denen die Akteure um Reparatur bemüht sind, zeigt sich das in ihnen selbstverständlich Unterstellte.

Auch könnte, das konkrete Beispiel aufgreifend, das Datenmaterial auch einmal daraufhin befragt werden, inwieweit sich Seelsorge beziehungsweise Gottesdienst und Anstaltsidentität gegenseitig hervorbringen.[87] Welche Art von seelsorgerlicher und gottesdienstlicher Praxis erzeugt eigentlich die ‚besonders besondere Situation‘ einer Gemeinde der ‚Mühseligen und Beladenen‘? Welche Rollenübernahmen und -zumutungen gehen damit einher und wie werden diese erfüllt? Lassen sich womöglich Situationen beobachten, in denen die angesonnenen Identitäten subversiv unterlaufen werden? Welche Rolle spielt dabei der Einsatz gottesdienstlicher materieller Kultur, begreift man diese, ähnlich wie den Rollstuhl als eine Verlängerung des Körpers, in den soziale Erwartungen und Konstruktionen eingeschrieben sind? Und lassen sich demgegenüber auch liturgische Praktiken identifizieren, die, weil sie quer

---

87   Zum Ansatz vgl. mein in Erarbeitung befindliches ethnographisches Habilitationsprojekt zu Gottesdiensten mit Menschen mit Demenz, dessen Zugang etwa auch in Krause (2020) greifbar wird.

liegen zu den skizzierten Prozessen wechselseitiger Konstitution, produktive Störungen verursachen?

Gelingt es der Forschung, die Perspektive einmal umzudrehen und die fraglosen Vorstellungen und Routinen, die die seelsorgerliche und gottesdienstliche Praxis im institutionellen Kontext leiten, selbst als bemerkenswerte Eigentümlichkeit in den Blick zu bekommen, wird sie, so steht zu erwarten, nicht nur tragfähigere Aussagen darüber machen können, inwiefern Gottesdienst tatsächlich als Seelsorge erlebt wird. Es gelänge ihr vermutlich auch, jene Essentialisierungen aufzuweichen, die den so machtvollen Stigmatisierungen von ‚Patienten‘ und ‚Bewohnern‘ vorangehen und auf verheerende Art und Weise auch deren Selbstwahrnehmung bestimmen. Eine von Seiten der Praktischen Theologie verantwortete, selbstreflexive empirische Erforschung pastoraler Praxis in Krankenhäusern und Pflegeheimen, die sich ihrer eigenen methodischen und theoretischen Standortgebundenheit bewusst ist, gewönne darin selbst wiederum eine seelsorgerliche Qualität.

Empirische Multiperspektivität als Desiderat? Forschungsfragen und -desiderate innerhalb des aktuellen Diskurses zu Gottesdiensten im Anstaltskontext mit Blick auf die empirische Untersuchung von Familiengottesdiensten in der Kinderklinik

Samuel Lacher

Dieser Text möchte auf Grundlage der Sichtung der aktuellen Forschungsland-schaft die Konturen des vorliegenden Forschungsbeitrages schärfen. In direk-tem Anschluss an den vorigen Aufsatz von Katharina Krause soll nun das für diesen Band leitende Forschungsprofil vorgestellt und im bestehenden Diskurs verortet werden. Fokussiert werden sollen dabei identifizierte Desiderate und Forschungsfragen, wobei das Profil und die Methoden der empirischen Studie im anschließenden Beitrag von Gerald Kretzschmar vorgestellt werden sollen.

Bei der Sichtung der aktuellen Forschungslandschaft wurde immer wieder deutlich, dass der Diskurs um gottesdienstliches Handeln im Anstaltskontext von einem einseitigen Zugriff geprägt ist. Die Reflexion gottesdienstlicher Angebote geschieht fast ausnahmslos aus der Sicht der Akteurinnen und Ak-teure beziehungsweise der wissenschaftlichen Theologie, welche ihrerseits ebenso den Blick der Akteurinnen und Akteure einnimmt.[1] Durch diesen Zu-gang entsteht zumeist ein Dualismus, welcher auf der einen Seite das Anstalt-sinnere, auf der anderen Seite den Alltag außerhalb der Anstalt identifiziert. Die Anstalt zeichnet sich dadurch aus, dass Handlungsgewohnheiten und kog-nitive wie emotionale Muster durchbrochen werden beziehungsweise nicht mehr zugänglich sind, was sich in der Folge auch in einer veränderten Selbst-wahrnehmung und Einstellungen niederschlägt. Die gottesdienstliche Situation innerhalb der Anstalt wird so als eine besonders besondere identifiziert.[2] Ein solcher Zugriff auf das seelsorglich geprägte gottesdienstliche Handeln hat deutliche Folgen. Von der Einschätzung der besonderen Situation der Anstalts-insassen bis zu Handlungsempfehlungen für die Gestaltung des gottesdienstli-chen Geschehens bildet dieser externe Zugriff, der etwa durch den Modus von Zuschreibung geprägt ist, ein kaum reflektiertes Vorzeichen, unter dem die

---

1 So etwa beispielhaft: Schibilsky 1991; Roser 2014.
2 Vgl. Plieth 2012.

folgenden Beobachtungen und Theoriebildungen Gestalt annehmen. Sicherlich kann differenziert werden zwischen einem eher systemimmanent anmutenden Zugriff und einem solchen, der sich den Anstaltskontexten deutlicher von einer Außenperspektive her annähert. Ersterer zeigt sich vornehmlich, wenn auch nicht ausschließlich, in Beiträgen geübter Praktikerinnen und Praktiker, die eng an den eigenen Arbeitserfahrungen anschließen.[3] Für externe Zugriffe steht oftmals der Alltag außerhalb der Anstaltskontexte sowohl vor Augen als er auch die Interpretationsvorlage für die eigenen Beobachtungen und Theoriebildung bereitstellt. Beide Zugriffsmöglichkeiten eint aber, dass die Patientinnen und Patienten als eigentliche Expertinnen und Experten für die erlebten Eigenlogiken der Anstalt, die dringlichen und weniger dringlichen Bedürfnisse, die Situationshermeneutik und vieles mehr kaum oder gar nicht befragt werden.

Der vorliegende Beitrag entwickelt auf Grundlage dieser Problembeschreibung einen anderen Ansatz, der gezielt die unterschiedlichen Perspektiven der Akteurinnen und Akteure sowie Rezipientinnen und Rezipienten des gottesdienstlichen Geschehens zueinander ins Verhältnis setzen und miteinander ins Gespräch bringen möchte. Dies zeigt sich allem voran an einem empirischen Zugang zum Forschungsfeld, der die spezifische Gestalt einzelner Gottesdienste aus unterschiedlichen Blickwinkeln zu erschließen sucht. Dabei soll zunächst jene Perspektive wahr- und ernstgenommen werden, die zwar als Zielgruppe häufig reflektiert, aber nur selten mit ihrer eigenen Stimme zur Sprache gebracht wird. Mithilfe qualitativer Instrumente sollen die Besucherinnen und Besucher von Gottesdiensten zu einer möglichst selbständigen Reflexion des subjektiven Erlebens geführt werden. Dabei kommen unweigerlich auch die Bedingungen des Erlebens, etwa die Situation innerhalb der Anstalt, zur Geltung und werden inhärenter Teil der Auseinandersetzung mit dem gottesdienstlichen Erleben. Gleichzeitig soll dieser Zugang nicht alleinstehen. Neben einer neutralen Beobachtung aus einer von außen kommenden Besucherperspektive erschließt auch die handelnde Pfarrerin reflektierend die Abläufe des Gottesdienstes aus dem eigenen Erleben heraus. Insgesamt kann so das eine Phänomen Gottesdienst aus unterschiedlichen Perspektiven heraus zugänglich gemacht werden. Einerseits sollen so die Zugriffsperspektiven erweitert werden, indem sowohl zur Sprache kommt wie gottesdienstliches Handeln erlebt wird. Andererseits soll geprüft werden, ob und wie dieses Handeln die individuelle Situation der Gottesdienstbesucherinnen und -besucher zu verändern vermag. Zuletzt ermöglichen es die erweiterten Zugänge zudem, gottesdienstliches Handeln und die dahinterstehende Konzeptualisierung kritisch mit den Erfahrungen und Erlebnissen der Rezipientinnen und Rezipienten zu konfrontieren. Sicher ist dies im Rahmen einer qualitativen Studie nicht repräsentativ möglich. Gleichwohl lassen die intensiven Einzelbetrachtungen Raum, aus der

---

3   Vgl. exemplarisch Schwager 2018.

Perspektive der Rezipientinnen und Rezipienten das gottesdienstliche Geschehen im Anstaltskontext zu reflektieren und damit sowohl ganz andere als auch überschneidende Zugänge, Thesen und Begründungsmuster gegenüber der von einer Außenperspektive geprägten Theoriebildung und -reflexion zu entwickeln. So gewonnene Einsichten könnten als Korrektiv die bestehenden Diskurse schärfen und gleichzeitig durch das Aufzeigen von wechselseitigen Übereinstimmungen und Abhängigkeiten zwischen den Perspektiven neue Potenziale erschließen.

Damit ist sowohl der Modus operandi als auch ein zentrales Forschungsanliegen des vorliegenden Bandes beschrieben. Hierauf aufbauend lassen sich mit Blick auf vier Bereiche noch weitere Forschungsanliegen formulieren, diese sind: (1.) liturgische Praktiken beziehungsweise Rituale, (2.) das Zusammenspiel zwischen Gottesdienst und Anstaltsidentität, (3.) die Verbindung von Individualität und Gemeinschaft innerhalb des Gottesdienstes und zuletzt (4.) mögliche Interdependenzen zwischen seelsorglichem, rituellem und homiletischem Handeln.

1. Auf dem Feld der *liturgischen Praktiken* ist zunächst festzustellen, dass im Forschungsdiskurs der Stellenwert der Rituale kaum zu überschätzen ist.[4] Gerade in Grenzsituationen, an denen alltägliche Sprach- und Handlungsmuster an ihre Grenzen zu kommen scheinen, wird Ritualen zugesprochen, eine solche Sprach- und Handlungsfähigkeit für Betroffene zu ermöglichen. Der geradezu durchweg positive Bezug zu Ritualen im Kontext von Seelsorge und Gottesdiensten in Anstalten ist selbstredend eng verknüpft mit der Profession der Autorinnen und Autoren. Das empirische Profil der Studie ermöglicht dagegen einen anderen Zugang. Beschreibbar wird, wie Rituale aus Sicht der Rezipientinnen und Rezipienten erlebt und mit der eigenen Situation verknüpft werden. Daran lassen sich einige konkrete Fragestellungen anschließen: Welchen Stellenwert nehmen Rituale für die Besucherinnen und Besuchern eines Familiengottesdienstes im Kontext der Kinderklinik ein? Wie werden die rituellen Handlungen reflektiert? Gelingt es, die eigene Situation in die rituellen Handlungen einzutragen, also Ritual und je individuelle Situation zu verbinden? Zudem ergeben sich aus der Konfrontation der beiden Perspektiven von Akteurinnen und Akteure sowie der wissenschaftlichen Theologie auf der einen und den Rezipientinnen und Rezipienten auf der anderen Seite weitere Fragestellungen: Können Rituale in den beschriebenen Fällen tatsächlich dabei helfen, selbst erlebte Grenzsituationen anders zu erschließen oder zu artikulieren? Eignen sich Rituale, die durch das System und die Situation zugeschriebenen und sich selbst auferlegten Rollen, Einstellungen und Handlungen kritisch zu hinterfragen? Zudem bietet das Setting der Gottesdienste im Tübinger Kinderklinikum auch die Möglichkeit, die Zugänglichkeit von Ritualen nä-

---

4   Vgl. exemplarisch Roser 2014.

her zu fokussieren, etwa den Gebrauch von Ritualen in multikulturellen und multireligiösen Kontexten.

2. Zwischen *Gottesdienst und Anstaltsidentität* kann zunächst eine mehrdimensionale Bezogenheit festgestellt werden. Indem der Gottesdienst innerhalb der Anstalt gefeiert wird, zeigt er zunächst auch eine Verbundenheit zu den Eigenlogiken der Anstalt und damit zur im Kontext der Anstalt herausgebildeten Identität. Gleichzeitig geht der Gottesdienst darin aber nicht auf, sondern sucht vielmehr einen Gegenpol zu vielen Erfahrungen und Handlungsweisen der Anstalt zu setzten, um damit als wohltuende Unterbrechung und Möglichkeit der Orientierung in Erscheinung treten zu können. Der vorliegende Forschungsband möchte aus dieser doppelten Verknüpfung heraus in den Blick nehmen, inwieweit die im System Anstalt ausdifferenzierte Identität im Gottesdienst aufgenommen und (um-) gedeutet wird: Wie erfahren sich die Besucherinnen und Besucher des Gottesdienstes selbst? Welche Bezugspunkte werden ihnen für die Selbsterschließung der eigenen Person angeboten und wie werden diese aufgenommen? In welchen Rollen werden die Hörerinnen und Hörer angesprochen oder aktiviert. Dabei soll auch untersucht werden, ob und wie das gottesdienstliche Handeln lebensweltlich aktuelle Themen von außerhalb des Systems Anstalt einbindet. Kann es gelingen, den oft im Kontext von Anstaltsseelsorge betonten Bruch zwischen Innen und Außen über inhaltliche Brücken zu überwinden? Und wie reagieren die Rezipientinnen und Rezipienten auf solche thematischen Angebote? Darüber hinaus lässt sich der Zusammenhang von Gottesdienst und Anstaltsidentität nicht nur auf der inhaltlichen, sondern ebenso auf der emotionalen Ebene fokussieren. Zu fragen ist dann, in welcher Relation die im Gottesdienst auftauchenden Gefühle zu den erwarteten Anstaltsidentitäten der Hörenden stehen. Dabei ist ebenso darauf zu achten, welche spezifischen Gefühle der Gottesdienst überhaupt ansprechen möchte beziehungsweise anspricht und welche anderen emotionalen Zusammenhänge dagegen keinen Platz finden. Auch auf diesem Feld kann der Blick von beiden Perspektiven Überschneidungen, Unschärfen und Leerstellen aufdecken.

3. Hieran anschließend kann unter der Überschrift *Individualität und Gemeinschaft* ein dritter größerer Zusammenhang fokussiert werden, der sich erneut durch eine spannungsvolle Bezogenheit charakterisieren lässt. Auf der einen Seite bemüht sich der Seelsorgediskurs um die Wahrnehmung der einzelnen Person und ihrer einzigartigen Situation. Auf der anderen Seite geraten gerade im Kontext von Anstalt und Gottesdienst die Seelsorgesuchenden oft als eher homogene Gruppe, etwa als „Gemeinde der Mühseligen und Beladenen"[5] in den Blick. In diesem Spannungsfeld bewegt sich auch die im vorigen Absatz angesprochene Anstaltsidentität. Obwohl dem

---

5   Schibilsky 1991, 16.

Aufenthalt in der Anstalt bei jeder Patientin und jedem Patienten eine individuelle Krankheitsgeschichte zugrunde liegt, eint alle die vom Alltag deutlich unterschiedene Situation innerhalb der Anstalt. Und obwohl diese Situation mit den je eigenen Ängsten und Hoffnungen verbunden sind, eint doch, so zumindest der Blick von außen, die Patientinnen und Patienten insgesamt die außergewöhnlich belastende Situation innerhalb der Anstalt. Mit Hinblick auf das gottesdienstliche Handeln soll dieses spannungsvolle Verhältnis dezidiert in den Blick genommen werden. Dabei ist zunächst danach zu fragen, wie die Individualität der Besucherinnen und Besucher ihren Platz finden kann und in welchen Formen und durch welche Inhalte die versammelten Einzelnen als Gemeinschaft angesprochen werden. Dies ist weitergehend dahingehend zu differenzieren, inwieweit diese sich an Individualität oder Kollektivität richtenden Handlungsangebote auch von den einzelnen Besucherinnen und Besucher als solche wahrgenommen und gefüllt werden. Auch über diesen Zugang sollen die Handlungsperspektiven von Pfarrerin und Rezipientinnen und Rezipienten aufeinander bezogen werden, um identitäts- und gemeinschaftsstiftende Angebote aus den jeweiligen Positionen zu identifizieren und aufeinander zu beziehen.

4. Abschließend soll noch ein letzter Zusammenhang in den Blick genommen werden, der nach *Interdependenzen zwischen seelsorglichem, rituellem und homiletischem Handeln* sucht. Hier fällt zunächst auf, dass in der wissenschaftlichen Reflexion die benannten Handlungsfelder eher nebeneinander als im Gespräch miteinander entwickelt werden. Gerade mit Blick auf das vorliegende Forschungsfeld bietet es sich aber an, nach positiven Zusammenhängen zwischen den eigenständigen Disziplinen zu suchen und damit eingeschliffene Denk- und Handlungsmuster zu hinterfragen. Aus dem bestehenden Diskurs heraus kann die deutliche Hoffnung formuliert werden, dass gerade gottesdienstlichem Handeln im Kontext der Kinderklinik große Potenziale zugesprochen werden, über die Anwendbarkeit auf anderen Feldern Impulse zu stiften.[6] Diesem Anliegen will der vorliegende Band nachgehen und dabei vor allem die Überschneidungen zwischen seelsorglichem, rituellem und homiletischem Handeln aus Sicht der Rezipientinnen und Rezipienten in den Blick nehmen. Welche Rituale ermöglichen es, die eigene Situation unter anderen Sinnstiftungsangeboten neu zu entdecken? Wie können inhaltliche Impulse die eigene Situation wahrnehmen und eine Veränderung ermöglichen? Welche Formen von Ritualen und homiletischen Impulsen sind geeignet und gewünscht, um einerseits Kinder und Erwachsene, andererseits eine potenziell religiös heterogene und fluide Zuhörerschaft zu erreichen? Welchen Stellenwert und welche Wertschätzung erfahren rituelle und homiletische Handlungen in einem seelsorgli-

---

6   Vgl. Kääb-Eber 2018; Schwager 2018.

chen Kontext? Selbstverständlich sollen auch auf diesem Feld die Befunde mit der Akteurseite konfrontiert werden, um so weitere Beobachtungen zu ermöglichen.

Über das empirische Arbeiten soll so insgesamt ein veränderter Zugang zu einem bestehenden Diskurs erarbeitet werden, der dezidiert die Stimme der Rezipientinnen und Rezipienten wahrnimmt und diese in ein Verhältnis mit der Reflexion der handelnden Personen stellt. Die dadurch entstehenden korrektiven und impulsgebenden Befunde sollen, so das Ziel, den bestehenden Diskurs erweitern und aus einer neuen Perspektive und für andere Perspektiven sprachfähig machen.

II. Empirie

Zur empirischen Methode

Gerald Kretzschmar

1. Untersuchungsgegenstand und methodische Grundentscheidung

Stellt man die Frage nach dem Untersuchungsgegenstand der vorliegenden Studie, dann kann man eine kurze und eine ausführlichere Antwort geben. Die kurze Antwort lautet schlicht: Untersuchungsgegenstand der Studie sind die Familiengottesdienste, wie sie in der Kinderklinik des Universitätsklinikums Tübingen gefeiert werden. Die ausführlichere Antwort ist vielsagender. Sie speist sich aus den forschungsleitenden Fragestellungen, wie sie in der Einleitung des Bandes genannt werden, und den Forschungsdesideraten, wie sie in dem Text von Katharina Krause zur Forschungslage[1] und der darauf basierenden Zuspitzung forschungsrelevanter Aspekte von Samuel Lacher[2] entfaltet werden. Im Mittelpunkt steht dabei die Frage, was die Familiengottesdienste in der Kinderklinik als Phänomen religiöser Kommunikation eigentlich ausmacht: Wie ereignet sich religiöse Kommunikation unter den in das gottesdienstliche Geschehen involvierten Akteuren? Lebt die Kommunikationssituation schwerpunktmäßig von rituell-gestischen oder eher von sprachlichen, auf einen kognitiv-inhaltlichen Austausch zielenden Gestaltungselementen? Welche Formen der Kommunikation werden von den Gottesdienstbesucherinnen und -besuchern in der besonderen Lebenssituation, in der sie sich gerade befinden, als sinnstiftend und wohltuend empfunden? Inwiefern bietet der Gottesdienst den Besucherinnen und Besuchern Raum für so etwas wie Spiritualität? Wenn ja: Wie wird das spirituelle Erleben, etwa im Unterschied zu anderen Erfahrungskontexten, näher qualifiziert? Welche gestalterischen Formen des Gottesdienstes erweisen sich für das Erleben der Besucherinnen und Besucher als nachhaltig? Wie korrespondieren im Gottesdienst homiletische, liturgische und seelsorgliche Facetten? Was genau macht die evangelisch verantworteten Familiengottesdienste anschlussfähig für Familiensysteme wie für religiös plural konstituierte Besuchergruppen? In welchem Verhältnis stehen Individualität und Gemeinschaft in der gottesdienstlichen Kommunikationssituation? Welche Funktion erfüllt der Gottesdienst im System Krankenhaus?

---

1   Vgl. Krause in diesem Band, 19-44.
2   Vgl. Lacher in diesem Band, 45-50.

Alles zusammengenommen bilden diese Forschungsfragen ein komplexes Set forschungsleitender Interessen. Gesteigert wird die Komplexität dadurch, dass die meisten der genannten Forschungsfragen nicht jeweils für sich alleine untersucht werden können, sondern nur im Zusammenhang mit anderen Fragestellungen. Die im Raum stehenden forschungsleitenden Interessen weisen eine von Interdependenzen und Multikausalitäten geprägte Struktur auf. Der hohe Komplexitätsgrad, der die Familiengottesdienste in der Kinderklinik als Forschungsgegenstand auszeichnet, hat zur Folge, dass es neben den genannten Forschungsfragen noch zahlreiche weitere gibt, die in den Blick genommen werden müssen, um die Familiengottesdienste in der Kinderklinik als Phänomen religiöser Kommunikation in einem umfassenden Sinn wahrnehmen zu können.

Die Dichte und die Komplexität des Forschungsgegenstandes hat Auswirkungen auf die Wahl der Forschungsmethode, mit deren Hilfe die Familiengottesdienste in der Kinderklinik untersucht werden sollen. So besteht die methodische Herausforderung darin, eine Forschungsstrategie zu finden, die die Familiengottesdienste in der Kinderklinik in einem grundständigen Sinn wahrzunehmen vermag – grundständig dahingehend, dass sowohl die bereits explizit benannten Fragestellungen näher untersucht als auch im Vorfeld der Untersuchung noch nicht bekannte Phänomene wahrgenommen und reflektiert werden können. Die geschilderte Herausforderung legt einen induktiven, das heißt einen an der Beobachtung und Dokumentation empirisch wahrnehmbarer Fakten orientierten Zugang nahe.[3] Damit rückt das methodische Repertoire der empirischen Sozialforschung in den Blick.

Hier werden quantitative und qualitative Methoden voneinander unterschieden. Zielen quantitative Verfahren auf möglichst repräsentative Befunde, indem sie etwa auf dem Wege von Fragebogenerhebungen eine möglichst große Zahl an Menschen zu einem bestimmten Thema oder Phänomen befragen, so kommen qualitative Verfahren immer dann zur Anwendung, wenn bestimmte Sachverhalte unter der Maßgabe eines möglichst großen Detailreichtums erforscht werden sollen.[4] Der Komplexitätsgrad, der die Familiengottesdienste in der Kinderklinik auszeichnet, in Verbindung mit der Tatsache, dass zu diesem Forschungsgegenstand bislang keine wissenschaftlichen Studien vorliegen[5], legt hinsichtlich der empirisch-sozialwissenschaftlichen Methodendifferenzierung die Wahl eines qualitativ-empirischen Zugangs nahe. Schließlich gilt es, die Familiengottesdienste als spezifische Form religiöser Kommunikation zunächst einmal in einem klar begrenzten Rahmen so präzise und detailreich wie möglich wahrzunehmen. Erst auf dieser Grundlage könnte

---

3   Zur induktiven Vorgehensweise und deren Unterschied zur deduktiven Vorgehensweise vgl. Mayring 2016, 12-14.
4   Vgl. a.a.O.
5   Vgl. Kretzschmar 2018, 235 (dort Anm. 13).

man dann perspektivisch Fragen und entsprechende Antwortoptionen für einen Fragebogen formulieren, der dann in einer größer angelegten und auf ein gewisses Maß an Repräsentativität zielenden Umfrage – etwa in allen Kinderkliniken, in denen es Familiengottesdienste gibt – verwendet werden könnte. Doch an diesem Punkt befindet sich die gegenwärtige Forschungslage noch nicht.

2. Methodische Konkretion – Datenerhebung

Die Komplexität des Untersuchungsgegenstandes sowie die Tatsache, dass es bislang keine Forschungsaktivitäten dazu gibt, legen es nahe, nach Wegen zu suchen, mit deren Hilfe möglichst viele empirische Befunde generiert werden und eine umfassende Wahrnehmung des Untersuchungsgegenstandes erfolgen kann.

Das Forschungsdesign, mit dem im Rahmen der vorliegenden Studie dieser Herausforderung Rechnung getragen werden soll, ist multimethodisch[6] angelegt und bedient sich der empirischen Methoden der teilnehmenden Beobachtung und des problemzentrierten Interviews. Der Forschungsprozess ist auf insgesamt drei Phänomenebenen verortet. Das Ziel dieses Vorgehens besteht darin, das gottesdienstliche Geschehen aus unterschiedlichen Wahrnehmungsperspektiven heraus wahrzunehmen und auf der Grundlage dieser Multiperspektivität so etwas wie ein Gesamtportrait jedes empirisch untersuchten Gottesdienstes zu zeichnen.

2.1. Erste Forschungsebene – Teilnehmende Beobachtung

Die *erste* Forschungsebene bezieht sich auf die empirische Wahrnehmung und Analyse der tatsächlich gefeierten Gottesdienste. Hier steht der Gottesdienst als komplexes Geschehen und Erlebnis im Vordergrund. Die Datenerhebung erfolgt durch die Methode der teilnehmenden Beobachtung. Diese Methode hat ihren Ursprung in der Ethnographie, ist mittlerweile aber auch fester Bestandteil des qualitativen Methodenrepertoires der empirischen Sozialforschung im weiteren Sinn. Die Grundidee dieser Methode ist es, die Beobachterin oder den Beobachter nicht passiv-registrierend außerhalb des Untersuchungsgegenstandes zu platzieren, sondern sie oder ihn „an der sozialen Situation, in die

---

6   Ein multimethodisches empirisches Vorgehen bietet sich immer dann an, wenn ein komplexer Forschungsgegenstand untersucht wird und weitergehende „Erkenntnisse in Breite und/oder Tiefe" angestrebt werden (Lamnek 1995, 256).

der Gegenstand eingebettet ist"[7], teilnehmen zu lassen. Somit steht sie oder er in einer Beziehung mit den Beobachteten und partizipiert an der Situation, die erforscht werden soll. Auf diese Weise soll die Nähe zum Forschungsgegenstand erhöht und so etwas wie eine Innenperspektive eingenommen werden. Dadurch können Phänomene und Sachverhalte erschlossen werden, die aus einer Außenperspektive gar nicht wahrnehmbar wären.[8] Stefan Hirschauer nennt als Beispiele dafür das Stimmlose, das Unaussprechliche, das Sprachlose, das Unbeschreibliche, das Vorsprachliche, das Sprachunfähige und das sich als wortlos Zeigende.[9] Gerade bei Gottesdiensten als Untersuchungsgegenstand sind die von Hirschauer genannten Phänomenbereiche besonders bedeutsam. Schließlich spielen bei der Wahrnehmung eines Gottesdienstes neben explizit sprachlichen Phänomenen auch Phänomene jenseits des Sprachlichen eine Rolle. Beispiele hierfür sind Stimmungen, Atmosphären, emotionale Empfindungen und viele weitere ästhetisch konfigurierte Sachverhalte.

Im Rahmen der vorliegenden Studie wurde die teilnehmende Beobachtung so umgesetzt, dass vier studentische Mitarbeitende in die Methode der teilnehmenden Beobachtung eingeführt wurden und dann die Aufgabe hatten, an den Familiengottesdiensten in der Kinderklinik teilzunehmen. In einem Gottesdienst war immer nur eine oder einer der studentischen Mitarbeitenden anwesend. Dadurch sollte ausgeschlossen werden, dass die gottesdienstliche Kommunikationssituation durch eine von den übrigen Gottesdienstteilnehmenden als auffällig oder außergewöhnlich wahrgenommene Besuchergruppe beeinträchtigt würde. Vor Beginn jedes Gottesdienstes informierte die Pfarrerin die Anwesenden darüber, dass Herr X oder Frau Y Theologiestudent oder Theologiestudentin sei und im Rahmen eines Forschungsprojektes an dem Gottesdienst teilnehmen wolle. Um die damit explizit bekanntgemachte Beobachterrolle wieder etwas zu relativieren und die Mitarbeitenden möglichst unauffällig in das Geschehen zu integrieren, übertrug die Pfarrerin ihnen kleine Aufgaben wie zum Beispiel das Verteilen von orffschen Instrumenten oder unterstützende Tätigkeiten bei Anspielen oder anderen gottesdienstlichen Aktionen. Sonst feierten die Mitarbeitenden die Gottesdienste so mit wie alle anderen Gottesdienstteilnehmenden auch.

Für die Datenerhebung und -sicherung hatte das zur Folge, dass die Mitarbeitenden während des Gottesdienstes keine Möglichkeit hatten, Notizen anzufertigen, auf deren Grundlage sie ein abschließendes Beobachtungsprotokoll hätten verfassen können. Vielmehr standen die Mitarbeitenden vor der Aufgabe, das gottesdienstliche Geschehen sowohl im Blick auf die für das Forschungsprojekt leitenden Fragestellungen als auch – in aller Offenheit – auf Sachverhalte und Phänomene jenseits der expliziten Fragestellungen so präzi-

---

7   Mayring 2016, 80.
8   Vgl. a.a.O.
9   Vgl. Hirschauer 2001, 439-447.

se wie möglich zu beobachten und möglichst viele dieser Beobachtungen bis nach dem Gottesdienst im Gedächtnis zu behalten. Erst nach dem Gottesdienst bestand die Möglichkeit, erste Erinnerungsnotizen zu verfassen, auf deren Grundlage dann in den Folgetagen ein ausführliches Beobachtungsprotokoll ausgearbeitet werden konnte. Im Folgenden werden diese Beobachtungsprotokolle als ethnographische Protokolle bezeichnet. Sie erfüllen die Funktion der Datensicherung und bilden die Grundlage für die Datenanalyse.[10]

2.2.   Zweite und dritte Forschungsebene – Offenes, nicht standardisiertes problemzentriertes Interview

Die *zweite* Forschungsebene bezieht sich auf die Wahrnehmung der Liturgin und die *dritte* Forschungsebene auf die Wahrnehmungen von Gottesdienstteilnehmenden. Bei der zweiten und dritten Forschungsebene kam das Verfahren des offenen, nicht standardisierten problemzentrierten Interviews zur Anwendung.[11] Die Interviews wurden entweder direkt im Anschluss an den Gottesdienst oder so schnell wie möglich in den Folgetagen geführt. Wenn bei dem angewandten Interviewverfahren von Problemzentrierung die Rede ist, dann ist das nicht im umgangssprachlichen Sinn so zu verstehen, als ginge es hier um Probleme, die es irgendwie zu lösen gelte. Vielmehr ist mit Problemzentrierung die Fokussierung auf einen konkreten Untersuchungsgegenstand, nämlich einen spezifischen Familiengottesdienst, gemeint, dessen tieferes Verständnis mit Hilfe des Interviews ermöglicht werden soll. Die Attribute der Offenheit und der nicht vorgenommenen Standardisierung bringen zum Ausdruck, dass die forschungsleitenden Fragestellungen der Studie bei der Interviewführung zwar im Hintergrund stehen, diese aber nicht im Stil eines Leitfadeninterviews abgearbeitet werden.

In der praktischen Umsetzung orientierte sich die Interviewführung an Formen, wie sie vornehmlich auf dem Feld der narrativen Biografieforschung anzutreffen sind.[12] In Anlehnung an Fritz Schütze sollten durch die Interviews narrative Stegreiferzählungen generiert werden.[13] Im Unterschied zu einem im Vorfeld konzipierten und geplanten Statement, das gegebenenfalls in schriftlicher Form vorliegt, ist die Stegreiferzählung eine freie, zuvor ungeplante mündliche Erzählung. Sie ist durch eine interaktive, mündliche Form der Mit-

---

10 Vgl. zum ethnographischen Schreiben, wie es in der vorliegenden Studie praktiziert wurde, vgl. Strübing 2018, 79-84.
11 Vgl. Mayring 2016, 66-72.
12 Vgl. Kretzschmar 2007, 127-132.
13 Vgl. Schütze 1983, 285.

teilung geprägt.[14] Was eine Befragte/ein Befragter an welcher Stelle der Erzählung sagt, entscheidet sich im Vollzug der Erzählung (Sequenzialität). Einmal ausgesprochen lässt sich das Gesagte nicht mehr rückgängig machen (Irreversibilität). Für qualitativ-empirisch Forschende lassen die Sequenzialität und die Irreversibilität der Stegreiferzählung blinde Flecken, latente Strukturen und zunächst unsichtbare Paradoxien problemorientierter Thematisierungen besonders deutlich in Erscheinung treten.[15]

Neben der mündlichen Form der Kommunikation ist ein wesentliches Merkmal der Stegreiferzählung außerdem das geringe Maß an strukturellen Vorgaben, was die freie Exploration der Befragten fördert. Gerade die freie und breite Äußerung ist das Besondere eines offenen, nicht standardisierten problemzentrierten Interviews. Es lässt die von dem oder der Befragten gewählte Selektivität der Wahrnehmung des Untersuchungsgegenstandes, das heißt eines selbst erlebten Gottesdienstes, in Erscheinung treten.

Die im Rahmen dieser Studie geführten Interviews untergliedern sich in eine Haupterzählung und einen Nachfrageteil.[16] Die Haupterzählung wurde mit relativ allgemein gehaltenen Erzählaufforderungen eingeleitet. Zu Beginn der Interviews mit der Pfarrerin (zweite Forschungsebene) standen Impulse wie zum Beispiel: „Wie ging es Ihnen mit dem Gottesdienst heute?" oder „Ja, dann wollen wir mal anfangen. Frau Schwager, wie haben Sie den Gottesdienst für sich im gesamten denn so wahrgenommen? Und wie ist es Ihnen ergangen dabei? Wie war's denn für Sie?" Zu Beginn der Interviews mit Gottesdienstteilnehmenden standen Impulse wie diese: „Wie war so Ihr Eindruck vom Gottesdienst?" oder „Wir wollen einen Einblick kriegen, wie die Gottesdienste hier ankommen. Was hat der Gottesdienst bei Ihnen ausgelöst? Was hat er bewirkt? Wie war so Ihr Eindruck? Vielleicht erzählen Sie mal." Im Rahmen der Erzählaufforderung wird außerdem darauf aufmerksam gemacht, dass die Interviewerin beziehungsweise der Interviewer während der ersten Phase des Interviews keine weiteren Fragen stellen werde. Sie oder er werde sich aber ein paar Notizen machen, zu denen im zweiten Teil gegebenenfalls Rückfragen gestellt würden. Schließlich wird darüber informiert, dass alle Angaben der befragten Person oder Personen streng vertraulich behandelt werden. Mit Hilfe dieser Hinweise im Vorfeld des Interviews soll transparent gemacht werden, was die Interviewten im Folgenden erwartet. Außerdem soll für die Interviewten ein möglichst hohes Maß an Vertrauen und Sicherheit erzeugt werden.

Die Funktion der relativ allgemein gehaltenen Erzählaufforderungen besteht darin, ein generelles Interesse daran zum Ausdruck zu bringen, wie die Befragten aus ihrer je eigenen Sicht den Gottesdienst wahrgenommen und

---

14 Zum Unterschied zwischen literarischer beziehungsweise vorbereiteter, wiederholbarer Rede und der Stegreiferzählung vgl. auch Schütze 1984, 78.
15 Vgl. Nassehi 1995, 87.
16 Vgl. zu dieser Strukturierung der Interviews a.a.O., 91.

erlebt haben. Es soll eine Erzählung hervorgerufen werden, die in Bezug auf ihre Gestaltung und Prioritätensetzungen die Regie ganz den Interviewten überlässt. Durch den Verweis auf den gemeinsam erlebten Gottesdienst als thematischen Bezugspunkt des Interviews wird sichergestellt, dass es eine Verbindung zwischen der Interviewkommunikation und dem Untersuchungsgegenstand gibt. Würde eine Interviewerin oder ein Interviewer zu früh gegen die durch die Befragten gesetzten Themen gesteuert – zum Beispiel durch zu schnelles Nachfragen oder einen durch das Stellen einer neuen Frage bedingten Themenwechsel –, könnte das Kommunikations- und Verstehensschwierigkeiten zur Folge haben. Außerdem wäre das individuelle Profil der Kommunikation über den erlebten Gottesdienst nicht mehr rekonstruierbar. Schließlich kann eine Interviewerin oder ein Interviewer ja nicht gleich im ersten Augenblick wissen, welche Bedeutung und Funktion bestimmte, von den Befragten angesprochene Themen, im Rahmen der je individuellen Gesamtsicht auf den Gottesdienst spielen. Vorzeitige Interventionen der Interviewerin oder des Interviewers würden zu einer nicht mehr rückgängig zu machenden Zerstörung der Erzählfiguren führen, die eine Interviewte oder ein Interviewter ohne eine Intervention ursprünglich zeichnen wollte. Damit würde die sehr wichtige Chance vertan zu sehen, wie die Befragten selbst ihre Sicht auf den erlebten Gottesdienst konstruieren und wie sie diese in übergeordnete Bezüge wie zum Beispiel die eigene Biografie oder die weitere aktuelle lebensweltliche Situation einordnen. Doch genau die Generierung solcher individueller Sichtweisen und Deutungen ist im Rahmen des multiperspektivischen und -methodischen Vorgehens dieser Studie erwünscht. Schließlich sollen die empirischen Befunde aus drei aufeinander bezogenen Forschungsebenen sowohl in Bezug auf jeweilige Gemeinsamkeiten, aber auch Unterschiede, aufeinander bezogen werden, so dass für jeden der hier näher untersuchten Gottesdienste ein charakteristisches Gesamtprofil gezeichnet werden kann.

Grundsätzlich geht es im Zuge der Haupterzählung darum, den Befragten Raum zur Gestaltentwicklung zu geben. Schließlich werden die Themen und Sachverhalte, die in Bezug auf den Gottesdienst und den ihn umgebenden biografischen oder lebensweltlichen Kontext geschildert werden, erst durch die Art und Weise ihrer Positionierung innerhalb der Interviewkommunikation rekonstruierbar. Wie eine Interviewte oder ein Interviewter seine Narration gestaltet, was er oder sie erzählt beziehungsweise auslässt und welche Deutungsangebote er oder sie unterbreitet, gibt Aufschluss darüber, wie sich die Interviewte oder der Interviewte im Kontext des gottesdienstlichen Geschehens wahrnimmt und wie er oder sie dieses Geschehen mit der eigenen Lebenssituation in Verbindung setzt.[17]

---

17 Was hier zur Gestaltentwicklung im Rahmen eines offenen, nichtstandardisierten problemzentrierten Interviews zum Thema Gottesdienst gesagt wird, basiert auf methodolo-

Aufgabe der Interviewerin beziehungsweise des Interviewers während der Haupterzählung ist es aber nicht nur, den Befragten Raum zur Gestaltentwicklung zu geben. Zusätzlich sollen sie auch darin unterstützt werden, sich in diesem Raum zu entfalten. Das geschieht durch aufmerksames, aktives Zuhören. Parasprachliche Äußerungen wie „mh", „ja", „aha" sowie Mimik, Blickkontakt und Körperhaltung vermitteln den Interviewten, dass die Interviewerin beziehungsweise der Interviewer deren Erzählung ernst nimmt und sie sie oder ihn interessiert. Die Haupterzählung endet in der Regel mit einem Erzählcodex wie zum Beispiel „So, mehr fällt mir gerade nicht ein."[18]

Der Nachfrageteil des Interviews beginnt mit dem Dank des Interviewers oder der Interviewerin für die bisher erteilten Auskünfte und dem Hinweis, dass nun einige Fragen gestellt werden, die sich aus den Notizen zum ersten Teil des Interviews ergeben. Das Ziel des Nachfrageteils besteht darin, weitere Informationen zu Themen zu erhalten, die im Zuge der Haupterzählung nur kurz angesprochen wurden oder deren Bedeutung unklar geblieben ist. Die Reihenfolge der Nachfragen orientiert sich konsequent an der Struktur der Haupterzählung. Der Nachfrageteil beginnt in der Regel mit dem Hinweis: „Sie haben gesehen, ich habe mir einige Notizen gemacht. Ich gehe jetzt noch einmal zurück ganz zum Anfang des Interviews." Die festgehaltenen Notizen dienen als Ausgangspunkt für die Formulierung erzählgenerierender Nachfragen. Der Katalog der im Nachfrageteil gestellten Fragen kann als ein am Einzelfall entworfener Interviewleitfaden verstanden werden.[19] Indem sich die Reihenfolge der Nachfragen an der Struktur der Haupterzählung orientiert, soll den Befragten die Möglichkeit gegeben werden, sich wieder in die sequenzielle Gestalt ihrer Ausführungen der Haupterzählung zu begeben und bestimmte Themen detaillierter zu beschreiben als zuvor. Dabei können die Befragten nicht nur Stichpunkte ansprechen, die in der Nachfrage explizit genannt werden, sondern auch solche, die auf dem Notizzettel erst später folgen oder gar nicht notiert sind. Ähnlich wie schon für die Formulierung der Eingangsfrage gilt ebenso für die im Nachfrageteil gestellten Fragen, dass sie möglichst offen formuliert sein sollen. Bei jeder Nachfrage soll den Interviewten je aufs Neue die Möglichkeit geboten werden, die Schilderung eines Themas oder eines Sachverhaltes autonom zu gestalten. Die im Rahmen dieser Studie geführten Interviews realisieren das Stellen einer möglichst offen gehaltenen Nachfrage durch die Aufforderung, über ein Thema oder einen Sachverhalt mehr zu er-

---

gischen Überlegungen, wie sie Gabriele Rosenthal in Bezug auf biografisch-narrative Interviews entfaltet hat (vgl. Rosenthal 1993, 193).

18 Aus der Reihe der Gesprächsprinzipien, die Gabriele Rosenthal in Bezug auf biografisch-narrative Interviews formuliert, wurde für die im Rahmen dieser Studie geführten Interviews besonders diese Prinzipien herangezogen: 1. Raum zur Gestaltentwicklung, 2. Förderung von Erinnerungsprozessen, 3. aufmerksames und aktives Zuhören, 4. sensibles und erzählgenerierendes Nachfragen (vgl. a.a.O., 187).

19 Vgl. a.a.O., 201f.

zählen, oder durch die Frage, ob den Interviewten zu einem bestimmten Thema oder einem bestimmten Sachverhalt noch etwas mehr einfällt, als bisher schon gesagt wurde.

Im Nachfrageteil besteht prinzipiell die Möglichkeit, den Interviewten sogenannte externe Nachfragen zu stellen. Im Rahmen dieser Studie wurden solche externen Nachfragen nur sehr verhalten gestellt. Verhalten darum, weil externe Nachfragen mit dem Prinzip der Gestaltentwicklung konfligieren. Schließlich stellen externe Nachfragen einen Eingriff in die darstellenden und deutenden Eigenleistungen der Interviewten dar und zerstören aus diesem Grund die methodisch erwünschte Individualität der Interviewkommunikation. Andererseits stellte sich im Vollzug der Feldphase heraus, dass die Erzählungen der Interviewten in der Regel mehr oder minder alle Aspekte tangierten, die für die leitenden Fragestellungen der Studie relevant sind. Externe Nachfragen waren daher meist auch gar nicht notwendig. Dennoch hatten die Interviewerinnen und Interviewer die leitenden Fragestellungen der Studie im Hinterkopf, so dass sie in Fällen, bei denen sie den Eindruck hatten, dass gewisse Aspekte gar nicht angesprochen worden seien, gezielte externe Nachfragen stellen konnten. Die von den Interviewten geleistete Gestaltentwicklung der Ausführungen zu dem erlebten Gottesdienst wurde dadurch allerdings nicht gestört, da sich der durch externe Nachfragen generierte Teil des Interviews klar als Appendix erkennen lässt.

3.   Tatsächlich Geschehenes vs. narrativer Prozess – Überlegungen zum Wirklichkeitsbezug des empirischen Materials

Nachdem nun beschrieben wurde, auf welchem Weg das empirische Material dieser Studie erhoben wird, soll im Vorfeld der Analyse des empirischen Materials geklärt werden, was genau das empirische Material dokumentiert oder, anders ausgedrückt, worin der Wirklichkeitsbezug des empirischen Materials zu sehen ist.[20] Konkret: Handelt es sich bei dem empirischen Material um Dokumente, die von den teilnehmend Beobachtenden oder den in den Interviews Befragten in der Vergangenheit Erlebtes in der Gegenwart gleichsam unverfälscht abbilden und somit vergangene Geschehnisse zu einem erforschbaren Gegenstand machen? Oder handelt es sich bei dem empirischen Material um Dokumente, die eine spezifische Kommunikationssituation, die sich auf Vergangenes bezieht, dokumentieren und als solche ausschließlich den Kommunikationsprozess über Vergangenes erforschbar machen?

---

20   Vgl. zu diesem Abschnitt Kretzschmar 2007, 132-138.

In Bezug auf das Feld der Biografieforschung hat Armin Nassehi darauf hingewiesen, dass diese Fragen bislang nur unzureichend bedacht werden. Aber nicht nur auf dem Feld der Biografieforschung besteht dieses Desiderat. Auch ganz generell, zum Beispiel auf der Ebene der Lehrbuchliteratur zur qualitativen Sozialforschung, findet diese Frage so gut wie keine Beachtung. So informieren die meisten Lehrbücher zur qualitativen Sozialforschung zwar ausführlich über methodologische Hintergründe des jeweiligen Lehrwerkes sowie über Methoden der Datenerhebung und -analyse, die wichtige erkenntnistheoretische Frage nach dem Wirklichkeitsbezug des empirischen Materials dagegen bleibt unberücksichtigt.[21]

Um Klarheit darüber zu gewinnen, was die empirischen Wahrnehmungen dieser Studie in erkenntnistheoretischer Perspektive greifen und was nicht, soll die Frage nach dem Wirklichkeitsbezug des empirischen Materials auf jeden Fall geklärt sein. Bei dieser Klärung folgt die vorliegende Studie der Sichtweise, die Armin Nassehi in Bezug auf biografisch-narrative Interviews vertritt und überträgt sie auf die empirischen Dokumente, die auf dem Weg der teilnehmenden Beobachtung und des offenen, nicht standardisierten problemzentrierten Interviews generiert werden.

Für den Kontext der Biografieforschung hält Nassehi fest: „[...] die biografische Methode [nimmt] ausschließlich biografische Texte, erzählte Lebensgeschichten, also kommunikative Dokumente in den Blick [...] und nicht das in diesen Texten kommunizierte vergangene Geschehen."[22] Nassehi wendet sich also gegen den Standpunkt, dass biografische Dokumente die Möglichkeit böten, vergangene Gegenwarten zu rekonstruieren. Er zeigt das an der Unterscheidung zwischen Biografie und Lebenslauf. Im Anschluss an Alois Hahn[23] definiert er einen Lebenslauf als „ein Insgesamt von Ereignissen, die in einer zeitlichen Abfolge stehen, als solche aber durch ihren sukzedierenden Charakter mit der Zeit verschwinden. Auf eine Formel gebracht: Vergangene Ereignisse sind vergangen, das heißt, sie dauern als Ereignisse nicht an und haben demnach keine gegenwärtige Existenz."[24] Eine Biografie dagegen „resultiert aus der Beobachtung des Lebenslaufes als Insgesamt von Ereignissen beziehungsweise als Ablaufmuster. Entscheidend ist, dass die erkenntnistheoretische Differenz zwischen Lebenslauf und Biografie niemals einzuziehen ist. Im Klartext: Die Biografie ist ein gegenwartsbasierter, vergangene Ereignisse beobachtender Text, der je nach der gegenwärtigen Präferenz die beobachteten Ereignisse nicht als Ereignisse, sondern nur vermittelt über die Beobachtung

---

21 Zur Dokumentation dieser Lücke sei aus der Reihe populärer und weitverbreiteter Lehrwerke zu den Methoden der qualitativen empirischen Sozialforschung auf Bohnsack 2014, Strübing 2018 und Mayring 2016 verwiesen.
22 Nassehi 1995, 9.
23 Vgl. Hahn 1988.
24 Nassehi 1995, 11.

wiedergibt."[25] Demnach ist eine Biografie eine Realität eigener Art und nicht einfach ein Spiegel vergangener Ereignisse.

Diese erkenntnistheoretische Klarstellung aus dem Bereich der empirischen Biografieforschung lässt sich auf den empirischen Wahrnehmungsprozess der vorliegenden Studie übertragen. Sowohl mit den Berichten derjenigen, die die Familiengottesdienste in der Kinderklinik teilnehmend beobachten, als auch mit den Erzählungen, die die Pfarrerin und die Gottesdienstteilnehmenden in den im Anschluss an die Gottesdienste geführten Interviews entfalten, liegen Beobachtungen vor, die nicht das gottesdienstliche Geschehen, wie es sich tatsächlich ereignet hat, abbilden, sondern individuell perspektivierte, das heißt selektive Beobachtungen dieses Ereignisses. Somit sind auch diese Beobachtungen eine Realität eigener Art – und eben kein Spiegel vergangener Ereignisse.

Doch welchen erkenntnistheoretischen Wert haben diese Beobachtungen dann? Zur Beantwortung dieser Frage ist es hilfreich, sich den spezifischen Charakter dieser Beobachtungen zu verdeutlichen. So sind sowohl die protokollierten teilnehmenden Beobachtungen als auch die Interviews mit der Pfarrerin und den Gottesdienstteilnehmenden Erzählungen, die auf Grund eines in der Vergangenheit liegenden Erlebens evoziert werden. In Erzählungen wiederum begegnet – im Anschluss an Habermas – ein Konzept der Welt, das heißt ein alltagspragmatisches Verständnis von Begebenheiten, in die Personen verstrickt sind und waren. Erzählungen wirken, so Habermas, sowohl handlungsorientierend als auch identitätsbildend und erfüllen somit die Funktion, das lebensweltliche „Selbstverständnis von Personen"[26] zu strukturieren. Vor diesem Hintergrund sind Erzählungen „personenbezogene Kommunikation, die an der eigenen Erfahrung der Narranten ansetzt."[27]

Betrachtet man die am Ende der diversen empirischen Wahrnehmungsprozesse dieser Studie stehenden Dokumente als Erzählungen, dann handelt es sich bei ihnen um Texte, die durch die individuelle Lebenswelt der teilnehmend Beobachtenden wie auch der Interviewten grundiert sind. Doch was haben diese überaus individuellen Produkte eigentlich mit übergeordneten sozialen Strukturen zu tun, auf die soziologisch orientierte Forschung ihr eigentliches Erkenntnisinteresse richtet?

Armin Nassehi unterbreitet auch auf diese Frage einen instruktiven Antwortvorschlag, dem sich die vorliegende Studie anschließt. Dabei ist zu berücksichtigen, dass Armin Nassehis Überlegungen zwar dezidiert auf biografische Narrationen, wie sie ihm Rahmen biografisch-narrativer Interviews entstehen, bezogen sind. In erkenntnistheoretischer Hinsicht lässt sich Nassehis Argumentation aber problemlos auch auf Narrationen beziehen, wie sie im Rahmen

---

25 Ebd.
26 Habermas 1981, 206.
27 Nassehi 1995, 81.

der vorliegenden Studie hervorgebracht werden. So ist, in Anlehnung an Nassehi, eine Narration trotz der hohen Bedeutung, die das Individuum, das die Narration hervorbringt, spielt, gerade nicht als Exploration psychischer Strukturen zu verstehen, sondern als Kommunikation und als solche als soziales Geschehen. Schließlich verdankt sich das Erzählte einer sozialen Genese, die über den Mechanismus der sozialen Erwartungsbildung erklärt werden kann. In der kommunikativen Situation der Narration kommen spezifische Semantiken zum Vorschein, mit denen sich Personen innerhalb eines sozialen Geschehens selbst identifizieren.

Nassehi stellt dazu fest, es sei „unschwer zu erkennen, dass solche Semantiken, Argumentations- und Identifikationsfolien sowie Legitimations- und Sinngebungsformen – zwar zum Teil auf höchst individuelle Weise – der Formenvielfalt des sozialkulturellen Wissens einer Gesellschaft oder bestimmter sozialer Gruppen entnommen sind.“[28] Aus diesem Grund kommen in einer Narration soziale Strukturelemente zur Geltung, die für die Regulierung sozialer Kommunikation konstitutiv sind. Narrative Aussagen stehen erkenntnistheoretisch daher auf einer Stufe mit anderen Semantiken, die etwa wissenssoziologisch auf ihre gesellschaftsstrukturellen Implikationen hin geprüft und analysiert werden.[29]

Auf die Frage nach dem Wirklichkeitsbezug der Narration kann zusammenfassend festgehalten werden: Die narrativen Strukturen entstammen dem Bereich alltäglicher Kommunikation und haben ihre Funktion in der lebensgeschichtlichen Selbstthematisierung von Personen. Da das Forschungssetting der vorliegenden Studie die Gestaltung der Narration weitgehend auf die Seite der teilnehmend Beobachtenden oder der Interviewten verlagert, werden im Zuge dieser lebensgeschichtlichen Selbstthematisierung spezifische Semantiken der Erfahrungsverarbeitung und Bewältigung von Situationen sichtbar. Dabei handelt es sich nicht um die Abbildung der psychischen Selbstreflexivität von Individuen, sondern um von Individuen artikulierte Formen soziokulturellen Wissens sozialer Gruppen.

Die hier in Anlehnung an Armin Nassehi angestellten Überlegungen zum Wirklichkeitsbezug von Narrationen zeigen, dass die im Rahmen der vorliegenden Studie geführten teilnehmenden Beobachtungen und Interviews keine privaten beliebigen Sichtweisen von lediglich singulärer Bedeutung abbilden. Stattdessen lassen sie, vielleicht nicht kollektive, wohl aber typische Formen der Thematisierung eines tatsächlich erlebten Familiengottesdienstes in der Kinderklinik erkennen. Diese Formen der Thematisierung sind es, die die im Rahmen dieser Studie erhobenen Narrationen dem interpretativen Zugriff zugänglich machen und die empiriebasierte Erforschung der Familiengottesdienste in der Kinderklinik ermöglichen.

---

28 A.a.O., 85.
29 Vgl. ebd.

4.   Methodische Konkretion – Datenanalyse

4.1.   *Verschriftlichung der teilnehmenden Beobachtungen in Form ethnographischer Protokolle (erste Forschungsebene)*

Grundlage für die Auswertung der empirisch ermittelten Daten sind Texte. Die empirischen Beobachtungen, die im Rahmen der teilnehmenden Beobachtungen gemacht werden, werden in Form eines ethnographischen Protokolls verschriftlicht. Dabei handelt es sich um einen Text, der von der teilnehmenden Beobachterin beziehungsweise dem teilnehmenden Beobachter in formaler Hinsicht in aller Freiheit gestaltet werden kann. Diesem Vorgehen liegt das oben entfaltete Prinzip der Gestaltentwicklung zugrunde. Möglichst kurze Zeit nach der Teilnahme an dem zu analysierenden Gottesdienst verfasst die Beobachterin beziehungsweise der Beobachter vor allem auf der Grundlage der Erinnerungen an den Gottesdienst und mit Hilfe von Notizen, die direkt nach dem Gottesdienst aufgeschrieben wurden, das ethnographische Protokoll. Die einzige formale Maßgabe für das Verfassen dieses Textes besteht darin, dass er möglichst alles, was während des Gottesdienstes beobachtet wurde und bis zum Zeitpunkt des Verfassens des ethnographischen Protokolls in Erinnerung geblieben ist, schriftlich fixiert. Wichtig ist dabei, dass das ethnographische Protokoll nicht die Form eines knapp gehaltenen Faktenberichts annimmt, sondern die geschilderten Beobachtungen durchaus auch mit Assoziationen, Deutungsversuchen oder Anfragen flankiert werden. Erst durch solche interpretierenden und darstellerischen Eigenleistungen seitens der Beobachterinnen und Beobachter wird das ethnographische Protokoll zu einer Narration über ein in der Vergangenheit geschehenes Ereignis und damit zu einer eigenständigen Form sozialer Kommunikation. Nur als solch eine Narration lassen sich aus dem ethnographischen Protokoll, den Ausführungen des vorangegangenen Abschnitts zum Wirklichkeitsbezug des hier verwendeten empirischen Materials folgend, empirische Befunde gewinnen, die durch die Beobachterin oder den Beobachter individuell konturiert Einblicke in die soziokulturelle Wahrnehmung des beobachteten Gottesdienstes bieten. Das ist der Fall, weil sowohl die von der Beobachterin oder dem Beobachter individuell gewählte Darstellungsform als auch deren oder dessen Interpretationsleistungen auf soziale Codes und Semantiken reagieren, die die soziale Kommunikation der Gesellschaft konstituieren. Aus diesem Grund sind die in dieser Studie generierten ethnographischen Protokolle nicht hinreichend beschrieben, wenn man sie als so etwas wie eine rein subjektive Erinnerungsleistung oder individuelle Meinungsbekundung betrachtet. Vielmehr sind sie Teil sozialer Kommunikation und als solche soziologisch relevant und nutzbar.

4.2.   Transkription der Interviews (zweite und dritte Forschungsebene)

Der erste Schritt der Datenauswertung der offenen, nicht standardisierten problemzentrierten Interviews besteht in der Verschriftlichung der Audiodateien der Interviews. Erst die verschriftlichte Form der Narrationen ermöglicht es, die thematisch sequenzielle Anordnung der Interviewkommunikation zu erheben. Im Unterschied zum mündlichen Text kann in einem Transkript zum Beispiel nachgeschlagen oder ein Vergleich zwischen bestimmten Passagen vorgenommen werden. Für die vorliegende Untersuchung wurde eine vollständige Übertragung des Textes unter Einschluss der parasprachlichen Äußerungen gewählt.[30] Bei dem Interesse, das diese Studie der Interviewkommunikation als solcher entgegenbringt, bietet sich dieses Transkriptionsverfahren besonders an, weil es alle Gesprächsabschnitte einschließlich der Einleitungssätze, der Abschweifungen, der Schlussformeln und Störungen durch Dritte schriftlich dokumentiert. Auch gibt es parasprachliche Äußerungen wie „mh", „aha" oder Pausen wieder. Damit bietet das Verfahren die Möglichkeit, die genaue Abfolge der sprachlichen und parasprachlichen Äußerungen abzubilden.

Die gewählte Form der Transkriptionen gewährleistet eine vollständige Erfassung der interaktiven Strukturen des Interviews, so dass die Selektivität der Erzählung, der Erzählkontext und die Indexikalität bestimmter sprachlicher Äußerungen im Transkript erkennbar wird. Auf die Transkription phonetischer Informationen wurde verzichtet. Das hätte einen erheblichen Mehraufwand bedeutet, gleichzeitig aber eine Analyseebene eröffnet, die hinsichtlich der Forschungsziele der vorliegenden Studie keinen Erkenntnisgewinn hätte erwarten lassen. Um die Lesbarkeit und die Verständlichkeit zu erleichtern, wurden die im Folgenden wiedergegebenen Transkriptzitate inbesondere hinsichtlich der Zeichensetzung den grammatikalischen Standards angeglichen.

4.3.   Inhaltsanalytische und textstrukturelle Rekonstruktion

Die Analyse der ethnographischen Protokolle und der offenen, nicht standardisierten problemzentrierten Interviews folgt der Methodik Fritz Schützes. Bei der Auswertung unterscheidet Schütze mit formaler Textanalyse, struktureller Inhaltsanalyse und analytischer Abstraktion drei Schritte.

Das Ziel der formalen Textanalyse besteht darin, den Text hinsichtlich der in ihm vorkommenden Textsorten zu differenzieren. Im Rahmen der vorliegenden Studie wird dazu eine Differenzierung der Textsorten angewandt, die

---

30   Vgl. Fuchs-Heinritz 2000, 273–278.

Gabriele Rosenthal vorschlägt. Neben den drei wesentlichen Textsorten Erzählung, Beschreibung und Argumentation sind ferner die Kategorien Bericht, verdichtete Situation und Belegerzählung zu nennen.[31]

Der formal nach Textsorten differenzierte Text wird nun im Rahmen der strukturellen Inhaltsanalyse auf seine formalen inhaltlichen Abschnitte hin gegliedert. Um die inhaltliche Binnendifferenzierung des Textes zu erheben, werden die sprachlichen Verknüpfungen ausfindig gemacht, mit denen der Sprecher oder die Sprecherin arbeitet, um verschiedene thematische Felder der Erzählung aneinander zu reihen. Ausgedrückt werden solche sprachlichen Verknüpfungen in der Regel mit den Worten „dann", „und", „später" und so weiter.

Die relevanten Größen, die mittels der strukturellen Inhaltsanalyse zu erheben sind, sind thematische Felder und Themen. Wolfram Fischer definiert das Verhältnis von Thema und thematischem Feld wie folgt: „Das Thema als klar definierbare Textgröße enthält Verweisungen auf andere explizite Themen der Gesamterzählung oder auf implizite Themen, die textüberschreitend in pragmatischer Reflexion der alltagsweltlichen Kontexte (z.B. den Themenbereich ‚Familie', ‚Beruf' [...]) erschlossen werden können. Einzelthemen sind also Elemente eines thematischen Feldes."[32]

Ebenso wie thematische Felder werden auch Themen als inhaltliche Kleinsteinheiten mit Wörtern wie „dann", „später" oder auch „deshalb", „trotzdem" aneinandergereiht. Zur Analyse der identifizierten Themen und thematischen Felder dienen in Anlehnung an Uwe Gerstenkorn[33] folgende Leitfragen: Welches Problem wird in der abgegrenzten Textpassage dargestellt? Was sind die Bedingungen für dieses Problem? Welche Partnerinnen oder Partner der Interaktion werden vorgestellt? Welche Strategien zur Lösung beziehungsweise Bewältigung des beschriebenen Problems werden präsentiert? Welche Konsequenzen dieser Verhaltensweise werden beschrieben?

Mit Hilfe dieser Untersuchungsfragen sollen die Themen des Textes detailliert beschrieben werden, um so die Funktion der einzelnen Themen sowohl für den unmittelbaren als auch weiteren Kontext des Textes herauszuarbeiten. Nach Abgrenzung und Beschreibung der Einzelthemen endet die strukturelle Inhaltsanalyse mit der Analyse der Gesamtkomposition des Textes. Dabei werden, streng orientiert an der Sequenzialität des Interviews, die Bezüge von Themen zu anderen Themen und thematischen Feldern untersucht.

Mit den Ergebnissen der formalen Textanalyse und der strukturellen Inhaltsanalyse liegt nun eine präzise Gliederung des Textes wie auch eine detailreiche Analyse der Einzelthemen in ihrer Bedeutung für die Gesamtkompositi-

---

31   Vgl. Rosenthal 1993, 240.
32   Fischer 1986, 359.
33   Vgl. Gerstenkorn 2004, 70.

on des Textes vor. Die feingliedrige Analyse der einzelnen Textsequenzen ist damit abgeschlossen.

Indem die strukturelle Inhaltsanalyse die wesentlichen Episoden der Narration voneinander trennt, schafft sie die Voraussetzung für die analytische Abstraktion, den dritten Schritt der Datenauswertung.

Nun wird die auf die Analyse von Einzelthemen gerichtete Perspektive verlassen und die Gesamtkomposition des Textes in den Mittelpunkt der Analyse gerückt. Die analytische Abstraktion soll insbesondere individuelle Verlaufskurven sichtbar machen, die den Gesamttext in spezifischer Weise charakterisieren. Eine Verlaufskurve beschreibt die Art und Weise, wie prozessuale Sachverhalte im Text dargestellt werden. So gibt es beispielsweise einzelne narrative Passagen, denen der Text eine besondere Bedeutung zugesteht, oder auch bestimmte Detailschilderungen, denen der Text eine besondere Aussagekraft beimisst.

Verlaufskurven können erkannt werden, indem die im Zuge der strukturellen Inhaltsanalyse erhobenen Beobachtungen zu den einzelnen Themen des Textes systematisch miteinander in Beziehung gesetzt werden.

In Anlehnung an Gerstenkorn[34] richtet der Auswertungsschritt der analytischen Abstraktion folgende Fragen an den Text: Welche individuellen Verlaufskurven sind zu beobachten? Wie lässt sich eine erhobene Verlaufskurve näher charakterisieren? Welche Interdependenzen zwischen einzelnen Verlaufskurven sind zu erkennen? Können dominante Stränge von Nebenschauplätzen unterschieden werden? Welchen Detaillierungs- und Indexikalitätsgrad weisen die Textpassagen auf, die die Verlaufskurve beschreiben?

Formale Textanalyse, strukturelle Inhaltsanalyse und analytische Abstraktionen stellen das Analysematerial für die weitere empirische Arbeit zur Verfügung. Mit diesen Analyseschritten, die sequenzanalytisch Zeile für Zeile das gesamte Interview (Haupterzählung und Nachfrageteil) rekonstruieren, steht nun insbesondere die Selektivität der im Text dokumentierten Beobachtungen, die Struktur von Textteilen und der Gesamtkomposition wie auch die Funktion von Einzelthemen und Verlaufskurven vor Augen. Eine auf eine konkrete Person bezogene Präzisierung dessen, was den erlebten Gottesdienst für diese Person ausmacht, liegt nun vor.

4.4.   Deutung der narrativen Gesamtkonstruktion

Die Analysen der ethnographischen Protokolle und transkribierten Interviews enden jeweils mit einem generalisierenden Analyseschritt. Er versucht die Gesamtselektivität der Texte zu beschreiben. Schütze nennt diesen Schritt Wissensanalyse, während er im Rahmen der vorliegenden Studie in Anlehnung

---

34   Vgl. a.a.O., 71.

an Nassehi als Deutung der Gesamtkonstruktion des Textes bezeichnet wird.[35] Für diesen Analyseschritt gilt es, sich nochmals die oben angestellten Überlegungen zum Wirklichkeitsbezug der narrativen Texte zu vergegenwärtigen: Die schriftlich vorliegenden Texten bilden nicht das tatsächlich erlebte, das heißt das gottesdienstliche Geschehen, identisch ab, sondern eine Beobachtung des gottesdienstlichen Geschehens durch die teilnehmend Beobachtenden oder die Interviewten Personen. Es handelt sich um einen reflektierenden Zugriff auf Erfahrungen und Erlebnisse, die Individuen während des Gottesdienstes gemacht haben. Im Sinne von Luhmanns Verständnis einer Wahrnehmung zweiter Ordnung[36] können sowohl die Texte als auch deren Interpretation als kontingente Beobachtungen, das heißt als Beobachtung der Beobachtung, verstanden werden.

Die abschließende Deutung der narrativen Gesamtkonstruktion hat die Aufgabe, die auf der Grundlage eines ethnographischen Protokolls beziehungsweise Interviewtranskripts herausgearbeiteten Prozessstrukturen der narrativen Texte in einen Gesamtzusammenhang zu stellen. Dadurch kann erkannt werden, welche Grundprobleme der jeweilige Text aufwirft und welche individuellen Problemlösungsmuster er daraufhin anbietet.[37] Dieses Vorgehen hat jedoch nicht zur Konsequenz, dass lediglich die subjektiven Deutungsmuster der teilnehmend Beobachtenden beziehungsweise der Interviewten im Rahmen der Interpretation protokolliert werden. Vielmehr greift hier eine methodologische Skepsis, die dazu dienen soll, die Selektivität der Darstellung und deren Voraussetzungen erkennen zu können und die Präsentation der teilnehmend Beobachtenden beziehungsweise der Interviewten wahrzunehmen.[38] Die Deutung der narrativen Gesamtkomposition fasst alle bisher gemachten Beobachtungen zusammen und bezeichnet sie mit einer Art Motto, das die im jeweiligen Text dokumentierte teilnehmende Beobachtung beziehungsweise das gottesdienstliche Erleben der Interviewten prägnant zu charakterisieren versucht. Dieses Motto findet sich in der Überschrift jedes analysierten Textes wieder.

Die bis zu dieser Stelle beschriebenen Verfahren der Analyse verfolgen noch nicht das Ziel, die drei Forschungsebenen eines jeden Gottesdienstes (ethnographisches Protokoll, Interview mit der Pfarrerin und Teilnehmendeninterviews) im Sinne einer Gesamtinterpretation des jeweiligen Gottesdienstes in Beziehung zueinander zu setzen, oder gar die Absicht, die Texte in Bezug auf das eigentliche Forschungsthema der vorliegenden Studie zu betrachten. Zu

---

35   Vgl. Schütze 1983, 286, und Nassehi 1995, 108.

36   Vgl. Luhmann 1999, 812-826.

37   In Bezug auf biografische Texte formuliert Nassehi die Formel: „Biografische Texte lösen Probleme, die sie selbst aufwerfen" (Nassehi 1995, 102). Diese Formel lässt sich auf Grund des narrativen Charakters der Texte, die der vorliegenden Studie zugrunde liegen, auch auf diese übertragen.

38   Vgl. a.a.O., 110.

diesem Zeitpunkt der Textanalyse geht es noch ausschließlich darum, die Selektivität und Funktionalität der in jedem einzelnen Text dokumentierten narrativen Kommunikation zu erkennen.[39] Nur so ist es möglich, die auf das eigentliche Forschungsthema bezogenen Inhalte in ihrem individuellen Kontext
wahr- und ernstzunehmen. Würde der Fokus schon an dieser Stelle des For-
schungsprozesses auf der Ebene der einzelnen Gottesdienste oder auf der Ebene eines übergeordneten Vergleichs aller im Rahmen der Studie analysierten
Gottesdienste zu einer synthetischen Betrachtung hin verschoben, könnten die
von jedem Text für sich geschilderten Interdependenzen zwischen einer spezifischen Beobachterperspektive und dem jeweils damit einhergehenden Blick
auf das Erleben des Gottesdienstes nicht angemessen herausgearbeitet werden.
Gerade die individuelle und hier eigentlich interessierende Variante der Sicht
auf das gottesdienstliche Erleben geriete dadurch aus dem Blick.

4.5. Ethnographisches Protokoll, Interview mit der Pfarrerin und Teilnehmendeninterviews – Synthetische Zusammenführung der drei Forschungsebenen

Erst nachdem alle Texte, die das empirische Material eines Gottesdienstes bilden, auf die oben geschilderte Weise analysiert worden sind, folgt ein syntheti-
scher Analyseschritt, der das charakteristische Profil des Gottesdienstes im
Sinne der Zeichnung eines Gesamtportraits zum Ziel hat.

Dazu werden die inhaltlichen Schwerpunkte, die die Einzelanalysen der zu
einem Gottesdienst gehörenden empirischen Texte herausgearbeitet haben, im
Sinne einer Gesamtsichtung nebeneinandergestellt. Bei dieser Gesamtsichtung
geht es zunächst darum zu schauen, welche Inhalte womöglich von mehreren
empirischen Texten – und damit auch auf den unterschiedlichen Forschungsebenen – angesprochen werden. In solchen Fällen können die genannten Inhalte gleichsam additiv aus unterschiedlichen Perspektiven beschrieben werden,
so dass eine intersubjektive Wahrnehmung von Sachverhalten und Themen
erfolgt, die ein tiefergehendes Verständnis des jeweils analysierten Gottesdienstes ermöglicht. Bei der Zeichnung des Gesamtportraits eines Gottesdienstes stehen jeweils die Themen und Sachverhalte im Vordergrund, die von mehreren zu dem Gottesdienst gehörenden empirischen Texten angesprochen
werden. Der Grund für diese Priorisierung besteht in der methodischen Annahme, dass Aspekte, die auf zwei oder gar allen drei Forschungsebenen der
vorliegenden Studie thematisiert werden, für das Verständnis des Profils eines
Gottesdienstes als Ganzem besonders bedeutsam sind. Das heißt allerdings
nicht, dass Themen und Sachverhalte, die unter Umständen nur auf einer For-

---

39 Vgl. Gerstenkorn 2004, 73.

schungsebene oder nur in einem empirischen Dokument angesprochen werden, nicht in die Zeichnung des Gesamtportraits eines Gottesdienstes mit einfließen würden. Insbesondere Aspekte und Sachverhalte, die in einem empirischen Text auffallend eingehend thematisiert und entfaltet werden, werden in das gottesdienstliche Gesamtportrait mit aufgenommen. Schließlich geht es bei dem empirischen Weg, dem die vorliegende Studie folgt, ja darum, jeden einzelnen der hier analysierten Gottesdienste so umfassend wie möglich empirisch wahrzunehmen und als komplexes Phänomen verstehbar zu machen.

Darstellungstechnisch wird dieser synthetische Analyseschritt einer Gesamtdeutung eines Gottesdienstes so umgesetzt, dass jede Gottesdienstanalyse mit einem Abschnitt endet, der die Überschrift „Gesamtanalyse des Gottesdienstes" trägt. Hier finden sich dann Unterabschnitte, die für den jeweiligen Gottesdienst charakteristische Themen und Sachverhalte näher beschreiben. Ganz am Ende dieses Abschnittes steht dann jeweils ein Unterabschnitt mit der Überschrift „Inhaltliche Verdichtung", der im Sinne einer Essenz oder Bündelung das charakteristische Profil der empirischen Gesamtwahrnehmung des Gottesdienstes beschreibt und auf dieser Grundlage mit einem inhaltlichen Motto versieht. Dieses Motto findet sich in der Überschrift jeder Gottesdienstanalyse wieder.

4.6.   Weitere methodische und darstellungspraktische Hinweise

Vor dem Übergang zur Einzelfallanalyse der Familiengottesdienste soll an dieser Stelle auf die Eingrenzung des empirischen Forschungsfeldes, die Auswahl der gottesdienstlichen Einzelfallanalysen sowie auf einzelne Auswertungsschritte eingegangen werden.

Das Forschungsfeld der vorliegenden Studie sind die Familiengottesdienste, wie sie in der Zeit von 2011 bis 2021 von Pfarrerin Gisela Schwager in der Kinderklinik des Universitätsklinikums Tübingen gefeiert wurden. Um das Format und das spezifische Profil dieser Familiengottesdienste auf empirischem Weg eingehend untersuchen zu können, wurden von den an dieser Studie Mitarbeitenden im zweiten Halbjahr 2018 und dem ersten Quartal 2019 insgesamt neun Gottesdienste besucht und jeweils auf dem Weg einer teilnehmenden Beobachtung, eines Interviews mit der Pfarrerin und einigen Interviews mit Gottesdienstteilnehmenden empirisch dokumentiert. Durch die empirische Wahrnehmung dieser neun Gottesdienste, verteilt auf einen längeren Zeitraum, sollten sowohl immer wiederkehrende als auch eher sporadisch vorkommende Strukturmerkmale, die diese Gottesdienste charakterisieren, erhoben werden. So gesehen handelt es sich um einen additiven Forschungsweg, der über einen längeren Zeitraum so viele gottesdienstliche Einzelfälle abschreitet, bis so etwas wie eine empirische Sättigung in Bezug auf die Wahrnehmung des Untersuchungsgegenstandes eingetreten ist.

Natürlich kann nicht mit Sicherheit gesagt werden, dass mit der empirischen Wahrnehmung von insgesamt neun Gottesdiensten tatsächlich schon so etwas wie eine empirische Sättigung erreicht werden kann. Grundsätzlich hält sich auch die Literatur zu den Methoden der qualitativen empirischen Sozialforschung mit quantifizierenden Aussagen zur Fallzahl eines Untersuchungssamples zurück. Begründen lässt sich diese Zurückhaltung mit drei Argumenten. Zum einen zielt qualitative empirische Sozialforschung grundsätzlich nicht auf so etwas wie Repräsentativität. Vielmehr verfolgt qualitative Forschung das Ziel, auf dem Wege möglichst präziser Detailbeobachtungen von Phänomenen und Sachverhalten gleichsam so etwas wie empirische Tiefenbohrungen vorzunehmen.

Es geht somit um die Erhebung von Sinnkonstitutionen, Struktur- und Plausibilisierungsmustern, die im Rahmen repräsentativ angelegter Fragebogenerhebungen auf Grund ihres feingliedrigen Detaillierungsgrades gar nicht wahrgenommen werden können. Vor diesem Hintergrund erfüllen qualitativempirische Studien die Aufgabe, bislang unerforschte Gegenstandbereiche in einem ersten, explorativen Schritt für künftige, breiter angelegte Forschung zu erschließen. Oder sie werden mit den Befunden quantitativer, Repräsentativität beanspruchender Studien in Beziehung gesetzt (Triangulation), um quantitative durch qualitative Befunde weiter zu präzisieren oder zu ergänzen. Die vorliegende Studie trägt einen explorativen Charakter, so dass eine auf Repräsentativität gerichtete Zielsetzung überhaupt keinen Sinn ergeben würde. Wohl aber kann – nach reiflicher Überlegung – davon ausgegangen werden, dass die Arbeit mit insgesamt neun gottesdienstlichen Einzelfallanalysen forschungspraktisch eine sehr solide Basis dafür darstellt, wesentliche Charakteristika des Gottesdienstformats Familiengottesdienst in der Kinderklinik der Uniklinik Tübingen zu erfassen und eine solide Grundlage für Folgeforschungen zur Verfügung zu stellen. Außerdem hat während der Feldphase im zweiten Halbjahr 2018 der kontinuierliche Abgleich zwischen bereits erfolgten Gottesdienstanalysen und den Ergebnissen der je aktuellen, neuesten Gottesdienstanalyse dazu geführt, dass nach neun Gottesdienstanalysen eine deutliche empirische Sättigung eingetreten war. Weitere Gottesdienstanalysen hätten kaum mehr Befunde hervorgebracht, die grundlegend neu und wesentlich gewesen wären. Das Gottesdienstformat Familiengottesdienst in der Kinderklinik war nach neun empirischen Gottesdienstanalysen hinreichend erfasst.

Die empirische Sättigung war so weitreichend, dass für die im Rahmen dieser Publikation präsentierten Auswertungen, Analysen und Interpretationen der Daten das empirische Material von nur sechs Gottesdiensten verwendet wurde. Die drei nicht berücksichtigten Gottesdienste boten im Vergleich mit den anderen sechs keine weiterführenden Befunde mehr.

Die Präsentation der gottesdienstlichen Einzelfallanalysen folgt einem einheitlichen Gliederungsschema: Zu Beginn informieren Vorbemerkungen über die Zusammensetzung der Teilnehmendengruppe, den Gottesdienstablauf sowie über weitere Details des Gottesdienstsettings. Darauf folgen die Analysen des ethnographischen Protokolls, des Interviews mit der Pfarrerin sowie der Teilnehmendeninterviews. Eine strenge Orientierung an der ursprünglichen Komposition des ethnographischen Protokolls und der Interviews ist die Basis der hier dokumentierten Analysen. Das ethnographische Protokoll und die Interviews werden auf Selektivität, Verstehenskontrolle, Textstruktur, Textlogik und die Abfolge von Problem und Problemlösung hin abgearbeitet. Am Ende steht eine Gesamtanalyse des Gottesdienstes. Neben einer generalisierenden Zusammenfassung der Analyseergebnisse zu jedem Gottesdienst erfüllt dieser Schritt die Funktion, ein Gesamtportrait des Gottesdienstes zu zeichnen und so eine abschließende Deutung zu präsentieren. Bei all dem verbleiben die Gottesdienstanalysen noch völlig im Horizont des Einzelfalls. Bezüge zwischen den einzelnen Gottesdienstanalysen werden erst später im Rahmen der synthetisch-fallübergreifenden Analyse hergestellt.[40]

Zwei Besonderheiten der Darstellungsweise seien an dieser Stelle noch erwähnt. Zum einen ist in den folgenden Textanalysen nicht die teilnehmend beobachtende Person oder die Person, die ein Interview gibt, das Subjekt des Textes. Wie in den methodologischen Ausführungen beschrieben, betrachtet die vorliegende Studie alle empirisch erhobenen Texte ausschließlich hinsichtlich ihrer narrativen Struktur, so dass die beobachtende oder erzählende Person lediglich über den Text beobachtbar wird. Das hat zur Folge, dass sich in den folgenden Ausführungen Formulierungen finden wie „der Text erläutert", „das ethnographische Protokoll legt dar" oder „die Interviewkommunikation schildert". Damit wird zum Ausdruck gebracht, dass es nicht Personen sind, die die narrativen Texte konstituieren. Vielmehr sind es die Texte, die die Personen, die in ihnen thematisch werden, konstituieren und beschreiben.[41]

Zum anderen ist darauf hinzuweisen, dass die vorliegende Studie häufig mit Zitaten aus den empirisch erhobenen Dokumenten arbeitet. Die Fundstellen am Ende der Zitate folgen einem einheitlichen Aufbau. Der Großbuchstabe „G" zu Beginn steht schlicht für „Gottesdienst". Darauf folgt eine Zahl von 1 bis 6. Sie informiert über den Gottesdienst, auf den sich das Zitat bezieht. „G1" heißt dann zum Beispiel „Gottesdienst 1". Darauf folgt ein Schrägstrich „/", auf den der Großbuchstabe „E, P oder I" folgt. Hier steht „E" für ethnographisches Protokoll, „P" für das Interview mit der Pfarrerin und „I" für ein Teilnehmendeninterview. Nach dem „I" kann noch einmal eine Zahl wie „1,2,3 usw." stehen. Diese informiert darüber, um welches Teilnehmendeninterview es sich handelt, das im Anschluss an einen bestimmten Gottesdienst geführt wurde. Es folgt wieder ein Schrägstrich „/". Die darauf genannten Zahlen nennen die Zeilennummern, in denen das Zitat in einem ethnographischen Protokoll oder einem Interview zu finden ist. An einem Beispiel verdeutlicht heißt das: Die

---

40   Vgl. Nassehi 1995, 120.
41   Vgl. a.a.O., 120f.

Fundstelle „G6/I4/68-72" bezieht sich auf Gottesdienst 6, Teilnehmendeninterview 4 und dort die Zeilen 68 bis 72.

Schließlich sei zur Anonymisierung im Rahmen der vorliegenden Studie gesagt, dass die Namen aller Interviewten aus datenschutzrechtlichen Gründen unkenntlich gemacht und durch Großbuchstaben ersetzt wurden (Herr A, Frau B usw.). Ferner wurden sämtliche Namen von Orten, Personen und geografischen Größen unkenntlich gemacht. An Stelle der ursprünglichen Namen findet sich dann ein Verweis in Klammern wie zum Beispiel (Name einer Stadt), (Name einer Region). Ausgenommen von der Anonymisierung ist die Pfarrerin, die die Gottesdienste gehalten hat und die im Anschluss an jeden Gottesdienst interviewt wurde. Ebenfalls transparent ist die Kinderklinik des Universitätsklinikums Tübingen als Ort, an dem die analysierten Gottesdienste stattfanden und alle Interviews durchgeführt wurden. Diese Form der Transparenz wurde im Vorfeld der Studie mit der Pfarrerin und der Leitung der Kinderklinik vereinbart.

Gottesdienstanalyse I – Familiengottesdienst als Beziehungsgeschehen

Samuel Lacher in Zusammenarbeit mit Jonathan Steinestel

An dem am 1. Juli 2018 um 10.30 Uhr in der Kinderklinik gefeierten Gottes-
dienst nahmen zehn Kinder und etwa genauso viele Erwachsene teil. Neben der
Pfarrerin war ein Musiker am gottesdienstlichen Geschehen beteiligt. Eine
studentische Hilfskraft beobachtete den Gottesdienst und übersetzte ihn für
einige Besucherinnen und Besucher auf Englisch. Dem ethnographischen Pro-
tokoll ist folgender Ablauf zu entnehmen:
- Begrüßung mit Instrumentenwahl für die Kinder
- Lied: „Vom Aufgang der Sonne"
- Gebetsritual mit Kerzen und Glasnuggets
- Erzählung der biblischen Geschichte von der Sturmstillung mit szeni-
  scher Aufführung durch die Kinder
- Deutung der Erzählung
- Lied: „Er hat die ganze Welt in seiner Hand"
- Gebet und Vaterunser
- Segen
- Verteilen von Giveaways: Kinder-Tattoos

1. Interaktionen zwischen Pfarrerin und Kindern – Analyse des ethnographischen Protokolls

Das ethnographische Protokoll gliedert sich in insgesamt fünf thematische
Felder. Das erste thematische Feld ‚*Vor dem Gottesdienst*' beschreibt zunächst
den Rahmen des Gottesdienstes, der im Spielzimmer der Kinderklinik stattfindet.

> „Für den Gottesdienst wurde aufgeräumt und ein Teil des Raumes wurde mit Tüchern
> abgehängt, hinter denen einiges Spielzeug verstaut wurde, sodass eine etwas reizärmere
> Umgebung für den Gottesdienst geschaffen wurde. Ein kleiner Tisch diente als Altar und
> die zehn kleinen und großen Stühle wurden auf diesen hin ausgerichtet." (G1/E/6-10).

Die Pfarrerin wird während des Gottesdienstes von einem Musiker unterstützt.
Zusammen mit der wissenschaftlichen Hilfskraft sind beide schon vor der Ankunft der Besucherinnen und Besucher im Gottesdienstraum. Bei der Zusam-

mensetzung der Gottesdienstbesucherinnen und -besucher hebt der Text hervor, dass Menschen „aus verschiedenen Nationalitäten und Kulturen" (G1/E/30) anwesend sind. Da nicht alle Besucherinnen und Besucher deutsch sprechen, übersetzt die studentische Hilfskraft das Gottesdienstgeschehen für einige Teilnehmerinnen und Teilnehmer ins Englische.

Das zweite thematische Feld ‚Ankommen und Anfangen' schildert die Ankunft der Kinder als sehr lebhaft:

> „Hatte ich zuvor noch überlegt, wie ich auf die Kinder zugehen sollte, übernahmen die ersten Kinder, die zum Gottesdienst kamen, gleich selbst die Initiative und stellten sich mir vor und redeten einfach drauf los." (G1/E/14-17)

Neben dem Verhalten der Kinder wird aber auch die persönliche Begrüßung durch die Pfarrerin hevorgehoben: „Alle Ankommenden wurden herzlich und vor allem alle Kinder einzeln und mit Namen begrüßt." (G1/E/35f.) Dabei erwähnt der Text auch die Möglichkeit der Kinder, sich ein Instrument auszusuchen, um beim Singen mit zu musizieren. Insgesamt wird ein herzlicher, persönlicher und wertschätzender Erstkontakt geschildert.

Allerdings werden im Hinblick auf den Beginn des Gottesdienstes zwei Schwierigkeiten geschildert. Zum einen ist „es noch relativ unruhig im Raum." (G1/E/37f.) Das für viele Kinder bekannte Setting des Spielzimmers lädt zum Spielen ein. Außerdem nutzen die Kinder die ausgehändigten Musikinstrumente schon fleißig. Zum anderen bleibt der Gottesdienst auch für Spätankömmlinge geöffnet. Die Pfarrerin versucht diese herzlich und wertschätzend zu begrüßen und in das gottesdienstliche Geschehen zu integrieren.

> „Als ein Patient im Rollstuhl hinzukam, musste spontan etwas umgebaut werden. [Der Patient] schien sich zunächst nicht sicher, ob er tatsächlich am Gottesdienst teilnehmen möchte und so bot die Pfarrerin an, dass er auch mit seinem Vater den Gottesdienst vom Flur aus verfolgen könne und die Türe dafür offenbleibe. Nach kurzer Zeit kamen die beiden Personen dann doch hinein. Der Gottesdienstverlauf musste kurz unterbrochen werden, bis alle wieder einen Platz zum Sitzen gefunden hatten." (G1/E/39-45)

Das erste Lied „Vom Aufgang der Sonne", das mit Bewegungen gesungen wird, scheint die Unruhe nicht ganz ausräumen zu können. Sie dauert bis in das erste Ritual, das Entzünden der elektrischen Altarkerze, an. Die Unruhe wirkt sich, so der Text, nicht nur auf die anwesenden Erwachsenen negativ aus:

> Auch „[e]inigen Kindern fiel es anfangs sichtlich schwer, sich auf den Gottesdienst zu konzentrieren. Vor allem ein kleiner Junge, der im hinteren Teil des Zimmers spielte, schrie gelegentlich auf und verstärkte die bereits vorhandene Unruhe zusätzlich. [...] [Die Pfarrerin] musste anfangs sehr laut sprechen, um Gehör zu finden und immer wieder innehalten, wenn es etwas zu laut wurde." (G1/E/57-61)

Der Text macht deutlich, dass die recht unterschiedlichen Erwartungen und Bedürfnisse zu Beginn des Gottesdienstes unmoderiert aufeinandertreffen. Der Wunsch zu spielen – auch mit den eben erhaltenen Instrumenten – trifft auf das Bedürfnis zuzuhören, anzukommen und zur Ruhe zu kommen. Und auch die spätere Ankunft und Integration von Besucherinnen und Besuchern führt zwingend zu einem Bruch im Gottesdienstgeschehen, der Platz für weitere Unruhe bietet. In einer Globalevaluation am Ende des Textes wird der Gottesdienstbeginn nochmal aufgegriffen: „Am Anfang des Gottesdienstes war es sehr laut und unkonzentriert." (G1/E/166) Der vom Text als unangenehm und unangemessen beschriebene Anfangsteil des Gottesdienstes wäre sicher durch andere Beobachtungsperspektiven abzugleichen. Gerade aus Sicht der Kinder ist ein lebhafter Beginn, bei dem sie selbst höchst aktiv sein können, sicher wünschenswert. Offenbleiben muss die Frage, inwieweit die unterschiedlichen Bedürfnisse – beispielsweise von Kindern, erwachsenen Besucherinnen und Besuchern und Pfarrerin sowie Musiker – hier miteinander in Beziehung gesetzt und aufeinander abgestimmt werden können und sollen. Der Text schlägt aus den eigenen Erfahrungen einen moderierten und klaren Anfangsteil vor.

Das dritte thematische Feld ‚*Interaktion zwischen Pfarrerin und Kindern*' zieht sich durch das gesamte ethnographische Protokoll. An verschiedenen Stellen wird genauer beschrieben, wie die Pfarrerin mit den Kindern umgeht. Hierzu gehören auch die Ausführungen zur herzlichen Begrüßung. In einer Globalevaluationen fasst der Text das Verhalten der Pfarrerin gegenüber den Kindern zusammen:

> „Die Pfarrerin war sehr darum bemüht, die Kinder in den Mittelpunkt zu stellen und die Namen aller zu kennen. Dazu fragte sie auch mehrfach nach. Für mich war das Ausdruck von großer Wertschätzung für jedes einzelne Kind." (G1/E/143ff.)

Dieser Umgang wirkt sich, so der Text, auch auf die gesamte Stimmung des Gottesdienstes aus:

> „Die Unbefangenheit der Pfarrerin, mit den Kindern umzugehen, hatte eine positive Auswirkung auf das Klima. Die Angst, etwas falsch zu machen, wurde meines Erachtens dadurch erheblich reduziert." (G1/E/133ff.)

Um das Verhalten der Pfarrerin zu illustrieren, werden konkrete Beispiele genannt. So machte die Pfarrerin etwa beim einleitenden Lied „die Bewegungen vor und vereinzelt machten Kinder die Bewegungen direkt nach, auch ohne zuvor dazu aufgefordert worden zu sein." (G1/E/48ff.)

> „Beim Singen des Liedes ‚Er hat die ganze Welt in seiner Hand' durften die Kinder selbst Strophen erfinden und sagen, was oder wen Gott in seiner Hand hält. Am Ende des Liedes wurden pro Strophe immer zwei Namen von anwesenden Kindern gesungen. Dies löste bei vielen Kindern besondere Freude aus, als ihr Name im Lied gesungen wurde." (G1/E/106-109)

Zu der annehmenden Haltung gehört auch, dass kleinere Irritationen seitens der Kinder nicht vorschnell getadelt werden. Der Text erwähnt etwa, dass ein Kind sich beim Beten des Vaterunsers beeilte, „die letzten Verse schneller zu beten als alle anderen und am Ende ‚Erster!' rief. Dies brachte [...] auch die Pfarrerin zum Lachen." (G1/E/115f.)

Abseits von Einzelbeobachtungen ist dem Text zu entnehmen, dass der Gottesdienst insgesamt von vielen interaktiven Elementen geprägt ist. In fast

jedem Teil des Gottesdienstes können die Kinder das Geschehen aktiv mitgestalten. Der Gottesdienst wird stark dadurch geprägt, wie die Pfarrerin mit den
Kindern umgeht und wie viel Raum die Interaktionen zwischen Pfarrerin und
Kindern im gesamten Ablauf des Gottesdienstes einnehmen dürfen. Dass diese
sich wohl und ernstgenommen fühlen und ohne Ängste aktiv am gottesdienstlichen Geschehen mitwirken, hängt stark von einer als positiv empfundenen
Beziehung zur Pfarrerin ab. Der Text beschreibt zudem, dass sich das Mitmachen der Kinder im Gottesdienst auch positiv auf die Eltern auswirkt: „Die Eltern waren vor allem dann begeistert, wenn ihre Kinder im Gottesdienst mitmachen konnten." (G1/E/146f.) Ob und inwieweit sich die Kinder also dem
gottesdienstlichen Geschehen und der Pfarrerin öffnen können und Interaktionen stattfinden, ist nicht nur für deren Erleben wichtig. Auch die erwachsenen Bezugspersonen machen ihre Evaluierung des Gottesdienstbesuchs in
großen Teilen davon abhängig, wie ihre Kinder am Gottesdienst teilnehmen
können.

Das vierte thematische Feld ‚Rituale' setzt sich aus der Beschreibung des
Entzündens der Altarkerze, eines interaktiven Gebets, einer zweiten Gebetsphase und des Segens zusammen. Schon beim chronologisch ersten Ritual, dem
Entzünden der elektrischen Altarkerze, schildert der Text eine Besonderheit:
„Ein Kind hatte sich dies von vorherigen Gottesdiensten gemerkt und forderte
dies von der Pfarrerin ein." (G1/E/51ff.) In dem Wunsch des Kindes, die Kerze
selbst anzuzünden, kann das Bedürfnis nach wohltuender Wiederholung und
nach eigener Partizipation nachvollzogen werden. Die Pfarrerin nimmt den
Wunsch auf, lässt das Kind den Schalter der elektrischen Kerze umlegen und
erklärt „der Gemeinde dabei kurz, dass das Licht der Kerze für die Gegenwart
Gottes stehe" (G1/E/54f.).

Das erste Gebet bildet das zweite Ritual des Gottesdienstes. Bei diesem interaktiven Gebet können „die einzelnen Kinder und Erwachsenen ausgewählte
Gegenstände in eine große Schale legen." (G1/E/65f.) Dabei können sie zwischen Teelichtern, bunten Glasnuggets und etwas größeren, grauen Steinen
wählen. Die elektrischen Teelichter sind mit Fürbitten verbunden, die Glasnuggets mit Dank. Die Steine stehen „für die schweren und harten Dinge im Leben"
(G1/E/69). Beim Ablegen der vorher gewählten Gegenstände dürfen die eigenen Gedanken entweder leise gedacht oder laut ausgesprochen werden. Der
Text beobachtet: „Alle Kinder haben bei diesem Ritual mitgemacht und waren
bereit, ihre Gegenstände auch wieder abzugeben." (G1/E/77f.) Dennoch vermutet der Text Irritationen beim Ablauf des Rituals auf Seiten der Besucherinnen
und Besucher.

> Denn die Pfarrerin war „die einzige Person, die ihre Gebetsanliegen laut formulierte. Ich
> glaube nicht, dass alle Anwesenden verstanden hatten, was es mit den einzelnen unter-
> schiedlichen Gegenständen genau auf sich hat. Meines Erachtens griffen die meisten [Be-
> sucherinnen und Besucher] zu den Teelichtern, die dann beim Ablegen in die Schale an-
> geschaltet wurden." (G1/E/73-77)

In der zweiten Gebetsphase wird das Vaterunser gemeinschaftlich gebetet. Der Text hält dabei fest: „Ich war überrascht über die Vielzahl der Menschen, die die Worte des Gebets mitsprachen. Auch einige Kinder konnten die Worte auswendig" (G1/E/113f.). Auch außerhalb klassischer Aktionsräume für Kinder bleibt der Wunsch nach aktiver Mitgestaltung groß und viele Kinder beteiligen sich beim gemeinsamen Beten. Die gemeinschaftsstiftende Funktion des Vaterunsers kann so auch in der besonderen Situation eines Klinikgottesdienstes über Generationen und Einzelschicksale hinweg wirken.

Der Segen als letztes gottesdienstliches Ritual ist nochmals dezidiert auf Mitgestaltung hin konzipiert.

> Jede und jeder sollte seinem Nachbar oder seiner Nachbarin „eine Hand auf die Schulter legen, sodass letztliche alle miteinander verbunden waren. Als die Pfarrerin, die ebenfalls einer Person die Hand auf die Schulter gelegt hatte, die Segensworte sprach, war es verhältnismäßig ruhig im Raum. Ich hatte das Gefühl, dass alle beziehungsweise die meisten verstanden, um was es gerade ging und gerne daran teilnahmen." (G1/E/118-121)

Auch hier ist das interaktive Element des Segens für den gottesdienstlichen Kontext besonders. Erneut spricht der Text an dieser Stelle von einer positiven Aufnahme dieser persönlichen Teilnahme am gemeinschaftlichen Ritual.

Insgesamt betonten die Rituale neben einer starken gemeinschaftlichen Perspektive auch die Wertschätzung der einzelnen Personen. Die Besucherinnen und Besucher bekommen dabei die Möglichkeit, sich selbst auszudrücken – sei es durch Gedanken, gesprochene Worte, oder ein persönliches Berühren und Berührtwerden. Der Text hebt dabei hervor, dass sowohl Kinder als auch Erwachsene sich gerne auf die Rituale einlassen, wenn auch an der ein oder anderen Stelle noch ungenutzte Potenziale vermutet werden.

Das letzte thematische Feld ‚Geschichte und Impuls' beschreibt den homiletischen Hauptteil des Gottesdienstes. Die hier im Zentrum stehende neutestamentliche Geschichte der Sturmstillung wird zunächst mit Hilfe der Kinder inszeniert.

> „Um das Boot mit Jesus und seinen ‚Freunden' zu füllen, durfte jedes Kind eine kleine Spielfigur aus Plastik aus einer Kiste aussuchen und sie in das Boot, welches aus einem kleinen Korb bestand, legen. [...] Das Boot wurde nun auf den See Genezareth gelassen. Das mit Spielfiguren gefüllte Körbchen wurde dazu nun auf eine Plastikplane gelegt. Als in der Erzählung der Geschichte ein Sturm losbrach, wurde dies durch einen vom Musiker bedienten Regenmacher instrumental unterstützt. Um die Wellen zu versinnbildlichen, durften die Kinder an den Ecken der Plastikplane schütteln. [...] Als in der Erzählung Jesus dem Wind und den Wellen gebot [zu schweigen], verstummte der Regenmacher und die Kinder hörten auf zu schütteln." (G1/E/81-98)

Der Text beschreibt in der Folge eindrücklich, dass die Kinder großen Spaß an der Aufführung der Geschichte haben. Dabei wird die gemeinschaftliche Aktion höchst inklusiv beschrieben: „Auch ein Kind, das im Rollstuhl saß, wurde zur Plane herangerollt und in die ‚Schüttel-Aktion' integriert." (G1/E/95ff.) Die bei der Inszenierung und allem voran beim Schütteln der Plane entstehende „gute

Laune der Kinder wirkte sich auch auf die begleiteten Eltern aus." (G1/E/94f.) Durch die interaktive Erzählung konnte die Geschichte hohe Aufmerksamkeit erzeugen und wurde vermutlich von allen wahrgenommen und gehört.

Anschließend deutet die Pfarrerin die durch die Kinder vorgespielte Geschichte. Im Zentrum steht dabei die „Zusage, dass Gott mit uns ist und uns in diesen Stürmen zur Seite steht." (G1/E/102f.) Diese Aussage, so der Text, wird mehrmals wiederholt. Zur Länge dieses Impulses und zur Aufmerksamkeit bei Kindern und Erwachsenen sagt der Text nichts. Er merkt nur an: „Als ich diese Sätze für meine Nebensitzer übersetzte, schien es mir, als hätten sie die Aussagen und die Aktion mit Boot und See nun etwas neu verstanden." (G1/E/103ff.) Da nichts Gegenteiliges berichtet wird, ist davon auszugehen, dass die Aufmerksamkeit bei Kindern wie Erwachsenen potenziell immer noch vorhanden war. Und vermutlich kann auch die Reaktion der ausländischen Besucherinnen und Besucher zumindest teilweise auf die Kinder und Erwachsenen übertragen werden, die den Impuls der Pfarrerin direkt hörten.

Bei einer Gesamtschau auf das ethnographische Protokoll fällt auf, dass der Interaktion der Pfarrerin mit den Kindern besonders hohe Aufmerksamkeit zukommt. In letztlich allen Teilen des Gottesdienstes und in allen thematischen Feldern wird das Augenmerk auf den Umgang der Pfarrerin mit den Kindern gelegt. Als zentrales Anliegen der Pfarrerin verdeutlicht der Text dabei, dass die Kinder als Personen einen Platz im Gottesdienst finden sollen. Von der Wahl eines Musikinstrumentes, über persönliche Möglichkeiten des Gebets, Teilnahme am Anspiel der biblischen Geschichte, bis hin zur Namensnennung im Lied legt die Pfarrerin großen Wert darauf, möglichst jedes Kind individuell anzusprechen und ihm oder ihr Teilhabe zu ermöglichen. Dies wirkt sich, so das ethnographische Protokoll, auch positiv auf die Eltern aus. Indem deren Kinder als Kinder wahr- und ernstgenommen werden, können auch diese sich für das gottesdienstliche Geschehen öffnen. Die verschiedenen thematischen Felder sind so auch verschiedene Perspektiven, aus denen heraus die Interaktionen zwischen Pfarrerin und Kindern beschrieben werden. So stellt der Gottesdienst aus Sicht des ethnographischen Protokolls insgesamt einen Raum für die Kinder dar, in dem sie als Personen angesprochen und zur gemeinschaftlichen Teilnahme und Teilhabe ermuntert werden.

2.   Offenheit und Teilhabe als Maxime – Das Interview mit der Pfarrerin

Das erste thematische Feld ‚Rahmenbedingungen' reflektiert den spezifischen Gottesdienst vor dem Hintergrund bereits im Krankenhaus gehaltener Gottesdienste. Der Text zeigt sich dabei zunächst „überrascht, wie viele da waren und gekommen sind" (G1/P/7). Dabei ist die Gruppe der Besucherinnen und Besucher stark differenziert, was der Text als potenzielles Problem wahrnimmt:

> „Herausfordernd fand ich das Stichwort Sprache, aber da war ich auch, ähm, froh, dass Du [studentischen Hilfskraft, S.L.] dabei warst. Also ich glaube, die Menge wäre, glaube ich, auch schwierig geworden, wenn ich allein gewesen wäre. [...] [D]a kommst du auch jetzt als Schwa-, da komme ich an meine Grenzen dann auch, dass das was wird." (G1/P/6-13)

Der Text zeigt hier an, dass die Menge an unterschiedlichen Besucherinnen und Besuchern zusammen mit der Sprachbarriere einiger nicht Deutsch Sprechenden als überfordernd angesehen wird. Auch wenn der Text nicht spezifisch ausformuliert, worin eine mögliche Überforderung bestehen könnte, wird deutlich, dass eine einzelne Person kaum den Bedürfnissen aller Besucherinnen und Besucher gerecht werden kann. Dies hängt auch direkt mit den recht klaren zeitlichen Vorstellungen zusammen: „[M]eine Vorgabe ist schon auch, es darf nicht länger als eine halbe Stunde sein." (G1/P/246f.) Dabei scheint der Text vor allem den Bezug zur Aufmerksamkeitsspanne der Kinder herzustellen. So soll die überschaubare Zeit dafür sorgen, dass „der Bogen [...] nicht zu lange wird." (G1/P/156f.) Die große Teilnehmeranzahl und die Pluralität der verschiedenen Besucherinnen und Besucher auf der einen und der begrenzte zeitliche Umfang auf der anderen Seite bilden den äußeren Rahmen des vorliegenden Gottesdienstes.

Den inneren Rahmen des Gottesdienstes beschreibt das thematische Feld der ‚*Teilhabe im Gottesdienst*‘. An ganz unterschiedlichen Stellen hebt der Text das Ziel „der Offenheit" (G1/P/15) hervor. Die Pfarrerin möchte möglichst viele in das gottesdienstliche Geschehen einbinden und so persönliche Teilhabe am Gottesdienst ermöglichen. Dabei gilt es, auf die verschiedenen Bedürfnisse der Besucherinnen und Besucher zu achten. In Bezug auf einige Kinder sagt der Text beispielsweise: „Also ich glaube für einen Teil von den Kindern, für die waren eher die Bewegung und das Machen" (G1/E/98f.) wichtig. Etwas breiter reflektiert der Text an anderer Stelle die Sichtweise der Eltern:

> „Also ich glaube, ein Teil von den Eltern [meint] sicherlich auch, dass es Spaß gemacht hat und dass es schön war, mit den Kindern da zu singen. Das denke ich, also jetzt auch wirklich mal in einem erfüllten Sinn Spaß [zu haben], so was Freudiges dann auch noch, eine erfüllte Zeit. Und es war eine religiöse Zeit. Das sind, glaube ich, dann schon auch die [Dinge], also jetzt in dem Sinn, es wurde gesungen und auch gebetet und gesegnet und es ist etwas, das man miteinander [erlebt], also diese Freude dann. Die Eltern haben ihre Kinder nicht erziehen müssen, sondern es waren alle dabei." (G1/P/198-204)

Es fällt auf, dass der Text bei der Beschreibung der Teilhabe am Gottesdienst zwar bei der elterlichen Perspektive ansetzt, dann aber zu einer Gesamtbetrachtung übergeht. Die vielen Einzelbedürfnisse und persönlichen Bedingungen sollen in einem Miteinander in Freude aufgenommen werden. Der Text reflektiert hieran anschließend an verschiedenen Stellen sowohl die Möglichkeiten, zu einem solchen Miteinander zu gelangen, als auch die Widerstände, die sich auf dem Weg zu solch einem Miteinander konkret gestellt haben. Als Herausforderungen beschreibt der Text neben der Sprachbarriere das späte Ankommen einiger Besuchenden.

> „[W]as ja immer auch schwierig ist: Wie kriege ich [das zusammen]? Ich kann ja nicht immer nochmal anfangen. [...] Wie kannst du das zusammentun, dass man so miteinander [beginnt], also dann verzögert, aber dass man miteinander anfängt." (G1/P/24-26)

Die schon oben beschriebene Offenheit nennt der Text dabei als zentrales Kriterium. Keine und keiner soll ausgeschlossen werden. Zudem soll die Hemmschwelle zur Teilnahme möglichst gering belassen werden. „Das finde ich auch geschickt an dem Spielzimmer, du hast zwei Eingänge, zwei Ausgänge, und du kannst mit der Tür wirklich auch spielen und diese Zwischenräume ermöglichen." (G1/P/30ff.)

Gleichzeitig beschreibt der Text, dass mit der besonders betonten Offenheit auch Schwierigkeiten verbunden sind:

> „[E]s ist wichtig, dass man gemeinsam anfangen kann, aber ich weiß, [...] das ist normal, dass welche zu spät kommen oder gehen und damit auch Unruhe machen. [...] [U]nd die Herausforderung, finde ich, [ist], wo fängst du wieder frisch an, ohne die anderen zu langweilen, damit die [später Hinzukommenden] mit reinkommen können und sich auch nicht nur als Spät-, Zuspätkommende fühlen und, ähm, wo sagst du, wie findet man den roten Faden. Das finde ich immer die Herausforderung." (G1/P/39-47)

In der Darstellung dieses Dilemmas nennt der Text selbst keine direkte Lösung. Das liegt wohl auch daran, dass ein passender Umgang stets von der spezifischen Situation abhängig ist. Losgelöst von der genannten Problematik nennt der Text aber drei Möglichkeiten der Teilhabe. Zunächst ist eine persönliche Ebene grundlegend, welche die Pfarrerin zu den Kindern und auch zu deren Eltern sucht. Hierzu gehört neben dem bewussten Wahrnehmen der Einzelpersonen durch deren Namen auch der direkte Kontakt. So spricht der Text davon, dass die Pfarrerin beim ersten, eher persönlichen Gebetsritual den Kontakt zu den Besucherinnen und Besuchern gezielt sucht:

> Das „ist für mich schon auch wichtig, so der Kontakt. Das bedeutet denen was dann, oder das dann auch mal, eben das ist jetzt das Gebet von den Eltern vom [Namen des Kindes] oder von der [Namen des Kindes], genau, und das ist dem [Namen des Kindes] seine Kerze und das so ein Stück weit das so auch zu benennen." (G1/P/74ff.)

Als hilfreich beschreibt der Text als zweites einen „Verbündete[n]" (G1/P/48), also ein Kind, das durch vorherige Besuche des Gottesdienstes die Abläufe bereits kennt, bei diesen aktiv mitmacht und diese sogar einfordert. Das Kind nimmt dabei eine Mittlerrolle ein, indem es beispielhaft aktiv am gottesdienstlichen Geschehen teilnimmt. Die anderen Kinder können dann erkennen, dass die Teilhabe möglich und mit Spaß verbunden ist. Als drittes nennt der Text Rituale und Symbole als wichtiges Mittel der Teilhabe. Bei der Beschreibung des ersten Gebets, bei dem sich die Besucherinnen und Besucher je nach Gebetsanliegen Kerzen, Glasnuggets oder Steine nehmen und nach kurzer Zeit wieder ablegen können, geht der Text hierauf im Besonderen ein:

> „[I]ch merke, Kinder haben Lust daran, also kleine Kinder, die können [...] auch sehr gut was damit anfangen. Ich glaube, für Erwachsene bräuchte es das nicht, wobei [es] für die Mama auch gut ist, [wenn du] so einen Stein hinlegen kannst [...]. Dadurch, dass Sprache so schwierig war diesmal [...], traue ich dann einfach diesem Ritual." (G1/P/86-90)

Indem der Text zusätzliche Ebenen der Interaktion benennt, thematisiert er weitere Bedeutungsebenen, die das Gebet für die einzelnen Besucherinnen und Besucher haben kann. Zudem kann bei wiederholtem Besuch des Gottesdienstes ein vertrauter Ablauf die Teilhabe erleichtern. Den Zielpunkt der Teilhabe bildet die Gemeinschaft, wie sie der Text beispielhaft am gemeinsamen Singen verdeutlicht:

> „Was für mich ein schönes Zeichen war, das war überraschend, wie viele den Kanon mitgemacht haben, diesen Uralt-Kanon. Da haben ganz viele sofort mitgemacht, auch zum Beispiel der [Name des Kindes], weißt du, wo ja die Mutter französisch [spricht], der ja überhaupt keine Verbindungswörter gegeben [hat], dass die die das so hingekriegt haben, das war für mich schön [...]." (G1/P/58-61)

Im dritten thematischen Feld ‚Rituale und Symbole' wendet sich der Text beiden Phänomenen zu. Neben der oben schon erwähnten Teilhabe-Dimension von Ritualen und Symbolen liegt ein wichtiger Zielpunkt in der Selbstwirksamkeit. Durch den Rekurs auf das Entzünden der Altarkerze zu Beginn des Gottesdienstes illustriert der Text eine solche Selbstwirksamkeit. Auf die Begebenheit hin, dass ein Kind das Entzünden der Altarkerze von sich aus einforderte und auch selbst vollziehen wollte, bemerkt der Text:

> „Ich [habe] da auch nochmal gemerkt [...], das sind Symbole oder das ist ein Zeichen, wo er [das Kind, S. L.] sich noch erinnert an das letzte Mal und dass das was Wichtiges ist [...], wo [er] die Lust gehabt hat, was zu tun. Das Stichwort [...] selber, selbst, also dass sie sich als selbstwirksam sehen". (G1/P/49-52)

Der Text inszeniert insgesamt eine doppelte Bedeutung von Selbstwirksamkeit. Zum einen können sich die Besucherinnen und Besucher beim Vollzug der Rituale, wie oben beschrieben, als selbstwirksam erfahren. Zum anderen wirken die Rituale und Symbole von sich aus, also auch abgesehen von den Handlungen der Pfarrerin. Beispielhaft nennt der Text das Entzünden der (Altar-) Kerze: „Also über Sprache hinweg was sicherlich immer ist, [die] Kerze funktioniert, das weiß ich sicher." (G1/P/80f.) Entgegen möglicher Erwartungen führt der Text keine Gründe für die hier entdeckte Selbstwirksamkeit von Symbolen und Ritualen an. Dadurch entsteht ein Geheimnischarakter, der jenseits von Sprache wirken kann.

Der Text deutet aber auf der anderen Seite an, dass die positive Aufnahme von Ritualen und Symbolen bei den Besucherinnen und Besuchern durchaus auch von der Person der Pfarrerin abhängt:

> „Ich glaube schon, dass es die Leute gemerkt haben, dass es [die Rituale und Symbole,
> S.L.] mir was bedeutet. [...] [D]as denke ich, das ist schon auch wahr, vermute ich mal,
> dass das wahrgenommen worden ist." (G1/P/252ff.)

Auch weil die Pfarrerin den Ritualen und Symbolen Wert und Bedeutung zu-
schreibt, können die Besucherinnen und Besucher diese ernstnehmen und für
sich selbst Wert und Bedeutung suchen und finden. Die einzelnen rituellen
Handlungen werden dadurch nicht ihrer Selbstwirksamkeit beraubt. Das Vaterunser kann beispielsweise auch ohne Pfarrerin gemeinschaftlich gebetet
werden. Aber das Verhalten der Pfarrerin prägt das spirituelle Erleben der
Besucherinnen und Besucher durchaus, indem diese den erlebbaren Rahmen
der Rituale und Symbole maßgeblich gestaltet.

Das vierte thematische Feld ‚Biblische Geschichte und Impuls' beschreibt neben den Ritualen und Liedern einen weiteren wichtigen Teil des Gottesdienstes. Die Pfarrerin inszeniert zusammen mit den Kindern und dem Musiker die
neutestamentliche Erzählung der Sturmstillung. Auch bei diesem Teil betont
der Text zunächst, möglichst vielen Besucherinnen und Besuchern einen Zugang zum Geschehen ermöglichen zu wollen:

> „Also ich glaube für einen Teil von den Kindern, für die waren eher die Bewegung und
> das Machen wichtig. Und das haben sie, glaube ich, auch verstanden. Also auch die Klei-
> ne dann auch noch, dass das was Bedrohliches ist. Also die Situation vom Bedrohlichen,
> ähm, ich glaube das kam rüber [...]." (G1/P/98-101)

Neben den Kindern sollen aber auch bewusst die Erwachsenen angesprochen
werden:

> „[M]ir war wichtig, bei der [...] Botschaft [...], dass dies eine für die Eltern [ist], dass es
> immer passieren kann im Leben, ohne, dass man es-, dass man es nicht im Griff hat. [...]
> Du kannst alles managen und auf einmal passiert was und du weißt nicht, wie du es
> überstehst und, ähm, das sind so, da ist dann was bei mir, das ich dann wirklich in Sätze
> fasse." (G1/P/114-119) „Das sind Eltern, die [...] viel auch für ihre Kinder [da sein] müs-
> sen [...] und es gibt Situationen, wo du an Grenzen kommst, obwohl du super Eltern bist
> und du kannst nichts daran ändern dann. Also das ist für mich etwas, wo ich wirklich
> auch sagen will, so, das geht denen genauso und die auch Angst haben und ja."
> (G1/P/124-128)

Der Text unterstreicht, dass die Lebenswelt der Eltern, deren Bedürfnisse und
Ängste gezielt wahr- und aufgenommen werden sollen. Damit inszeniert der
Text den Gottesdienst nicht einfach als Gegenüber zum sonstigen Klinikalltag,
sondern in Beziehung zu diesem. Kinder und Eltern werden in ihren Beziehungen und Bezogenheiten gesehen und angesprochen.

Das fünfte und letzte thematische Feld ‚Spontane Gestaltung des Gottesdienstes' nimmt den bisher betrachteten Rahmen und die Einzelelemente des Gottesdienstes erneut auf. Als ausschlaggebend für die konkrete Gestaltung beschreibt der Text als ersten Bezugspunkt die Rücksichtnahme auf die Besucherinnen und Besucher, besonders auf die Kinder:

Am Anfang „war eher Tumult oder wie au-, da war eher Unruhe, aber, ähm, ich fand es
noch gehalten. Noch nicht chaotisch. [...] [I]ch bin da etwas tolerant, das gebe ich zu.
Aber ich fand also-, und ich will da auch nicht ‚psst' machen oder so, das geht für mich
nicht, also da muss schon viel sein. Weil, das sind schlechte Energien sage ich immer, da
geht was kaputt. Also da macht man, finde ich so [...], spirituelle Sachen kaputt dann.
Von daher eher warten, was passiert dann, und das hat, finde ich, funktioniert dieses
Lassen und dann gucken wir. Selbst [Name des Kindes] ist dann einfach von alleine gegangen und ist dann mal wiedergekommen." (G1/P/215-222)

Der Text zeigt deutlich, dass die Gestaltung des Gottesdienstes nicht auf eine
spezifische Stimmung der Kinder angewiesen ist, und die Pfarrerin versucht,
diese Stimmung möglichst schnell herzustellen. Stattdessen sollen die Kinder
in ihrer Stimmung ernstgenommen und mit in das gottesdienstliche Geschehen aufgenommen werden – auch wenn der Text anzeigt, dass dieses Vorgehen
Grenzen hat.

Ein zweiter Bezugspunkt für die Gestaltung des Gottesdienstes sind der Ablauf und die verschiedenen Elemente. Diese stehen an sich schon im Vorfeld
fest, sind in ihrer präzisen Gestaltung aber flexibel. Der Text zeigt dies beispielhaft an der biblischen Geschichte und dem Impuls:

„Wenn es ruhiger ist, wenn es weniger sind, kann man da dann auch das entwickeln, da
können die auch mitreden dann. Aber das war diesmal, fand ich, was auch schön war,
diese Lust an der Bewegung und an dieser Aktion bei der Geschichte, die darf auch sein."
(G1/P/110-113)

Einzelne Elemente werden so in Länge und Gestaltung angepasst, um möglichst
gut den Bedürfnissen der Besucherinnen und Besucher gerecht zu werden und
dabei den zeitlichen Rahmen nicht zu sprengen. (Vgl. G1/P/153ff.) Der Text
beschreibt zudem das Verhalten der Pfarrerin, um die einzelnen Elemente und
auch den gesamten Ablauf auf diese beiden Pole hin anzupassen:

„Da nochmal guck-, das Innehalten, Gucken und nochmal Gucken, was kann ich aufnehmen, von den Augen, also jetzt auch von dem, was ich weiß oder was ich vorher gehört
habe, damit es so ein Bogen wird." (G1/P/163ff.)

Damit umschreibt der Text recht deutlich eine Intuition, die wohl erst durch
die Durchführung solcher oder ähnlicher Gottesdienste eingeübt werden kann.
An dieser Stelle bleiben die direkten Bezugspunkte offen, sind aber wohl im
Streben nach Offenheit und Teilhabe zu finden.

Der vorliegende Text beschreibt insgesamt das gottesdienstliche Gesche-
hen aus der Sicht der Pfarrerin. Dabei legt der Text ein hohes Gewicht auf die
Teilhabe der Besucherinnen und Besucher am Gottesdienst. Diese sollen – egal
ob Kinder oder Erwachsene – als Menschen und Einzelpersonen in ihren Bezie-
hungen und mit ihren Bedürfnissen wahrgenommen werden. Ihnen soll der
Gottesdienst Raum geben, um sich und ihre Bedürfnisse einzubringen und
Impulse für die Zeit außerhalb des Gottesdienstes zu finden. Dabei passt die
Pfarrerin die verschiedenen Elemente spontan an und zielt durch das Erleben

von individueller Religiosität und Gemeinschaft auf „eine erfüllte und […] religiöse Zeit." (G1/P/200f.)

3.   Die Teilhabe der Kinder als Zentrum des Gottesdienstes – Teilnehmendeninterview I

Das Interview wurde mit der Mutter und vermutlichen dem Vater des etwa zweieinhalb Jahre alten Kindes am Nachmittag nach dem Gottesdienst geführt. Es fand im Spielzimmer der Station statt, in welchem am Vormittag auch der Gottesdienst gefeiert wurde.

Das erste und größte thematische Feld ‚Einbeziehen der Kinder‘ eröffnet den Text und zieht sich gleichzeitig durch das ganze Interview. In einer einleitenden Globalevaluation hält der Text fest: „Ich fand's gut, dass die Kinder so mit einbezogen worden sind – das fand ich sehr gut." (G1/I1/23) Der positive Eindruck des Gottesdienstes wird direkt mit der möglichen Teilhabe des Kindes verknüpft. Diesen Eindruck spielt der Text an unterschiedlichen Stellen ein und weiß diesen auch direkt aus der Perspektive des Kindes zu formulieren: „Durch das, dass sie miteinbezogen wurde, fand sie es heute wahrscheinlich ganz gut, kann ich mir jetzt so vorstellen." (G1/I1/41f.)

Der Text bleibt nahezu ausschließlich in der allgemeinen Beschreibung und geht nur an einer Stelle auf ein konkretes Beispiel ein, woran sich diese Beobachtungen fest machen: „Ich glaube das mit dem Schiff, wo die Kinder da miteinbezogen worden sind, wo die dann mitmachen durften, das fand ich gut." (G1/I1/53f.) Die Inszenierung der biblischen Erzählung präsentiert der Text als gelungene Teilhabe. Die durch körperliche Aktivität und interaktives Miteinander charakterisierte Aufführung zeigt dabei deutlich, dass die als gelungen erlebte Teilhabe eine höchst aktive, physische und gruppenbezogene ist. Das im Vergleich zu agendarischen Sonntagsgottesdiensten ungewöhnliche Gottesdienstelement wird im Hinblick auf die zweieinhalbjährige Tochter also ausdrücklich positiv hervorgehoben. In der theatralen Inszenierung können die Kinder spielerisch das gottesdienstliche Geschehen mitgestalten und entwickeln. In diesem Teil wird die um kindgerechte und damit adressatenbezogene Ausrichtung des Gottesdienstes wohl mit am besten sichtbar. Es überrascht daher nicht, dass der Text genau in diesem Handeln auch den Höhepunkt des Gottesdienstes erkennt. Die Wertschätzung einer aktiven Einbindung der Kinder kann der Text aber auch abgesehen von diesem Einzelelement und damit in Bezug zum ganzen Gottesdienst aussagen. Die Ausrichtung der Pfarrerin auf die Kinder als primäre Zielgruppe wird lobend festgestellt. (Vgl. 80f.) Weil die Kinder als Kinder wahrgenommen werden und am Gottesdienst teilhaben können, wird dieser so positiv gewürdigt. Hier scheint der Schlüssel für die Evaluationen des Textes zu liegen.

Das zweite thematische Feld ‚Gottesdienstatmosphäre' schließt an diese Ausführungen an. Der Text beschreibt die Atmosphäre als „total einladend. Ich fand's auch gut, dass man geguckt hat, dass man Platz macht für die Kinder im Rollstuhl [Mhmm], dass jeder eigentlich willkommen war." (G1/I1/98f.) Durch die Teilhabe am Gottesdienst entsteht der Eindruck einer freundlichen Offenheit und eines Willkommenseins. Dies wertet der Text positiv. Dass diese Teilhabe den verschiedenen Kindern und Erwachsenen in ihren unterschiedlichen Situationen und mit ihren unterschiedlichen Bedürfnissen ermöglicht wurde, scheint für den Text dabei nicht selbstverständlich zu sein. Zudem hebt der Text den Kontrast des für den Gottesdienst umgestalteten Spielzimmers zum restlichen Klinikaufenthalt hervor: „Man muss es nützen, wenn man mal was anderes sieht wie das [eigene] Zimmer." (G1/I1/126) Schon im Ortswechsel und der damit verbundenen Möglichkeit, neue und andere Gedanken und Gefühle zuzulassen, liegt eine positive Erfahrung, die im gottesdienstlichen Geschehen dann aufgenommen und weitergeführt wird.

Das dritte thematische Feld ‚Rituale' ist recht knapp gestaltet. Zur Sprache kommen dezidiert nur das Entzünden der Altarkerze und der Segen, wobei beide Impulse vom Interviewenden kommen. Der Text antwortet auf die Impulsfragen zu Ritualen generalisierend: „Ja wir kennen es schon. Wir gehen schon auch in die Kirche." (G1/I1/32) Diese Antwort erscheint im doppelten Sinne unerwartet: Zum einen weichen die im Gottesdienst gefeierten Rituale in ihrer Durchführung deutlich von denen ab, die in einem Sonntagsgottesdienst normalerweise vorzufinden sind. Zum anderen geht der Text auf die Rituale selbst überhaupt nicht ein. Die Subsumierung unter das Neutrale „es" deutet an, dass es dem Text eher um ein Gottesdiensterlebnis insgesamt geht, als um einzelne abgrenzbare Einheiten. Die Hinzufügung: „Wir gehen schon auch in die Kirche" (G1/I1/32), scheint eher auf einen apologetische Aussageabsicht zu deuten. Dem Text geht es wohl weniger darum, das eigene Ritualerlebnis nachzuzeichnen. Vielmehr soll eine grundsätzliche Nähe zum Ritualbegriff ausgesagt werden, ohne diese Nähe dabei inhaltlich füllen zu können oder zu wollen. Auch auf eine zweite Rückfrage reagiert der Text generalisierend. (Vgl. G1/I1/112-116) Die Reflexionsmöglichkeiten spirituellen Erlebens scheinen zwischen Interviewendem und Interviewten so unterschiedlich ausgeprägt zu sein, dass ein wirklicher Austausch kaum stattfinden kann.

Insgesamt bildet der Teilhabegedanke den Mittelpunkt des vorliegenden Textes. Der Gottesdienst wird positiv reflektiert, weil den Kindern Räume zum Miterleben und gemeinsamen Handeln eröffnet werden. Dies macht letztlich auch den Gottesdienst für die Erwachsenen zu einem gelungenen Erlebnis. Der Text zeigt dabei aber keine erwachsenenzentrierten Bedürfnisse, die durch den Gottesdienst erfüllt werden müssten. Religiöse und spirituelle Reflexionsfelder über den Teilhabegedanken hinaus kann der Text kaum aufnehmen und geht mit diesen generalisierend und zumeist in neutraler Wertung vor. Ob und wie beispielsweise die gestalteten Rituale wirken, muss so offenbleiben.

4.   „[S]elber machen wär' cool." – Teilnehmendeninterview II

Das Interview wurde mit zwei Kindern geführt, die den Gottesdienst besucht haben. Die beiden Jungen sind ungefähr neun und zehn Jahre alt und beteiligen sich zu etwa gleichen Teilen am Interview.

Im ersten thematischen Feld ‚Gottesdiensterleben' geht der Text auf die direkten Wahrnehmungen des gottesdienstlichen Geschehens ein. Gleich zu Beginn evaluiert der Text global: „Also ich finde den Gottesdienst heute gut, auch einfach. [...] [A]lso alles einfach gut." (G1/I2/8f.) Die insgesamt positive Einschätzung des Gottesdienstes bleibt über die gesamte Länge des Textes präsent und wird an anderer Stelle auch nochmal dezidiert vorgetragen. (Vgl. G1/I2/117, 190) Dabei begründet der Text kaum, wie diese Einschätzung zu Stande kommt. Indirekt kann dies aber über das identifizierte Highlight des Gottesdienstes geschehen, nämlich die Wellen. (Vgl. G1/I2/15) Es ist, als ob vor allem die aktive Beteiligung und die vielen Reize hier positiv wahrgenommen werden. Mitmachen und Erleben scheinen vor diesem Hintergrund wichtige Referenzwerte für ein positives Gottesdiensterleben zu sein. Ein zweiter Referenzrahmen für die Bewertung des Gottesdienstes findet sich im schulischen Religionsunterricht. Dies wird unten eigens beleuchtet.

Trotzdem reflektiert der Text einzelne Vollzüge auch kritisch: „[M]anche haben da herumgespielt und geschrien. [...] Das hat ein bisschen genervt." (G1/I2/66) Auch für die recht jungen Kinder stellen die parallellaufenden Aktionen einen um Aufmerksamkeit konkurrierenden Nebenschauplatz dar. Der Text hält fest, dass die Konzentration auf den Gottesdienst dementsprechend „nur ein bisschen halt" (G1/I2/68) da war. Gleichzeitig wird das Thema nur kurz behandelt und das Spielen und Schreien wird nicht als „Ablenkung" identifiziert. (Vgl. G1/I2/60f.) Auch die Segenshandlung wird kritisch reflektiert. Dass während des Segens „die Hände an den Nachbarn gelegt" (G1/I2/153), wurden findet der Text: „joa geht so." (G1/I2/159) Der Grund liegt in einer – in dieser Entwicklungsphase durchaus üblichen – als unangenehm empfundenen Nähe zum anderen Geschlecht: „Eigentlich musstest du das Mädchen berühren. [...] Ja, aber eigentlich hätte man das Junge mit Junge machen sollen und Mädchen mit Mädchen." (G1/I2/166-172) Die von außen betrachtet recht kurze und nicht übermäßig intime Handlung des Händeauflegens nimmt der Text als unangenehm war, da die eigenen Bedürfnisse von Nähe und Distanz nicht ausreichend wahrgenommen werden.

In einem zweiten Themenfeld ‚Gottesdienst und Schule' reflektiert der Text die gottesdienstlichen Vollzüge auf dem Hintergrund eigener Schulerfahrungen. Der Gottesdienst wird mehrmals als „leicht" beschrieben, die Schule dagegen als „schwer". (Vgl. G1/I2/11f., 43-46) Der Text thematisiert damit die recht niedrigen Schwellen zur Teilhabe und bewertet diese deutlich positiv. Der Gottesdienst war verständlich und die Teilhabe ohne größere Probleme möglich. Zudem wird positiv bewertet („cool", G1/I2/71), dass sich mit dem Vaterunser ein Element des Religionsunterrichtes auch im Gottesdienst wiederfindet: „Ja das Vaterunser kennen wir auswendig." (G1/I2/72) Der Text nimmt den Erfahrungsraum des schulischen Religionsunterrichts auf und vergleicht den erlebten Gottesdienst mit diesem. Dabei kann sich der Gottesdienst durch den hohen Anteil interaktiver und integrierender Elemente und niedriger Anforderungen zur Teilhabe positiv vom Schulunterricht absetzen. Gleichzeitig werden im Unterricht schon erworbene Fähigkeiten in das gottesdienstliche Geschehen eingebunden, was der Text ebenso positiv bewertet.

Das dritte Themenfeld ‚Spiritualität' zeigt spirituelle Einstellungen und Gewohnheiten an. Dabei wird zunächst die Feier des Abendmahles genannt, dessen Fehlen der Text als bedauerlich wertet. Da der Text außer der Hostie keine konkreten Anhaltspunkte darüber macht, was genau fehlt, scheint die gemeinsame Feier insgesamt positiv wahrgenommen zu werden. Dass mit der Eucharistie ein stark auf Gemeinschaft zielendes und gleichzeitig für alle Teilnehmenden aktivierendes gottesdienstliches Element gefordert wird, unterstreicht die Beobachtung, dass der Text Gemeinschaft und Aktivität als an einen Gottesdienst gerichtete Bedürfnisse herausstellt. Als zweites macht der Text darauf aufmerksam, dass das Gebet ein wichtiges spirituelles Element ist. Zu den Gründen für diese Hochschätzung heißt es:

> „Dass man halt betet, damit alles halt besser wird, weil, wenn man zum Beispiel nicht betet, dann wird's gar nicht gut. Wenn man betet, dann wird's erstmal nur gut und dann immer besser halt. Man soll halt öfters beten." (G1/I2/195-198)

Die Wertschätzung des Gebetes ist mit einer recht direkten Hoffnung auf Situationsänderung verbunden. Beten ist wichtig, weil nur so negative Situationen verändert werden können, auf die sonst scheinbar kein Zugriff möglich wäre. Hieraus lässt sich eine religiöse Einstellung ablesen, die einerseits von einem direkten Eingreifen Gottes in die weltlichen Vorgänge ausgeht und andererseits damit rechnet, dass das eigene Verhalten das göttliche wiederum beeinflusst – positiv wie negativ. Diese Einstellungen führen dazu, dass der Text auch für den Gottesdienst mehr Gebete wünscht. (Vgl. G1/I2/199ff.)

Das vierte und letzte thematische Feld nennt ‚Wünsche' für zukünftige Gottesdienste. Im Zentrum steht dabei die aktive Teilhabe am Gottesdienst, für die der Text zwei naheliegende Handlungsfelder vorschlägt: „mehr Singen bisschen" (G1/I2/95) und „[m]ehr Schauspielen" (G1/I2/132). In beidem sieht der Text Möglichkeiten, selbst den Gottesdienst mitzugestalten und dabei die eigenen Fähigkeiten für die Gemeinschaft einzusetzen. Dabei verwundert es nicht, dass beide vorgeschlagenen Handlungsfelder im analysierten Gottesdienst wiedergefunden werden. Der Text deutet den Gottesdienst positiv, möchte aber am liebsten einige Teile daraus, vornehmlich das Singen und Inszenieren der biblischen Erzählung, breiter gestalten.

Der Text zeichnet insgesamt ein positives Bild des Gottesdienstes, der nur an wenigen Stellen kritisiert wird. Insgesamt geht es um eine angemessene Wahrnehmung der anwesenden Personen, die im vorliegenden Fall einmal nicht, in den restlichen Teilen aber sehr gut geglückt ist. „[S]elber machen wär' cool" (G1/I2/134), kann dementsprechend als zentralen Aussage des Textes angesehen werden – sowohl für die Reflexion des besuchten Gottesdienstes als auch im Hinblick auf die Gestaltung weiterer Gottesdienste.

5.   „[D]ie Kinder in den Mittelpunkt gestellt" – Teilnehmendeninterview III

Das Interview wurde mit einem 68-järigen, männlichen Patienten geführt. Der Patient selbst hat ohne Begleitung eines Kindes den Gottesdienst besucht, wurde zum Besuch des Gottesdienstes aber von einem Kind eingeladen.

Im ersten thematischen Feld ‚Gottesdiensterleben' berichtet der Text insgesamt sehr positiv vom besuchten Gottesdienst:

> „Also, mich hat es überrascht, oder ich war, es war wirklich, find ich, sehr gut gestaltet. Weil so das Umfeld ist natürlich schon schwierig, Lärmpegel von manchen Kleinen und so weiter, gell. Kann man natürlich nie lenken, aber ich finde die [Name der Pfarrerin], gell, hat es eigentlich sehr gut und locker gelöst [...]." (G1/I3/10-13)

Nach einem ersten kurzen allgemeinen Eindruck geht der Text recht schnell auf die Schwierigkeiten ein, vor welche die Pfarrerin bei der Gestaltung des Gottesdienstes gestellt war. Nach Wahrnehmung des Textes erschweren dabei vor allem die Lautstärke der aktiven Kinder die Gestaltung des Gottesdienstes. Gleichzeitig konstatiert der Text aber auch, dass die Pfarrerin gut damit umgehen konnte. Der Text betrachtet bei seinen positiven Evaluierungen auch den Unterschied zwischen der eigentlichen Zielgruppe und dem Alter des Interviewten. So berichtet der Text zu „dem ganzen Trubel" (G1/I3/48) nicht nur „volles Verständnis" (G1/I3/50), sondern sagt zudem, dass sich der Befragte trotz allem eigentlich wohl gefühlt habe. (Vgl. G1/I3/51f.) Auffällig ist dabei, dass der Text kaum auf einzelne Elemente oder Handlungen des Gottesdienstes eingeht, sondern oftmals vom Gottesdienst weg und hin zu persönlichen Erfahrungen im Umgang mit Jugendlichen beispielsweise im Kontext des Sports wechselt. (Vgl. G1/I3/18-41, 77-94) Den Hintergrund dieser anekdotenhaften Einschübe bildet die Arbeit mit Kindern, die der Befragte im Rahmen des Ver-

einssports selbst geleitet hat. Die Evaluierungen zum Gottesdiensterleben bleiben insgesamt recht allgemein und werden erst durch die folgenden beiden
thematischen Felder näher rückgebunden.

Dies geschieht vor allem durch das zweite thematische Feld ‚Umgang mit
Kindern'. Hier wechselt der Text oftmals zwischen der wahrnehmenden Reflexion des Gottesdienstes und dem Einspielen eigener Erfahrungen im Umgang
mit Kindern und Jugendlichen. Durch die breit eingestreuten Erfahrungsbe-
richte aus der Vergangenheit des Interviewten wird deutlich, dass der Text
einigen Aufwand betreibt, um sich selbst in der Nähe des gottesdienstlichen
Geschehens zu verorten. Durch Belegerzählungen aus der eigenen Vergangenheit wird der Besuch des Gottesdienstes plausibilisiert: „[I]ch hab es eigentlich
seit klein auf immer mit Kindern zu tun im Sport und, ähm, da ist es immer
interessant, wie andere das regeln, gell." (G1/I3/82ff.) In Bezug auf den Gottesdienst hält der Text fest, dass „vor allem die Kinder in den Mittelpunkt gestellt
[wurden. D]as war das, was mich eigentlich fasziniert hat und was mir sehr gut
gefallen hat." (G1/I3/13f.)

An verschiedenen Stellen hebt der Text auch im weiteren Verlauf hervor,
dass der Gottesdienst kindgerecht gestaltet wurde und „hauptsächlich auf die
Kleinen zugeschnitten" (G1/I3/64) war. (Vgl. G1/I3/51ff., 72) Diese globalen
Evaluierungen deckt der Text mit zwei Belegen. Zunächst deutet der Text das
gemeinsame Beten mit den Gegenständen positiv:

> „Zusammen ein Gebet hören oder sprechen, ähm, hat [die Pfarrerin] sehr gut gemacht,
> indem sie d[en] Kinder[n] symbolisch was in die Hand gegeben hat zum sich konzentrie-
> ren und ihnen die Aufgabe gestellt hat, sich irgendwas zu wünschen, gell. Ne, ist sehr gut
> gemacht. Kindgerecht." (G1/I3/69-72)

Der Text hebt hier vor allem die Verbindung von verbalen mit haptischen Elementen hervor. Darüber hinaus klingt aber auch das Zusammenspiel von Gemeinschaft und Individualität an. Der Text berichtet von einem gemeinsamen
Gebet, in dem der oder die Einzelne persönlich etwas in die Hand bekommt.
Abgelöst von einem spezifischen Anknüpfungspunkt im Gottesdienst reflektiert der Text dann auch den Umgang der Pfarrerin mit den Kindern insgesamt,
das heißt in Bezug auf den ganzen Gottesdienst:

> „Man muss das Interesse wecken und dann, finde ich, kommt das automat-, wenn das
> dann da ist, die Motivation, der Rest läuft dann. Ja. Und wenn man dann noch ein biss-
> chen Feuer entfachen kann, dann ist es, hat man gewonnen. [lacht] [...] Wenn sie dann
> für irgendwas brennen, wenn sie wirklich mit Feuereifer dabei sind, und das zieht dann
> die anderen mit und das gibt dann eine Kettenreaktion und so kann – so gestalte ich auf
> jeden Fall meine Mannschaftsbildung für, im Sport, für die Kleine[n]. Einfach für was be-
> geistern. Irgendwie einen Kopf finden, der als Vorbild ein bisschen dienen kann und der
> sich als sowas auch fühlt. Und dann läuft das, gibt das meistens einen Selbstläufer. [...]
> [Und heute] finde ich auch, war das eigentlich auch so. Ein bisschen in dieser Art."
> (G1/I3/84-96)

Recht deutlich zeigt der Text auch hier, dass der eigene Erfahrungshorizont die
Basis der Reflexionen bildet, welche auf den besuchten Gottesdienst angewen-

det werden. Den Ausgangspunkt des Reflexionsganges bildet die Frage nach dem Highlight des Gottesdienstes. Interessanterweise scheint der Text hierauf aber zunächst nur indirekt einzugehen. Durch eine anekdotenhaft eingeschobene Passage über das eigene Engagement in Kirche und Verein erschließt sich erst langsam das eigentliche Highlight: Der Umgang der Pfarrerin mit den unterschiedlichen und sehr lebhaften Kindern. Das aus der Erinnerung rekapitulierte Vorgehen wird nach Abschluss der Erzählung – und nach dem Impuls der Interviewenden – auf das gottesdienstliche Geschehen bezogen. Auffallend ist bei diesem Vorgehen, dass der Text die Handlungen der Pfarrerin oft wertet. Diese kritische Funktion präsentiert der Text als vornehmliche Erlebnisperspektive für den Gottesdienst.

,*Andere Gottesdienste als Reflexionsrahmen*' bilden das dritte und letzte thematische Feld. Um den erlebten Gottesdienst einordnen zu können, greift der Text an einer Stelle auf die Erfahrungen von ,normalen' Gottesdiensten zurück:

> Der Gottesdienst „war hauptsächlich auf die Kleinen zugeschnitten und das ist auch vollkommen richtig. So muss das auch sein und ich habe mich eigentlich schon mitgenommen gefühlt. Gell. [...] Ne, das, ich finde das Konzept, was sie da gemacht hat, auch wenn das Gebet nicht so wie -, es ging ja wahrscheinlich gar nicht so richtig, gell, so wie man es gewöhnt ist." (G1/I3/64-69)

Der Text zeigt an dieser Stelle eine Mängelbeschreibung. Die in der Erfahrung abgelegte Vorstellung von Gebeten wird als normal definiert und das erlebte Gebet im Familiengottesdienst dahingehend als „nicht so richtig" wahrgenommen. Damit deutet der Text auf ein ,noch nicht' hin, das in den folgenden Zeilen mit dem Alter der Zielgruppe verbunden wird. Es zeigt sich die Einschätzung, die auf Kinder zielende spirituelle Umsetzung verbleibe in einem verbesserungsbedürftigen Status. Auch wenn der Text den Gottesdienst positiv bewertet und sich der Befragte demnach auch „mitgenommen gefühlt" (G1/I3/65) hat, scheinen die verwendeten Formen nur in Verbindung mit der spezifischen Zielgruppe der Kinder angemessen.

Der vorliegende Text reflektiert den Gottesdienst insgesamt aus einer recht abständigen Position heraus. Das eigene Wahrnehmen präsentiert der Text dabei vornehmlich als Kritik. Über eigene Erfahrungshorizonte versucht der Text diese Lücke zu schließen. Dadurch werden diese Erfahrungen aus Sport und Kirche zum Reflexionsrahmen für den Gottesdienst, der insgesamt – trotz allen Abstandes – sehr positiv evaluiert wird. Diese Einschätzung wurzelt vor allem im Umgang der Pfarrerin mit den Kindern. Der Text sagt dies aber vor allem allgemein und weniger anhand konkreter Vollzüge aus.

6.   Gesamtanalyse des Gottesdienstes

6.1.   Die Interaktion zwischen Pfarrerin und Kindern

Alle Texte des vorliegenden Gottesdienstes beschäftigen sich mit der Kommunikation zwischen der Pfarrerin und den Kindern. Allen Texten ist dabei gemein, dass sie die Kommunikationsbemühungen der Pfarrerin als gelungen markieren, weil sie auf die Kinder als vorrangige Zielgruppe angemessen ausgerichtet sind. Dabei verweisen die Teilnehmendeninterviews auf verschiedene Zusammenhänge. So hebt der Text G1/I2 aus der Perspektive der interviewten Kinder die niedrige Schwelle der Teilhabe, den wertschätzenden Umgang und die Aufnahme bekannter ritualisierter Formen im Gottesdienst hervor. Zudem wird durch die Möglichkeit der – im Wortsinn – aktiven Mitgestaltung ein zentrales Bedürfnis der Kinder gestillt. Aus Sicht der Eltern beschreibt der Text G1/I1 den Gottesdienst als gelungen, weil die Kinder in das gottesdienstliche Geschehen umfassend eingebunden werden und eine Atmosphäre der vorbehaltlosen Teilhabe geschaffen wird. Und aus der zunächst eher abständig anmutenden Sicht eines älteren Besuchers ohne am Gottesdienst teilnehmendem Kind weist der Text G1/I3 auf die Entstehung und Entwicklung von Gemeinschaft, Motivation und Begeisterung hin. Darüber hinaus nimmt auch aus der Perspektive der anderen Texte die Interaktion zwischen der Pfarrerin und den Kindern einen zentralen Platz ein. So identifiziert das ethnographische Protokoll schon im Ankommen vor dem Gottesdienst und im darauffolgenden Eingangsteil wichtige Weichenstellungen hin zu einem gelungenen Gottesdienst, indem die Pfarrerin die Kinder einzeln wahrnimmt, anspricht und auf diese eingeht. Ein solch wertschätzender Umgang zeigt sich exemplarisch auch noch an anderen Stellen wie beispielsweise dem Gebetsritual mit Kerzen und Glasnuggets. Zuletzt reflektiert auch der Interviewtext der Pfarrerin die wechselseitigen Kommunikationsabläufe mit den Kindern und benennt Offenheit und Teilhabe deutlich als Maximen der eigenen Handlungen. Auch im Hinblick auf andere Themenfelder wird immer wieder auf die positive Interaktion zwischen Pfarrerin und Kindern Bezug genommen. Hier zeigt sich ohne Zweifel ein wichtiges Charakteristikum des vorliegenden Gottesdienstes.

6.2.   Atmosphäre

Auch hinsichtlich der Gottesdienstatmosphäre zeigen sich große Überschneidungen in den verschiedenen Texten, die vor allem in einer allgemein positiven Einschätzung zu greifen sind. Der oben beschriebene einladende Umgang ist dabei in allen Texten nachvollziehbar und bildet die Grundlage einer als positiv wahrgenommenen Atmosphäre. Die Besucherinnen und Besucher, und unter diesen vornehmlich die Kinder, werden als Individuen wahr- und ernstgenommen und ohne Druck in die gottesdienstliche Gemeinschaft eingeladen. Die verschiedenen Texte finden darüberhinausgehend weitere Begründungsmuster für die positive Wahrnehmung der Gottesdienstatmosphäre. Häufig wird dabei die aktive Mitgestaltung der Kinder genannt, welche auch die Erwachsenen anrührt. Gleichzeitig verweisen die Texte in diesem Kontext auch auf Unruhe, die aber nicht als gravierend eingeschätzt und, um der Möglichkeiten der Teilhabe Willen, in Kauf genommen wird. Das ethnographische Protokoll und das Interview mit der Pfarrerin benennen Höhepunkte eines Gemeinschaftsgefühls im gemeinsamen Singen und bei den Ritualen. Die Teilnehmendeninterviews verweisen dagegen eher auf die Inszenierung der Erzählung, in welcher die Kinder gemeinsam die Wellen um das Boot herum zum Leben erwecken. Zuletzt kommt in zwei Texten (G1/E und G1/I1) auch das Setting des Gottesdienstes zur Sprache. Dieses ist mit positiven Emotionen verknüpft und verkörpert gleichzeitig ein wohltuendes Gegenüber zum sonstigen Alltag des Krankenhauses.

6.3.   Rituale

In Bezug auf die Rituale lässt sich zunächst ein Gefälle beobachten: Das Interview der Pfarrerin und das ethnographische Protokoll thematisieren Rituale recht stark und reflektieren die Inhalte explizit. Die Teilnehmendeninterviews nehmen demgegenüber das Thema weniger auf und reflektieren die Rituale zumeist eher im Kontext anderer Themenfelder. Gleichzeitig können die Reflexionen des ethnographischen Protokolls und des Interviews mit der Pfarrerin in den anderen Texten nachvollzogen werden. Wichtige Wahrnehmungsdimensionen wie die Stiftung eines Gemeinschaftsgefühls (G1/E), Teilhabe und Selbstwirksamkeit (beide G1/P) sprechen die anderen Texte durchaus an, beziehen diese aber oftmals nicht direkt auf die Rituale. In den Teilnehmendeninterviews zeigt sich in den quantitativ eher begrenzten Aussagen ein recht breites Spektrum: von der Aussage einer pauschalen Vertrautheit mit Ritualen, ohne nähere inhaltliche Qualifikation („Ja wir kennen es" [G1/I1/32]), über die Beschreibung wohltuender Wiederholungen (G1/I2), bis hin zur vornehmlichen Zuordnung von Ritualen zu Erwachsenengottesdiensten. Insgesamt scheint der Austausch über Rituale in den Texten der drei Teilnehmendeninterviews eher schwierig gewesen zu sein. Dies mag auch an einem subjektiv empfundenen fachspezifischen Gefälle zwischen Interviewendem und Interviewten liegen.

6.4. Religiosität

Das Thema Religiosität schließt an das vorhergehende an, geht aber in seinen Inhalten über einzelne Rituale und Symbole weit hinaus. Das ethnographische Protokoll beobachtet zunächst eine hohe Pluralität bei den Besucherinnen und Besuchern. Gleichzeitig schildert es aber auch eine hohe Unbefangenheit und Offenheit bei der gottesdienstlichen Teilhabe. Hieran knüpft der Text des Interviews mit der Pfarrerin an, der zudem die möglichst niedrigen Schwellen der Teilhabe anspricht, Erklärungen ritualisierter und symbolischer Kommunikation zeigt und die eigene Religiosität als positiven motivationalen Fixpunkt für die Besucherinnen und Besucher vermutet. Für alle drei Teilnehmendeninterviews kann ausgesagt werden, dass die eigene Religiosität als Referenzrahmen für viele Wahrnehmungen und evaluierenden Einschätzungen des Gottesdienstes dient. Wie der Gottesdienst empfunden wurde, hängt also maßgeblich von den individuellen religiösen Einstellungen und Gewohnheiten ab. Gleichzeitig fällt auf, dass es den Kindern deutlich leichter fällt, diese Einstellungen und Gewohnheiten zu artikulieren. Beide Interviews mit Erwachsenen zeigen dagegen eine größere Zurückhaltung und eine eher apologetische Haltung. Die eigene religiöse Verbundenheit wird betont, die inhaltliche Qualifikation steht dagegen, wenn überhaupt, im Hintergrund. Durch das vorliegende Setting des Familiengottesdienstes zeigen sich aber alle Beteiligten gegenüber abweichenden Formen der Gestaltung und des Inhalts offen.

6.5. Geschichte und Impuls

Hinsichtlich des Impulses zeigen die vorliegenden Texte recht unterschiedliche Annäherungen. Das Interview mit der Pfarrerin hebt die inhaltlichen Gedanken im Hintergrund der inszenierten Erzählung und des Impulses hervor. Dabei wird deutlich, dass als Adressatinnen und Adressaten neben den Kindern auch dezidiert die Eltern in den Blick kommen. Die Teilnehmendeninterviews gehen auf die inhaltlichen Gedanken nicht ein. Sie heben dafür die gemeinsame Aktion der Inszenierung positiv hervor. Eine Zwischenrolle nimmt das ethnographische Protokoll ein. Es beschreibt sowohl die aktivierenden als auch die inhaltlichen Teile. Ob es der Pfarrerin gelungen ist, die vorbereiteten Impulse an dir Zuhörerschaft weiterzugeben, muss offenbleiben. Das Gefühl der Gemeinschaft und der Inklusion ist den Texten nach für die interviewten Teilnehmenden aber in jedem Fall erlebbar geworden.

6.6.   Spontane Gestaltung

Der Text des Interviews mit der Pfarrerin betont deutlich, dass der Gottesdienst in seiner präzisen Gestalt recht spontan durch die Interaktionen mit den
Besucherinnen und Besuchern und dabei vor allem mit den Kindern entstanden ist. Seitens der Pfarrerin ist dabei vor allem eine hohe Spontanität, Flexibilität und Anpassungsfähigkeit an verschiedene Situationen gefordert. Obwohl
ein Ablauf beziehungsweise ein Gerüst des Gottesdienstes im Vorfeld vorbereitet war, wurden diese erheblich angepasst. Die Teilnehmendeninterviews gehen auf diesen Sachverhalt insofern ein, dass sie genau jene Charakteristika
hochschätzen, die für eine solche spontane Umgestaltung nötig ist: die Kinder
stehen im Mittelpunkt des gottesdienstlichen Geschehens, um das herum alles
andere Gestalt annimmt. Damit teilen die Texte die positive Evaluierung der
spontanen Gestaltung miteinander. Spontaneität kann wohl auch über diesen
konkreten Gottesdienst hinaus als wichtiges Merkmal in ähnlichen Situationen
vermutet werden.

6.7.   Inhaltliche Verdichtung

Bei der Gesamtschau der verschiedenen Texte fällt vor allem die große Wertschätzung aus, die dem analysierten Gottesdienst entgegengebracht wird. Die
unterschiedlichen Texte identifizieren dabei vor allem die kinderzentrierte
Ausrichtung des Gottesdienstes und die durch Offenheit und Wertschätzung
geprägten Handlungen der Pfarrerin als vorrangige Gründe für diese Bewertung. Die Texte beschreiben, dass sich die Besucherinnen und Besucher im
Gottesdienst willkommen und persönlich angesprochen fühlen. Im Vergleich
der verschiedenen Texte fällt auf, dass die Teilnehmendeninterviews deutlich
stärker die Beziehungsebene und den Modus der Handlungen reflektieren als
spezifische Inhalte. Gedanken zu einzelnen Ritualen, Symbolen oder Inhalten
finden sich dagegen vor allem im ethnographischen Protokoll und im Interview mit der Pfarrerin. Daraus kann geschlossen werden, dass es für die Besucherinnen und Besucher des Familiengottesdienstes weniger um das Was des
Gottesdienstes geht als um das Wie. Stimmungen und Gefühle scheinen ausschlaggebend für die Evaluation des Gottesdienstes zu sein, weniger konkrete
Inhalte. Daraus lässt sich Zweierlei folgern: Zum einen besteht die hervorgehobene Aufgabe bei der Gestaltung eines Familiengottesdienstes in der adressatenorientierten, wertschätzenden wechselseitigen Kommunikation mit den
Kindern als erste Zielgruppe. Die Texte beschreiben recht deutlich, dass so
auch die Eltern positiv angesprochen werden. Zum anderen scheint die Weitergabe theologischer Inhalte ebenso an adressatenorientierte Formen gebunden. Im Kontext eines Familiengottesdienstes bedeutet dies, dass wohl nur

diejenigen rationalen Gedanken aneignungsfähig sind, die erlebbar und verknüpfbar sind: Erlebbar mit möglichst vielen Sinnen und durch möglichst aktive Einbindung, verknüpfbar durch die Aufnahme von Erfahrungen und Einstellungen aus den Lebenskontexten außerhalb des Gottesdienstes. Aufgrund des hohen Interesses der Texte an gelingenden zwischenmenschlichen Handlungen und Beziehungen soll der Gottesdienst unter die Überschrift „Familiengottesdienst als Beziehungsgeschehen" gestellt werden.

Gottesdienstanalyse II – „So 'ne kleine Oase in der Klinik"

Samuel Lacher in Zusammenarbeit mit Lena Warren

Der Gottesdienst wurde am 15. Juli 2018 gefeiert. Acht Erwachsene und zehn Kinder nahmen teil. Etwa die Hälfte der Besucherinnen und Besucher kamen erst später zum Gottesdienst hinzu oder sind früher gegangen. Eine studentische Hilfskraft nahm in der Rolle einer teilnehmenden Beobachterin am Gottesdienst teil. Dem ethnographischen Protokoll ist folgender Ablauf zu entnehmen:

- Ab 10.15 Uhr Begrüßung der Kinder und Erwachsenen. Dabei dürfen sich die Kinder ein Percussion-Instrument für die Begleitung der Lieder aussuchen.
- Liedprobe während der Zeit vor dem Gottesdienst
- Entzünden der elektrischen Altarkerze und Votum
- Zwei Lieder
- Verlassen des Gottesdienstes von zwei Kindern mit Eltern
- Gebetsritual mit Steinen, Glasnuggets und Kerzen. Das Ritual wird mit einigen später hinzustoßenden Gästen an späterer Stelle nochmals wiederholt.
- Lied
- Verkündigungsteil mit Giveaway (Halbedelstein)
- Lied
- Gebet und Vaterunser
- Lied mit Gesten
- Segen mit Gesten
- Giveaway Segensband

1.   Familiengottesdienst in den besonderen Kontexten des Krankenhauses – Analyse des ethnographischen Protokolls

Das ethnographische Protokoll setzt sich aus fünf thematischen Feldern zusammen. Der Text beginnt mit dem thematischen Feld *'Vor dem Gottesdienst'* und schildert darin, wie die Pfarrerin zum Gottesdienst einlädt:

> Die Pfarrerin „tut dies, indem sie teilweise am Tag vor dem Gottesdienst, teilweise direkt
> vor dem Gottesdienst auf allen Stationen, auf denen Kinder sind, von Tür zu Tür geht
> und jeden persönlich einlädt." (G2/E/15ff.)

Ab etwa einer Viertelstunde vor Gottesdienstbeginn ist die Pfarrerin dann im Gottesdienstraum – einem für den Gottesdienst umgestalteten Stationsspielzimmer. Hier begrüßt sie die ankommenden Kinder und Erwachsenen, wobei sich die Kinder zur musikalischen Unterstützung der Lieder ein Percussion-Instrument auswählen dürfen. Die Kinder nehmen mit deren Eltern in einem bestuhlten Halbkreis Platz. Auch „ein Kind mit einem Bett" (G2/E/23) wird in diesen integriert. Vor dem Gottesdienst wird zudem noch ein Lied angespielt, das später im Gottesdienst gemeinsam gesungen wird. „Dabei werden alle Kinder, die durch die Musik aufmerksam geworden sind, eingeladen hereinzukommen" (G2/E/19f.).

Der Text beschreibt eine sehr offengestaltete gottesdienstliche Situation. Die persönliche Einladung und Begrüßung, die Möglichkeit, dass Kinder und Eltern beieinandersitzen können, und die Musik zielen auf eine einladende Atmosphäre, die niedrigschwellig gestaltet ist.

Hieran knüpft das zweite thematische Feld ‚Atmosphäre' an. Der Text berichtet zunächst, dass auch während des Gottesdienstes die Türen zum Gottesdienstraum geöffnet bleiben:

> „Dadurch hatte ein Elternpaar mit einem kleinen Kind die Chance, von draußen am Gottesdienst teilzunehmen. Nach einiger Zeit sind sie jedoch wieder gegangen. Dies ist nicht außergewöhnlich, da die Pfarrerin allen Teilnehmern versichert, dass sie früher gehen und später kommen können." (G2/E/116-120)

Auch während des Gottesdienstes bleibt die Offenheit ein Charakteristikum des Gottesdienstes. Sie wird von einigen Besucherinnen und Besuchern offensichtlich auch geschätzt und genutzt. Der Text geht aber auch auf Schwierigkeiten ein, die mit einer solchen Offenheit verbunden sind:

> „Zwei der Kinder und ihre Eltern haben sich nicht in den Stuhl-Halbkreis gesetzt, sondern weiter nach hinten zu den Spielzeugen, mit denen die Kinder auch lautstark spielten. Kurz danach stritten sich die beiden Kinder und die Eltern sind mit ihren Kindern gegangen. Frau Schwager rief ihnen noch zu, dass sie dies nicht müssten. Ich empfand die Hintergrundlautstärke durch die Kinder als sehr störend und ablenkend. Ich hatte das Gefühl, dass durch die Lautstärke für mich eine Distanz zu dem, was Frau Schwager sagte, entstand." (G2/E/41-46)

Die Offenheit und Unverbindlichkeit führen, wie der Text hier herausstellt, potenziell auch zu mehr Unruhe. Die Möglichkeit, nur Teile des Gottesdienstes zu besuchen, sich im hinteren Teil des Raumes oder vor dem Raum aufzuhalten, und, im letzteren Fall, durch die offene Türe dem Gottesdienst zu folgen, schafft konkurrierende Schauplätze, welche die Aufmerksamkeit der Besucherinnen und Besucher mehr oder weniger auf sich ziehen. Offenheit und Intimität stehen so in einem teilweise konkurrierenden Spannungsverhältnis: Um möglichst vielen Besucherinnen und Besuchern eine Form der Teilhabe zu ermöglichen, wird der Ablauf immer wieder angepasst. Statt einer Normalform werden viele Möglichkeiten der Teilhabe wertfrei nebeneinandergestellt. Eine offene und willkommene Atmosphäre entsteht, in der jede Besucherin und jeder Besucher Wertschätzung erfahren soll, in der aber gleichzeitig die störungsfreie Inszenierung in den Hintergrund tritt. Der oben zitierte Textausschnitt zeigt beispielhaft an, dass dies für die Einzelne oder den Einzelnen durchaus auch störend sein kann.

Und noch ein weiteres Problem beschreibt der Text im Kontext der offenen Gestaltung des Gottesdienstes:

> „Besonders auffällig war eine Unterbrechung durch eine Krankenschwester, die durch die Tür, die am nächsten zum Gottesdienstgeschehen war, hereinplatzte, lediglich ‚Schalom' sagte und quer durch das Geschehen ging, um einige Kinderbücher wieder ins Regal zu legen. Mir kam es sehr respektlos an dieser Stelle vor, nicht nur hereinzuplatzen, ohne sich zu entschuldigen, sondern auch ein flapsiges ‚Schalom' in die Runde zu rufen. Ich hatte das Gefühl, dass die Krankenschwester nicht ernst nahm, was dort gemacht wurde." (G2/E/110-115)

Der Text berichtet hier insgesamt von einem als unangemessen erlebten Verhalten einer Krankenschwester, die das gottesdienstliche Geschehen unvermittelt stört. Die Offenheit des Gottesdienstes scheint dieses Verhalten indirekt zu ermöglichen, mindestens aber zu erleichtern. Gleichzeitig verortet der Text das eigentliche Problem in der Wertschätzung des Gottesdienstes an sich. Im Aufeinandertreffen der unterschiedlichen Systeme Krankenhaus und Kirche fehlt es an dieser Stelle an ausreichender Kenntnis, Rücksichtnahme oder Empathie. Dabei bleibt die Pfarrerin, die den Gottesdienst quasi im Gaststatus im eigentlichen Spielzimmer der Station feiert, auf genau diese gegenseitige Wertschätzung und Rücksichtnahme angewiesen.

An anderer Stelle spricht der Text dann noch einmal dezidiert positiv über die Gottesdienstatmosphäre:

> „Die Gitarristin hat in ruhigen Zwischenphasen (etwa während der Rituale, S.L.) immer wieder leise dazu gespielt. Mir ist das im Vergleich zu dem letzten Gottesdienst, an dem ich teilgenommen habe, sehr positiv aufgefallen, da es so in diesen Zwischenphasen, von denen es einige gibt, ruhig und entspannend war." (G2/E/129-132)

In einem vornehmlich auf Kinder ausgerichteten Familiengottesdienst können ruhigere Phasen im Gottesdienst zu Herausforderungen werden. Aktivere Kinder können Schwierigkeiten haben, sich auf die ruhigere Stimmung einzulassen und durch Spiel, Spaß und Geräusche einen atmosphärischen Gegenpol setzen. Der Text beschreibt an dieser Stelle, dass die musikalische Untermalung die ruhigeren Gottesdienstphasen positiv unterstützt hat. Leerstellen im gottesdienstlichen Geschehen werden so minimiert und dadurch Anreize zur Selbstbeschäftigung verringert.

Der Text bewertet die Atmosphäre des Gottesdienstes insgesamt positiv, zeigt aber auch Schwierigkeiten auf. Diese liegen oftmals außerhalb der Handlungsfelder der Pfarrerin, die nur indirekt auf entstehende Schwierigkeiten einwirken kann. Es wird deutlich, dass die Entscheidung für eine offene, einladende Atmosphäre den Gottesdienst prägt und auch die partielle Teilnahme ermöglicht. Gleichzeitig kann diese Form für jene Besucherinnen und Besucher herausfordernd sein, die einen möglichst homogenen Gottesdienst wünschen oder erwarten.

Das dritte thematische Feld ‚*Symbole und Rituale*' schildert zunächst das Entzünden der Altarkerze und das Votum:

> „Zu Beginn des Gottesdienstes ging [die Pfarrerin] auf ein Kind zu, das den Schalter auf der Unterseite einer elektrischen Kerze umlegte, um diese zu entzünden. Die Kerze ist ein Symbol für die Gegenwart Gottes. [Die Pfarrerin] bat ein anderes Kind zu bestätigen, dass das Licht auch wirklich leuchtet. Danach hat [die Pfarrerin] das Votum [...] gesprochen und sich bekreuzigt. Das Votum war für mich ein entscheidendes Merkmal neben dem Gebet/Vaterunser und dem Segen am Ende, das besonders deutlich macht, dass es sich hier um einen Gottesdienst handelt." (G2/E/26-33)

Der Text beschreibt die Inszenierung klassischer liturgischer Vollzüge in dem speziellen Setting des vorliegenden Gottesdienstes. Die Pfarrerin reagiert gezielt auf die vorliegenden Rahmenbedingungen, indem sie die Kinder in die liturgischen Handlungen einbindet. Das Bekreuzigen während des Votums kann als ökumenisch offene Inszenierung interpretiert werden, ohne dass die Handlung zwingend auf einen römisch-katholischen oder orthodoxen Hintergrund zu deuten wäre. Der vom Text formulierte Wiedererkennungswert des Votums zeigt eine Schlüsselfunktion liturgischer Vollzüge an. Als ein solches wiederkehrendes Ritual des Familiengottesdienstes beschreibt der Text auch den folgenden interaktiven Gebetsteil:

> „Der nächste Punkt im Gottesdienstablauf ist das Ritual, sich einen Stein für etwas Beschwerliches, eine Kerze für ein Gebet für jemanden und ein buntes Glasnugget für eine schöne Sache zu nehmen. [Die gewählten Gegenstände] werden dann nach und nach auf einem Tablett abgelegt. Dabei geht Frau Schwager zu jedem Einzelnen mit dem Tablett, so dass niemand vorkommen muss." (G2/E/47-50)

Das Gebetsritual ist charakteristisch für den Familiengottesdienst der Pfarrerin. Die einzelnen Besucherinnen und Besucher bekommen Raum, ihre Anliegen in den Gottesdienst einzubringen. Die Gegenstände ermöglichen für Kinder und Erwachsene eine haptische Erfahrung. Die Möglichkeit, still zu beten, schafft eine geringe Hemmschwelle, die zur Teilnahme ermutigt. Indem die Pfarrerin zu den einzelnen Besucherinnen und Besuchern geht, damit diese die gewählten Gegenstände im Gebet ablegen können, drückt sie eine persönliche Wertschätzung gegenüber jeder und jedem Einzelnen aus. Diese Achtung wird auch jenen entgegengebracht, die erst später zum Gottesdienst dazukommen.

> „Das Ritual wurde dann an einer späteren Stelle für die Nachzügler wiederholt. [...] Die restlichen Gottesdienstbesucher warteten ab, bis das Ritual erneut durchgeführt wurde, danach ging der Ablauf des Gottesdienstes weiter. Dies zeigte mir, wie zentral gerade dieses Ritual sowohl für die Gottesdienstbesucher als auch für Frau Schwager sein muss." (G2/E/54-59)

Im Gegensatz zu diesem stark an der Individualität der Gottesdienstbesucherinnen und -besucher ausgerichteten Gebetsritual betonen die Gebete zum Ende des Gottesdienstes die kollektive Dimension. In einem Gebet, das „auf die besondere Situation im Krankenhaus abgestimmt ist" (G2/E/95f.), kann die Pfarrerin stellvertretend Dank und Bitten formulieren. Dies wird verbunden mit dem Vaterunser, „das von den meisten teilnehmenden Eltern mitgesprochen wurde." (G2/E/99f.) Die Einzelschicksale der Besucherinnen und Besucher werden so an ein Kollektiv rückgebunden, das Kraft für die eigene Situation geben kann. In der sprechenden Teilnahme am Gebet kann diese Gemeinschaft antizipierend erlebt werden.

Der abschließende Segen zielt wieder stark auf die Teilhabe der Kinder. Die Segensworte werden mit Bewegungen verbunden, welche die Kinder mitmachen können. Der Segen „endet [damit], dass sich alle an die Hand nehmen, was auch alle sofort machen." (G2/E/101f.) So kann auch für die Kinder die Gemeinschaftsdimension des Gottesdienstes und des Glaubens erlebbar gemacht werden.

Im vierten thematischen Feld ‚Impuls‘ geht der Text auf die biblische Erzählung von David und Goliath und die Auslegung der Erzählung durch die Pfarrerin ein. Dabei versucht die Pfarrerin zunächst lebensweltliche Analogien für die biblische Erzählung zu finden, um diese zugänglich zu machen.

> Die Pfarrerin hat einerseits „Parallelen der Geschichte des kleinen David, der gegen den großen Goliath kämpft und überraschend gewinnt, [...]in der kleinen Fußballnation Kroatien, die gegen die überlegenen Franzosen spielen müssen, und [andererseits] bei den kleinen Geschwistern, denen oft nicht so viel zugetraut wird wie den älteren, gefunden." (G2/E/65-69)

Die Analogien nehmen mit dem Finale der Fußballweltmeisterschaft zum einen ein gesellschaftliches Großereignis auf, dass vielen der älteren Besucherinnen und Besuchern unmittelbar bewusst sein dürfte. Zum anderen zielt der Vergleich der älteren und jüngeren Geschwister auf die Lebenswelt der Kinder ab. Die Pfarrerin versucht so, die biblische Erzählung sowohl für die Kinder als auch für die Erwachsenen an nachvollziehbare Kontexte der eigenen Lebenswirklichkeit anzuschließen. Anschließend bezieht die Pfarrerin die Besucherinnen und Besucher auch direkt in den Impuls mit ein:

> „Sie fragte auch in die Runde, was die Kinder oder ihre Eltern gut können. Ein Elternpaar sagte, dass ihr Kind gerade sehr gut Türen auf und zu machen kann. Ein Vater sagte, er könne gut essen. Alle lachten. Das lockerte auch die Stimmung noch weiter auf." (G2/E/69ff.)

Durch die Fragen und die ehrlichen und teilweise auch lustigen Antworten können die Hörerinnen und Hörer aktiviert und involviert werden. Es wird deutlich, dass die hier entwickelten Gedanken nicht im leeren Raum stehen sollen, sondern mit den Besucherinnen und Besuchern in Beziehung stehen.

> „Im Anschluss erzählte [die Pfarrerin] die Geschichte von David und Goliath, die sie mit [...] Bildern, die die Szenen der Geschichte zeigten, auch visuell unterstützte. Dabei ging

[sie] auch mit den Bildern umher, damit jedes Kind, die Bilder sehen konnte." (G2/E/71-74)

Indem die Pfarrerin die biblische Perikope nicht einfach vorliest, sondern erzählt und die Erzählung mit Bildern unterstützt, wird ein immersives Erlebnis für die Kinder und auch die Erwachsenen geschaffen. Die narrative Struktur und die visuellen Impulse erleichtern das Verstehen von Zusammenhängen und reduzieren gleichzeitig potenziell die Informationen auf jene Inhalte, die für den narrativen Verlauf der Erzählung wichtig sind. Von hier ausgehend rekonstruiert der Text die Botschaft der erlebten Inszenierung:

> „Die Botschaft ist, dass David auch etwas gut konnte. Er hat die Schafe gehütet und dort mit einer Steinschleuder Angreifer vertrieben. Als er in den Krieg zog, machte er auch das, was er gut konnte, und benutzte seine Steinschleuder gegen Goliath. Die Kinder sollen erkennen, dass auch sie etwas besonders gut können und dass das bei jedem etwas anders ist." (G2/E/75-79)

Der Text kann diesen Impuls recht klar formulieren. Allerdings kann er nichts dazu sagen, ob auch die anderen Besucherinnen und Besucher diese Wahrnehmungen und Erkenntnisse teilen können. Der Text beschreibt anschließend aber noch einen zweiten Teil des Verkündigungsgeschehens:

> „Nach der Nacherzählung soll ein Kind eine ‚Ritterrüstung' in Form einer Röntgenschürze anziehen und bekommt ein Holzschwert. Das Kind ist das einzige, das freiwillig dazu bereit war, in die ‚Rüstung' zu schlüpfen. Nachdem es nach vorne gekommen ist und die ‚Rüstung' angelegt wurde, stand es ruhig vorne. [Die Pfarrerin] erklärt, dass David die Rüstung viel zu unbequem war und er damit nicht kämpfen wollte, sondern lieber mit dem, was er gut konnte." (G2/E/80-84)

Die Erzählung wird nun noch einmal aus einer anderen Perspektive beleuchtet. Der Text hält dabei fest, dass die Pfarrerin „wieder zum gleichen Ergebnis kommt" (G2/E/87) und zeigt sich „verwundert" (G2/E/85 u. 86) über den zweiten, etwas redundant anmutenden Redegang. Die Motivation des zweiten Zuganges scheint dabei in dem anderen Zugang zur Botschaft zu liegen. So erfordert das Hören der biblischen Nacherzählung recht hohe Aufmerksamkeit und Vorstellungskraft, um die einzelnen Aussagen stimmig aneinanderbinden zu können und so die Botschaft als plausibel wahrzunehmen. Die Darstellung über die Röntgenschürze zeigt dagegen einen anders nachvollziehbaren, weil direkt sichtbaren und prägnanteren Argumentationsgang: Die Röntgenschürze ist für Bewegungen nicht geeignet. Will ich mich bewegen, brauche ich etwas anderes:

> Zum Abschluss des Impulsteiles „bekommt jedes Kind als Zeichen, dass es auch etwas gut kann, einen Halbedelstein. Die Kinder geben die Edelsteine in einem Säckchen weiter und jedes Kind nimmt sich einen Stein heraus. Manche Eltern nehmen die Steine für ihre Kinder, die dazu nicht in der Lage sind, heraus und verstauen diese direkt." (G2/E/89-92)

Das Giveaway schafft eine optische und haptische Brücke zur Botschaft. Es bietet die Möglichkeit, dass sich dir Kinder wie auch die Erwachsenen nach dem Gottesdienst immer wieder an den seelsorglichen Impuls erinnern können. Ein zweites Giveaway zum Abschluss des Gottesdienstes funktioniert in ähnlicher Weise:

> „Zum Schluss verteilt Frau Schwager an jede Teilnehmerin und jeden Teilnehmer ein Band, auf dem ein Segen steht. Obwohl sie sich dabei Zeit lässt, sind die Kinder sehr ruhig, sie fangen nicht an zu schreien oder sind abgelenkt oder ungeduldig, obwohl sie ja warten müssen." (G2/E/104-107)

Im Hintergrund stehen nun der zugesprochene Segen, die erfahrene Gemeinschaft und die Wertschätzung der Pfarrerin. Diese und andere positiven Inhalte können von den Kindern erinnert werden, wenn sie das Band nach dem Gottesdienst wiedersehen.

Das thematische Feld zeigt insgesamt eine starke Ausrichtung an den Besucherinnen und Besuchern, wobei als Zielgruppe sowohl die Kinder als auch die Erwachsenen stark gemacht werden. Der doppelte Gesprächsgang über Erzählung und Rüstungsinszenierung verwundert etwas, kann aber aus den verschiedenen Perspektiven von Jung und Alt plausibilisiert werden.

Das fünfte und letzte thematische Feld ‚Musik' ist recht kurz und überblickartig. Der Text nennt zwar die Anzahl der Lieder (fünf), nicht aber deren Titel, und macht auch keine Angaben darüber, wie die Besucherinnen und Besucher an den Liedern mitwirken. Ausnahmen bestehen allein in der Nennung der Percussion-Instrumente, welche die Kinder aller Wahrscheinlichkeit nach während der Lieder spielen, und dem abschließenden Segenslied, dass mit Bewegungen verknüpft wird. Zuletzt schildert der Text die musikalische Untermalung ruhigerer Gottesdienstteile als „sehr positiv, [...] ruhig und entspannend" (G2/E/131f.).

Das ethnographische Protokoll zeigt insgesamt einen nüchternen Blick auf das gottesdienstliche Geschehen, der zunächst mehr auf die Inszenierung als auf die Reaktionen der Besucherinnen und Besucher gerichtet ist. An verschiedenen Stellen wird aber die besondere Situation des Gottesdienstes deutlich. So ergeben sich aus dem Klinikkontext bestimmte Faktoren, die in gestalterischer Hinsicht eine Modifikation der ursprünglichen Gottesdienstplanung erfordern. Die Auswirkungen dieser offenen Gestaltung kann der Text deutlich beschreiben, wobei eine klare Ausrichtung und Orientierung an den Besucherinnen und Besuchern die Handlungen der Pfarrerin leiten.

2. Die Besucherinnen und Besucher als entscheidender Gestaltungsfaktor – Das Interview mit der Pfarrerin

Das Interview mit der Pfarrerin wurde direkt im Anschluss an den Gottesdienst geführt. Insgesamt umfasst der Text sechs thematische Felder, die in ihrer Größe zum Teil recht stark variieren.

Das thematische Feld ‚*Vor dem Gottesdienst*' schildert die Situation, in welcher der Gottesdienst gefeiert wird. Dabei berichtet der Text zwei Herausforderungen: Die plurale und diverse Zusammensetzung der Gottesdienstbesucherinnen und -besucher auf der einen und deren gestaffelte, teilweise auch verspätete Ankunft auf der anderen Seite:

> „[I]ch fand dies Mal [...], dass ich sehr beim Anfang gucken musste, weil manche dann auch verzögert kamen und [...] da sind dann die [Name eines Kindes] und der [Name eines Kindes] nach hinten gegangen. Also das war dann schön, äh, unklar (mhm) und auch schon ein bisschen irritierend. [...] Oder auch dann, dass dann–, bis dann das Bett kam, wo dann die Familie mit 'm Kind, ähm, mit den beiden Mädels kam, das eine Kind, das im Bett war. Das hat mich auf einer Seite sehr gefreut, auf der anderen Seite klickert's dann immer. Das Stichwort – das ist ja ein Onko-Kind und dann auch mit den Keimen. [...] Das fand ich am Anfang 'n bisschen stressig, auch da 'n guten Anfang hinzukriegen oder das halt zusammenzuhalten [...]." (G2/P/6-17)

Der Text spricht zunächst die zeitliche Dimension an. Die verschiedenen Gottesdienstbesucherinnen und -besucher kommen nicht alle zur gleichen Zeit, sodass eine etwas unklare Periode des Ankommens entsteht. Mit den früher kommenden Kindern und deren Eltern wird vorab schon ein Lied gesungen. Andere kommen wiederum zu spät, was einen gemeinsamen Einstieg verhindert und eine „Spannung" (G2/P/11) erzeugt. Die Frage nach einem gelingenden Einstieg wird zudem noch dadurch erschwert, dass die Besucherinnen und Besucher in ihrer Pluralität deutlich unterschiedliche Bedürfnisse und Erwartungen haben. Der Text spricht hier auf der einen Seite ein Kind an, dass in einem Bett liegt und aus der onkologischen Station kommt. Auf der anderen Seite gehen zwei Kinder mit Eltern direkt in den hinteren Bereich des Raumes, der ja eigentlich ein Spielzimmer ist. Damit wird der direkte Rahmen des Gottesdienstes verlassen und für die Pfarrerin stellt sich die Frage, inwieweit diese Kinder einbezogen werden wollen und können. Die Wahrnehmung beider Problemhorizonte mündet in die Evaluation, der „Anfang sei 'n bisschen stressig" (G2/P/16) gewesen. Die Pfarrerin möchte möglichst jede und jeden persönlich begrüßen und eine stimmige Teilnahme am Gottesdienst ermöglichen. Die Eingangssituation stellt auf diesem Weg eine recht große Herausforderung dar.

An die beschriebene Eingangssituation schließt sich direkt das zweite thematische Feld ‚*spontane Gestaltung*' an. Der Text zeigt explizit zwei spontane Umstellungen im Gottesdienstgeschehen. Zunächst geht der Text die Entschei-

dung ein, mit zwei Liedern den Gottesdienst zu beginnen, um „so 'ne Verbindung hinzukriegen" (G2/P/19f.) zu den Besucherinnen und Besuchern. Zudem
sollen die beiden im hinteren Teil des Raumes spielenden Kinder gezielt eingebunden werden:

> „Mit der Kerze bin ich dann ja extra nach hinten gegangen, [wobei es für mich auch] un-
> klar ist, ist das jetzt eher 'ne Verzögerung dann oder verhindert es auch 'n gutes Anfan-
> gen oder ist's–, genau– unterstützt es wirklich auch, dass die zwei anderen Kinder mit
> reingehen." (G2/P/21-24)

Beide Adaptionen ergeben sich aus der von außen vorgegebenen Situation.
Allerdings betont der Text, dass weniger die Situation beziehungsweise das
Setting geändert werden, als vielmehr der Gottesdienst der Situation angepasst
werden soll. Das eher unruhige Ankommen soll mit Hilfe von zwei Liedern
atmosphärisch zum Positiven verändert werden und die eher am Rande
spielenden Kinder sollen die Möglichkeit bekommen, ebenfalls am Gottesdienst
teilzunehmen. Dabei beschreibt der Text beispielhaft, wie äußere Einflüsse auf
die Pfarrerin wirken und welche Reflexionen dadurch ausgelöst werden können:

> „Oder als der geschrien hat, das – genau – das nagt dann an einem, weil dann geschwind
> die Assoziation da war: ‚Habe ich irgendwas gemacht, das sie irgendwie kränkt, oder so,
> dass sie das nicht aushalten?' Weil ich eigentlich den Eindruck gehabt habe, [...] dass sich
> das auch entwickelt, dass er auch spielen kann, [...] und ich jetzt immer wieder versuche,
> ihn einzubeziehen." (G2/P/33-36)

Der Text zeigt, wie äußere Reize zu einem inneren Hinterfragen der eigenen
Strategie führen, die dann wieder in eine veränderte Form des Umgangs und
der Gestaltung münden können. Dabei scheinen vor allem Brüche im Verhalten, im Ablauf oder in der Atmosphäre Auslöser für solch selbstkritische Refle-
xionsgänge zu sein. In diesem Zusammenhang werden beispielsweise eine spät
hinzustoßende Familie (vgl. G2/P/54-58) oder eine ein „bisschen gehemmte
Atmosphäre" (G2/P/73) genannt. Zudem stellt der Text dar, wie die Besucherinnen und Besucher und das Vorwissen der Pfarrerin über diese die Gestaltung des Gottesdienstes mitbestimmen kann. So beschreibt der Text:

> „[D]ie Familie hätte ich jetzt eher kirchlicher eingeschätzt. Deswegen habe ich das Va-
> terunser angeboten. Sonst hätte ich's vielleicht nicht so angeboten, das Vaterunser zu
> beten." (G2/P/101ff.)

Auch hier wird noch einmal deutlich, dass die Elemente des Gottesdienstes
nicht an sich Bedeutung zugeschrieben bekommen, sondern, dass sie eine eher
dienende Funktion erfüllen, die sich von den Bedürfnissen und Anliegen der
spezifischen Besucherinnen und Besucher her konkretisiert. Der Text zeigt
daher auch an unterschiedlichen Stellen, dass es wichtig ist, die Hörerinnen
und Hörer (gut) zu kennen und einschätzen zu können. (Vgl. G2/P/55-58, 74-
78, 111-117 u. 232-235) Nur so kann der Gottesdienst den Hörerinnen und Hörern angepasst werden.

Die folgenden drei thematischen Felder beschreiben Elemente des Gottesdienstes. Das thematische Feld ‚Rituale' geht hierbei vor allem auf die Gebete
und den Segen ein. Ein erster Blick gilt dem interaktiven Gebet, bei dem sich
die Besucherinnen Glasnuggets, LED-Teelichter oder Steine nehmen und diese
im Rahmen eines Gebets auf ein Tablett legen können.

Der Text geht nun der Frage nach, warum diese Form des Gebetes gewählt
wurde, und stellt dazu fest:

> „[...] aus dem einen Grund, weil das ein Ritual ist, bei dem sie was tun müssen und bei
> dem sie selber dabei sind und nicht etwas vorgegeben kriegen, sondern sie können sich
> entscheiden." (G2/P/270ff.)

Die aktive Einbindung der Besucherinnen und Besucher und die Möglichkeit, auf die einzelnen Personen individuell zuzugehen, macht das Ritual zu
einem passenden liturgischen Element für diesen Rahmen. Dies begründet der
Text so: „[M]ein Eindruck ist, dass es am Anfangen in diesem Unbekanntem gut
tut, wenn man da etwas tut und nicht nur gemeinsam einen Psalm betet, der
für viele fremd ist." (G2/P/275ff.)
Die Aktivierung ist mit der Möglichkeit verbunden, die eigenen Gedanken einzubringen. Außerdem konfrontiert sie nicht mit fremden Gedanken, die zusätzlich noch mit einer potenziell fremden (Sprach-) Form verbunden sind. Das
gewählte Ritual soll hier mehr Offenheit und Sicherheit ausstrahlen und setzt
kaum gottesdienstliche oder religiöse Vorerfahrungen voraus.

Das Segensritual wird vom Text zunächst nur kurz evaluiert: „Schön fand
ich den Segenskreis am Ende." (G2/P/78) Im späteren Verlauf zeigt der Text
dann aber den Versuch, die Gedanken und Emotionen des gesamten Gottesdienstes nochmals aufzunehmen und über den Gottesdienst hinaus zugänglich
zu machen. Zum Segen verteilt die Pfarrerin Segensbänder, die als Erinnerung
mitgenommen werden dürfen:

> Mit diesem „Segen Gottes im Hintergrund[,] da war mir – ist mir's auch wichtig, dass die
> Eltern das mit dabei haben und das kann man auch nur sehr bewusst machen. [...] Und
> das war auch klar, dass das nicht das praktischste Band ist. Aber man kann gut was auf-
> hängen dann. Für mich [ist das] auch noch der rote Faden von der [...] Geschichte [...].
> Wirklich, wie David also, man schafft das oder man hat das. Gott traut dir was zu, du hast
> eine Gabe und traust dich, die zu nehmen, um gegen das Schwere und die Riesen zu
> kämpfen." (G2/P/236-244)

Der Segen wird mit der Botschaft des Impulses verknüpft, welche die Kinder
und Erwachsenen seelsorglich begleiten soll. Indem die Bänder von der Pfarrerin jeder und jedem persönlich übergeben werden, verdichtet sich die Situation zusätzlich, sodass der Text beschreibt, dass die Übergabe letztlich ein „bisschen ans Abendmahl erinnert" (G2/P/231).

Summarisch hält der Text zuletzt noch fest, dass für die gewählten Rituale
„Vertrauen [...] oder 'ne Beziehung" (G2/P/273f.) nötig sind. Es verwundert
daher kaum, dass die Gestaltungskriterien für den Gottesdienst vor allem auf
eine solche positive Beziehung zielen.

Das thematische Feld ,*Impuls*' nimmt die Inszenierung der biblischen Erzählung im Gottesdienst in den Blick. Grundlage ist die Auseinandersetzung zwischen David und Goliath (1 Sam 17). Der Text beschreibt evaluierend das Vorgehen der Pfarrerin:

> „Was, glaube ich, gestimmt hat, [...] weil man immer beides hat, die Kinder und die Erwachsenen [wahrzunehmen] und Erwachsene ja schon auch als Eltern. Und [dann ist] das Stichwort, glaube ich, [das] Wissen über dieses Kämpfen gegen den Goliath. Da habe ich den Eindruck gehabt, das kam bei den Erwachsenen auch an, und dieses ,Man muss auch gegen Großes oder Schweres kämpfen' und ,Wie kann man dann damit umgehen?" (G2/P/48-53)

Der Text zeigt, dass der Impuls nicht nur auf die Kinder ausgerichtet ist. Auch wenn die mit Bildern erzählte Geschichte sich vordergründig eher an die Kinder wendet, sollen auch deren Eltern gezielt angesprochen werden. Die formulierte Botschaft: „Man muss auch gegen Großes und Schweres kämpfen" (G2/P/52) spricht Kinder und Eltern gleichermaßen an und kann für beide hoffnungsspendende und motivierende Funktionen erfüllen. Der Text beschreibt auch das Mittel, die Perspektiven der Kinder und der Eltern direkt aufeinander zu beziehen.

> „[D]as wär' auch noch 'ne Möglichkeit gewesen, Kinder stärker einzubeziehen. [Also] was denken sie, was die Eltern gut können. Aber da hab ich es – irgendwie war da 'n bisschen 'ne gehemmte Atmosphäre." (G2/P/73)

Der Text deutet an dieser Stelle darauf hin, dass der gewünschte Plan nicht eins zu eins umgesetzt werden konnte. Obwohl einzelne Begabungen genannt wurden, scheint die Pfarrerin, so der Text, nicht wirklich zufrieden mit der eigenen Gestaltung. Diese Beschreibung löst sich allerdings anschließend von dem hier betrachteten, engen Zusammenhang und bezieht sich auf die gesamte Gestaltung des Impulses:

> „Ich häng' rum an der Geschichte – das macht auch mit einem was, wenn man da denkt, ne, das hat nicht so gestimmt, dann kommt so 'ne Unzufriedenheit. Das ist 'ne Entscheidung von der Situation raus [...]." (G2/P/79ff.)

Dabei ist es interessant zu sehen, woran der Text diese Einschätzung festmacht. Die im Zitat angesprochene Entscheidung gründet in der Wahrnehmung der Situation, wobei der Text davon ausgeht, dass entweder die Wahrnehmung oder die Reaktion auf die Wahrnehmung „nicht so gestimmt" (G2/P/80) hat. Der Text spricht an anderer Stelle den Zusammenhang noch einmal aus anderer Perspektive an:

> „Bei der Geschichte war ich dann sehr ambivalent, weil ja dieses, ähm, ,Wen kann ich nehmen mit der – für die Rüstung?', und hab dann eben doch erst erzählt und dann erst dieses mit der Rüstung, mit dem Schwert gemacht." (G2/P/45ff.)

Es wird deutlich, dass der geplante Ablauf (erstens: Aktion „Kind in Rüstung", zweitens: Impuls „Biblische Erzählung") umgestellt wird, weil die Durchführung der Aktion unklar ist. Der Text macht keinen Hehl daraus, dass diese Umstellung im Reflexionsgang nach dem Gottesdienst nur „mittelmäßig gelungen" (G2/P/48) war. Situation und eigene Botschaft scheinen an dieser Stelle in ein Spannungsverhältnis geraten zu sein, welches nur schwer aufzulösen war. Dabei lässt der Text erahnen, dass die recht fixierte Frage „Wen kann ich nehmen [...] für die Rüstung?" (G2/P/45f.) die anderen Entscheidungen kurzzeitig überlagerte.

Das thematische Feld zeigt so einen ambivalenten Eindruck des Impulses. In der Wahrnehmung beider Gruppen scheint die inhaltliche Ebene zufriedenstellend die Besucherinnen und Besucher erreicht zu haben. Dies zeigt der Text abschließend auch an den mitgegebenen Halbedelsteinen, die er als „stimmig" (G2/P/53) evaluiert. Gleichzeitig scheint im Ablauf beziehungsweise der Gestaltung etwas durcheinander gekommen zu sein, wodurch ein Bruch in der Spannungskurve und Redundanzen entstanden sind.

Das thematische Feld ‚Musik' ist nicht sehr lang, hebt aber durchweg positive Aspekte des gemeinsamen Singens, Musizierens und der gespielten musikalischen Untermalung hervor. So hilft die Musik gleich zu Beginn, zwischen den Besucherinnen und Besuchern wie auch zur Pfarrerin und den Musikern „so 'ne Verbindung hinzukriegen" (G2/P/19f.). An drei Stellen hält der Text fest: „[S]ingen macht Spaß" (G2/P/78), „diese[s] Lied dann, das hat total Spaß gemacht" (G2/P/175) und „das Lied, also, das macht Spaß, das steckt an" (G2/P/177). Und zuletzt weist der Text auch auf entstehende Freiräume auf Seiten der Pfarrerin hin: „Also das ist etwas, was auch entlastet. Da war ich auch froh, weil, das kommt vom Mitsingen" (G2/P/195f.). Durch die professionelle musikalische Unterstützung kann die Pfarrerin den eigenen Fokus eher auf andere Bereiche legen. Das entlastet und gibt gestalterische Freiräume.

Im letzten thematischen Feld ‚Gottesdienstatmosphäre' löst sich der Blick wieder von einzelnen Gestaltungselementen und nimmt die versammelte Besucherschaft gezielt in den Blick. Der Text beschreibt zunächst die Eingangssituation:

> „[W]ir haben ja angefangen [...] mit diesem Lied dann und das hat total Spaß gemacht da. Und da dann wieder rauszufinden, also aus dem Spaß dann, also dieses ‚Ich schaff das schon', wo wir dann gerade mit der [Name einer Teilnehmenden] dann gesungen haben [...]. Und dann muss man halt wieder aus diesem Vorsingen raus und in dieses ‚So, jetzt müss- fangen wir den Gottesdienst an und setzen uns', ähm, genau, gucken wie man sitzt und so, dass jeder seine Sachen hat, [...] das war meine Spannung." (G2/P/174-180)

Zu Beginn des Gottesdienstes beschreibt der Text das Einfinden in die verschiedenen Rollen als Herausforderung für die Pfarrerin, aber auch für die Kinder. Die Zielsetzung, dass jede und jeder einen Platz im Raum, aber auch im gottesdienstlichen Geschehen finden kann, auf und in dem sie oder er sich wohlfühlt, zeigt den Horizont dieser Herausforderung an. Innerhalb des thematischen Feldes finden sich negative Evaluierungen in der Folge auch an jenen Stellen, wo deutlich wird, dass etwas oder jemand als fehl am Platz gedeutet wird. An zwei Beispielen kann dies nachvollzogen werden. Zunächst werden

die beiden Kinder thematisiert, die sich in den hinteren Teil des Raumes gesetzt haben und dort spielen. Der Text zeigt hier mit dem vertieften Spielen
und der Teilnahme am Gottesdienst zwei scheinbar voneinander getrennte
Gegensätze, hält dann aber fest:

> „Also, es ist beides, in der Regel. Spannend fand ich, die haben geguckt. [...] [D]ie haben
> sich umgedreht beim Singen und waren da, mhm, und was machen wir da vorne dann
> und dann bin ich völlig zufrieden." (G2/P/129-133)

Der Text legt zunächst dar, dass sich das Spielen und die Teilnahme am Gottesdienst nicht ausschließen. Auf allgemeinerer Ebene fährt der Text anschließend fort:

> Aber „schwierig ist, wenn die miteinander Krach haben, das find' ich, das zieht auch
> noch mal anders Energie ab dann. Aber letztes Mal, da hat einer einfach für sich auch
> [gespielt], war nicht laut, aber hat für sich gespielt, das stimmt dann auch. Und manch-
> mal habe ich den Eindruck, Kinder nehmen viel auf, die können besser Multitasking als
> Erwachsene, mhm, und die sind bei den Ritualen immer sehr gern dabei und auf das setz'
> ich. (Pause) Aber es ist natürlich (Pause) 'ne Herausforderung. Aber ich will nicht ‚Nein'
> sagen [...]. Wenigstens im Klinikgottesdienst musst du auch mit lauten, nicht gemeinde-
> kompatiblen Kindern Platz haben dann. (Pause) Also das (Pause), [...] diesen Bogen zu
> kriegen, das ist mir schon auch wichtig." (G2/P/137-145)

Hier überschneiden sich die Themenfelder der Zielsetzung des Gottesdienstes
mit der atmosphärischen Gestaltung. Der daraus potenziell entstehende Kon-
flikt wird aufgelöst. Für die Zielsetzung, möglichst viele und unterschiedliche
Kinder am Gottesdienst teilhaben zu lassen, darf sich die Atmosphäre deutlich
von einem ‚normalen' Sonntagmorgengottesdienst unterscheiden. Dabei stellt
der Text nicht normativ die verschiedenen Gottesdienstformen einander gegenüber, sondern hält fest, dass für den Familiengottesdienst im Klinikum die
gewählte Zielsetzung passend ist und sich hierunter die anderen Kriterien
unterzuordnen haben. Diese Entscheidung führt immer wieder in Situationen,
wie sie oben beschrieben werden, in denen zwischen Aufmerksamkeit und
Aktivität, Action und Ruhe, Mitmachen und Zuhören abgewogen, moderiert
und vermittelt werden muss.

Der Text weist außerdem noch auf einen weiteren, hiermit direkt verbundenen Zusammenhang hin: Der Gottesdienst wird mit offenen Türen gefeiert,
damit auch Personen außerhalb des Gottesdienstraumes an diesem teilnehmen
können. Hierzu hält der Text fest:

> „Es kommt immer drauf an, was ist draußen los [...]. Aber ansonsten find' ich die Sache
> mit dem – mit den offenen Türen und dass man da so seine – seinen Raum suchen kann,
> das ist mir wichtig dann. Und grad auch – grad dieses Alter von Kindern mit 'nem halben
> oder dreiviertel Jahr, wo du einfach auch viel unterwegs sein musst dann, ähm, da ist das
> wirklich 'ne gute – 'ne gute Position." (G2/P/304-308)

Die offenen Türen schaffen mehr Möglichkeiten, vom Gottesdienst angesprochen zu werden, und bieten niederschwellige Teilnahmemöglichkeiten. Durch
die geöffneten Türen kann aber auch immer Unruhe in den Gottesdienstraum

hineingetragen werden. Auch hier spricht sich der Text dafür aus, diese Unruhe auszuhalten, um potenzielle Begegnungsräume zu schaffen – allerdings nur bis zu einem gewissen Grad. Negative Auswirkungen auf die Atmosphäre des Gottesdienstes durch die geöffneten Türen beschreibt der Text dabei auch. Hier geht es um eine Krankenschwester, die einmal durch den Gottesdienstraum läuft, um Bücher zurück ins Spielzimmer zu bringen, „Schalom" in die Runde ruft und den Raum danach wieder verlässt. Dazu der Text:

> „[J]a, also ich glaub', ähm, ja genau, gar kein Thema, also ich fand sie auch sehr stoffelig dann auch noch, ja, und muffig dann. [... S]ie ist voll Karacho [lacht] durch und auch so, so muffig und genau, das, genau, das war, als ich den Faden verloren hab'." (G2/P/205-215)

Gleichzeitig möchte der Text den Vorfall auch nicht überbewerten und hält fest: „[A]lso, ich glaub, von den Eltern: ok das war störend und fertig (mhm)." (G2/P/224f.) Gerade im Kontext des Krankenhauses sind Störungen allgegenwärtig. Bezogen auf den Gottesdienst schließt der Text, dass es am besten ist, den Vorfall „gleich jetzt auf die Seite zu legen und weiterzumachen" (G2/P/228).

Das thematische Feld geht mit positiven und negativen Evaluationen auf die Gottesdienstatmosphäre ein. Dabei kristallisiert sich heraus, dass die stimmige Teilhabe aller Besucherinnen und Besucher oberstes Gestaltungskriterium ist, was sich auch in der Entwicklung der gottesdienstlichen Atmosphäre zeigt: Diese kann sich trotz einzelner Störungen gut entwickeln.

Der vorliegende Text reflektiert den gefeierten Gottesdienst kritisch. Dabei wird an mehreren Stellen deutlich, dass die Besucherinnen und Besucher großen Einfluss auf die endgültige Gestaltung des Gottesdienstes haben. Die Evaluationen des Textes sind in Übereinstimmung hiermit auch fast ausschließlich auf eine gelingende Aufnahme der Einstellungen, Erwartungen und persönlichen Situationen der Besucherinnen und Besucher ausgerichtet.

3.   Der Gottesdienst als „kleine Oase in der Klinik" – Teilnehmendeninterview I

Das erste Teilnehmendeninterview wird mit den beiden Eltern eines etwa sechs Jahre alten Kindes geführt. Vater und Mutter sind zu ähnlichen Anteilen am Gespräch beteiligt. Das Kind kann aufgrund seiner Erkrankung nicht am Gespräch teilnehmen. Der Text des vorliegenden Interviews zeigt insgesamt fünf thematische Felder, von denen drei den Gottesdienst insgesamt in den Blick nehmen und zwei auf einzelne Teile des Gottesdienstes eingehen.

Im ersten thematischen Feld ‚Gottesdienstgestaltung' beschreibt der Text aus der Teilnehmendenperspektive Struktur und Ausrichtung des erlebten Gottesdienstes. Die Kinder als vornehmliche Zielgruppe des Gottesdienstes stehen im Zentrum des thematischen Feldes:

> „A: Ja, was mir besonders gut gefällt, ist, [...] es geht hauptsächlich um die Kinder für meinen Geschmack, natürlich auch um die Erwachsenen, aber für meinen Geschmack in erster Linie um die Kinder, ähm, und, dass [die Pfarrerin] jedes Kind dann abholt immer wieder auch mit dem Namen.
> B: Ja, das war super.
> A: Und- so was find ich schön, [...] dass die Kinder auch das Gefühl haben, es geht um sie, es geht um jedes Einzelne ja auch und dass [die Pfarrerin die Kinder] persönlich anspricht und so [...].“ (G2/I1/84-92)

Die positive Einschätzung der Kommunikation mit den Kindern wird dadurch begründet, dass die Pfarrerin die Namen der Kinder kennt, diese in ihrer Situation wahr- und ernstnimmt und sie persönlich anspricht. Im weiteren Verlauf nennt der Text noch andere Merkmale, beispielsweise, dass die Pfarrerin die Kinder „immer wieder miteinbezogen hat" (G2/I1/105), sodass insgesamt die Zentralstellung der Kinder deutlich wird. Diesen Eindruck kann der Text auch an den verteilten Giveaways verdeutlichen:

> „[Die Pfarrerin] hat ja immer ihre grüne Tasche dabei [lacht]. Die hat ja immer irgendwas dabei für die Kinder. Aber das kommt bei denen halt gut an, glaub ich, und dass die einfach noch 'n bissle Erinnerungen haben an den Gottesdienst, grad so einen kleinen Stein oder- dann bringt sie ihre Tattoos oder irgendwas. Das bleibt denen dann einfach 'n bissle mehr drin. Die einen, denk ich jetzt, erinnern sich bestimmt noch an den Gottesdienst und kommen natürlich auch gern wieder [lacht].“ (G2/I1/99-104)

Der Text zeigt hier eine weitere Dimension auf. Durch die kleinen Geschenke, welche die Kinder aus dem Gottesdienst mitnehmen dürfen, können sie sich an den Gottesdienst, die Gemeinschaft, das Angenommensein und eventuell auch an einige Gedanken erinnern. Dadurch können die Impulse des Gottesdienstes über die Zeit am Sonntagvormittag hinaus zugänglich werden.

Aus der Orientierung an den Kindern leitet der Text noch ein weiteres zentrales Charakteristikum des Gottesdienstes ab:

> „A: Und es ist auch ein Stück weit Improvisieren, grad mit den Kindern, grad wenn man sie mit einbezieht, ähm, ohne das vorher zu trainieren.
> B: Ja. (2) Und man weiß ja echt nie, welche Kinder kommen oder so. [...] Man muss sich da ja echt spontan geschwind drauf einstellen, kommt=kommt eins, kommen drei, kommen fünf. Oder ist das jetzt jemand, kann der Deutsch, kann der kein Deutsch. Ist das [atmet laut aus] eine völlig andre Konfession, die halt dazukommt oder so und=und das ist ja alles, [kurzes Absetzen] es- das ist ja schwierig auch für die, die's machen, die=die wissen ja nie sonntagmorgens, was- wie's wird [lacht], das ist schon-, Hut ab ähm.“ (G2/I1/172-179)

Der Text spricht zweierlei an. Zum einen hängt die konkrete Gestaltung des Gottesdienstes stark von dem Mitwirken der Kinder ab. Je nachdem, wie die Kinder auf Angebote reagieren, verändert sich der Gottesdienst. Diesen Veränderungen muss der weitere Gottesdienstablauf ständig angepasst werden. So ist ein Vorbereiten zwar möglich und nötig, allerdings kann es sich eher um eine (grobe) Struktur handeln, die durch die Mitgestaltung der Kinder gefüllt wird, als um ein detailliertes Drehbuch. Zum anderen macht der Text auf die stark variierende Zusammensetzung der Gottesdienstbesucherinnen und -besucher aufmerksam. Im Kontext des Klinikums gibt nicht so etwas wie eine größere Stammgemeinde, die über Jahre hinweg zu den Gottesdiensten kommt. Stattdessen herrscht eine große Fluktuation. Zudem ist der öffentliche Charakter der Gottesdienste stärker zu betonen, damit auch religionsferne oder Angehörige anderer Konfessionen und Religionen am Gottesdienst teilnehmen können. Der Text beschreibt, dass im Gottesdienst beide Herausforderungen – die spontane Gestaltung und die kontingente Zusammensetzung der Besucherinnen und Besucher – die Gestaltung des Gottesdienstes prägen. Die abschließende Evaluierung: „Hut ab" zeigt dabei an, dass der Text den Umgang mit diesen Herausforderungen als gelungen ansieht.

An diese Beobachtungen schließt das zweite thematische Feld ‚Gottesdiensterleben: Gottesdienst versus Alltag im Krankenhaus' eng an. Vor allem ein Wechsel in der Perspektive trennt dabei die beiden thematischen Felder. Wurde im vorherigen Feld aus eher objektiver Sicht der Gottesdienst beschrieben, so spricht der Text nun stärker das subjektive Erleben des Gottesdienstes an. Dabei liegt der Ausgangspunkt in den eigenen Einstellungen, die im Hintergrund die Auseinandersetzung mit den Gottesdienstvollzügen prägen. Der Text markiert dabei eine offene Einstellung als wichtige Eigenschaft:

> „[E]s ist ein Gottesdienst. Es ist auch eigentlich egal, wie er zelebriert wird oder in was für einem Umfeld er stattfindet, in was für Räumlichkeiten, wie's aufgebaut ist, wie's=wie's gemacht ist. Das ist für mich auch immer relativ zweitrangig und- oder eigentlich gar nicht von Bedeutung, weil, ich bin da eigentlich für alles offen. Wenn's per se im Kern ein Gottesdienst bleibt, find ich das eigentlich, ähm, [kurzes Absetzen] wenn's um die=die Sache geht [...] ist mir [das] dann eigentlich völlig egal. Im Gegenteil, da bin ich sogar sehr gespannt immer, was es für Facetten gibt und für, [kurzes Absetzen] für'n Reichtum da, wo man doch auch rausschöpfen kann und in allen möglichen Variationen das machbar ist. Und das bleibt dann trotzdem ein Gottesdienst. Das find ich dann schön, also eben was ganz anderes als Kirche oder auch Freieikirchen dann, oder so was. (2) Das ist eine große Vielfalt an sich immer, mhm. Und das macht's, find ich, wieder interessant. Man sieht dann auch mal wieder was anderes, wie wenn vielleicht (2), ja, nur normale Kirche." (G2/I1/50-61)

Der Text spricht hier von einer generellen Offenheit gegenüber gottesdienstlichen Angeboten, die nur eine geringe Erwartungshaltung nach spezifischer Gestaltung widerspiegelt. Raum, Struktur und Modus können, so der Text, gerne variieren. Gleichzeitig bleibt die Einschränkung, dass es „per se im Kern n=n Gottesdienst bleibt". Da der Text an dieser Stelle schillert, kann nicht genau nachvollzogen werden, was mit dem „Kern" gemeint ist. Aus dem Interviewtext als Ganzem legen sich drei Einschätzungen nahe, die auch miteinander kompatibel sein könnten: (1.) Die annehmende Grundhaltung der Pfarrerin, die den Kindern sowohl individuell als auch kollektiv gerecht wird, (2.) christliche Inhalte, die über die verschiedenen Formen weitergegeben werden oder

(3.) christliche Rituale, welche die persönliche religiöse Auseinandersetzung
fördern.

In Übereinstimmung mit der Betonung der Offenheit macht der Text deutlich:

> „[I]ch selber vermiss nichts, weil ich auch nicht mit irgendeiner Erwartung hin gehe in
> dem Sinn, dass ich jetzt auf- irgendwas erwarte, sondern, [kurzes Absetzen] ein Gottes-
> dienst findet ja auch immer in einem selber drin statt, find ich, also, und es kommt auch
> immer darauf an, wie man das aufnimmt, aber- also ich geh eigentlich nie mit irgendei-
> ner Erwartung in irgendeinen Gottesdienst." (G2/I1/156-160)

Die oben schon greifbare generelle Offenheit wird nun speziell für den vorliegenden Gottesdienst hervorgehoben. Auch hier zeigt der Text eine große Auf-
geschlossenheit bezüglich der Gestaltung. Im Unterschied zur oben zitierten
generellen Offenheit macht der Text nun deutlich, dass die eigene Einstellung
und Rezeption ausschlaggebend für das positive Erleben des gottesdienstlichen
Angebots sind. Dass die beiden Aussagen „es kommt auch immer darauf an, wie
man das aufnimmt" und „ich geh eigentlich nie mit irgendeiner Erwartung in
irgendeinen Gottesdienst" direkt nebeneinandergestellt werden, deutet darauf
hin, dass der Text die persönliche Offenheit als eine wichtige Voraussetzung
zur positiven Rezeption des Gottesdienstes – und auch von Gottesdiensten
allgemein – ansieht. Starre Erwartungen dagegen, so der Text, behindern ein
positives Erleben eher.

Über positive Evaluierungen kann zudem rekonstruiert werden, welche
Aspekte des gottesdienstlichen Geschehens besonders positiv wahrgenommen
werden:

> Es „war schön, grundsätzlich, dass wir hoch konnten, ähm, weil das ist ja nicht immer
> selbstverständlich, und dann ist es doch ein Stück weit von=von der Station entfernt
> oder so, und je nach dem, was grad so los ist, können wir halt gehen oder nicht. Ähm,
> genau, aber es war insgesamt schön. Es ist auf jeden Fall immer sonntags so das, ja, [kur-
> zes Absetzen] das Feierliche noch irgendwie ähm, was einem irgendwie guttut. Einfach
> hier sowieso in der Klinik, aber dass man dann wirklich singt und was Gutes hört und so-
> das=das Grundsätzliche." (G2/I1/10-16)

Drei Aspekte nennt der Text hier. Zunächst wird die generelle Möglichkeit der
Teilnahme angesprochen. Im Hintergrund steht dabei sowohl das Angebot des
Gottesdienstes als auch die aktuelle medizinische Situation, die einen Besuch
möglich oder unmöglich macht. Als zweites wird das „Feierliche" als Dimension des Gottesdienstes genannt. Im Kontrast zum Klinikalltag wird es als wohltuend empfunden. Zuletzt stellt der Text das Singen und Hören als zwei Aspekte noch einmal gesondert heraus. Damit ist sowohl eine gemeinschaftliche als
auch eine individuelle Ebene des Gottesdiensterlebens angesprochen. Im weiteren Verlauf werden einige dieser Punkte nochmals aufgegriffen. So führt der
Text beispielsweise das Gegenüber von Gottesdienstfeiern und Klinikalltag
nochmals näher aus:

„Also grundsätzlich ist für mich ein Gottesdienst einfach was Feierliches, egal ob jetzt hier in der Klinik oder=oder in einer normalen Kirche oder wo auch immer, ähm. Und hier in der Klinik hat's aber schon auch einen ganz besonderen Wert irgendwie, weil hier überhaupt nichts selbstverständlich ist, ähm [kurzes Absetzen]. Und man=man freut sich an den kleinsten Sachen, die gut gehen, ähm. [Dem Kind] geht's halt oft hier richtig schlecht und, ähm, wenn man dann wirklich das schafft, [spricht sehr emotional] in den Gottesdienst zu kommen, dann ist das so- äh, ja man=man fühlt sich einfach, wie=wie soll ich das beschreiben, ähm, (2) das ist einfach was Besonderes und was- [kurzes Absetzen] der=der Rahmen ja ist einfach (3) etwas extra, ich weiß nicht, wie ich das sagen soll." (G2/I1/41-49)

Es wird auch hier deutlich, dass der Text vor allem das Gesamtphänomen Gottesdienst wertschätzt und weniger einzelne Elemente herausheben möchte. Anschließend an die vorherigen Beobachtungen macht der Text nun auch noch deutlich, dass bereits die angstfreie und von persönlicher Verantwortung beziehungsweise Belastung befreite Rezipientenrolle als ungemein wohltuend empfunden wird. Im Gegensatz zu der vor allem psychisch dauerbelastenden Situation in der Klinik scheint der Gottesdienst eine Auszeit in dieser Anspannung zu ermöglichen. Auch vor diesem Hintergrund wird nun verständlich, warum der Text weniger einzelne Elemente anspricht oder Erwartungen an den Gottesdienst formuliert. Der Gottesdienst wird als Gesamtphänomen geschätzt:

„Ja, und es ist echt so=so, wenn man kommt oder so, das ist wie so 'ne kleine Oase in der Klinik, [kurzes Absetzen] würd ich vielleicht sagen, einfach so, da=da ist man wirklich weg geschwind. Man ist zwar in der Klinik und alles, aber man weiß jetzt, jetzt ist man in einem ganz anderen Rahmen irgendwie und, ähm, es wird dann ja auch schön hergerichtet und alles, und dass ja, ähm, es schön ist für die Kinder und für die Eltern und so, ähm, und das wirkt alles zusammen auf einen. Oder dann die Musik irgendwie, ähm, hier hört man halt mehr da=das Bimmeln von den Sachen und dann einfach das Runterkommen und erst mal ein ganz anderer Raum und liebe Menschen und die Musik und alles, das zusammen macht's dann feierlich und echt so=so eine Oase in der Klinik irgendwie am Sonntagmorgen." (G2/I1/62-70)

Aus dieser Wahrnehmung heraus erschließt sich das nächste thematische Feld ‚Dankbarkeit und Bedauern‘. Der Text formuliert an einigen Stellen Dankbarkeit für das Erlebte und bedauert gleichzeitig, dass das Angebot nur begrenzt genutzt wird:

„Dass es überhaupt so ein Angebot gibt, ist ja schon mal schön. Das ist ja überhaupt nicht selbstverständlich, dass man so=so was angeboten kriegt in einer Klinik, also sag ich jetzt einfach mal und das ist ja schön, wenn's das gibt und wenn ja, ähm, sich Menschen auch eingeben und auch (2) manche ihre Zeit dann verschenken, das zu gestalten und vorzubereiten oder mitzuhelfen, mitzuwirken. Find ich echt schön. [kurzes Absetzen] Wenn's natürlich auch oft in einem sehr kleinen Kreis stattfindet, ähm, warum auch immer [...]." (G2/I1/20-25)

Für das Erlebte formuliert der Text zunächst tiefe Dankbarkeit. Diese erstreckt sich auf vielfältige Erfahrungen von Gottesdiensten und Seelsorge im Klinikum, die sowohl von evangelischer als auch von katholischer Seite angeboten und in Anspruch genommen wurden. (Vgl. G2/I1/25-30) Gleichzeitig versucht der

Text in einigen Anläufen zu ergründen, warum das als so wohltuend empfundene Angebot nur von einem recht begrenzten Kreis wahrgenommen wird. Bezogen auf den Gottesdienst diskutiert der Text dabei verschiedene Möglichkeiten, von eher unauffälligen Einladungsplakaten (vgl. G2/I1/136-153) bis hin zur gesellschaftlichen Distanzierung von Religion und Glaube. (Vgl. G2/I1/111-134) Der Text schließt in der globalen Evaluation „schade, dass so wenig kommen" (G2/I1/34), wobei die positiven Erfahrungen wohl auch anderen Personen in ähnlichen Situationen gewünscht werden.

Die letzten beiden thematischen Felder ‚*Musik*' und ‚*Rituale*' gehen dann in überschaubarem Umfang auf einzelne Elemente des Gottesdienstes näher ein. Das thematische Feld ‚*Musik*' formuliert die Wahrnehmung aus der Perspektive des Kindes: „Und für ihn [das Kind, S. L.] ist das Singen auch ganz arg schön immer oder die Gitarre hat's ihm gestern ganz angetan, ähm, die hat ihm ganz arg gefallen" (G2/I1/16f.). Die Musik wird hier sowohl in der Dimension des kollektiven Singens als auch in Gestalt des Gitarrenspiels neben dem E-Piano positiv beschrieben. Eine andere Textstelle nimmt dann die Wahrnehmung der Eltern zum Ausgangspunkt:

> „Lieder gehören immer dazu und ich=ich fand's auch gestern schön, ähm, dass [die Pfarrerin] auch immer wieder das angestimmt hat vom Rolf Zuckowski da. Einfach so was, wo=wo immer mal wieder geschwind Leben reingebracht wurde, ähm, oder das war ja voller Leben, aber das=das war dann glaube ich echt schön für die Kinder, weil sie das in- und auswendig können alle und er hat auch gleich mitgemacht." (G2/I1/79-83)

Der Text spricht hier erneut die aktivierende und gemeinschaftsstiftende Dimension der Musik an. Beides zielt zunächst auf die Kinder, die, so der Text, auch großen Spaß an der Musik hatten. Gleichzeitig werden dadurch die Eltern angesprochen, die sich über den Spaß ihrer Kinder freuen und die Situation „voller Leben" genießen. Auch diese Formulierungen sind vor dem oben geschilderten Hintergrund des Klinikalltags zu sehen.

Das abschließende thematische Feld ‚*Rituale*' berichtet von dem Gebetsritual mit Kerzen, Steinen und Glasnuggets:

> „[A]m Anfang ist ja das mit den Kerzen, gell. Wir sind ein bisschen später gekommen dieses Mal, ähm, aber das haben wir sonst auch schon mitgekriegt. Das finde ich echt schön, das finde ich richtig schön, dass da gleich alle mit reingenommen werden irgendwie, [...] ihre Kerze anzünden und Sachen hinlegen und so weiter, ähm [...]." (G2/I1/72-76)

Der Text spricht deutlich die individuelle Ebene des Rituals an. Die einzelnen Besucherinnen und Besucher haben die Möglichkeit, ihre eigenen Erfahrungen und Erlebnisse der letzten Tage in den Gottesdienst einfließen zu lassen und damit als Person im gottesdienstlichen Geschehen einen Platz zu finden. Der Text schildert zudem, dass die Interviewten erst nach dem Ritual zum Gottesdienst gestoßen sind. Dadurch wird deutlich, dass der Text einen größeren Erfahrungsraum als nur den Einzelgottesdienst voraussetzt und diese Erfahrungen wohl auch an einigen Stellen in die Beobachtungen einfließen. Ob die

Interviewten das Ritual nachholen konnten, wie es das ethnographische Protokoll für einige Besucherinnen und Besucher beschreibt (s. o.), bleibt offen.

Bei der Gesamtbetrachtung des Textes fällt auf, dass die vergleichende Gegenüberstellung von Gottesdienst und Klinikalltag viele Betrachtungen und Beobachtungen tief prägt. Den Gottesdienst beschreibt der Text dabei als „kleine Oase in der Klinik" (G2/I1/62f.), in dem der psychische Stress, die Abhängigkeit von anderen, die Unbeständigkeit und Anonymität in den Hintergrund treten. Der Text verwendet nicht allzu viel Energie darauf, die gottesdienstliche Oase zu rekonstruieren, findet aber in der lebendigen Gemeinschaft der Kinder und der Möglichkeit persönlicher Teilhabe zwei grundlegende Charakteristika dieser positiven Gegenwelt. Um dies aus Sicht der Besucherinnen und Besucher wahrzunehmen, betont der Text, ist eine Offenheit bezüglich der spezifischen Gestaltung weit dienlicher als klare Erwartungen. Es erscheint stimmig, dass der Text daher auch mehr den Gottesdienst in seiner Gesamtheit in den Blick nimmt als dessen einzelnen Vollzüge.

4.   Offen, inklusiv und musikalisch –
Teilnehmendeninterview II

Das vorliegende Interview wurde am Tag nach dem Gottesdienst mit dem Vater eines etwa vier Jahre alten Kindes in dessen Krankenzimmer geführt. Das Kind selbst hat sich nicht am Gespräch beteiligt.

Der Text umfasst insgesamt sechs thematische Felder und nähert sich dem Gottesdienst auf recht unterschiedlichen Reflexionsebenen, die von Ausführungen über die eigene Religiosität bis hin zur Betrachtung einzelner Vollzüge reichen. Diese zoomartige Bewegung soll hier abgebildet werden, weshalb als erstes thematisches Feld die schon angesprochene ‚eigene Religiosität' in den Blick kommt. Das thematische Feld nimmt quantitativ mit Abstand am meisten Raum im Gesprächsverlauf ein, ist aber teilweise auch nur lose an das gottesdienstliche Geschehen rückgebunden. Auf der Ebene der Religionszugehörigkeit sagt der Text:

> „[I]ch bin getauft, meine Frau ist getauft, meine Frau ist, äh, wie heißt es, ist das evangelisch? Ja, reformiert halt, heißt es bei uns, mhm, und ähm unsre Kinder sind nicht getauft bis jetzt, weil [...] sie sollen entscheiden wollen-, entscheiden können für was für eine Konfession sie-, was sie sein möchten. Und wenn sie das wollen, dann kann=kann man das immer dann noch machen, aber ich möchte das nicht irgendwie, dass ich das für sie entscheide vorher. Weil so irgendwie (3) also ja, dass ich ihnen die Freiheit lassen will, [...] was sie denken, für sie das Richtige ist oder ob sie das überhaupt [machen]."
> (G2/I2/54-61)

Auch in der Folge zeigt der Text eine kirchliche Prägung, die jedoch in der Gegenwart eher durch ein distanziertes Verhältnis beschrieben werden kann.

Der Text argumentiert dabei in weiten Teilen aus einem katholischen Hintergrund, wobei der erlebte Katholizismus oftmals als „zu festgefahren" (G2/I2/50) und „weltfremd" (G2/I2/38) beziehungsweise „realitätsfremd" (G2/I2/43) kritisiert wird. Dagegen betont der Text die im obigen Zitat greifbare Freiheit und Offenheit, die auch in der Formulierung einzelner Glaubensaussagen nachvollzogen werden kann. Nach der Ablehnung einer „fanatisch[en]" (G2/I2/129) und „festgefahrenen" Religiosität beschreibt der Text das eigene religiöse Verständnis:

> „[I]ch glaub auch, dass es irgend eine höhere Macht gibt, aber ich=ich würde das nicht so verbinden, halt so personifiziert mit jemand. Ich weiß, das ist auch nicht – der liebe Gott ist ja auch nicht eine Person effektiv, aber halt nicht so das Personifizierte, auch nicht so mit dem (3) zum Teil halt so mit den ganzen Bibelvergleichen oder so, das ja." (G2/I2/131-135)

Der Text beschreibt zudem, dass die Krisenerfahrung der schweren Krankheit des eigenen Kindes eine Belastungsprobe für das religiöse Selbstverständnis ist. Dabei zeigt der Text eine Varianz der Theodizeefrage, die sich aus der eigenen Erfahrung heraus aufdrängt.

> „[W]ir haben uns natürlich mit ihrer Krankheit, haben wir uns auch ein paar Mal gefragt, wenn=wenn über einen lieben Gott geredet wird, wieso ist d-, wie (2) wa-, wenn dann die Leute sagen „Ja, der liebe Gott, der ist für uns alle da", und was weiß ich was, dann denke ich: So, wenn er doch irgendwie die ganzen Dinge da beherrscht dann-, wieso kriegt die dann so was?" (G2/I2/114-118)

Der Text zeigt das eigene Ringen mit religiösen Sinnangeboten in einer sehr belastenden Zeit. Dabei weiß der Text selbst keinen wirklichen Ausweg aufzuzeigen, gleichzeitig aber doch das Vertrauern in eine „höhere Macht" (G2/I2/132) aufrecht zu erhalten.

Auf diesem Hintergrund nun kritisiert der Text gottesdienstliche Veranstaltungen, die einen „festgefahrenen" und „weltfremden" Glauben eins zu eins von der Bibel zu den Hörerinnen und Hörer weitergeben wollen. Gleichwohl trifft diese Kritik gerade nicht den besuchten Gottesdienst. Das wird im weiteren Verlauf der Analyse sichtbar.

So weiß dann das zweite thematische Feld ‚*Gesamtbetrachtung des Gottesdienstes*' die eigene Religiosität in ein Verhältnis zum Gottesdienst zu setzen. Die Ausführungen zur eigenen Religiosität bilden den Hintergrund der Gottesdienstevaluierungen:

> „[D]as Maß an, ähm (2), was ich empfinde so als Kirchlichem oder so vom Inhalt her, fand ich gut, dass es nicht irgendwie (3) jetzt über=über, also zu viel oder zu wenig oder so irgendwas [war]." (G2/I2/16ff.) „[A]ber auch von dem her, vom Maß da was-, wie das aufgebaut war, fand ich gut so [...]. Es hat ja auch andere kleine Kinder gehabt, dass das für die durchaus äh (2) gut-. Das=das Maß, das war gut, ja." (G2/I2/31ff.)

Die hier verwendete terminologische Variable „Maß" kann durch die Ausführungen des ersten thematischen Felder interpretiert werden. Der Text bewertet den Gottesdienst positiv, weil dieser weder über Inhalte noch über Rituale oder Sprache intentional auf ein bestimmtes Gottesbild beziehungsweise eine bestimmte Gottesbeziehung hinwirkt. Stattdessen orientiert sich die Gestaltung des Gottesdienstes an den Besucherinnen und Besuchern und macht diesen Angebote, sich selbst und damit auch die eigenen spirituellen und religiösen Erfahrungen einzubringen. An anderer Stelle geht der Text ausführlicher auf die Dimensionen Dauer, Atmosphäre und Ort ein:

> „[D]ie Dauer vom=vom von dem Gottesdienst, das war gut, auch eben in Anbetracht halt, dass kleine Kinder da mit dabei sind und dass die es vielleicht dann-, ja auch mit der Konzentration oder so ist das auch irgendwie eingeschränkt. Und trotzdem, selbst wenn da ein Kind irgendwie, wenn da halt eins weint oder so, das interessiert dann gar niemanden und das find ich eigentlich auch gut, dass man nicht irgendwie so einen Zwang hat, wenn das Kind dann weint oder so, dass man denkt ‚ja man geht jetzt raus, um die andren nicht zu stören. Genau, das find ich ganz gut. Und auch=auch von der-, ähm, dass das dort im Spielzimmer gemacht wurde […] oder wenn=wenn Kinder halt mit einem Bett dann kommen müssen, das, mhm, ist das nicht so ein großer Aufwand." (G2/I2/99-107)

Die beschriebene Atmosphäre wird mit Blick auf die Zielgruppe bewertet. Die begrenzte Dauer, die als zwanglos und gegenüber Störungen belastbare Atmosphäre und das multifunktionale Spielzimmer sieht der Text positiv, weil es den Kindern als vornehmliche Zielgruppe des Gottesdienstes entspricht. Und auch von den Erwachsenen kann die so entstehende Atmosphäre positiv empfunden werden, da deren Kinder in das gottesdienstliche Geschehen eingebunden werden.

Im dritten thematischen Feld ‚Gottesdienst und Klinikalltag' beschreibt der Text die Vorzüge des Gottesdienstes kurz aus anderer Perspektive:

> „[I]ch find, [der Gottesdienst] ist eine (2), so eine gute Ergänzung vor allem am Wochenende, wenn nicht irgendwie viel läuft, äh, zum=zum– halt Spital-Alltag halt, äh, wo halt-, [kurzes Absetzen]. Ja unter der Woche gibt's halt vielleicht noch mal ein- noch ein Programm, aber am Wochenende ist es dann halt relativ ruhig und von dem her finde ich das gut und vor allem für sie [blickt in Richtung des Kindes] ist das eine gute Abwechslung." (G2/I2/9-13)

Es fällt auf, dass der Text hier auf einer allgemeinen Ebene ohne Bezug zu spezifischen Teilen oder Inhalten des Gottesdienstes argumentiert. In seiner Gesamtgestalt ist der Gottesdienst ein guter Ausgleich zum Krankenhausalltag, der das Wochenende vor allem mit verminderten Betreuungs- und Spielangeboten in Verbindung bringt. In dieser Leere bietet der Gottesdienst für die Kinder eine Abwechslung und einen Ausgleich zum sonst ziemlich eintönigen Tageslauf im Krankenhaus an. Worin die positive Abwechslung genauer liegen kann, zeigt die folgende Analyse.

Die drei anschließenden thematischen Felder betrachten nun einzelne Teile des Gottesdienstes genauer. Die breitesten Ausführungen zeigt der Text im ersten thematischen Feld ‚Musik'. Das folgende Zitat steht direkt am Beginn des Interviews: „Ich fand's gut. Also vor allem, dass da viel gesungen wurde und dass die Kinder mit den Instrumenten, ähm, mitmachen konnten […]."

(G2/I2/8f.) Der Text spricht hier zwei Dimensionen an, die auch später an unterschiedlichen Stellen wiederholt werden: Die Musik stiftet im gemeinsamen
Singen ein aktivierendes Gruppengefühl. Und in der Möglichkeit, selbst zu
musizieren, finden die Kinder Gelegenheiten, aktiv am Gottesdienst teilzunehmen. (Vgl. G2/I2/80-90) Durch die prominente Stellung dieser Evaluierung
ganz zu Beginn des Interviews lässt sich zudem eine hohe Wertschätzung ver-
muten. Die Musik in den beschriebenen Dimensionen ist ein Schlüsselfaktor
dafür, dass der Gottesdienst als „gut" erlebt wurde. Im späteren Verlauf spricht
der Text zudem die therapeutische Dimension der Musik an, mit der bereits bei
früheren Krankenhausaufenthalten Erfahrungen gesammelt wurden:

> „[D]as find ich immer- das=das ist echt=echt schön auch anzusehen, wie=wie alle mitma-
> chen, wie=die=wie=die Freude dran haben und das-, ich glaub, das=ist=das=ist ein=ein
> sehr wichtiges Element hier auch für die Kinder, das irgendwie, ich weiß nicht, wahr-
> scheinlich auch zur Heilung beiträgt oder irgendwie-, das=das die Schmerzen oder so,
> wenn sie das hätten, irgendwie vergessen lässt (2). Das finde ich gut [...]." (G2/I2/86-90)

Damit hebt der Text die Bedeutung der Musik noch einmal hervor und weiß
diese vom gottesdienstlichen Kontext abgelöst zu beschreiben. Das gemeinsame Musizieren und die Möglichkeit der Kinder, an diesem Gruppenprozess
teilzunehmen und sich selbst dadurch erfahren zu können, birgt, so der Text,
therapeutische Dimensionen. Es verwundert daher auch nicht, dass der Text
darauf schließt: „Musik, finde ich, das ist, glaube ich, fast das Wichtigste [...]."
(G2/I2/81)

Das fünfte thematische Feld ‚Gebetsritual' reflektiert das oben beschriebene
Gebet, bei welchem die Besucherinnen und Besucher eingeladen werden, mit
Kerzen, Steinen und Glasnuggets ihre eigenen Gebetsanliegen im Stillen zu
formulieren:

> „Das mit dem-, mit der Schale, wo man die Wünsche oder [...] die Lasten reinlegen sollte,
> das irgendwie finde ich, ähm ja, dass auch irgen-, dass es auch egal [ist], was=was für eine
> Religion jetzt da teilnimmt theoretisch, das ist irgendwie so halt so sinnbildlich irgend-
> wie. [...] Das fand ich eine (3) eine=eine schöne Aktion halt, wo jeder selber entscheiden
> kann, was er da reinlegt, was für ihn dann halt wichtig ist." (G2/I2/66-70)

Der Text hebt zunächst den Aspekt hervor, dass jede und jeder individuell angesprochen wird und mit seinen Erlebnissen am Gottesdienst teilhaben darf.
Gleichzeitig betont der Text aber auch die Offenheit, die sich sowohl in der
Möglichkeit zeigt, aus verschiedenen Angeboten verschiedene Anliegen zu
formulieren, als auch auf konfessionelle und religiöse Grenzziehungen zu ver-
zichten. Dennoch verbleibt das Ritual nicht auf individueller Ebene, sondern
wird in eine Gemeinschaft geführt. Die oder der Einzelne wird im Ablegen der
jeweiligen Objekte wahrgenommen, ohne dass sie oder er sich zu sehr öffnen
muss. Schließlich wird das eigentliche Gebetsanliegen nur im Stillen formuliert. Der Text schätzt all dies wert: „Das fand ich [eine] schöne Aktion"
(G2/I2/74f.).

Im letzten thematischen Feld ‚religiöse Impulse' geht der Text noch sehr knapp auf die inhaltliche Dimension des Gottesdienstes ein, vertieft die Auseinandersetzung mit den theologischen beziehungsweise homiletischen Inhalten aber nicht weiter. In der als gut befundenen Auswahl der Geschichte von David und Goliath schwingt vermutlich eine Wertschätzung der homiletischen Umsetzung mit. Mit Blick auf die Verstehensmöglichkeiten des eigenen Kindes reflektiert der Text dann aber auch kritisch:

> „[W]as erzählt wurde oder so, ich glaube, das weiß ich nicht, ob sie da schon so viel versteht. Da wäre die Ältere wahrscheinlich eher, dass sie das versteht, aber für sie ist das noch ein bisschen, äh (2) zu-, nein, nicht zu viel, aber halt noch (2) ja, dass sie es halt wahrscheinlich intellektuell vielleicht noch nicht versteht." (G2/I2/27-31)

Da die Dauer beziehungsweise das „Maß" der theologischen Impulse später als stimmig beschrieben werden (vgl. 31ff.), kann vermutet werden, dass die Inhalte an sich wohl als zu komplex für das etwa vierjährige Kind wahrgenommen werden.

Insgesamt zeigt das Interview einen Blick auf den Gottesdienst, der direkt mit eigenen religiösen Erfahrungen und Einstellungen verknüpft wird. Von diesen ausgehend wird vor allem der inklusive und offene Charakter des Gottesdienstes herausgestellt, der sich in niedrigen Schwellen der Teilnahme zeigt. In Bezug auf die einzelnen Elemente des Gottesdienstes betont der Text stark die Bedeutung der Musik für die Kinder. Insbesondere die Möglichkeit, selbst zu musizieren, wird herausgestellt. Ihr wird sogar therapeutisches Potenzial zugesprochen.

5. Gesamtanalyse des Gottesdienstes

5.1. Gottesdienstgestaltung: Zielgruppenausrichtung, Spontanität und Atmosphäre

Die verschiedenen Texte zeigen unterschiedliche Zugänge zum Themenfeld Gottesdienstgestaltung. Das ethnographische Protokoll verweist über die Schilderung von offenen Türen und spielenden Kindern im hinteren Teil des Gottesdienstraumes auf die Rahmenbedingungen des Gottesdienstes und deren spezifische Nutzung. Das Interview mit der Pfarrerin verweist dagegen auf Herausforderungen und Zielsetzungen der Gestaltung: Um möglichst viele Kinder wahrzunehmen und am Gottesdienst teilhaben zu lassen, sind die Handlungen spontan anzupassen. Zudem betont der Text immer wieder eine gestaltete Offenheit, die sich durch möglichst niedrige Schwellen der Teilnahme und Teilhabe am Gottesdienstgeschehen auszeichnet. Letzteres Vorhaben führt wiederum zu der bereits angesprochenen spontanen Gottesdienstgestaltung, die sich an den Bedürfnissen der verschiedenen Besucherinnen und Besucher ausrichtet. Zuletzt schildert der Text, dass die Pluralität der Gottesdienstgemeinde dieses Vorhaben geradezu herausfordert. Auch ein Teilnehmendeninterview nimmt diese an den spezifischen Besucherinnen und Besuchern und deren Bedürfnissen orientierte Gottesdienstgestaltung wahr. Die Spontanität und Improvisation der Verantwortlichen stellt der Text dabei positiv heraus und erkennt die Ausrichtung auf die Kinder als wichtiges Charakteristikum des Gottesdienstes. So teilen zusammenfassend alle drei genannten Texte die Wahrnehmung an einer spontanen, aber stets fokussierten Gestaltung, wobei vor allem das Teilnehmendeninterview dies ausdrücklich positiv hervorhebt, die anderen beiden Texte sich aber auch kritisch mit der faktischen Gestaltung auseinandersetzen.

5.2.   Gottesdienst und Klinikalltag

Bei der Betrachtung der beiden Teilnehmendeninterviews fällt auf, dass beide Texte den Gottesdienst im Gegenüber zum Klinikalltag beschreiben. Beiden Texten gemein ist die Wertschätzung des Gottesdienstes an sich. Während der eine Text den Gottesdienst am Wochenende als „gute Abwechslung" (G2/I2/13) und gelungene Ergänzung zum sonst eher eintönigen Tagesablauf sieht, betont der andere Text den feierlichen Charakter des Gottesdienstes. Gemeinschaft, Singen und verschiedene Aktionen bilden „eine kleine Oase in der Klinik" (G2/I1/62f.). Dass die Kinder und auch deren Eltern während des Gottesdienstes als Personen mit eigenen Bedürfnissen wahrgenommen werden und einen Platz finden können, steht dem oftmals eher anonym-sterilen Klinikalltag gegenüber, bei dem das Warten im Gegensatz zu den persönlichen Beziehungen einen zentralen Platz einnimmt. Beide Texte unterstreichen deutlich die wichtige Funktion des Familiengottesdienstes im System Klinik. In der tiefen Dankbarkeit, welche die Texte gegenüber den Verantwortlichen des Gottesdienstes aussprechen (vgl. G2/I1/20-25), kann auch das hohe Bedürfnis nach solch einem Angebot nachvollzogen werden.

5.3.   Rituale

Alle vier Texte gehen auf die Rituale des Gottesdienstes ein. Während die Teilnehmendeninterviews allerdings nur das interaktive Gebet mit LED-Teelichtern, Steinen und Glasnuggets betrachten, zeigen ethnographisches Protokoll und das Interview mit der Pfarrerin einen umfangreicheren und differenzierteren Blick auf die verschiedenen Gottesdienstelemente. Gleichzeitig bleibt die Deutung in vielen Teilen recht nah beieinander. Alle Texte beto-

nen die individuelle Ebene, welche die Rituale ansprechen. Die einzelne Person
bekommt einen Platz und einen Kommunikationsraum, der selbständig gefüllt
werden kann. Vor allem die Teilnehmendeninterviews heben diese persönliche
Einbindung positiv hervor. Daneben wird aber auch der Gemeinschaftsbezug
der Rituale wahrgenommen. Das individuelle Handeln ist gemeinschaftsoffen,
wodurch Gemeinschaft erlebbar wird, in welcher jede und jeder den eigenen
Platz finden kann. (Vgl. G2/I2/66-70) Unterschiede zwischen den Texten lassen
sich über die Zugänge rekonstruieren. Während das ethnographische Protokoll
die situative Adaption klassischer liturgischer Vollzüge beschreibt, betont ein
Teilnehmendeninterview die Offenheit der gewählten Rituale, welche eine
Beteiligung sogar für Angehörige anderer Religionen ermöglichen könnte.
(Vgl. G2/I2/67ff.) Beide Sichtweisen scheinen komplementär und verweisen
erneut auf die offene und an den Teilnehmerinnen und Teilnehmern orientierte Gestaltung.

5.4.   Musik

Auch auf die Musik gehen alle Texte des Gottesdienstes ein. Das ethnographische Protokoll und das Interview mit der Pfarrerin betonen den atmosphärischen Effekt durch die musikalische Untermalung in ruhigen Phasen des Gottesdienstes. Vor allem die lange andauernde Aufmerksamkeit der Kinder wird
hier positiv beschrieben. Zusammen mit dem Interview der Pfarrerin gehen die
Teilnehmendeninterviews dagegen mehr auf die gemeinschaftliche Dimension
der Musik ein und den Spaß, den das gemeinsame Musizieren und Singen den
Kindern bereitet. Die Texte betonen diesen Zusammenhang mehrfach und an
prominenten Stellen. Der Hinweis auf die therapeutische Wirkung von Musik
(vgl. G2/I2/86-90) verleiht dieser Hochschätzung zudem Ausdruck. So verstanden kommt ein Text sogar zu dem Schluss, die Musik sei „fast das Wichtigste"
(G2/I2/81).

5.5.   Inhaltlicher Impuls

Die Beobachtungen zum Impuls zeigen einen deutlichen Unterschied auf der
Wahrnehmungsebene. Das ethnographische Protokoll und das Interview mit
der Pfarrerin verweisen auf Ungereimtheiten im Ablauf und der Umsetzung
des Impulses. In den Teilnehmendeninterviews nimmt der Impuls insgesamt
einen recht überschaubaren Platz ein und wird überhaupt nur in einem Interview thematisiert. Dieser Text spricht dann auch sehr allgemein von der gewählten Erzählung als „gutes Beispiel" (G2/I2/16) und hält den Umfang des
Impulses für angemessen, gleichwohl für jüngere Kinder weniger verständlich.
In der Gegenüberstellung kann ein Ungleichgewicht wahrgenommen werden.

Das ethnographische Protokoll und das Interview der Pfarrerin beobachten aus der theologischen Expertise den Impuls eingehend und diskutieren breit Möglichkeiten zur Umsetzung und Deutung. Die Teilnehmendeninterviews dagegen thematisieren den Impuls, wenn überhaupt, wenig. Inhalte und Umsetzung werden nicht diskutiert. Dabei bleibt offen, ob diese Leerstelle aus dem Setting des Interviews resultiert oder aus der persönlichen Beschäftigung mit dem Gottesdienst. Oder anders gesagt: Die Zurückhaltung könnte entweder aus der Unterhaltung mit einer studierenden Theologin als Interviewpartnerin resultieren. Die Interviewten wollten sich dann wohl nicht auf ,fremdes Terrain' begeben. Oder aber die Auslassungen entsprechen der persönlichen Wahrnehmung des Gottesdienstes, in welcher der Impuls keine herausgehobene Stellung einnimmt.

5.6. Besonderheiten

Die Teilnehmendeninterviews präsentieren beide jeweils ein eher unerwartetes thematisches Feld. Der erste Text äußert an mehreren Stellen tiefe Dankbarkeit für den besuchten Gottesdienst, vorherige Gottesdienste und die Seelsorgearbeit im Krankenhaus. Der Text zeigt, dass die Angebote gerade im Krankenhaus und in Verbindung mit existenziellen Ängsten als große Stärkung und Bereicherung empfunden werden. Der zweite Text bietet größere Ausführungen zur eigenen Religiosität, die als Hintergrund des eigenen Erlebens und der damit verbundenen Evaluierungen des Gottesdienstes aufgezeigt wird. Ob diese Ausführungen mit den Rahmenbedingungen des Interviews zusammenhängen, kann nicht abschließend geklärt werden. Beide Themenfelder deuten aber einen gesteigertes Redebedürfnis zu den jeweiligen Inhalten an.

5.7. Inhaltliche Verdichtung

In der Zusammenschau der verschiedenen Texte zum vorliegenden Gottesdienst drängt sich ein Themenkomplex besonders auf, der aus zwei verschiedenen Perspektiven geschildert wird. Das ethnographische Protokoll und das Interview mit der Pfarrerin sprechen an vielen Stellen von der Offenheit und Spontanität, die den Gottesdienst in der Kinderklinik zu einer Veranstaltung für eine plural verfasste Zuhörerschaft mit unterschiedlichen Bedürfnissen macht. Jede und jeder soll die Möglichkeit bekommen, in Bezug auf die persönliche Verfassung und der aktuellen Erlebnisse am Gottesdienst teilzunehmen und ein Teil des gottesdienstlichen Geschehens zu werden. Die Teilnehmendeninterviews nehmen diesen Angebotscharakter des Gottesdienstes wahr und sprechen auf diesem Hintergrund von dem Kontrast zwischen Klinikalltag und Gottesdienst. Gemeinsames Musizieren und Singen, Hören und Beten, als Person wahr- und ernstgenommen werden, all diese Aspekte kommen im normalen Ablauf im Krankenhaus zu kurz. Der Gottesdienst wird so zur „Oase in der Klinik" (G2/I1/62f.) für die Kinder und deren Eltern.

Gottesdienstanalyse III – Aktuell und adressatenorientiert

Samuel Lacher in Zusammenarbeit mit Lisa Lottermann

Der vorliegende Gottesdienst wurde am 9. September gefeiert. Zum Gottesdienst, den Pfarrerin Gisela Schwager leitet und eine Pianistin musikalisch begleitet, kommen sieben Erwachsene und drei Kinder. Thematisch wird der anstehende Schulanfang aufgenommen. Der Gottesdienst wurde von einer studentischen Hilfskraft teilnehmend beobachtet. Dem ethnographischen Protokoll ist folgender Ablauf zu entnehmen:

- Vor dem Gottesdienst: Begrüßung von Kindern und Erwachsenen. Kinder dürfen sich ein Percussion-Instrument auswählen.
- Vor dem Gottesdienst: Liedprobe „Kleines Senfkorn Hoffnung"
- Entzünden der elektrischen Altarkerze, Begrüßung und Votum
- Lied: „Kleines Senfkorn Hoffnung"
- Gebetsritual mit Steinen, Glasnuggets und Kerzen; musikalische Untermalung
- Instrumentalstück
- Interaktiver Verkündigungsteil
- Instrumentalstück
- Persönliche Segnung der Kinder mit Giveaway: Armband mit Segensspruch
- Gebet mit Gebetsgemeinschaft und Vaterunser
- Lied mit Gesten: „Gott hält die ganze Welt in seiner Hand"
- Segen mit Gesten
- Austeilen von Giveaways: Kleine Schultüten mit Segensspruch und Gummibärchen

1. Der Gottesdienst als Wechselspiel – Analyse des ethnographischen Protokolls

Das ethnographische Protokoll zum vorliegenden Gottesdienst gliedert sich in insgesamt sechs thematische Felder. Den Auftakt bildet das thematische Feld *„Vor dem Gottesdienst"*. Hier beschreibt der Text zunächst, dass bereits an den Tagen vor dem Gottesdienst durch persönliche Einladungen sowie Flyer und

Plakate für den Familiengottesdienst geworben wurde. (Vgl. G3/E/33ff.) Das Spielzimmer der Kinderstation, in welchem der Gottesdienst gefeiert wird, wurde für den Gottesdienst etwas umgestaltet: „Weiße große Tücher hingen von der Decke herunter, grenzten den Raum optisch ab und versteckten die Spielsachen." (G3/E/41f.) Vorne im Raum steht ein als Altar dienender Tisch, der mit einer Sonnenblume und bunten Tüchern geschmückt ist. Vor diesem stehen in einem Halbkreis große und kleine Stühle. Nach der Öffnung des Gottesdienstraums lädt laute Klaviermusik potenzielle Besucherinnen und Besucher zum Hereinkommen ein. Diese treffen nach und nach ein, werden von der Pfarrerin persönlich begrüßt. Die Kinder dürfen sich zur musikalischen Begleitung der Lieder während des Gottesdienstes ein Percussion-Instrument aus einer Kiste aussuchen. Schon vor dem Gottesdienst wird ein erstes Lied angespielt:

> Die Pfarrerin „hat die Pianistin darum gebeten, das Tauflied eines Jungen, ‚Kleines Senfkorn Hoffnung', zu spielen. Dieses Lied zu spielen hat sich zum einen aus dem Grund angeboten, da es eine persönliche Verbindung zur Taufe des Kindes herstellte und zum andern war es das erste Lied, das im Gottesdienst gesungen wurde. Die Eltern freuten sich sehr darüber [...]." (G3/E/58-62)

Der Text beschreibt, wie die Pfarrerin versucht, mit den schon angekommenen Gästen in Kontakt zu kommen. Dies gelingt durch eine persönliche Begrüßung. Gerade für Gäste, die zum ersten Mal am Familiengottesdienst teilnehmen, geschieht hier ein erstes, kurzes Kennenlernen. Lässt es die Zeit zu, versucht die Pfarrerin zudem, näher auf die Besucherinnen und Besucher einzugehen. Das hier angespielte Lied stellt eine Verbindung zu den Eltern eines der anwesenden Kinder her. Die Eltern, so der Text, reagieren darauf positiv. Eine solche Annäherung an die Besucherinnen und Besucher schafft für den weiteren Gottesdienst eine gute Grundstimmung: Die Besucherinnen und Besucher fühlen sich persönlich eingeladen und wahrgenommen. Daran anknüpfend können dann auch neue Eindrücke während des Gottesdienstes potenziell positiv aufgenommen werden.

Das zweite thematische Feld widmet sich dem ‚Impuls'. Da der Gottesdienst am Sonntag vor dem Schulstart stattfindet, orientiert sich dieser inhaltlich vor allem an diesem, besonders für Kinder aufregenden Neustart.

> „[Die Pfarrerin] holte unter dem ‚Altar' eine große bunte Schultüte hervor, auf der [geschrieben] stand: ‚Eine Tüte voller Segen.' Wie zu erwarten war, ging es im Gottesdienst beziehungsweise der Ansprache um das Thema ‚Einschulung', genauer noch um ‚anfangen-weitermachen-durchhalten'. Sie erwähnte, dass am morgigen Tag wieder die Schule losgehe [...] und sozusagen etwas Neues anbricht. Weiter noch, dass man ja nicht wisse, was auf einen zukomme: In welche Klasse man komme, welche Lehrer man bekommen würde, wie die Klassenkameraden sein werden und so weiter." (G3/E/117-123)

Der Impuls orientiert sich in der einleitenden Erzählung vor allem am Leben der Kinder. Für sie ist der Start ins neue Schuljahr nach den großen Sommerferien ein ganz besonderer Moment. Die Schultüte symbolisiert diesen Neustart als Geschenk zur Einschulung ganz besonders und ist gleichzeitig sehr positiv aufgeladen. Die Schultüte bildet den Fixpunkt für den Impuls.

> „Wie es sich für eine Schultüte gehört, ist sie gefüllt mit verschiedenen Sachen. So war auch ‚unsere‘ randvoll befüllt. [Die Pfarrerin] fragte vorerst in die Runde, was denn normalerweise in einer Schultüte drin sei [...].“ (G3/E/135ff.)

In einem ersten Schritt versucht die Pfarrerin, die Erfahrungen der Kinder und Erwachsenen einzubeziehen. Nach der offen gestellten Frage bringen diese sich in die Entwicklung des Impulses ein. Anschließend darf sich jedes Kind und auch einige Erwachsene einen Gegenstand, verpackt in einem Umschlag, aus der Schultüte nehmen.

> „Wir öffneten alle etwa gleichzeitig unsere Umschläge. Derweil habe ich beobachtet, wie der Vater des halbjährigen Jungen gespannt und mit einem Lächeln im Gesicht seinen Briefumschlag öffnete. Auch die anderen Erwachsenen hatten sichtlich Freude am Auspacken. Gemeinsam [...] wurde [dann] darüber philosophiert, wofür die Gegenstände symbolisch stehen können und was damit im übertragenen Sinne ausgedrückt werden kann. [...] Beispielsweise war eine echte Zitrone unter den Gegenständen. Die Zitrone kann für etwas Saures, Bitteres im Leben stehen. Sie kann aber auch Vitamin C spenden und somit neue Energie verleihen, das heißt sie lässt zu, dass aus etwas Unerfreulichem etwas Erfreuliches entstehen kann. Ganz nach dem Motto: Sauer macht lustig.“ (G3/E/154-164)

Das Vorgehen verbindet individuelle und kollektive Handlungen. Die Gegenstände werden von den Kindern und Erwachsenen oft unter Spannung ausgepackt. Unter der Fragestellung „Wie passt dieser Gegenstand zu einem Neuanfang?“ erfolgt dann die inhaltliche Auseinandersetzung. Dabei findet wohl oft ein erster Reflexionsgang mit dem eigenen Gegenstand statt. In jedem Fall werden die unterschiedlichen Gegenstände aber gemeinschaftlich vorgestellt und deren mögliche Bedeutung diskutiert. Durch dieses Gespräch treffen viele unterschiedliche Perspektiven einander ergänzend zusammen. Es ergibt sich ein buntes Bild, bei dem nun weniger die Einschulung als fester Anlass im Blickpunkt steht, als vielmehr Neuanfänge in ganz unterschiedlichen Lebenssituationen. Der Text zeigt, dass in der lockeren, wertschätzenden und offenen Atmosphäre viele Kinder und Erwachsene an diesem Gespräch teilhaben.

Offen lässt der Text, in welcher Form die Pfarrerin die verschiedenen Beiträge moderiert, kommentiert oder bündelt. Beschrieben wird aber, dass die verschiedenen Beobachtungen durch die Pfarrerin auf die Botschaft „anfangen-weitermachen-durchhalten“ bezogen werden. Insgesamt entsteht ein sehr deutungsoffenes und weitläufiges Feld, dessen Beobachtungen für neue und möglicherweise ungewohnte und herausfordernde Situationen ganz unterschiedliche Perspektiven eröffnen kann.

Das dritte thematische Feld beschreibt die ‚Rituale‘ des Gottesdienstes. Hierzu zählt zunächst das Entzünden der elektrischen Altarkerze, das mit der Begrüßung und dem Sprechen des Votums verknüpft ist. Schon hier bemüht sich die Pfarrerin, die Kinder interaktiv einzubinden:

> Die Pfarrerin „hielt [einem Mädchen] die Kerze so hin, dass sie mit Hilfe ihrer Mama die
> Kerze ‚entzünden' konnte. Daraufhin sagte [die Pfarrerin] mit der Kerze in den Händen,
> dass Gott uns in diesem Licht ganz nahe sei. Sie stellte die Kerze ab und hielt kurz inne.
> Es folgte eine kurze Begrüßung, in der sie alle recht herzlich willkommen hieß. [An-
> schließend] sprach sie das Votum, das vermutlich so lautete: ‚Wir wollen nun heute und
> hier gemeinsam Gottesdienst feiern und tun dies im Namen des Vaters und des Sohnes
> und des Heiligen Geistes. Amen.' Dann bekreuzigte sie sich." (G3/E/79f.)

Die Pfarrerin wählt auch beim Vollzug der rituellen Teile eine leicht zu verstehende Sprache. Dadurch treten traditionell gewachsene formelhafte Formulierungen eher in den Hintergrund, können aber doch wiedererkannt werden. Das
Bekreuzigen nach dem Votum ist Ausdruck der ökumenischen Offenheit, in
welcher der Gottesdienst gefeiert wird. Katholisch geprägte Besucherinnen
und Besucher werden hier einsteigen und durch diese gewohnte Handlung ein
Stück weit Vertrautheit finden.

Das zweite Ritual des Familiengottesdienstes ist ein interaktives Gebet, das
die Pfarrerin erst vorstellt und das anschließend jede und jeder einzeln vollziehen kann. Der Text führt dazu aus:

> „Es gab kleine LED-Kerzen, echte Steine in verschiedenen Farben, Größen und Formen
> und kleine bunte Muggelsteine. [Die Pfarrerin] meinte, jede Person dürfe sich nun von
> den drei Gegenständen nehmen. Sie stehen für all das, was wir vor Gott bringen wollen –
> im leisen oder lauten Gebet. Mit dem je selbstständigen Einschalten der kleinen Kerze
> konnte man symbolisch ausdrücken, an wen man gerade besonders dachte beziehungs-
> weise wen man aus gegebenem Anlass in seine Gedanken einschloss. Mit den Steinen
> konnte man all seinen Sorgen Ausdruck verleihen. All das, was einen belaste oder ängs-
> tige, könne man damit ablegen. [Die Pfarrerin] erklärte noch, dass man die kleineren
> Steine für die kleinen Sorgen nehmen könne und die größeren für die großen Sorgen.
> Die Muggelsteine standen für das, was für einen selbst schön war, was einem Freude be-
> reitete und wofür man dankbar sei. Nachdem sich jeder von den Gegenständen genom-
> men hatte, liefen [die Pfarrerin] und [die studentische Hilfskraft] zu den einzelnen Besu-
> chern hin, damit man sie auf einer Schale ablegen konnte." (G3/E/88-99)

Der Text erläutert, dass die Besucherinnen und Besucher für gewöhnlich im
Stillen beten. Lediglich eine Mutter formuliert ihr Gebet laut, nachdem sie
vorher gemeinsam mit ihrer Tochter die Gegenstände in der Schale abgelegt
hatten:

> „Die beiden beteten für die Schwester des Mädchens, die [auf der] Intensivstation liegt.
> Diesen Moment, als die Mutter vor ihrer Tochter und vor uns allen laut zum Ausdruck
> brachte, was sie momentan denkt, fühlt, was sie sich wünscht und worauf sie hofft, fand
> ich emotional ergreifend. Eben weil sie so ehrlich äußern konnte, was in ihr vorgeht und
> was sie Gott anvertraut." (G3/E/101-105)

Das Ritual ermöglicht ein individuelles und gleichzeitig vielfältiges Einbringen
der eigenen Person und persönlicher Erlebnisse in den Gottesdienst. Dabei
kann jede und jeder selbst entscheiden, wie viel sie oder er den anderen Besucherinnen und Besuchern mitteilt. Durch die Tatsache, dass neben der Pfarrerin auch die studentische Hilfskraft mit einer Schale die verschiedenen Gegenstände entgegennimmt, stehen die einzelnen Betenden nicht allein im Mittel-

punkt und damit unter größerer Beobachtung. Die musikalische Begleitung im Hintergrund schafft zudem eine „andächtige" (G3/E/112) Atmosphäre.

Das dritte Ritual, eine persönliche Segnung, befindet sich im zweiten Teil des Gottesdienstes nach dem Impuls. Der Text beschreibt es so:

> „Sodann verteilte [die Pfarrerin] grüne Armbändchen aus Stoff an jeden. Sie trugen die weiße Aufschrift: ‚Gott segne dich und behüte dich'. Es waren berührende Momente und Momente der Stille, als sie zu jedem Einzelnen hinging, ihm das Armband um das Handgelenk machte und Worte wie „Gott möge dich, xy, segnen und behüten bei all deinem Tun" sprach. Aufgefallen ist mir dabei [...], dass sie ihre Wortwahl ganz individuell formulierte, eben je nach Situation der Besucher und dessen, was für sie momentan ansteht. Dabei nannte sie auch explizit die Namen. Sie verteilte auch Bänder für die jeweiligen Geschwisterkinder, die nicht beim Gottesdienst dabei sein konnten, und sprach auch deren Namen aus." (G3/E/191-199)

Die hier vom Text beschriebenen persönlichen Segnungen schließen inhaltlich dicht an den vorher beschriebenen Impuls an. Die Kinder sollen auf ihrem Weg und mit Blick auf alle Herausforderungen und Veränderungen persönlich gesegnet werden. Dazu versucht die Pfarrerin, möglichst individuell auf jede und jeden einzelnen einzugehen. Hierzu gehört neben der Namensnennung auch die Kenntnis der persönlichen Situation. Zudem betont der Text, dass auch nicht anwesende Geschwisterkinder in die Segnungen miteingeschlossen werden. Die Pfarrerin versucht damit, möglichst direkt an die Lebenswelt der angesprochenen Kinder anzuschließen, diese aufzunehmen und in diese hinein die persönlichen Segenswünsche zu sprechen. Das mitgegebene Armband kann später an diesen Moment erinnern und die gegebene Zusage vergegenwärtigen.

Eine zweite Gebetsphase bildet das vierte Ritual des Gottesdienstes. Die Pfarrerin betet hier zunächst, „indem sie besonders auf die allgemeine Situation im Krankenhaus einging" (G3/E/200). Anschließend bekommen die Besucherinnen und Besucher die Möglichkeit, im Modus der Gebetsgemeinschaft eigene Fürbitten laut zu formulieren:

> „Das taten zwei Besucher. Zum einen ein Junge und zum andern die Mutter eines kleinen Mädchens. Diese beiden Gebete zu hören, war für mich der vermutlich emotionalste Moment im Gottesdienst. Der Junge sprach in einer verständlichen Sprache und mit klarer Stimme, dass er Gott darum bitte, ganz besonders bei den Menschen zu sein, deren Leben nun bald zu Ende gehen wird. Dass er alle Menschen, die im Sterben liegen, begleiten und bei den Familien sein möge. Und dass es den Menschen, die sterben, gut gehen solle, dort wo sie dann hinkommen. [... Die Mutter des Mädchens dankte Gott dafür,] dass die große Operation ihrer Tochter, die ja auf Intensiv liegt, gut verlief und sie [bat] darum [..], dass sie weiterhin auf einem guten Weg sein möge und die Intensivstation vielleicht irgendwann verlassen könne." (G3/E/201-215)

Der Text bildet zunächst einmal exemplarisch die Realität der Besucherinnen und Besucher ab, in welcher diese den Familiengottesdienst feiern. Es ist davon auszugehen, dass alle Anwesenden aufgrund eines akuten gesundheitlichen Notfalls die Klinik und damit auch den Klinikgottesdienst besuchen. Dass eine solche Situation emotional herausfordert und zumeist auch stark belastet, so der Text, trifft sowohl auf diejenigen zu, die direkt von einer Krankheit betroffen sind, als auch auf indirekt Betroffene. Die Verbalisierung unter Umständen stark changierender Emotionen seitens der Gottesdienstbesucherinnen und -besucher zeigt eine seelsorgerliche Dimension des Gottesdienstes an. Die Besucherinnen und Besucher bekommen Raum, die eigenen Erfahrungen und Emotionen auszusprechen, damit einzuordnen und für andere zugänglich zu machen. Gleichzeitig können sich möglicherweise andere aus ihrer Situation heraus mit den Formulierungen identifizieren und finden so Anschluss an eine Gemeinschaft, die gemeinsam Hoffnung, Angst, Klage, Dank und vieles mehr formulieren kann. Eine solche Funktion nimmt auch das im Anschluss gesprochene Vaterunser ein, bei dem alle Anwesenden mitbeten. (Vgl. G3/E/217)

Der Segen bildet das letzte Ritual des Gottesdienstes. Der Text berichtet:

> „Alle fassten sich an den Händen, blieben jedoch sitzen. [Die Pfarrerin] instruierte kurz die Gesten, die sie dafür vorgesehen hatte und [die] zum Inhalt passten: Die Hände wurden nach oben gehalten, um einen Kreis zu zeichnen, dann wurden die Hände zu einem Dach beziehungsweise Dreieck geformt, mit den Händen die Schultern abgestreift und die Daumen nach oben gerichtet." (G3/E/230-234)

Auch der Segen nimmt die gemeinschaftliche Dimension nochmals auf. Durch das Halten der Hände wird dieser Dimension besonderer Ausdruck verliehen. Durch die Bewegungen kann, neben dem Zuspruch des Segens durch die Pfarrerin und der Verstärkung dieses Zuspruchs durch die fühlbare Nähe zu den umgebenden Personen, auch eine Art von Selbstwirksamkeit wahrgenommen werden.

Die Rituale sind insgesamt interaktiv und gemeinschaftsbezogen angelegt, nehmen aber gleichzeitig den Einzelnen oder die Einzelne in seiner oder ihrer persönlichen Situation wahr und geben Gelegenheit, diese in den Gottesdienst einzubringen. Die darin enthaltenen seelsorgerlichen Potenziale können niederschwellig angenommen werden.

Das vierte thematische Feld ‚Musik' ist kurzgehalten. Die gemeinsam gesungenen Lieder, die vom Text nur selten näher beleuchtet werden, können von den Kindern musikalisch begleitet werden. Hierfür darf sich jedes Kind vor dem Gottesdienst ein Percussion-Instrument auswählen. Dadurch können auch Kinder am gemeinsamen Musizieren und Singen teilhaben, die noch keine Liedtexte von den ausgeteilten Handzetteln ablesen können. Zwei Gemeindelieder, das erste und das letzte, hebt der Text hervor. Als erstes Lied wird im Gottesdienst „Kleines Senfkorn Hoffnung" gesungen: „Dieses Lied zu spielen [und zu singen] hat sich [...] aus dem Grund angeboten, da es eine persönliche Verbindung zur Taufe [eines] Kindes herstellte" (G3/E/59f.). Der Text klärt nicht, ob die Pfarrerin das Lied bewusst für die Familie oder unabhängig von ihr ausgesucht hatte. Deutlich beschrieben wird aber, dass die Pfarrerin um die Verbindung weiß und hierauf zumindest auch im persönlichen Umgang mit den Eltern eingeht.

Zudem hebt der Text das letzte Gemeindelied „Gott hält die ganze Welt in seiner Hand" hervor, da dieses Lied sowohl mit Gesten unterstützt, als auch mit den Namen der Kinder im Text erweitert wird.

> „Gestikuliert wurde zu ‚Gott', ‚Welt', ‚Hand'. Man konnte sich wünschen, wen man in dem Lied mit Namen erwähnen möchte. Es hieß dann: ‚Gott hält xy und xy in seiner Hand...' und alle zeigten dann auf die genannte Person beziehungsweise in die Richtung der genannten Person. [Ein Junge] wünschte sich, dass wir die Ärzte und Pfleger erwähnen. Gemeinsam wurde dann noch beschlossen, dass wir auch für die ‚Intensivler' singen, denn einzelne Namen zu nennen wäre schwierig geworden und womöglich hätte man dann welche vergessen." (G3/E/221-226)

Das Lied erzeugt zunächst eine Gruppendynamik durch die verschiedenen Bewegungen und die Namen der Anwesenden, die alle im Lied genannt werden. Auch hier bekommt jede und jeder Einzelne seinen Platz und wird gleichzeitig in seinem Verhältnis zur Gruppe sichtbar. Darüber hinaus bleibt die Gruppe aber auch für andere geöffnet. Auf Wunsch der Anwesenden werden verschiedene Einzelpersonen und Gruppen miteinbezogen, die beim Gottesdienst nicht anwesend sind oder anwesend sein können. Dadurch haben die Besucherinnen und Besucher erneut die Möglichkeit, die eigene Situation im Gottesdienst zur Sprache kommen zu lassen.

Neben den gemeinsamen Liedern hat die Musik auch eine atmosphärische Funktion. So weist der Text darauf hin, dass die Pianistin schon vor dem Gottesdienst laut spielte, um akustisch für den bald beginnenden Gottesdienst einzuladen. (Vgl. G3/E/52f.) Während des Gottesdienstes füllen leisere akustische Untermalungen ruhigere Passagen aus, wie etwa im Zuge des oben geschilderten interaktiven Gebetsrituals. (Vgl. G3/E/111ff.)

Das sehr kurze, fünfte thematische Feld ‚*Giveaways*' steht kurz vor dem Abschluss des Gottesdienstes. In Bezug auf das Austeilen der Giveaways hält der Text fest:

> „Ganz am Ende des Gottesdienstes verteilte [die Pfarrerin] selbstgebastelte Giveaways. Es waren ganz kleine Schultüten (mit Gummibärchen wie sich später herausstellte) mit folgendem Segensspruch, der auf einem kleinen Zettel stand und an der Schultüte außen hing: ‚Gottes Segen sei mit dir! Gott segne und beschütze dich auf allen deinen Wegen. Er schenke dir Mut, Kraft und gute Freunde. Amen.' Und auf der Rückseite stand: ‚Ein gutes neues Kindergarten- und Schuljahr 2018/2019. Kinderklinik Tübingen. September 2018 (und die Kontaktdaten [der Pfarrerin])." (G3/E/235-241)

Die kleinen Schultüten nehmen den inhaltlichen Impuls wieder auf. Die Kinder werden beim Naschen der Gummibärchen vielleicht an den Gottesdienst und die ein oder anderen Worte, Liedzeilen oder Segenswünsche denken. Der beigelegte Segenswunsch spricht solche Worte auch noch einmal explizit aus. Die Inhalte des Gottesdienstes werden so für die vielen Bezugspunkte außerhalb des gottesdienstlichen Rahmens geöffnet.

Das letzte thematische Feld beschreibt die ‚*Interaktionen zwischen Pfarrerin und Kindern*'. Der Text zeugt an ganz verschiedenen Stellen davon, dass die Pfarrerin gezielt in Kontakt mit den einzelnen Besucherinnen und Besuchern kommen möchte, wobei die Kinder besonders im Fokus stehen. Die Namen der Kinder spielen dabei eine wichtige Rolle:

> „Im Allgemeinen habe ich beobachtet, dass [die Pfarrerin] beim Eintreffen der Gottesdienstbesucher alle persönlich und herzlich begrüßte. Wenn Sie die Namen der Kinder nicht wusste beziehungsweise nicht präsent hatte, dann fragte sie nach und sprach sie im weiteren Verlauf des Gottesdienstes immer mit Namen an." (G3/E/245-248)

Die verschiedenen Elemente des Gottesdienstes sind stets so angelegt, dass die Besucherinnen und Besucher selbst in irgendeiner Form aktiv werden können. Sei es durch ein exemplarisches Einbinden eines Kindes beim ‚Entzünden' der elektrischen Altarkerze, beim Singen und Musizieren mithilfe der Percussion-Instrumente oder beim Ergreifen und Deuten verschiedener Gegenstände im inhaltlichen Impuls. Die persönliche Wertschätzung zeigt sich gesteigert in all jenen Elementen, bei der die einzelne Person angesprochen wird. Dies kann im Modus des Zuspruchs geschehen, wie etwa beim persönlichen Segen, oder als Möglichkeit, die eigenen Erfahrungen in das gottesdienstliche Geschehen einzubringen, wie etwa beim interaktiven Gebetsritual mit Steinen, Kerzen und Glasnuggets. Zuletzt drücken auch die kleinen Giveaways die persönliche Wertschätzung aus und machen diese auch über den direkten Zeitraum des Gottesdienstes hinaus erfahrbar.

Zusammenfassend bildet das ethnographische Protokoll den Ablauf des Gottesdienstes chronologisch anhand der wichtigsten Elemente ab. Ein besonderes Augenmerk legt der Text dabei auf die im Wechselspiel zwischen Pfarrerin und Teilnehmenden entwickelten gottesdienstlichen Vollzüge. Musik, Gebete, inhaltliche Verkündigung und Segen, dies alles und noch einiges mehr entwickelt sich als dialogisches Geschehen, als gemeinsames Spiel, bei dem zwar die Bewegungsrichtung vorgedacht, aber die Wegmarken und Zielpunkte gemeinsam gesucht und gefunden werden. Die Situation im Klinikalltag wird dadurch gebrochen: Statt passivem Warten und Reagieren können die Besucherinnen und Besucher selbst aktiv handeln, ihre Erfahrungen und Erlebnisse in den Gottesdienst einbringen, diese reflektieren und verarbeiten sowie neue Impulse für anstehende Herausforderungen erhalten. Dass die Besucherinnen und Besucher als individuelle Personen wahrgenommen werden und den Gottesdienst handelnd mitgestalten, eröffnet dann auch den Zugang zur Gestaltung der einzelnen Gottesdienstelemente.

2.   Gottesdienst mit einer kleinen, recht homogenen Gruppe – Das Interview mit der Pfarrerin

Das vorliegende Interview mit der Pfarrerin wurde am Mittag nach dem Gottesdienst in deren Büro geführt und dauerte knapp 30 Minuten. Insgesamt lässt sich der Text in sechs thematische Felder einteilen.

Der Text beschreibt im ersten thematischen Feld zunächst die ‚*Gottesdienstliche Situation*‘, wobei die anwesenden Besucherinnen und Besucher im Mittelpunkt der Reflexionen stehen:

> „Also durchs Einladen wusste ich schon auch, dass sicherlich eher weniger kommen, weil die Klinik gerade wenige Patienten hat. Was ja auch schön ist. Es ist immer so wellenmäßig, nicht beeinflussbar." (G3/P/9ff.)

Im Gegensatz zu einem regulären Gemeindegottesdienst ist der Familiengottesdienst im Kontext des Kinderklinikums von der Situation in der Klinik abhängig. Eine geringe Anzahl an Patientinnen und Patienten führt in der Folge auch zu einer geringeren Besucherschaft beim Gottesdienst. Dies kann von der Pfarrerin nur in kurzem Abstand zum Gottesdienstbeginn eingeschätzt werden. Entsprechend bleibt auch die Altersstruktur der Kinder bis zuletzt unbekannt:

> „Was ja eine offene Sache ist: Wie viele Nichtbabys hast du bei dem Gottesdienst mit dem Thema Schulanfang oder wie viele Kinder, die eine Ahnung vom Kindergarten haben. Und [ich] habe dann aber [darauf] vertraut- [...]. Viele Eltern können sich an ihre Schulzeit erinnern." (G3/P/12-15)

Der Schulanfang als Thema ist vor allem für (angehende) Schülerinnen und Schüler interessant. Jüngeren Kindern könnte hier eine Verbindung zum Thema schwerer fallen. Dass in der Gottesdienstgemeinde dann in der Tat nur ein Schüler zu finden ist, macht aus der potenziellen Herausforderung eine reale, welche die Pfarrerin auf die oben genannte Weise angeht, indem sie auch die Erwachsenen gezielt anspricht.

Anschließend geht der Text auf zwei Umstände positiv ein. Zum einen setzt sich die Gottesdienstgemeinde sowohl aus bekannten als auch aus unbekannten Familien zusammen:

> „Dadurch, dass ich eine Familie sehr gut [ge]kannt habe, [habe] ich mich dann auch gleich sehr wohl gefühlt. Und bei den anderen zwei [Familien, S. L.] war dann auch schön, siekennenzulernen." (G3/P/16ff.)

Der Mix von Bekannten und Unbekannten schafft Sicherheit und gibt gleichzeitig die Möglichkeit und den Raum, neue Beziehungen zu knüpfen. Zum anderen eint alle Besucherinnen und Besucher, dass diese „sehr kirchlich interessiert, ähm kirchlich beheimatet" (G3/P/20) sind. Der Text beschreibt, dass dadurch die Gestaltung des Gottesdienstes vereinfacht wird. So seien die Besucherinnen und Besucher grundsätzlich mit unterschiedlichen Abläufen vertraut und können sich auf den Gottesdienst schnell einlassen. Das thematische Feld beschreibt insgesamt eine kleine, aber eher homogene Besucherschaft.

Das zweite thematische Feld ‚Gottesdienstatmosphäre' schließt eng an die vorherigen Ausführungen an. Um eine positive Stimmung im Gottesdienst zu erzeugen, hebt der Text die Bedeutung des Eingangsteils des Gottesdienstes hervor: „Das ist für mich also auch wichtig, [um] schon ein bisschen diesen Übergang zu schaffen zum Gottesdienst-, und auch noch dieses ‚Wir-kommen-miteinander-an'" (G3/P/132ff.). Der beschriebene gemeinsame Start zielt auf eine in Gemeinschaft geteilte Stimmung. Im vorliegenden Fall gelingt dies über das gemeinsame Musizieren aus Sicht des Textes gut. Im Anschluss geht der Text näher auf die erlebte Atmosphäre ein und betont dabei den Stellenwert, sich auch gegenüber spontanen und kurzzeitigen Besuchern während des laufenden Gottesdienstes positiv und offen zu zeigen.

> „Was mir wichtig ist, auch beim Einladen sage ich das immer: man kann auch wieder gehen. Also diese Offenheit, die ist mir ganz wichtig. Und auch die Freiheit. [...] Ich denke mir dann: Die kriegen das mit. Auch wenn man vorbeiläuft, glaube ich, kriegst du etwas mit, genau, was da drin passiert (ja)." (G3/P/87-91)

Beim vorliegenden Gottesdienst wurde diese Offenheit von einer Familie kurzzeitig in Anspruch genommen. Der Text äußert sich positiv gegenüber dem kurzen Reingucken der Familie. Auch „eine gewisse Unruhe" (G3/P/290), wie sie in Familiengottesdiensten immer wieder auftritt, sieht der Text nicht als Problem. Der Gottesdienst richtet sich vor allem an den Kindern aus. Da diese aus unterschiedlichsten Gründen unruhig sein können, ist eine gesteigerte Toleranz in diesem Punkt eine Selbstverständlichkeit für den Text. Den Gegenpol zu möglicher Unruhe bietet die Präsenz der Pfarrerin und die in Gemeinschaft entwickelten verschiedenen gottesdienstlichen Elemente. Der Text evaluiert zur Atmosphäre global:

> „Ja, für mich hat es rundum gestimmt, genau. Ich hätte mir sicher ein paar mehr [Besucherinnen und Besucher gewünscht, S. L.], oder wie auch immer, aber das ist so die Freiheit von [je]dem, ja (2)." (G3/P/197f.)

Diesen positiven Eindruck vom Gottesdienst kann der Text auch aus der Sicht der Besucherinnen und Besucher zumindest teilweise bestätigen. Angesprochen auf geäußerte Dankbarkeit reflektiert der Text:

> „Ich erlebe es bei vielen, muss man sagen und ich glaub das ist einfach so, dass man eine schöne Stunde zusammen gehabt hat. Und manchmal sage ich dann ja auch: ‚Und mir war es auch ein Vergnügen dann', (ok), auch ich werde dann ja beschenkt." (G3/P/226ff.)

Die erlebte Dankbarkeit schildert der Text als beidseitig, da auch der Gottesdienst erst durch das Mitwirken aller Teilnehmenden entsteht. An anderer Stelle kann der Text diesen auf Gegenseitigkeit zielenden Gedankengang sogar über den gottesdienstlichen Kontext ausweiten. So schildert der Text, dass Beziehungen in der Klinik sowohl innerhalb als auch außerhalb familiärer Strukturen als besonderes Miteinander erlebt werden:

„[D]ieses Generationenübergeifende und auch wirklich mit den Kindern-, dass man da auch aufpasst [auf]einander und das auch weiß und ahnt und manchmal auch so ein Mitgefühl da ist: ‚Was bedeutet es für die Kleine?‘" (G3/P/103ff.)

Eine solche Stimmung ist für den Text in abgewandelter Form auch im Gottesdienst erlebbar. Es ist ein Miteinander der verschiedenen Generationen, bei dem sich jeder einbringen kann und soll, damit aus dem Verbindenden der Gottesdienst entsteht.

Dazu, dass dies gelingen kann, trägt auch die ‚Rolle der Pfarrerin‘ bei, auf die der Text im dritten thematischen Feld näher eingeht. Die Hauptaufgabe der Pfarrerin sieht der Text in einer achtsamen Präsenz, die auf die Impulse der Besucherinnen und Besucher eingeht:

Es gilt „die Ruhe zu haben, eins nach dem andern zu [tun] und mache Formulierungen bewusst in eine Reihenfolge zu bringen. Also ich habe nicht immer des Gleiche gesagt (ja, ja) […], ich hab dann auch für mich kleine Variationen gemacht, die für mich stimmig waren, und dazu muss ich dann eine innere Ruhe haben." (G3/P/296-301)

Die Situationen sollen möglichst umfangreich wahrgenommen und die eigenen Handlungen an diesen angemessen ausgerichtet werden. Gelingt dies, kann es zu Resonanzen zwischen den Handlungen der Pfarrerin und dem Verhalten der Besucherinnen und Besucher kommen, genauso wie umgekehrt auch. Erschwert wird dies durch die ganz unterschiedlichen Rollen, welche die Pfarrerin während eines solchen Gottesdienstes ausfüllen muss:

„[I]ch bin ja ein Stück weit im Familiengottesdienst gleichzeitig Liturgin, Predigerin und Mesnerin. Und dann bin ich von der Situation her unausgesprochen auch noch Seelsorgerin." (G3/P/276ff.)

An jede Rolle werden eigene Ansprüche und Erwartungen gestellt, was in verschiedenen Situationen zu Konflikten zwischen den verschiedenen Rollen führen kann. Zudem kann es die Pfarrerin schlicht überfordern, mit so vielen Aufgaben und Rollenerwartungen gleichzeitig umzugehen. Hier gilt es für die Pfarrerin dann zu hierarchisieren. Weit besser funktioniert dies, so schildert es der Text, wenn die Pfarrerin einige Rollen oder Aufgaben gar nicht wahrnehmen muss:

„Und von daher ist es immer entlastend, wenn nochmal wer dabei ist, um auch zu wissen, wenn jemand kommt, da wird [Name einer studentischen Hilfskraft] dann gucken oder mithelfen." (G3/P/278ff.)

Je mehr sich die Pfarrerin auf das eigentliche Gottesdienstgeschehen, also das Resonanzspiel mit und unter den Besucherinnen und Besucher einlassen kann, desto besser kann es ihr gelingen, Erfahrungen aufzunehmen und den Gottesdienst persönlich zu gestalten. Dabei stellen neben den verschiedenen Rollen die spezifischen Besucherinnen und Besucher eine zweite Größe dar, zu der die Pfarrerin sich verhält. Gemeinsame Vorerfahrungen, Kenntnis der Situation und Vorgeschichte und vieles mehr helfen, einen stimmigen Kontakt während des Gottesdienstes zu den anwesenden Personen herzustellen. Die Besucherinnen und Besucher ihrerseits können sich besser auf den Gottesdienst einlassen, wenn sie die Pfarrerin und deren Verhaltensweisen kennen und einschätzen können.

Im vorliegenden Gottesdienst beschreibt der Text die Rolle der Pfarrerin als günstig. Durch eine studentische Hilfskraft können die Nebenschauplätze während des Gottesdienstes reduziert werden und die Pfarrerin kann sich gut auf das gemeinschaftliche Geschehen einlassen. Zudem ist die Zahl der Besucherinnen und Besucher begrenzt, einige sind schon bekannt und alle teilen eine positive Grundeinstellung zu Gottesdiensten und Kirche im Allgemeinen.

Im Folgenden geht der Text auf einzelne Elemente des Gottesdienstes ein. Dabei steht das vierte thematische Feld ‚inhaltlicher Impuls‘ am Anfang. Dieser ist an der Einschulung als Thema des Gottesdienstes ausgerichtet. Wie schon im thematischen Feld ‚Gottesdienstliche Situation‘ geschildert, äußert der Text Bedenken, ob das gewählte Thema für die anwesenden Hörerinnen und Hörer überhaupt zugänglich ist. Schließlich lebt der Impuls von den Erfahrungen, die bei der Einschulung gemacht werden können. Zwei der drei anwesenden Kinder sind aber noch nicht einmal im Kindergarten. Dennoch zeigt sich der Text optimistisch, dass auch die anderen mit dem Thema etwas anfangen konnten. Die Einschulung und auch der Schulanfang „ist so einschneidend, der Rhythmus der Schule, die großen Ferien und dann fängt die Schule wieder an. Daran kommt man nicht vorbei" (G3/P/107ff.). Wie hier schon angedeutet wird der Bezugsrahmen des inhaltlichen Impulses von der Einschulung auf den Schulanfang geweitet. Das liegt auch daran, dass ein etwa zwölfjähriger Junge bemerkt hat, dass er,

> „auch wenn er nicht Schulanfänger ist, auch gesagt hat, jedes Schuljahr ist nochmal bedeutend: ‚Wie sind die Schulkameraden, ist die Lehrerin cool oder nicht cool‘. Solche Dinge dann auch noch. Daran merkt man, finde ich, wie intensiv Kinder das erleben. Schulkinder erleben auch, dass sie abhängig sind von den Bedingungen, von der Umgebung." (G3/P/110-114)

Eine zweifache inhaltliche Verschiebung wird hier ablesbar. Das an der Schultüte orientierte Thema der Einschulung wird zunächst auf den Schulanfang ausgeweitet. Die betonte Abhängigkeit von anderen trifft aber generell auf Neuanfänge zu, sodass in der Folge ein weit größerer Erfahrungsschatz bei den Besucherinnen und Besuchern abgerufen werden kann. Da der inhaltliche Impuls auf diesen Erfahrungsschatz und die daraus gewonnen Assoziationen aufbaut, ist eine hohe Anschlussfähigkeit entscheidend. Dies gelingt aus der Perspektive des Textes sehr gut. „Die haben sich [gegenseitig] sehr ergänzt [...] und dann haben sie sich ja gegenseitig [verbal] die Bälle zugeschmissen, gell" (G3/P/215-219). So entsteht eine gemeinschaftlich entwickelte Idee davon, was bei einem Neustart innerhalb und außerhalb der Schule als Begleitung wichtig sein kann. Und obwohl die Assoziationen durch die Auswahl der Gegenstände durch die Pfarrerin vorbereitet sind, ergeben sich die meisten Perspektiven aus den Beobachtungen der Besucherinnen und Besucher.

Das fünfte thematische Feld betrachtet die ,Rituale' genauer. Der Text beschreibt zunächst die verschiedenen Gebete:

> „Und schön finde ich dann auch die Formen des Betens. Dieses Mal ist nichts gesagt worden, vor vierzehn Tagen haben alle was gesagt– wie auch immer, ähm, und trotzdem hat man den Eindruck gehabt, sie sind sehr dicht dabei (ja). Und dann wahrzunehmen, dass zum Beispiel [Name des Kindes] schon zwei Steine genommen hat (stimmt)-, da habe ich den Eindruck, die nehmen sich es bewusst und manche sind dann ganz intensiv mit den Farben dabei, oder mit den Steinen, also das ist etwas, das ich dann schön finde dann." (G3/P/52-57)

In Bezug auf das interaktive Gebet berichtet der Text zunächst, dass die Besucherinnen und Besucher im Stillen gebetet haben, was durchaus als Form der Zurückhaltung gedeutet wird. Dennoch attestiert der Text, dass sich alle auf das Ritual eingelassen haben. Eine Ausnahme bildet aus der Sicht des Textes ein Junge, der in der Gebetsgemeinschaft laut für alle betet, die im Sterben liegen. Der Text geht mit diesem Gebet ambivalent um.

> „[V]on der Tendenz merke [ich], das muss ich jetzt aushalten. Und ich komme ja gerade von der Rufbereitschaft und vom Sterben, sowohl von Kindern als auch Erwachsenen. Und da denke ich: ,Oh, das will ich jetzt gar nicht wissen und ich will mir jetzt gar nicht vorstellen, wer jetzt noch alles stirbt.' Wie auch immer, ich will jetzt gerade kein Sterben dann – aber es ist jetzt Seins dann. Und auch zu wissen, wenn er das sagt, in dem Alter, dann glaube ich, ist es nicht nur angetriggert, weil es Kirche ist, sondern schon auch von seinen Erfahrungen." (G3/P/66-71)

Auf der einen Seite zeigt der Text, dass sich in der Pfarrerin etwas sperrt. Aus der Rufbereitschaft heraus zeigen sich emotional schwierige Erlebnisse, die jetzt im Gottesdienst nicht vergegenwärtigt werden sollen. Gleichzeitig scheint das Thema dem Jungen am Herzen zu liegen, was der Text anerkennt. Die Passage zeigt in jedem Fall, wie existenziell die Situation im Krankenhaus für die einzelnen Beteiligten sein kann und wie wichtig Einfühlungsvermögen und Rücksichtnahme der handelnden Personen sind.

Zuletzt berichtet der Text noch davon, dass sich die Entscheidung zur persönlichen Segnung der Kinder erst während des inhaltlichen Impulses herausbildete:

> Man merkt, „wie intensiv Kinder das erleben, die Schulkinder das erleben, auch dass sie abhängig sind von den Bedingungen, von der Umgebung, genau. (4) Und deshalb war für mich bei dieser Geschichte – das habe ich ja vorbereitet – dann auch klar, dass ich am Ende von meiner Schultüte dann auch die Segnung mache. Und es ist dann schön geworden." (G3/P/113-116)

Der Entschluss, nach dem inhaltlichen Impuls mit der Schultüte die persönliche Segnung einzufügen, resultiert aus den Beiträgen der Kinder und Erwachsenen. Die Pfarrerin merkt, dass der Zuspruch einer Begleitung die Kinder und deren Bezugspersonen stärken kann.

Das letzte thematische Feld geht auf die ,Musik' während des Gottesdienstes ein. Der Text spricht hierüber durchgehend positiv, beispielsweise in einer Gesamtbetrachtung:

„[M]usikalisch war ja auch voll die Action da, also (lacht). Die Kids haben auch richtig mitgemacht [ja], auch die Eltern [...]. Also das fand ich auch schön, das hat man nicht immer." (G3/P/165-171)

Gründe für die musikalische Begeisterung sieht der Text einerseits in der positiven kirchlichen Bindung aller Besucherinnen und Besucher. Die Lieder sind bekannt und es gibt keine Scheu mitzusingen und zu musizieren. (Vgl. G3/P/20f.) Außerdem gelingt es durch die Liedauswahl, einen positiven Kontakt zu den bereits bekannten Besuchenden herzustellen. Schließlich hat die Musik auch eine atmosphärische Funktion, indem die ruhigeren Teile des Gottesdienstes musikalisch unterlegt werden.

Das Interview mit der Pfarrerin ist insgesamt vor allem an den Beziehungsdimensionen im erlebten Gottesdienst orientiert. Die kleine, aber homogene Gruppe ermöglicht einen stimmungsvollen und inhaltlich tiefen Gottesdienst, der aus dem Wechselspiel zwischen der Pfarrerin einerseits und Besucherinnen und Besuchern andererseits lebt. Zudem kann sich die Pfarrerin selbst stark auf die Gruppe und die inhaltliche Entwicklung des Gottesdienstes konzentrieren. Da sie von einer studentischen Hilfskraft unterstützt wird, kann sie einige Aufgaben und Rollenansprüche delegieren und sich auf die verbleibenden Aufgaben deutlich besser einlassen. So kann auch das Thema Einschulung für eine Gruppe geöffnet werden, die kaum Erfahrungen mit dem schulischen Alltag hat.

3. Vielfältig und aktuell – Teilnehmendeninterview I

Das erste Teilnehmendeninterview wurde im Anschluss an den Gottesdienst mit einem Patienten, der ungefähr zwölf Jahre alt ist, und der Mutter geführt. Beide beteiligen sich am Interview zu etwa gleichen Teilen und ergänzen sich in ihren Betrachtungen recht harmonisch. Das Interview setzt sich aus vier thematischen Feldern zusammen, wobei das erste thematische Feld den ‚Erfahrungshintergrund' des interviewten Patienten beleuchtet. Der Text berichtet, dass schon viele Klinikgottesdienste besucht wurden: „[W]ir sind seit 12 Jahren hier, seit Lukas auf der Welt ist, ähm. Von daher haben wir sehr, sehr viele Gottesdienste mitgemacht" (G3/I1/95f.). Seit der Geburt war eine intensive medizinische Betreuung nötig, weshalb die Erfahrungen mit Klinikgottesdienstes sehr vielfältig sind. Wie ein Gottesdienst Gestalt annimmt, hängt laut Text „immer vom Seelsorger ab" (G3/I1/97). Dennoch trifft der Text keine normativen Unterscheidungen zwischen verschiedenen Gottesdienstformen. Vielmehr überrascht bei den Schilderungen, dass der Text sehr nüchtern und objektiv formuliert. Weder das eigene Schicksal, noch die verschiedenen Gottesdiensterlebnisse werden emotional bewertet.

Darüber hinaus beleuchtet der Text auch die persönlichen Glaubenserfahrungen des Patienten, der seit etwa zwei Jahren als Ministrant in der örtlichen katholischen Gemeinde mitarbeitet.

> „Ähm, da ist dann ein Schreiben gekommen [...], dann geht man dahin erst mal zu einem Schnuppertag und dann lernt man da richtig Einlaufen und dann Anziehen von deinem Ministrantengewand. Und mit der Zeit kommt es dann, dass du in einen Mini-Plan [Ministrantenplan, S.L.] eingetragen wirst und dann geht man halt in die Kirche, ministriert und ja. Und man hat auch manchmal so Ausflüge." (G3/I1/37-40)

Der Text berichtet hier von einer regelmäßigen Mitarbeit in der örtlichen Gemeinde, die mit einer persönlichen und emotionalen Bindung an die Gemeinde verbunden ist. Aus diesem Hintergrund formuliert der Text auf Nachfrage, was in Bezug auf den eigenen Glauben als wichtig erscheint:

> „Dass man auch wirklich in den Glauben rein=rein-, dass man auch wirklich sieht, ok, ich bin jetzt Christ und ich glaub an Gott und nicht an irgendwelche anderen. Und (2) ja, das ist mir halt wichtig: Es gibt für mich nur einen Gott und das ist der, der da oben ist [Handbewegung nach oben in den Himmel] (3)." (G3/I1/60-65)

Der Text betont an dieser Stelle die Bekenntnisdimension des Glaubens, die inhaltlich an die Einzigkeit des christlichen Gottes gebunden wird. Gleichzeitig wird diese, zumindest im ersten Teil recht normativ formulierte Glaubensaussage nicht auf andere appliziert; die Aussagen verbleiben auf einer persönlichen Ebene.

Das zweite thematische Feld ‚Gottesdiensterleben' bildet den quantitativ größten Teil des vorliegenden Interviews. Der Text formuliert zunächst eine globale Evaluierung:

> „Der Gottesdienst war recht entspannt, mh, [man hat] viel mitmachen dürfen=dürfen, das fand ich gut, man durfte auch Instrumente ausprobieren, die man vorher vielleicht noch nicht ausprobiert hat (2). Und man kann dann halt andere Kinder oder Erwachsene oder so kennenlernen, und ja." (G3/I1/20-23)

Die Wahrnehmung, dass der Gottesdienst „recht entspannt" war, kann als Grundlage für die anschließenden Äußerungen gedeutet werden. Die Freiwilligkeit und Offenheit des Gottesdienstes schaffen eine Atmosphäre, in die sich jeder einbringen kann, keiner aber dazu genötigt wird. Zudem sind die Schwellen der Teilnahme, also die erforderlichen Vorerfahrungen, recht gering. Gleichzeitig hilft die Kenntnis über verschiedene Abläufe, sich besser in diese Einzubringen. Dass es in dieser entspannten Atmosphäre viele Möglichkeiten gibt, selbst aktiv zu werden, hält der Text als zweites fest. Dabei geht er explizit auf das Musizieren mit verschiedenen Instrumenten ein. Es ist aber davon auszugehen, dass die inhaltliche Mitgestaltung in der ersten Äußerung („viel mitmachen dürfen") miteingeschlossen ist. Zuletzt hebt der Text auch die Begegnungen mit anderen Erwachsenen und Kindern hervor, die im Kontext des Gottesdienstes geschehen können. Dies überrascht insofern, als die anderen Gottesdienstbesucherinnen und -besucher erwachsen oder im Kleinkind- und

Babyalter sind. Trotzdem schätzt der Text diese Begegnungen ausdrücklich wert. Bezogen auf diese große Altersspanne und die Frage, ob diese als problematisch erlebt wurde, formuliert der Text:

> „Nein, da war für alle was dabei: Man hat irgendwelche Mutmachlieder für kleine Kinder, bis hin zu irgendwelchen großen Liedern, die man auch in der Kirche singt, bei denen man aber auch mitmachen kann mit Instrumenten und so, ja." (G3/I1/56ff.)

Die Vielfalt sowohl innerhalb der versammelten Zuhörerschaft als auch in der (musikalischen) Gestaltung des Gottesdienstes wird positiv bewertet. Dies macht den Gottesdienst ansprechend für alle Teilnehmenden. Auf dieser Basis berichtet der Text von der Dankbarkeit des Befragten:

> „Ich finde es auch gut, dass, ähm, es eine Kinderkirche gibt in der Klinik, dass es nicht einfach eine Klinik ist, in der man bloß daliegen kann und sich irgendwelche Medikamente geben zu lassen, sondern auch=auch, dass man auch eine Kinderklinik hat, die etwas macht, das ja eigentlich nicht selbstverständlich ist, dass es eine Kinderklinik ist mit einer eigenen kleinen Familienkirche, und ja (2), das finde ich halt gut, dass man das so macht [...]. [M]an ist hier um jede Abwechslung – sage ich jetzt mal – auch dankbar und auch, um das Ganze nochmal reflektieren zu können: Was war die ganze letzte Woche, mhm? Und von daher ist [es] eigentlich auch eine schöne Abwechslung. Mal was ganz anderes, was jetzt mit der Klinik nichts unbedingt zu tun hat, aber doch eine Verbindung zur Klinik darstellt." (G3/I1,102-119)

Der Text formuliert die Dankbarkeit mit Blick auf den Klinikalltag. Der Gottesdienst bietet hier einen Gegenpol, in welchem die Teilnehmenden aktiv mitwirken können und die eigenen Erfahrungen und Gefühle reflektieren können.

Im dritten thematischen Feld findet eine ‚*inhaltliche Auseinandersetzung*' mit dem Thema und dem interaktiven thematischen Impuls statt. Dabei zeigt sich im Text ein Spannungsfeld zwischen Aktualität und biblischem Textbezug: „Ich fand es auch toll, dass man jetzt Bezug genommen hat, jetzt heute speziell auf den Schulanfang, der morgen stattfindet. Dass man einfach aktuell ist bei dem, was jetzt gerade passiert (mh)" (G3/I1/78ff.). Der Text schätzt die Aktualität in der inhaltlichen Gestaltung des Gottesdienstes. Sowohl aus der Perspektive des Kindes als auch aus der der Mutter wird lobend erwähnt, dass dieses für Kinder bedeutende Ereignis gemeinsam betrachtet wurde.

Dennoch hebt der Text auch aus beiden Betrachtungsperspektiven hervor, dass eine biblische Anbindung für einen Gottesdienst insgesamt erstrebenswert ist. „[V]ielleicht=vielleicht könnte man eine kleine Bibelstelle vortragen, aber sonst war es ok, mh gut [...]" (G3/I1/52f.). Aus der Zusammenschau beider Äußerungen lässt sich ableiten, dass im vorliegenden Gottesdienst die thematische Gestaltung positiv wahrgenommen wurde. Gleichzeitig hebt der Text hervor, dass auch die Gottesdienste in der Kinderklinik ihre Inhalte mit Bezug auf biblische Texte entfalten sollten. Diese Aussage wird allerdings weniger als allgemeine Befürchtung ausgesprochen, denn als Hinweis auf etwas, dass eventuell „vermisst" (G3/I1/51) wurde. Zum inhaltlichen Impuls des Gottesdienstes zeigt der Text aber auch eine konkrete Evaluierung:

> „Ja also, es war für mich ganz entspannt, interessant, gerade vom Schulanfang her, dass
> man auch merkt, dass auch andere, zum Beispiel kleinere Kinder, etwas mitkriegen-, was
> auf die Kleineren zukommt, wenn sie größer sind und ja=ja das finde ich halt gut."
> (G3/I1/13ff.)

Die gemeinsame Auseinandersetzung mit dem Thema Schulanfang schätzt der
Text positiv ein, wobei erneut die Vielfalt der Besucherinnen und Besucher in
die Evaluierung miteinbezogen wird. Die unterschiedlichen und sich ergänzenden Beobachtungen während des inhaltlichen Impulses werden als „interessant" wahrgenommen. Auch hier können sich die verschiedenen Blickwinkel
aus unterschiedlichen Lebensphasen und -kontexten gewinnbringend ergänzen. Beachtlich ist zudem, dass der Text aus eigenem Antrieb heraus gleich mit
der inhaltlichen Reflexion in das Interview einsteigt. Obwohl diese im Anschluss nicht mehr allzu viel Platz einnimmt, kommt ihr eine besondere Bedeutung zu.

Im letzten thematischen Feld ‚Rituale' geht der Text nur kurz auf das Vaterunser ein.

> „Ja was ich auch immer schön finde, dass immer das Vaterunser gesprochen wird. Also
> das ist einfach egal, ob man evangelisch oder katholisch ist, das ist einfach schön, dass
> man da eine Gemeinsamkeit hat, die man da so reinbringt (mh)." (G3/I1/75-77)

Der Text hebt das Vaterunser als ökumenische Verbindung zwischen den Konfessionen hervor. Das Gebet eint und bringt verschiedene Verständnisse von
Tradition und Glaube zusammen. Hier steht deutlich die katholische Glaubensidentität im Hintergrund, die der Text bereits vorher formuliert hat. Diese
steht aber anderen Glaubensgewohnheiten und -traditionen nicht gegenüber,
sondern weiß sich von der ökumenischen Gemeinschaft bereichert.

Das erste Teilnehmendeninterview zeigt insgesamt eine sehr positive
Wahrnehmung des erlebten Gottesdienstes. Dabei konzentriert sich der Text
auf das eigene Gottesdiensterleben auf dem Hintergrund bestehender Erfahrungen. Die eigene religiöse Entwicklung des Patienten nimmt hier neben den
vielen Erfahrungen im Klinikkontext eine herausgehobene Stellung ein. Trotz
oder gerade wegen dieser Fülle an Vorerfahrungen und Prägungen wird die
Vielfalt und die Aktualität des Gottesdienstes mehrfach lobend hervorgehoben.
Zudem formuliert der Text, aufgrund der vielen Zeit, die in der Klinik verbracht wurde, Dankbarkeit für die gottesdienstliche Begleitung.

4. Gottesdienst für die Besucherinnen und Besucher – Teilnehmendeninterview II

Das zweite Teilnehmendeninterview wurde mit der Mutter und dem Vater
eines etwa halbjährigen Patientenkindes am Mittag nach dem Gottesdienst

geführt. Beide Elternteile beteiligen sich zu etwa gleichen Teilen am Interview, das aus insgesamt vier thematischen Feldern besteht.

Im ersten thematischen Feld beschreit der Text die ‚*Interaktion mit den Kindern*‘ durch die Pfarrerin im Gottesdienst. Die Äußerungen finden sich allesamt im Eingangsteil des Textes und bilden auch für die folgenden thematischen Felder einen wichtigen Hintergrund. Zu Beginn steht eine globale Evaluation des Gottesdienstes mit einer Belegerzählung:

> „Ich habe ihn [den Gottesdienst, S. L.] schön gefunden. Es ist auf jedes Kind in gewisser Weise eingegangen worden. Wie jetzt bei uns, beim [Name des Kindes]. Das Eingangslied, das wir gesungen haben, das Tauflied vom [Name des Kindes], habe ich eigentlich schön gefunden." (G3/I2/13ff.)

Anhand des eigenen Kindes belegt der Text exemplarisch den Eindruck, dass es der Pfarrerin gut gelungen ist, auf die anwesenden Kinder persönlich einzugehen und diese in das gottesdienstliche Geschehen einzubinden. Der Text nennt hierfür das Tauflied als Beleg. Die persönliche Geschichte des Kindes und auch der Eltern erhält damit im Gottesdienst einen Raum. Dies gelingt im vorliegenden Fall auch deshalb, weil die Eltern und die Pfarrerin schon in längerem Kontakt miteinander stehen und die Pfarrerin daher auch um die persönliche Situation der Eltern weiß. (Vgl. G3/I2/18-28) Zugleich sagt der Text, dass die persönliche Bezugnahme auch auf die begrenzte Zahl der teilnehmenden Kinder zurückzuführen ist. „Ja gut, es waren ja eigentlich drei Kinder da, da kann man dann halt auch richtig schön auf jeden eingehen" (G3/I2/17f.). Neben dem persönlichen Eingehen auf die Kinder und deren Situation hebt der Text aber auch deren aktive Einbindung positiv hervor:

> „Aber wie gesagt, das war heute dann schon schön, dass die Kinder einbezogen worden sind. [...] Ja, das finde ich am Schönsten dabei an Familiengottesdiensten, dass die Kinder miteinbezogen werden." (G3/I2/28ff.)

Die Kinder können den Gottesdienst aktiv mitgestalten, so die Aussage des Textes. Motiviert ist diese Aussage durch das Musizieren, vielleicht aber noch stärker durch den interaktiven Impuls, in welchen sich das ältere Kind stark eingebracht hat. Dennoch ist die Äußerung insofern überraschend, als das eigene Kind, das erst ein halbes Jahr alt ist, wahrscheinlich kaum aktiv mitwirken konnte. Und auch das dritte Kind, das laut ethnographischem Protokoll keine zwei Jahre alt ist, konnte voraussichtlich nur begrenzt mitwirken. Der Text hat daher wahrscheinlich weniger abgeschlossene und inhaltlich bereichernde Handlungen im Sinn, als vielmehr einen Platz, den die verschiedenen Kinder füllen dürfen und an dem die eigenen Bedürfnisse wahr- und ernstgenommen werden.

Das zweite thematische Feld schließt mit dem ‚*Erleben des Gottesdienstes*‘ an die bereits geschilderten Beobachtungen an. In der Chronologie des erlebten Gottesdienstes schildert der Text zunächst, wie die Pfarrerin zum Gottesdienst einlädt.

> „[S]ie läuft dann auch noch mal durch die Station durch, verteilt dann auch noch mal
> Flyer für die, die es nicht wissen, dass die dann die Chance haben zu Kommen (mh). Sie
> lädt quasi jeden recht herzlich ein, aber, ähm, sie geht jetzt nicht hin, sagt: ,Du musst
> jetzt kommen' (ja). Sie kommt halt, gibt einem den Flyer, lädt einen herzlich ein." (G3/I2/129-133)

Zudem ist der Gottesdienst auf der Station auch gut hörbar. Der Text schildert
in diesem Kontext, dass ein Gottesdienstbesuch bisher aufgrund der medizinischen Versorgung des Kindes noch nicht möglich war:

> „[B]is jetzt haben wir nur das Singen gehört, weil hier die Tür auf war. Da haben wir ge-
> hört, da ist wieder der Familiengottesdienst, aber alleine ohne Kind geht man ja nicht
> hin [lacht], da wir ja immer bei ihm, beim [Name des Kindes] bleiben. Und heute Morgen
> habe ich gesagt, wenn es klappt, können wir doch mal hin dann, wenn wir dann soweit
> mobil sind, dass wir dann mit ihm hingehen können." (G3/I2/38-42)

Die Offenheit des Gottesdienstes wird vom Text wahrgenommen und positiv
bewertet. Auch wenn eine Teilnahme bisher noch nicht möglich war, konnte
das gottesdienstliche Geschehen doch ein wenig verfolgt werden.

Den Gottesdienst bewertet der Text anschließend positiv. Dieser hat „gut
getan" (G3/I2/99), das Gottesdienstkonzept „ist schön" (G3/I2/116) und insgesamt „war es so gut- [...] es hat nichts gefehlt" (G3/I2/70f.). Allein die recht
geringe Anzahl an Kindern bedauert der Text. „Schade fand ich, dass es halt
quasi nur drei Kinder waren" (G3/I2/71). Die positiven Evaluationen verbindet
der Text vor allem mit dem persönlichen Bezug, den die Pfarrerin während des
Gottesdienstes zu den Kindern aufbaut. Darüber hinaus bietet der Klinikalltag
einen Reflexionsrahmen für das eigene Gottesdiensterleben:

> „Es war mal etwas anderes, weil mal aus dem Klinikalltag raus [ist]. (2) Jetzt sind wir
> schon fünf Wochen hier, das ist eine lange Zeit. Und wenn man eigentlich nicht viel an-
> deres sieht als nur das Zimmer [...] Wir haben Glück, seit ein paar Tagen können wir wie-
> der ein bisschen raus und dann eine Pause von seiner Atemhilfe machen [atmet tief ein
> und wieder aus]. Dann ist es wenigstens eine kleine Abwechslung. Es tut einfach gut, so
> einen Familiengottesdienst mitzumachen, und das erinnert auch an die Familiengottes-
> dienste, die es auch Zuhause gab." (G3/I2/100-105)

Der Text beschreibt einen erlebbaren Wechsel zwischen Gottesdienst und Klinikalltag. Die Passivität des Wartens kann abgelegt und die Zeit in der Klinik
reflektiert werden. Zudem trifft man auf andere Eltern und Kinder, die in gewisser Weise ein ähnliches Schicksal teilen. Auch der Ortswechsel wird positiv
beschrieben.

Das dritte thematische Feld beschreibt den ,persönlichen Hintergrund' der Interviewten. Der Text geht dabei auf die eigene religiöse Entwicklung in der
heimischen Gemeinde ein und sucht Vergleichspunkte zum erlebten Gottesdienst. Die Interviewten beschreibt der Text als kirchlich stark gebunden. Neben dem Besuch eines kirchlichen Kindergartens bildete die örtliche katholische Gemeinde ein Fixpunkt in der eigenen Kindheit und Jugend. Die hier gemachten (kinder-) gottesdienstlichen Erfahrungen sind ambivalent und bewegen sich im breiten Spektrum zwischen verordneten Pflichtbesuchen konser-

vativ-katechetischer Veranstaltungen bis hin zu gern besuchten, adressaten-orientierten und auf Gemeinschaft zielenden Gruppenangeboten. Als Fixpunkt der Beobachtungen dient dabei die Person des Pfarrers. Diesbezüglich haben die Befragten sowohl „alte konservative Pfarrer" (G3/I2/108f.) vor Augen als auch solche, die „Kinder und Jugendliche quasi mitgezogen haben" (G3/I2/118f.). Auch beim besuchten Familiengottesdienst identifiziert der Text daher in der Person der Pfarrerin den entscheidenden Grund für das Gelingen des Gottesdienstes.

Das letzte thematische Feld betrachtet die ‚inhaltlichen Impulse' des Gottes-dienstes. Aus der eigenen Position scheint das Thema Einschulung zunächst etwas abständig. Der Text zeigt aber, wie die eigene Lebenswirklichkeit zum Thema passt:

> „In gewisser Weise hat ja jetzt bei ihm auch eine neue Ära angebrochen, wenn man es so sieht, mit der Herz-OP (2). Jetzt ist für ihn das Leben auf jeden Fall weiter gesichert (mh). Ja, er hat quasi seinen nächsten Geburtstag gefeiert." (G3/I2/56ff.)

Unter dem Aspekt des Neuanfangs werden die Überlegungen auch für die Situation des Kindes und der Eltern relevant. Der Text reflektiert in diesem Zusammenhang auch das Vorgehen der Pfarrerin während des inhaltlichen Impulses. Zunächst sei das Thema klar auf den Schulanfang fokussiert gewesen, der Text lobt aber,

> „dass man das Thema so geschickt verpackt hat, dass eigentlich doch jedes Kind sich angesprochen fühlen konnte. [...] [Es gilt die Inhalte] symbolisch [zu deuten] und man muss es ja weiter und nicht nur engstirnig auf den Schulanfang sehen. Und das war heute ja auch erfüllt, dass es ja allgemein gehalten wurde." (G3/I2/60-65.)

Die entwickelten Gedanken und Impulse lassen sich zwar auf die spezifische Situation des Schulanfangs beziehen, sie behalten ihre Geltung aber auch weit über diesen Einzelfall hinaus. Da die Beobachtungen während des Gottesdiens-tes schon von der eigentlichen Situation des Schulanfangs etwas abgelöst wer-den, erscheint die Transferleistung auf die eigene Situation im Anschluss nicht schwer. Dies schildert der Text zunächst aus dem eigenen Erleben heraus, hält dies aber auch für alle anderen Besucherinnen und Besucher als gegeben.

Das vorliegende Interview betont insgesamt die starke Verbindung zwi-schen der Pfarrerin und den anwesenden Kindern im Gottesdienst. Die Pfarre-rin geht auf die einzelnen Kinder in deren Situation ein und beteiligt sie aktiv am gottesdienstlichen Geschehen. Über die Kinder erreicht die Pfarrerin dann auch die Erwachsenen, die sich ebenso angesprochen, einbezogen und beteiligt fühlen. Der Gottesdienst wird also vor allem deshalb als gelungen bewertet, weil die Pfarrerin die Inhalte und Formen auf die anwesenden Besucherinnen und Besucher anpasst.

5.   Gesamtanalyse des Gottesdienstes

5.1.   Adressatenorientierung

Alle Texte zum hier analysierten Gottesdienst beschreiben recht detailliert, dass die Besucherinnen und Besucher die Zielperspektive des Gottesdienstes bilden. Dies lässt sich besonders gut anhand des inhaltlichen Impulses nachzeichnen. Dieser ist zunächst an der Einschulung als aktuellem lebensweltlichen Thema ausgerichtet. Da aber, entgegen der Erwartungen der Pfarrerin, keine Kinder zum Gottesdienst kommen, bei denen die Einschulung unmittelbar ansteht, scheint das Thema und der Impuls zunächst etwas lose in der Luft zu hängen. Durch die Anpassung der thematischen Ausrichtung, weg von der Einschulung, über den Schulanfang, bis hin zu Neuanfängen, gelingt es der Pfarrerin aber, die unterschiedlichen Besucherinnen und Besucher in ihren lebensweltlichen Bezügen anzusprechen. Diese Transformation zeichnet das Interview mit der Pfarrerin nach. Die Teilnehmendeninterviews bestätigen, dass die gemeinschaftlich entwickelten Beobachtungen für unterschiedliche lebensweltliche Situationen anschlussfähig und relevant sind. Die klare Ausrichtung des Gottesdienstes an den Adressatinnen und Adressaten führt zu einigen inhaltlichen Abweichungen vom eigentlichen Konzept, ermöglicht aber dadurch eine gleichberechtigte Kommunikation auf Augenhöhe über bedeutsame Themen im Leben der Besucherinnen und Besucher.

5.2.   Gottesdienstsituation: Kleine homogene Gemeinschaft

Mit der Adressatenorientierung hängt eng auch die Zusammensetzung der gottesdienstlichen Gemeinde zusammen. Mit lediglich drei Kindern und sieben Erwachsenen ist diese recht klein. Zudem sind alle Besucherinnen und Besucher mit kirchlichen Angeboten regelmäßig in Kontakt und zeichnen sich sowohl durch einige Erfahrungen und Kenntnisse in kirchlich-gottesdienstlichen Kontexten als auch durch eine grundsätzlich positive Einstellung gegenüber dem Familiengottesdienst aus. Dass sich dies besonders positiv auf die Stimmung und Atmosphäre auswirkt, berichten vor allem das ethnographische Protokoll und das Interview mit der Pfarrerin. Aber auch die Teilnehmendeninterviews sprechen positiv über die Stimmung im Gottesdienst. Für die Pfarrerin ergeben sich durch die kleine und homogene Gruppe einige Möglichkeiten der Gottesdienstgestaltung: Es ist weit einfacher, auf die einzelnen Besucherinnen und Besucher und deren Situation persönlich einzugehen und das gottesdienstliche Geschehen gemeinschaftlich zu entwickeln. Gerade dies wird wiederum in den Teilnehmendeninterviews ausdrücklich wertschätzend hervorgehoben.

5.3.   Die Rolle der Pfarrerin

Die verschiedenen Texte beleuchten aus unterschiedlichen Perspektiven, inwieweit das Gelingen des Gottesdienstes dezidiert von der Person und der Rolle beziehungsweise den Rollen der Pfarrerin abhängt. Aus Sicht des Interviews mit der Pfarrerin hilft hier vor allem die Unterstützung durch die Pianistin und eine studentische Hilfskraft, durch die sich die Pfarrerin stark auf die inhaltliche Ebene und die Beziehungsebene fokussieren kann. Aus Sicht der Teilnehmendeninterviews hilft es, die Pfarrerin so weit zu kennen oder kennenzulernen, dass diese um die eigene Situation weiß und diese auch positiv in das gottesdienstliche Geschehen einbinden kann.

5.4.   Rituale

Zu den Ritualen lässt sich ein klares Ungleichgewicht innerhalb der Texte feststellen. Das ethnographische Protokoll und das Interview mit der Pfarrerin berichten recht ausführlich über das interaktive Gebetsritual und auch die persönliche Segnung. In den Teilnehmendeninterviews finden sich zu den Ritualen insgesamt lediglich zwei Sätze, die das Vaterunser in seiner ökumenisch verbindenden Funktion herausheben. Es kann angenommen werden, dass die kirchlich geprägten Besucherinnen und Besucher die Rituale aus der eigenen Vertrautheit heraus weniger reflektieren: Da die Abläufe nicht unbekannt sind und die Rituale ohne außergewöhnliche Vorkommnisse durchgeführt werden, werden sie nicht weiter reflektiert. Gleichzeitig können Rituale wie das interaktive Gebet als Hintergrund der lobenden Aussagen über die Möglichkeiten von Partizipation und Einbindung gesehen werden.

5.5.   Inhaltliche Verdichtung

Im vorliegenden Gottesdienst fällt besonders auf, wie die Pfarrerin den am aktuellen Anlass Schulanfang orientierten und geplanten Gottesdienst für eine recht kleine und homogene Besucherschaft anpasst. Vor allem in den inhaltlichen Teilen des Gottesdienstes wird zusammen mit den Besucherinnen und Besuchern an einer Öffnung des Themas gearbeitet, ohne die Aktualität der eigenen Konzeption zu verlieren. Die wichtigsten Orientierungspunkte bilden dabei die spezifischen Besucherinnen und Besucher und deren Situation. Hierauf versucht die Pfarrerin einzugehen, auch indem sie den Beteiligten Raum gibt, ihre momentanen Lebenswirklichkeiten in den Gottesdienst einzubringen. Besonders die Teilnehmendeninterviews nehmen diese Anpassungsleistung wahr und heben die hohen persönlichen Komponenten des Gottesdienstes ausdrücklich hervor. Gleichzeitig werden in den Teilnehmendeninterviews eher klassische Gottesdienstelemente wie Musik und Rituale nur wenig reflektiert. Hier ist vor allem die Gewohnheit als Grund anzuführen, die gegen eine breitere Reflexion dieser Zusammenhänge spricht. Aus der daraus resultierenden Fokussierung auf die Einbindung und dialogische Aktivierung der Besucherinnen und Besucher ergibt sich der Titel des Gottesdienstes: „Aktuell und adressatenorientiert".

Gottesdienstanalyse IV – Erwartungen und Bedürfnisse im Kontext der Verkündigung

Samuel Lacher in Zusammenarbeit mit Kim Hellinga

Der vorliegende Gottesdienst wurde am 7. Oktober 2018 zum Thema Erntedank gefeiert. An dem Gottesdienst nahmen acht Kinder im Alter zwischen zwölf Wochen und zehn Jahren und 13 erwachsene Angehörige teil. Der Gottesdienst wird von einer Pfarrerin und einer Pianistin durchgeführt. Eine studentische Mitarbeiterin nimmt im Modus der teilnehmenden Beobachtung am Gottesdienst teil und wirkt an einigen Stellen auch helfend mit. Der Gottesdienst dauert insgesamt etwa eine halbe Stunde. Folgender Ablauf lässt sich aus dem ethnographischen Protokoll rekonstruieren:

- Persönliche Begrüßung durch die Pfarrerin und Wahl eines Percussion-Instrumentes für die Kinder
- Begrüßungsworte mit kurzem thematischem Einstieg
- Entzünden der elektrischen Altarkerze und Votum
- Lied
- Interaktives Gebetsritual mit LED-Teelichtern, Steinen und Glasnuggets
- Lied
- Interaktiver Impuls zum Thema Erntedank
- Lied
- Wiederholung des interaktiven Gebetsrituals für später Ankommende
- Gegenseitige Segnung von Kindern und deren Begleitpersonen
- Vaterunser
- Interaktives Lied
- Interaktiver Segen
- Giveaways Äpfel
- Musikalisches Nachspiel

1. Unbeschwertheit und Schweres, interaktiv und persönlich – Analyse des ethnographischen Protokolls

Das ethnographische Protokoll lässt sich in fünf thematische Felder gliedern. Das erste thematische Feld ‚*Vor dem Gottesdienst*' beschreibt die Gestaltung des Gottesdienstraumes wie auch die Ankunft und die Begrüßung der Kinder und Begleitpersonen. Der Gottesdienst findet im Spielzimmer der Kinderstation statt, dessen Gestaltung das Erntedankfest in den Mittelpunkt stellt:

> „Deshalb wurde auch der kleine Tisch, der im Gottesdienst als Altar dient, mit einem großen Blumenstrauß, einem kleinen Körbchen Kastanien, einem Korb mit Äpfeln und einigen Kürbissen geschmückt." (G4/E/9ff.)

Die meisten Besucherinnen und Besucher kommen schon vor 10.30 Uhr in den Gottesdienstraum, was für die Gottesdienste im Kliniksetting nicht selbstverständlich ist. Dort werden sie von der Pfarrerin persönlich willkommen geheißen:

> Die Pfarrerin „begrüßte die Kinder bereits am Eingang zum Spielzimmer, in dem der Gottesdienst stattfand. Sie [bot] jedem Kind ein Percussion-Instrument [an] und fragte es nach seinem Namen. Die meisten Kinder waren sehr schüchtern und deshalb sagten die Eltern die Namen für sie. Auch wenn die anfängliche Schüchternheit bei den Kindern anhielt, waren sie immer sehr begeistert von den Instrumenten und freuten sich, dass sie sich auch selbst an dem Korb mit den Instrumenten, der auf einem Tisch hinter der Stuhlreihe stand, bedienen konnten." (G4/E/13-18)

Von Beginn an werden die teilnehmenden Kinder als eigenständige Personen angesprochen. Das Kennen und anschließende Nennen des Namens ist hierfür ein wichtiger Modus. Dass die Kinder sich ein Percussion-Instrument auswählen dürfen, mit dem sie musizierend die Lieder begleiten können, gibt Raum zur Beschäftigung und Mitgestaltung. Zum Abschluss des thematischen Feldes evaluiert der Text: „Schon vor Beginn des Gottesdienstes kam mir die Atmosphäre sehr locker und fröhlich vor. Einige Eltern kannten sich bereits und freuten sich über das Widersehen" (G4/E/23ff.). Die Besucherinnen und Besucher fühlen sich augenscheinlich wohl und freuen sich auf den bevorstehenden Gottesdienst. Dabei sind auch im Krankenhauskontext Bekanntschaften für ein Wohlfühlen nicht zu unterschätzen.

Das zweite thematische Feld ‚*Rituale*' nimmt den größten Platz innerhalb des ethnographischen Protokolls ein. Gleich zu Beginn des Gottesdienstes wird das Eingangsritual mit Votum beschrieben:

> „[Die Pfarrerin] nannte zu Beginn des Gottesdienstes den speziellen Feiertag: Erntedank. Sie erklärte, dass wir für vieles dankbar sind, was Gott uns gibt. Danach holte sie eine große Kerze vom Altar. Sie ‚entzündete' die LED-Kerze, indem sie den Schalter unten umlegte. Danach bat sie mehrere Kinder, auf die Kerze zu schauen und zu sagen, ob sie eingeschaltet sei. Die Kinder bestätigen dies. [Die Pfarrerin] erklärte, dass die Kerze für die

> Anwesenheit Gottes stünde und verband dies mit dem Bibelzitat Joh 8,12 [...]. Ich glaube,
> sie hat den Vers etwas abgewandelt, um ihn verständlicher zu machen. In etwa: ‚Gott ist
> das Licht der Welt. Wer ihm nachgeht ist nicht im Schatten.' Im Anschluss sprach sie das
> Votum [...]. Ich glaube mich zu erinnern, dass sie sich dabei selbst bekreuzigte. Dies
> machten einige, vermutlich aus einem katholischen Kontext, nach." (G4/E/36-47)

Das Eingangsritual besteht aus einer kurzen thematischen Einführung, dem Entzünden der Altarkerze und dem Sprechen des Votums. Das verwendete Bibelzitat, das für den Familiengottesdienst etwas vereinfacht wiedergegeben wird, kommentiert erklärend die liturgische Handlung. Die Pfarrerin achtet während des Rituals darauf, die Kinder einzubeziehen und kennzeichnet durch das Bekreuzigen eine konfessionelle Offenheit.

Das zweite geschilderte Ritual ist ein interaktives Gebet. Die Besucherinnen und Besucher können sich von einem Tablett LED-Teelichter, Steine oder Glasnuggets aussuchen und diese mit ihren Gebetsanliegen verbinden. Dabei stehen die Teelichter für eine Fürbitte, die Steine für etwas Schweres und die Glasnuggets für etwas Schönes. Das ethnographische Protokoll beschreibt, dass sich alle am Ritual beteiligen. Hervorgehoben wird dabei, „dass viele, besonders von den Erwachsenen, nur einen Stein oder eine Kerze, aber kein Glasnugget genommen haben" (G4/E/60f.). Die Besucherinnen und Besucher nehmen alle am Klinikgottesdienst aufgrund eines persönlichen Schicksals teil. Das eigene Kind oder Enkelkind benötigt medizinische Hilfe. Statt Alltag zeigt sich in vielen Fällen eine potenziell existenzbedrohende Notlage, auf welche aus eigener Kraft nicht ausreichend reagiert werden kann. Das Ritual scheint eine Möglichkeit zu sein, vor allem solch Belastendes kommunizieren zu können. Es ist beachtlich, dass diese Schwere der heiteren Stimmung, von der das ethnographische Protokoll an anderen Stellen berichtet (vgl. G4/E/24 u. 63), nicht ausschließend gegenübersteht. Im Ritual ist es den Besucherinnen und Besuchern freigestellt, ihre Gebete laut zu formulieren oder im Stillen vorzubringen. Nur die erste Person wählt die laute Formulierung:

> „Er zündete die Kerze für seinen Sohn an und sagte, dass er hoffe, dass die Zeit im Krankenhaus nun endlich vorbei sei. Die anderen Gottesdienstbesucher haben schweigend ihre Gegenstände auf dem Tablett abgelegt. Die Pfarrerin ist zum Schluss nach vorne gegangen und hat jeweils eine Kerze für die Kinder auf der Intensivstation, die nicht dabei sein konnten, für die Pfleger und die Angehörigen angemacht. Danach hat sie ein Gebet gesprochen. Darin hat sie Gott gebeten, dass er all unsere Gebete erhört." (G4/E/64-70)

Das zunächst individuelle Gebet wird durch die Pfarrerin in die Gemeinschaft der versammelten Gemeinde zurückgeführt. Dabei wird auch jenen gedacht, die nicht direkt am Gottesdienst teilnehmen, die Situation des Krankenhauses aber in seiner Bedrohlichkeit erleben oder sich für das Wohlergehen der Patienten einsetzen.

Gegen Ende des Gottesdienstes beschreibt das ethnographische Protokoll ein doppeltes Segensritual, das zunächst individuell in der gegenseitigen Segnung von Kindern und deren Begleitpersonen, anschließend kollektivinteraktiv vollzogen wird. Den ersten Teil schildert das ethnographische Protokoll wie folgt:

> „Danach bat [die Pfarrerin] alle Eltern ihre Kinder zu segnen und umgekehrt. Sie sollten sich gegenseitig an der Schulter oder am Arm berühren und sagen: ‚Ich bin froh, dass du da bist. Gott behüte dich.' [Die Pfarrerin] segnete die Pianistin und alle Eltern machten es ihr gleich. Ich glaube, es war ein sehr intimer und emotionaler Moment, den die Eltern mit ihren Kindern hatten. Viele haben ihren Kindern auch noch einen Kuss gegeben. Ich vermute, dass es für die meisten Eltern das erste Mal war, dass sie ihre Kinder gesegnet haben." (G4/E/106-111)

Eltern und Kinder bekommen die Möglichkeit, über die ritualisierte Form des Segens auf neue und bestärkende Art miteinander in Beziehung zu treten. Dabei verbindet das Ritual eine aufgeladene theologische und gottesdienstliche Handlung mit einer einfachen und gleichzeitig intimen Form der Zuwendung. Eltern und Kinder bekommen so in einen Modus, ihre Zuneigung zueinander auszudrücken und diese mit dem Wunsch nach göttlichem Beistand zu verbinden. Die Pfarrerin tritt dafür auf der Handlungsebene in den Hintergrund, ermöglicht aber durch ihre Erklärungen und das beispielhafte Vollziehen der Segenshandlung vorbereitend diesen intimen Moment. Auch hier findet sich nach den eher persönlichen Segenshandlungen ein kollektiver Abschluss für das Ritual, indem gemeinsam das Vaterunser gebetet wird. Der Text beschreibt, dass „alle Erwachsenen mitsprechen konnten und auch [...] sehr kräftig mitsprachen" (G4/E/113f.). Dies kann als Indiz dafür gedeutet werden, dass sich die Besucherinnen und Besucher im gottesdienstlichen Geschehen wohlfühlen. Danach schildert der Text ein zweites, diesmal kollektiv-interaktives Segensritual, das vom ersten durch ein Lied abgetrennt ist.

> „Der Segen ging in etwa so: ‚Gott lasse dich wachsen, behüte dich, nehme dir die Last von den Schultern, gebe dir ein starkes Herz und behüte dich.' Die dazugehörigen Gesten waren Folgende: Zuerst hoben wir unsere Arme in die Luft, dann formten wir mit den Händen ein Dach über unseren Köpfen, dann haben wir die Hände von unseren Schultern gestrichen, danach beide Daumen hochgehoben und zum Schluss haben sich alle in einem Kreis an den Händen gefasst. Dabei sind einige auch aufgestanden." (G4/E/128-133)

Das zweite Segensritual hat durch die gemeinsamen Bewegungen einen eher kollektiven Charakter. Die Kinder können selbst aktiv werden und durch die Bewegungen die gesprochenen Worte besser nachvollziehen. Gleichzeitig wendet sich der Segen wieder an die einzelne Person, wird nun aber von der Pfarrerin gesprochen. Durch die deutlichen Unterschiede der Segenshandlungen scheint nicht der Eindruck einer Doppelung zu entstehen. Der Text lässt erahnen, dass sich alle Besucherinnen und Besucher aktiv an diesem Segensritual beteiligen.

Das thematische Feld zeigt, dass die vorhandenen Rituale stets interaktiv angelegt sind. Die Pfarrerin übernimmt weniger die Rolle einer einseitig prophetisch-rituellen Mittlerin als sie versucht, die Besucherinnen und Besucher zu ermächtigen, selbst rituelle Handlungen zu vollziehen. Vielmehr sind die

Rituale an den Adressatinnen und Adressaten orientiert und ermöglichen es diesen, ihre eigenen Gefühle und Erlebnisse individuell in das gottesdienstliche Geschehen einzubringen. Gleichzeitig wird versucht, die Schwelle einer Teilnahme möglichst gering zu halten, um so Kindern wie Erwachsenen, geübten wie ungeübten Gottesdienstbesucherinnen es zu ermöglichen, ihre eigene Person in die Vollzüge des Gottesdienstes einzubringen.

Das dritte thematische Feld beschreibt die ‚Musik' während des Gottesdienstes. Dabei ist vor allem der interaktive Zugang zur Musik herauszustellen. Schon vor Beginn des Gottesdienstes dürfen sich die Kinder zur musikalischen Begleitung ein Percussion-Instrument auswählen. Im Folgenden beschreibt der Text zusätzlich, dass die Pfarrerin vor den Liedern jeweils „eins der Kinder [bat], der Pianistin mit ihren Percussions den Einsatz zu geben" (G4/E/48). Auch wenn dies nicht in allen Fällen ganz flüssig lief, zeigt es deutlich den Wunsch, die Kinder möglichst aktiv gestalten zu lassen. Dies wird auch am letzten gemeinsam gesungenen Lied „Gott hat die ganze Welt in seiner Hand" deutlich. Das Lied wird beim Singen mit passenden Gesten unterstützt und die Pfarrerin variiert zudem die Strophen des Liedes, indem

> „immer zwei Namen der Kinder genannt [werden]. Es wurden auch die einbezogen, die schon vor Ende des Gottesdienstes gegangen sind. Dabei haben wir auf die jeweiligen Kinder gezeigt. Bei den Kindern, die schon gegangen sind, wurde auf die Tür gezeigt." (G4/E/123-126)

Die Musik eignet sich in besonderer Weise für eine aktive Einbindung der Kinder. Der Text beschreibt, dass dieses Anliegen innerhalb des Gottesdienstes konsequent umgesetzt und von den Kindern dankbar angenommen wird.

Im vierten thematischen Feld ‚Impuls' berichtet der Text von dem dreigeteilten Verkündigungsteil des Gottesdienstes. Nach einer thematischen Einleitung folgt eine interaktive Phase, die die Kinder mitgestalten dürfen. Zuletzt deutet die Pfarrerin die Impulse noch einmal:

> Im Eingangsteil nimmt die Pfarrerin „wieder Bezug auf das Erntedankfest und sagt, dass man da ja dafür dankbar sei, was Gott für einen tue. Dabei könne man für vieles dankbar sein, nicht nur für die Früchte oder die Nahrung. Sie fragte in die Runde, wofür wir dankbar sein könnten. Aus der Runde kam aber keine Antwort." (G4/E/73-76)

Der erste Teil startet mit einer kurzen thematischen Einführung. Die Pfarrerin stellt das Erntedankthema überblickartig vor und sucht anschließend nach Anknüpfungspunkten bei den Besucherinnen und Besuchern, indem sie versucht, diese durch Fragen einzubinden. Der Text schildert, dass diese offen gehaltene Form zunächst auf keine Resonanz trifft, nennt aber keinen Grund, warum dies so sein könnte.

> „Daraufhin bat [die Pfarrerin] die Kinder, nach vorne zu kommen. Es standen drei Kinder auf. Wir stellten einen weiteren kleinen Tisch nach vorne, auf dem sich verschiedenste Gegenstände befanden. Dort waren Playmobilfiguren von Menschen und Tieren, ein Playmobilbaum, ein rotes Glasherz, weitere Spielsachen, aber auch Spritzen und Behälter, in denen vermutlich mal Arzneimittel waren. [...] [Die Pfarrerin] hatte vier Papiere,

> auf denen sie jeweils einen Buchstaben geschrieben hatte. Am Ende bildeten die Buch-
> staben das Wort DANK. Zunächst zeigte sie aber nur das D. Das D stand hier aber für Din-
> ge. Sie legte des D auf den Tisch und fragte, für welche Dinge wir dankbar seien. Ein Kind
> sah bereits den nächsten Buchstaben und rief A. Die Kinder reichten alle möglichen Ge-
> genstände, die in ihren Augen für die Dinge stehen könnten. In dem Tumult legte die
> Pfarrerin einfach alle vier Papiere auf den Tisch und ordnete die Gegenstände, die die
> Kinder ihr reichten, den Blättern zu. D stand für Dinge, A stand für das All und die Welt,
> N stand für die Nähe und K stand für die Kinder." (G4/E/76-88)

In der zweiten Phase des Impulses werden die Kinder deutlich aktiver in die
Entwicklung der Gedanken eingebunden. Die auf dem Tisch ausgelegten Spielsachen dienen als Inspiration für die von der Pfarrerin gesuchten Begriffe. Die
Kinder sollen mithilfe der Begriffe herausfinden, wofür sie dankbar sind und
danken können. Wie weit dieses interaktive Muster aufgeht, deutet der Text
nur an. Die Kinder beteiligen sich an der Aktion, diese läuft aber augenscheinlich nicht so, wie von der Pfarrerin eigentlich geplant. Daher wird der eigentliche Ablauf abgeändert; die Pfarrerin disponiert in der eher unkoordinierten
Interaktion mit den Kindern um. Nachdem die Spannung reduziert ist, werden
passende Begriffe gesucht beziehungsweise durch die Auswahl an Spielsachen
identifiziert. In einer letzten Phase deutet die Pfarrerin das Vorangegangene
noch:

> „So steckt in dem Wort Dank selbst schon drin, für was man alles dankbar sein kann. Die
> Pfarrerin unterstrich, dass wir dankbar sind für die Kinder, und fügte hinzu: ‚für jedes
> Einzelne'." (G4/E/88ff.)

Das spielerische Identifizieren von Begriffen wird gedeutet und in einen größeren Kontext gestellt. An dieser Stelle muss offenbleiben, inwieweit der eher
kognitive Zugang, das Wort in seine einzelnen Buchstaben zu zerlegen und
diese mit Assoziationen zu verknüpfen, die mit demselben Buchstaben anfangen, für Kinder unterschiedlichen Alters zugänglich und nachvollziehbar ist. In
jedem Fall konnte aber nach einer anfänglichen Ruhe einiges gesammelt werden, das die Kinder mit dem Gefühl der Dankbarkeit in Verbindung bringen
können. Diese wahrscheinlich auch eher ungeordneten Einzelbeobachtungen
werden von der Pfarrerin mit ihrer abschließenden Deutung noch einmal etwas zusammengeführt. Dass der Dank für die Kinder am Schluss des Impulses
steht und dieser auch nochmal persönlich an jedes einzelne Kind formuliert
wird, zeigt die große Wertschätzung, welche die Pfarrerin den besuchenden
Kindern entgegenbringt.

Der Impuls ist insgesamt interaktiv angelegt und lässt die Kinder aktiv mitgestalten. Dadurch ist die Entwicklung weniger planbar und wird auch spontan
angepasst. Durch die Deutung am Schluss soll allen, auch den am Impuls weniger beteiligten Besucherinnen und Besuchern, eine gemeinsame, leicht zu
verstehende und positive Botschaft mitgegeben werden.

Im letzten thematischen Feld ‚*Giveaway*' spricht der Text kurz darüber, dass
die Pfarrerin jedem Kind einen Apfel zum Mitnehmen anbietet. Am Ende des
Gottesdienstes „ging die Pfarrerin mit einem Korb voller Äpfel herum und alle

Kinder durften sich einen Apfel herausnehmen und auch für ihre Geschwister einen mitnehmen" (G4/E/134f.). Durch das Giveaway des Apfels wird zum Ende des Gottesdienstes das Thema Erntedank noch einmal aufgenommen. In der Ermunterung, auch für die Geschwister einen Apfel mitzunehmen, wird zudem der Kreis erweitert. Kinder und Erwachsene können mithilfe des Apfels in ein Gespräch über den Gottesdienst finden, auch über dessen direkten Rahmen hinaus.

Das ethnographische Protokoll bildet die verschiedenen Teile des Gottesdienstes ab und legt großen Wert auf die Schilderung der Rituale. Dabei gibt der Text Einblicke in die mögliche Atmosphäre eines Erntedankgottesdienstes im Kontext der Kinderklinik. Obwohl diese mehrfach als „sehr locker und fröhlich" (G4/E/24) beschrieben wird, können in den Ritualen Angst, Traurigkeit und Hoffnung Platz finden. Zudem ist der Gottesdienst insgesamt stark auf die interaktive Einbindung der Besucherinnen und Besucher, vor allem aber der Kinder ausgerichtet. Der Text schildert zudem an unterschiedlichen Stellen, dass die Kinder die verschiedenen Angebote gerne annehmen und aktiv den Gottesdienst mitgestalten.

2.   „Die große Erntedank-Fülle" – Das Interview mit der Pfarrerin

Das Interview mit der Pfarrerin wurde im Anschluss an den Gottesdienst gehalten, dauerte 22 Minuten und kann in vier thematischen Felder gegliedert werden.

Das erste thematische Feld ‚Rahmen des Gottesdienstes' blickt zunächst kurz auf das Erntedankfest als Thema des Gottesdienstes:

> „Was mich [...] schon beim Einladen gefreut hat, das ist zu merken, dass das wirklich etwas ist, wo-, ich habe gesagt: ‚Wir feiern Erntedank', also wie sofort die Familien auch darauf reagieren, wie das auch noch so verwurzelt ist: Thema Erntedank-, und wo auch eine Lust war, das anzuhören, so eine Fröhlichkeit, in den Gottesdienst zu kommen." (G4/P/16-19)

Der Text berichtet von den Reaktionen der Besucherinnen und Besuchern auf das Erntedankthema. Dabei schildert der Text, dass das Wissen um das Erntedankfest weitverbreitet ist und die Resonanz bei den Angesprochenen klar positiv ausfällt. Aus dem Geschilderten kann mit großer Wahrscheinlichkeit gefolgert werden, dass die Angesprochenen mit der Kirche und klassischen Festen vertraut sind. Auch im Krankenhaus – einem System, in welchem Erntedank kein klassischer Bezugspunkt zu sein scheint – kann die Erntedankfeier liebgewonnene Erinnerungen und Anregungen auslösen.

Der Text blickt anschließend auf einen zweiten Zusammenhang. Es wird geschildert, dass die Kinder, im Unterschied zu vielen anderen Klinikgottesdiensten „mal ganz früh [...] schon da waren und zwar drei, also mit ihren Eltern. Das war-, das habe ich selten, [...] dass man so miteinander anwärmen konnte" (G4/P/19ff.). Die Möglichkeit, schon vor dem Gottesdienst die Besucherinnen und Besucher etwas kennenzulernen, hebt der Text besonders hervor. In kurzen Gesprächen können erste Unsicherheiten, Sorgen oder gar Ängste bei den Kindern abgebaut werden. Auch für die Eltern kann es wertvoll sein, die Pfarrerin durch ein kurzes Gespräch ein wenig einschätzen und sich auf dieser Grundlage besser auf den Gottesdienst einlassen zu können. Zuletzt hat auch die Pfarrerin die Möglichkeit, einige Kinder und Eltern etwas persönlicher kennenzulernen und so etwaige Bedürfnisse und Widerstände für den Gottesdienst besser einschätzen zu können.

Hieran knüpft das zweite thematische Feld ‚spontane Gestaltung' an. Der Text benennt eingangs die komplexe Aufgabenstellung, unter welcher sich die Gestaltung des vorliegenden Familiengottesdienstes entwickeln muss:

> „[J]a, und wie es auch so ist dann mit Kommen und Gehen und der Herausforderung [...], die Menschen aufzunehmen, die später gekommen sind. Das war mir wichtig. Und auf der andren Seite, wie kriege ich halt meinen roten Faden dann. Ich habe manches spontan verändert, habe manches auch zum ersten Mal gemacht [...]." (G4/P/4-8)

Nicht alle Besucherinnen und Besucher kommen schon vor Beginn des Gottesdienstes. Die später Ankommenden in das gottesdienstliche Geschehen zu integrieren, ohne für die anderen zu viele triviale Doppelungen einzubauen und gleichzeitig den Spannungsbogen aufrecht zu erhalten, schildert der Text als große Aufgabe in Bezug auf die Gestaltung des Gottesdienstes. Um spontan konkrete Entscheidungen zu treffen, nennt der Text zwei Orientierungspunkte: eine aktive Einbindung und die Anpassung an die anwesenden Besucherinnen und Besucher. So reflektiert der Text die Gestaltung des Eingangsteils folgendermaßen: „Und von daher dann auch wirklich gleich am Anfang etwas zu machen, damit sie [sc. die Besucherinnen und Besucher] da sind und du selbst etwas tust" (G4/P/168f.). Die Aktivierung der Besucherinnen und Besucher bildet den Modus für die Eröffnung des Gottesdienstes. Durch die Möglichkeit der aktiven Mitgestaltung wird die Aufmerksamkeit erhöht und durch das Einbringen der eigenen Person rückt das gesamte Gottesdienstgeschehen näher an die je individuelle Situation der Besucherinnen und Besucher. Darüber hinaus gilt es, die Gottesdienstgestaltung an die persönlichen Bedürfnisse der spezifischen Besucherinnen und Besucher anzupassen. Der Text schildert einen solchen Reflexionsgang in Bezug auf verschiedene mögliche Gebetsformen.

> „Und (2), für mich war so die Frage, weißt du, wie schaffst du die Integration. Da war das Beten etwas Wichtiges. Deshalb habe ich zum Beispiel noch einmal so etwas ganz Ähnliches [gemacht]. Das Fürbittengebet war ja noch einmal [dafür da], dass die auch ihre Sachen reinlegen können. Das hätte ich sonst nicht gemacht [...]. Sonst hätte ich eher noch einmal aktiver Erntedankbitten formuliert. Das habe ich auch so vorbereitet gehabt und

aber dann war auch klar, dass jeder noch einmal etwas ergänzen kann. Und dann folgte das Vaterunser." (G4/P/25-32)

Aus den Vorgesprächen mit den Besucherinnen und Besuchern kann die Pfarrerin wahrscheinliche Bedürfnisse ableiten. Daraufhin kann der ursprünglich vorgesehene Gottesdienstablauf angepasst werden. Einzelne Elemente können gezielt ausgetauscht werden. Dabei sind nicht nur die kurzen Gespräche im direkten Vorlauf des Gottesdienstes im Blick, sondern auch die Kontakte unter der Woche und beim Einladen für den Gottesdienst. Fehlen die Begegnungen im Vorfeld des Gottesdienstes und damit die Möglichkeit, die verschiedenen Besucherinnen und Besucher besser einschätzen zu können, kann sich auch die Gestaltung kaum an deren Situation und Bedürfnissen orientieren.[1]

Beides – die aktive Einbindung und das spontane Anpassen einzelner Gottesdienstelemente – bildet wichtige Rahmenpunkte für spontane Entscheidungen, wie sie der Text an unterschiedlichen Stellen schildert. Zum Impuls schildert der Text beispielsweise:

> „[I]ch habe da eine andere Geschichte genommen. Weil, sonst mache ich das oft mit einer Maus, also einer Maus, die das alles erzählt: Aus etwas Kleinem wird etwas Großes. So in Richtung Samenkorn und in jedem von uns steckt das drin, und das habe ich gelassen, auch weil ich gemerkt habe, dass (3), dass ich nicht weiß, ob ich dann für ganz unterschiedliche Kinder den Faden durchhalten kann." (G4/P/8-12)

Der Text schildert eine Abweichung vom eigentlich geplanten Gestaltungsablauf, weil dieser aus Sicht der Pfarrerin einigen Kindern weniger gerecht wird. Die veränderte Gestaltung zielt dementsprechend vor allem darauf, möglichst alle Kinder anzusprechen. Dass dabei einiges an Improvisationskunst gefordert wird und die Pfarrerin einen Zugang wählt, der nicht eigens vorbereitet war, spricht der Text nicht explizit an. Da eine anschließende Evaluation der Handlungen fehlt, kann angenommen werden, dass der Text diese als gelungen wahrnimmt. Später reflektiert der Text dann aber allgemein über die spontane Gestaltung: „Von daher war manches auch=auch (2), genau, spontan, weil mir das wichtig war" (G4/P/31f.). Auch hier findet sich keine Evaluation im eigentlichen Sinne, sondern eher eine Begründung der eigenen Handlungsmuster. Im Hintergrund der Aussage stehen erneut die oben entwickelten Bezugspunkte der aktiven Teilnahme und der Angemessenheit gegenüber den Teilnehmerinnen und Teilnehmern. Die spontane Gestaltung kann insgesamt als wichtiges Charakteristikum des vorliegenden Gottesdienstes herausgestellt werden. Die Zielvorgabe, die Besucherinnen und Besucher möglichst aktiv einzubinden und die Inhalte und Formen so zu wählen, dass diese einen möglichst positiven

---

[1] Dies entspricht der Forderung Ernst Langes, der Prediger beziehungsweise die Predigerin habe am Leben der Gemeinde zu partizipieren. (Vgl. Lange 2006a, 165ff. und ders. 2006b, 176ff.) Diese von Lange her kaum zu überschätzende Form der Predigtvorbereitung kann im Kontext des Familiengottesdienstes im Klinikum auf die Gestaltung des gesamten Gottesdienstes ausgeweitet werden.

Zugang zum gottesdienstlichen Geschehen gewähren, ist den spezifischen Inhalten und Gestaltungselementen insgesamt übergeordnet.

Im dritten thematischen Feld ‚*Gottesdienstatmosphäre*‘ beleuchtet der Text nun die Wirkung des Gottesdienstes auf die versammelte Gemeinde. Die einzelnen Ausführungen sind in diesem thematischen Feld durchgängig positiv, knüpfen aber an unterschiedlichen Beobachtungen, wie beispielsweise der Stimmung im Gottesdienst, an: „[I]ch fand, dass heute irgendwie so eine ausgesprochen gelöste Stimmung war. Also es war offen und es wurde viel gelacht“ (G4/P/77f.). Der Text zeigt hier einen Gesamteindruck vom Gottesdienst, der in der Folge hinsichtlich einzelner Elemente oder Zusammenhänge konkretisiert wird. Vor allem die während des Gottesdienstes entstehende Gemeinschaft der Kinder hebt der Text hervor:

> „Ja, also das war dieses Mal sehr intensiv und das fand ich auch schön [...]. Das war ja echt eine Kinderecke, und die [Name des Kindes] oder dann die vier, die dann auch vorne mitgemacht haben, dass=dass zwischen denen auch etwas passiert ist mal. (2) Das ist ja so dieses, von dem ich sage, wir müssen auch Angebote machen, bei denen sie sich als Gemeinschaft erfahren, auch Kinder, die sich nicht kennen. Für sie ist wichtig, dass [sie] Anregungen von anderen bekommen.“ (G4/P/123-128)

Der Text stellt zunächst die Gemeinschaft unter den Kindern heraus, die sich exemplarisch in der Mitgestaltung des Impulses zeigt. Gleichzeitig formuliert der Text eine solche Gemeinschaft auch als Aufgabenstellung an den Familiengottesdienst. Die Kinder sollen nicht nur die Möglichkeit haben, am Gottesdienst teilzunehmen und diesen mitzugestalten. Darüber hinaus sollen sie auch im Umgang mit anderen Kindern neue Sichtweisen kennenlernen. Durch das Zusammenkommen verschiedener Kinder und Blickwinkel sowie der Offenheit, einander wahrzunehmen und zu entdecken, kann dann die beschriebene Gemeinschaft entstehen. Diese wirkt wiederum für einige Kinder ermutigend, „dass die also so ein Stück freier werden oder auch selber gucken“ (G4/P/85f.) und mitgestalten.

Das vierte und letzte thematische Feld betrachtet die ‚*Rituale*‘ und geht dabei auf die gegenseitige Segnung von Eltern und Kindern, das interaktive Gebet und das Bekreuzigen im Zuge des Votums ein. Im Zentrum des thematischen Feldes steht die gegenseitige Segnung von Eltern und Kindern, die der Text ausdrücklich hervorhebt:

> „Schön fand ich das mit dem Segnen, dass [...] erst die Eltern die Kinder und dann die (2) Kinder die Eltern gesegnet haben. Das war, fand ich, war mir auch mal was Wichtiges, mal das den Eltern zu geben, mal selber zu segnen. Ich hatte schon den Eindruck gehabt, es ist etwas Dichtes. Das war mir auch wichtig, das fand ich schön, das zu merken so, auch mit diesem (2) offenen Hin und Her (2), dass es trotzdem ein=ein spiritueller Raum ist [...]. Das war für mich also etwas Schönes.“ (G4/P/33-40)

Der Text beschreibt das Element des gegenseitigen Segnens als dichten, spirituellen und gleichzeitig intimen Raum zwischen den Kindern und ihren Eltern. Die Segenswünsche gepaart mit der liebevollen Zuwendung einer so wichtigen und nahestehenden Person erzeugen eine eindrückliche und außergewöhnliche Erfahrung. Der Text reflektiert dabei die Rolle der Pfarrerin nicht eigens, nennt aber die Motivation, welche hinter der Segenshandlung steht. Ausgehend vom Erntedankthema und dem Impuls, der ja Dankbarkeit reflektiert, soll den Eltern auch die Möglichkeit gegeben werden, für ihre Kinder Dankbarkeit auszudrücken.

In Bezug auf das interaktive Gebet thematisiert der Text die verschiedenen Zugänge von Eltern und Kindern zu diesem Ritual. Für die Eltern nennt der Text die Möglichkeit, mit den Steinen Belastendes auszudrücken. Die Kinder dagegen „inspirieren, auch das Farbige zu sehen" (G4/P/156). Die pauschalisierte Zuschreibung scheint mit der Erfahrungsebene direkt verknüpft zu sein, wonach sich Kinder auch in schwierigen Situationen oft leichter tun, Freudiges wahrzunehmen und auszusprechen.

Ein letzter kurzer Reflexionsgang gilt dem Bekreuzigen beim Votum:

> „[A]lso das ist dann, warum ich auch zum Beispiel das Kreuz schlage (ja)-. Also ich wusste auch, dass einige katholisch sind [...]. Und ich finde einfach, es sortiert und es ist ein sichtbares, international bekanntes Zeichen." (G4/P/134-137)

Der analysierte Gottesdienst soll einen ökumenischen Charakter haben. Die Pfarrerin möchte der ökumenischen Offenheit und Gemeinschaft Ausdruck verleihen, indem sie bekannte liturgische Codes auch aus der katholischen Liturgie aufnimmt. Das Ziel ist es, unterschiedliche Menschen in ihren liturgischen Gewohnheiten anzusprechen, um diesen so in gewisser Weise einen vertrauten Rahmen zu ermöglichen.

Das vorliegende Interview schildert einen gelungenen Erntedankgottesdienst. Der Text beschreibt die Fähigkeit der Pfarrerin, mit den Besucherinnen und Besuchern in Kontakt zu kommen und diese in den Gottesdienst einzubinden. Dabei nehmen die Rituale eine wichtige Stellung ein. Im interaktiven Gebet bekommen die Eltern die Möglichkeit, auch Bedrückendem Raum zu geben. Gleichzeitig werden sie durch die Kinder auf viel Schönes und auf Dankbarkeit aufmerksam gemacht. Den gegenseitigen Segen zwischen Eltern und Kindern beschreibt der Text zudem als einen spirituellen und emotionalen Höhepunkt des Gottesdienstes, der in der Intimität der Eltern-Kind-Beziehung eine ganz besondere Gestalt annimmt.

3.   „Näher zu Gott" – Teilnehmendeninterview I

Das vorliegende Interview wurde ungefähr zwei Stunden nach dem Gottesdienst mit der Mutter eines etwa dreijährigen Kindes in dessen Krankenzimmer geführt. Das Kind schlief während des gesamten Interviews. Der Text argumentiert vor dem Hintergrund einer engen katholischen Kirchenbindung (vgl. G4/I1/45ff., 79f.). Das Interview entwickelt sich sehr emotional und wird nach etwa zwölf Minuten zugunsten eines seelsorgerlichen Gespräches beendet. Der vorliegende Text zeigt insgesamt vier thematische Felder.

Das erste thematische Feld vermittelt einen ‚Gesamteindruck‘ vom besuchten Gottesdienst. Vor dem Hintergrund der eigenen Erfahrungen und Erwartungen evaluiert der Text den Rahmen und einige Gestaltungselemente des besuchten Gottesdienstes:

> „[D]ie Länge war ok, also länger hätte es jetzt, glaube ich, auch nicht gehen dürfen, zumindest für das Alter vom=von meinem [sc. Kind] jetzt. Es war=es war das Kreuzzeichen dabei und eben die Dankesworte und (2) Singen, das Vaterunser, so, was man im offenen Gottesdienst machen kann, war eigentlich, glaub ich, alles dabei.“ (G4/I1/28-31)

Der Text gleicht die eher klassischen liturgischen Vollzüge des erlebten Gottesdienstes mit den eigenen Erfahrungen und daher auch Erwartungen ab. Die identifizierten Überschneidungen wertet der Text positiv. Gleichzeitig wird aber auch deutlich, dass der Text den erlebten Gottesdienst deutlich von einem standardisierten sonntäglichen Gemeindegottesdienst abhebt. Der hier erlebte offene Gottesdienst spricht eine andere, pluralere Zuhörerschaft an (vgl. G4/I1/51) und richtet sich vor allem an den Kindern aus. Zudem ist die Situation in der Klinik eine andere als in einer vertrauten Kirche und Gemeinde. Auf die Frage, wie der Gottesdienst empfunden wurde, evaluiert der Text an anderer Stelle global: „Gut, es war, für mich war es bewegend“ (G4/I2/7). Etwas kritisch wird der Text bei der Evaluation der Gottesdienstgestaltung der Pfarrerin. Hier konstatiert der Text „so ein bisschen Unsicherheit“ (G4/I1/35). Der Text verbalisiert dieses Gefühl nicht konkret, äußert im direkten Kontext aber den Wunsch, dass die Pfarrerin „noch mitreißender sein“ (G4/I1/34) könnte. Als Gründe für diese Wahrnehmung nennt der Text das mit vielen „fremden Eltern und kranken Kindern“ (G4/I1/38) herausfordernde Setting und die Offenheit als großes Ziel des Gottesdienstes. Der ganze Gedankengang ist allerdings mit einigen Konjunktiven und Relativierungen durchzogen und der Text hält fest: „[N]icht, dass es jetzt schlimm gewesen wäre, es hat mich auch nicht gestört“ (G4/I1/36f.).

Nach diesen vorrangig beschreibenden Beobachtungen wechselt der Text auf eine eher emotionale Ebene und berichtet vom positiven Erleben des Gottesdienstes: „[I]n dem Moment, ja, ist man ja Gott, Jesus irgendwie, ja, dann schon näher“ (G4/I1/70f.). Der Text trifft diese Aussage vor allem im Gegenüber zum normalen Klinikalltag:

> Im Gottesdienst „da kann man halt dann doch noch mal das überdenken, was einem durch den Kopf geht oder was=was einem dann doch wichtig ist, und man hat das Gefühl, das kommt dann doch näher zu Gott, oder man hofft, jetzt gerade ist er ganz, ganz nah bei mir.“ (G4/I1/72-74)

Der Gottesdienst ermöglicht eine Metaebene zum Geschehen im Krankenhaus, die gleichzeitig spirituell gefüllt ist. Die Distanzierungsmöglichkeit von den belastenden Erfahrungen im Krankenhaus beschreibt der Text als wertvoll, wohltuend und emotional. Der Text kann die göttliche Gegenwart innerhalb des Gottesdienstes im weiteren Verlauf recht klar zuordnen:

> „Bestimmt war er=war er [Gott S. L.] bei den [Stimme bricht] kranken Kindern (12), ja (9), ja, es ist schon irgendwie schön, wenn es eine Möglichkeit gibt, mit den Kindern einfach einmal zusammenzusitzen und einfach die Nähe zu spüren." (G4/I1/75ff.)

Die spürbare Nähe Gottes wird in der Gemeinschaft der unterschiedlichen Kinder identifiziert, von denen die meisten krank, einige sogar schwer krank sind. Der Text schildert in diesem Zusammenhang eine tiefe emotionale Berührung. Er beschreibt das Aufeinandertreffen tiefen Leids mit der Verheißung der göttlichen Gemeinschaft, welche in der Gemeinschaft der Kinder antizipiert wird. Diese Deutung verbindet der Text explizit mit der eigenen Biografie, in welcher „Religion schon immer ein großer Bestandteil" war und in der das Vertrauen herrscht, „dass wir Gott alles sagen können, was uns [weint] bedrückt" (G4/I1/78ff.). Der Text deutet den erlebten Gottesdienst im Horizont der Erfahrungen im Krankenhaus und der eigenen Biografie und schöpft aus diesen Zusammenhängen sowohl „Halt" (G4/I1/87) als auch Hoffnung für die eigene Situation. Dies benennt der Text auch als Zielperspektive für den erlebten Gottesdienst (vgl. G4/I1/85ff.).

Greifbar wird das am zweiten thematischen Feld ‚Gebetsritual', in welchem der Text eine solche Verbindung offen zeigt.

> „Wenn man dann eben sieht oder hört, man soll jetzt die=die schlimmen Sachen als Stein betrachten und dann die schönen Sachen-. Ja, da ging mir halt wieder durch den Kopf, das zwei meiner Kinder Geburtstag gehabt haben diese Woche und man hat die Geburtstage ausfallen lassen müssen und (2) ja. Und=und, ja, die=die Dankesworte (2), ja mit dem Dank, dass man die Kinder hat, und irgendwie war das für mich dann schon bewegend teilweise, also ich bin da eh (2) sensibel, was das angeht so (3), genau [lacht]." (G4/I1/8-13)

Das Ritual dient als Möglichkeit der Reflexion für die Erlebnisse der letzten Woche. Dabei sind die verschiedenen Formen wertvolle Hilfestellungen, um die eigenen Gefühle und Gedanken zugänglich zu machen. Der Text berichtet von Trauer und Dankbarkeit und verbindet diese in Form des Gebetes mit einer kollektiven und göttlichen Perspektive. Auch dadurch, dass persönliche Gedanken laut oder leise geteilt werden und zur eigenen Perspektive andere hinzutreten, können hier die oben beschriebenen Zielperspektiven des Haltes und der Hoffnung nachvollzogen werden.

Im dritten thematischen Feld ‚Impuls' deutet der Text ein neues Verständnis von Erntedank an. Der Text beschreibt den Gedankengang dahingehend als bewegend, als

> „man nicht nur für die Gaben dankt, sondern halt auch für die Kinder, dass die Kinder da sind. Daran denkt man oft gar nicht so als Mensch. Man denkt immer nur, dass man etwas zum Essen hat und dass es einem gut geht, ja, dass man gesund ist. Aber dass man

auch dafür danken kann, dass die Kinder da sind, auch wenn sie dann schon größer sind, das fand ich eigentlich ganz gut (2) genau." (G4/I1/15-19)

Hier schildert der Text ein Erntedankverständnis, das an Beziehungen ausgerichtet ist. Das bekannte Fest bekommt so eine neue Bedeutung, die der Text als bereichernd beschreibt. Dies gelingt auch, weil der Text die wertvolle Stellung der Kinder nicht nur im gesprochenen Impuls kognitiv verstehen, sondern über den gesamten Gottesdienst auf verschiedene Weisen nachvollziehen kann.

Hierüber gibt nun das vierte und letzte thematisch Feld ,Umgang mit Kindern' Auskunft:

> „Also ich- doch, es hat mir gefallen, dass sie [sc. die Pfarrrerin] oft den Namen gesagt hat von den Kindern. Das fand ich eigentlich schön, dass sie die Namen gleich so eingespeichert hat und=und die Kinder auch immer wieder erwähnt hat und doch auch speziell bei dem Schlusslied, miteinbezogen hat, die Kindernamen. Das fand ich schön, ja genau." (G4/I2/22-25)

Direkt im Anschluss an die Ausführungen zum neuen Erntedankverständnis hebt der Text den positiven Umgang der Pfarrerin mit den Kindern hervor. Das Kennen und Nennen der Namen und das Miteinbeziehen der Kinder in das Lied werden hier exemplarisch genannt. In beiden Fällen treten die Kinder als eigenständige Personen mit ihrer Individualität in den Fokus. Damit bilden die Kinder nicht nur als Kollektiv die vorrangige Zielgruppe des Gottesdienstes. Vielmehr erfährt jedes einzelne Kind Wertschätzung, indem auf persönlich auf jedes einzeln eingegangen wird.

Das vorliegende Interview zeigt eine emotionale gedankliche Auseinandersetzung mit dem Gottesdienst. Für die Beobachtungen sind die eigene Situation im Krankenhaus wie auch die religiöse Prägung entscheidend. Der Text kann den Gottesdienst als ein Nahe-Sein bei Gott beschreiben. Er schafft Reflexionsmöglichkeiten für die zurückliegenden Erlebnisse, gibt Halt und Hoffnung. Und die beschriebene Nähe Gottes wird in der Gemeinschaft der Kinder als präsent erlebt.

4.   Der Gottesdienst im Spannungsfeld zwischen Kindern und Erwachsenen und einige Funktionen der Religiosität – Teilnehmendeninterview II

Das zweite Interview wurde am Mittag nach dem Gottesdienst im Krankenzimmer eines etwa vierjährigen Kindes mit dessen Vater geführt. Das Kind schaut während des Interviews eine Sendung auf einem Tablet und beteiligt sich am Gespräch nur mit zwei Sätzen. Das Interview dauert etwa zwölf Minuten und lässt sich in vier thematische Felder gliedern, wobei darunter die Reflexion der Gottesdienstgestaltung einen sehr breiten, die anderen thematischen Felder jeweils nur wenig Raum einnehmen.

In dem ersten thematischen Feld ‚*Gestaltung des Gottesdienstes*‘ reflektiert der Text kritisch den vorliegenden Gottesdienst und differenziert dabei oftmals zwischen der Perspektive von Kindern und von Erwachsenen. Zunächst fokussiert sich der Text auf den Gottesdienst als Gesamteinheit. Den als eher komplex wahrgenommenen Ablauf hält der Text für jüngere Kinder nur begrenzt für geeignet:

> Das ist „einfach nur so ein Gefühl, ja. Ich hab zwei, einer ist noch kleiner und man muss halt alles fünf Mal erklären. Ja, man muss dem sagen: ‚Jetzt so und hier und das wird so gemacht und aus dem Grund machen wir das so und das‘. [...] Ich will nicht sagen, dass es nicht gut war jetzt. Man kennt halt sein eigenes Kind und weiß genau: ‚Ok, ich weiß genau, was der denkt jetzt gerade und wo war ich jetzt, wann muss ich jetzt pauken, wann muss ich jetzt mitmachen‘, ähm (2). Ist halt, denk ich, doch schwierig, ja, in 20, 25 Minuten Sachen reinzupacken, die man gerne selbst dabei haben möchte oder, ähm ja, machen möchte und dann die unterschiedlichen Menschen, die dann plötzlich da sind und in der kurzen Zeit, ähm, eben auch gar nicht kennt und alle zu involvieren.“ (G4/I2/19-28)

Zunächst beschreibt der Text die wahrscheinliche Überforderung des etwa vierjährigen Kindes während des Gottesdienstes. Da die Aufeinanderfolge der unterschiedlichen Elemente und deren Modi nicht hinreichend bekannt ist, mutmaßt der Text, dass eine wirkliche Teilnahme nur schwer möglich ist. Wann von den Kindern was gefordert wird, ist nicht hinreichend erklärt oder wird nur unzureichend moderiert. Wird in den Liedteilen noch musiziert und gesungen, ist im Anschluss wieder stilles Zuhören gefordert. Solche Wechsel sind ohne Übung und geduldige Einführung aus Sicht des Textes für die Kinder nur schwer nachvollziehbar. Im unteren Teil des Zitates führt der Text die bisher eher allgemeinen Beobachtungen noch weiter. Die Gestaltung des Gottesdienstes wird von der Pfarrerin verantwortet, die sich für sie stimmige Elemente überlegt. Aufgrund der begrenzten Teilnahmemöglichkeiten jüngerer Kinder werden diese aber kaum in der Lage sein, diesem Programm wirklich folgen zu können. Da viele unterschiedliche Menschen aber zu einem solchen Kindergottesdienst kommen, ist es, so der Text, unausweichlich, dass insgesamt, aber auch je nach Gestaltungselement, einige besser, andere weniger gut partizipieren können.

Diese Betrachtung wird in der Folge durch einige konkretere Beobachtungen, Hinweise und Vorschläge ergänzt, die auch an einzelnen Gottesdienstelementen ausgerichtet sind:

> „Ich glaube, dass Körperkontakt auch ganz gut ist. Was wir zum Schluss gemacht haben mit Hand halten und so, das find ich für die Kinder ganz wichtig. Eltern halten sich da doch gerne mal ein bisschen zurück, [...] für die Kinder ist das ne ganz tolle Sache. Ich glaub=glaub auch in so Situationen, wie die Kinder vielleicht doch zusammen vorne, mit noch mal an der Hand halten und noch mal ein Gebet sprechen mit den Kindern oder so, das fände ich ganz toll.“ (G4/I2/29-34)

Aus der Vorstellung heraus zu wissen, was dem eigenen Kind Freude bereitet, versucht der Text die Gestaltung des Gottesdienstes kritisch zu bewerten. Dabei muss offenbleiben, ob die Vorschläge zum Kind und zu den anderen Gottesdienstbesucherinnen und -besuchern passt. Gleichzeitig markiert der Text hier und auch an verschiedenen Stellen im weiteren Verlauf des Interviews, dass die eigenen Vorschläge nur subjektiv sind. (Vgl. G4/I2/50, 52 u. 71f.) Über einzelne Gestaltungselemente hinaus wünscht sich der Text generell zwei Veränderungen, nämlich klare Ansagen zum Ablauf des Gottesdienstes und das Näherbringen von Religion:

> „Das ist einfach so, man muss gesagt bekommen, wie es gerade läuft, also das ist wichtig." (G4/I2/108f.)
> „Ja, ist so. Ne, ich glaub, die finden das auch ganz toll, für die ist das was ganz Tolles und was ganz Aufregendes und ähm so den Glauben jemandem nah zu bringen. [...] Kinder sind da so offen, dass man die dann einfach hindrücken muss [...]." (G4/I2/52-56)

Der letzte vom Text angesprochene Punkt ist für den vorliegenden Gottesdienst durchaus kritisch aufzunehmen. In seiner überkonfessionellen und potenziell sogar interreligiösen Funktion scheint eine forsche Evangelisationsabsicht als übergeordnetes Ziel problematisch. Gleichzeitig ist der Hinweis aus dem Kontext des Interviews durchaus nachvollziehbar, wie das zweite thematische Feld ‚Religiosität' zeigen wird.

Der Text hebt vor allem zwei Zugänge zur Religion hervor: das kindliche Entdecken der Religion als etwas Neues und Aufregendes und das seelsorgerliche Potenzial der Religion in Krisenzeiten. Diese Zugänge zeigt der Text mit Blick auf das Gebet:

> „Ich glaube, für Kinder ist es [das Gebet S. L.] noch wichtiger. Klar, bei uns war ne Phase, wo es ihm so schlecht ging, wo man doch wieder drauf zurückgreift, ja, auf seinen Glauben. Für die Kinder ist das natürlich ne neue Sache, ja, und ne interessante Sache und ich glaube, die muss man noch enger dran bekommen." (G4/I2/41-44)

Der Text führt in der Folge auch in die eigene kindlich-religiöse Erziehung ein. Sie wird als etwas „übertrieben" (G4/I2/48) dargestellt, da sie weite Teile des Lebens bestimmt und – gerade im Vergleich zu andern – als recht strikt angesehen wird. Die eigene Religiosität, aber auch Religiosität allgemein bezieht der Text aus der aktuellen Situation eher auf krisenhafte Zusammenhänge. Gerade im Kontext der Klinik kommt der Religiosität damit ein erheblicher Stellenwert zu, wobei der Text die eigene Situation beziehungsweise die Situation des eigenen Kindes im Vergleich weniger bedrohlich beschreibt als die anderer Kinder im Gottesdienst. Auch aus diesem krisenhaften Hintergrund heraus meint der Text: „[...] die Kinder sollte man doch mehr konfrontieren" (G4/I2/49f.) mit religiösen Inhalten als dies im vorliegenden Gottesdienst geschehen ist. Gerade die von Not betroffenen Kinder sollen Einblick erhalten in die tröstenden und sinnstiftenden Dimensionen der Religiosität. Verbunden mit den vielen Erfahrungen des Aufregenden und Neuen sieht der Text zudem Möglichkeiten, diesen heilsamen Zugang sogar spannend zu gestalten.

Die Religiosität erscheint im vorliegenden Text als eine die Kindheit und Jugend begleitende Realität, die allerdings eher von außen (Pfarrer, Gemeinde, Eltern) eingefordert als aus eigenem Antrieb gelebt wird. Im Erwachsenenleben wird auf diese immer wieder zurückgegriffen, gleichwohl scheinen die Zugänge deutlich reduziert. Trotzdem spricht der Text insgesamt positiv über die erfahrene religiöse Erziehung und die entwickelte Religiosität. Aus diesem Grund heraus soll dem eigenen Kind eine ebensolche zugänglich gemacht werden, wobei erneut extern Handelnden (Kindergarten, Sonntagsschule, Pfarrerin) die vorrangige Vermittlungsfunktion zugeschrieben wird. Vor diesem Hintergrund wird nun auch ersichtlich, warum der Text mehr spezifisch religiöse Inhalte als Wunsch äußert.

Beispielhaft wird die Religiosität beim vorher schon einmal aufblitzenden thematischen Feld ‚Gebet' nochmals aufgenommen:

> „Das Beten, das ist wichtig, ja. [...] Für die Leute, für die Eltern, die (2) nicht wissen, wie's weitergeht mit den Kindern, ist es noch wichtiger, ja. Man hat dann immer so ein-, man braucht ja irgendwo was, wo man sich festhält, ja, ist einfach so. Für mich, wo alles in Ordnung ist, sag ich mal, wo alles in Ordnung ist, ja ähm, wo es normaler läuft, (3) sieht man das nun mal anders." (G4/I2/72ff.)

Das Gebet als Ausdruck der eigenen Religiosität und Spiritualität ist vor allem in krisenhaften Situationen von großer Bedeutung. Fehlt diese Situation, so fehlt dem Text zufolge auch ein wenig der Zugang zum Gebet. Angesprochen auf die beiden Gebetsformen zeigt der Text zudem eine Vorliebe für das von der Pfarrerin gesprochene Gebet und zieht dieses dem interaktiven Gebet vor.

Im Vergleich der verschiedenen Gebetsformen hat dem Text dasjenige Gebet besser gefallen, das

> „die Pfarrerin gesprochen hat. Ist natürlich klar, man=man gibt auch gerne so ein bisschen Verantwortung ab in dem Augenblick. Man kennt niemanden, man ist so ein bisschen unsicher, ähm. [Da] ist es ganz gut, wenn dann vorn jemand steht, der dann sagt, was gerade Sache ist [...]. Man hat halt doch immer Bedenken, macht man was falsch, verhält man sich nicht richtig." (G4/I2/84-90)

Der Text zeigt hier deutliche Unsicherheiten, in einer unbekannten Gruppe eigene Gebetsanliegen laut vorzutragen. Die Sicherheit einer ausgebildeten und geübten Beterin wird in der Person der Pfarrerin dankend angenommen. Hier sieht der Text weitere Potenziale in einer kollektiven Dimension, die der Pfarrerin eher zugetraut wird.

Im letzten thematischen Feld ‚Musik' äußert sich der Text positiv über das gemeinsame Singen und Musizieren. Dabei betrachtet er das Singen eher für die Erwachsenen und älteren Kinder als passend. Die Unterstützung mit Percussion-Instrumenten, die dann auch stark die jüngeren Kinder anspricht, hebt der Text eigens hervor:

> „[D]en Kindern Instrumente in die Hand drücken, find ich ganz toll. Das ist=das ist was, da können die sich festhalten dran und da können sie ein bisschen mitmachen und das

Taktgefühl ein bisschen üben. [...] Find ich ganz toll. Eltern könnte man da auch noch mit reinziehen." (G4/I2/98-101)

Durch die Musikinstrumente wird das Musizieren für alle zugänglich. Zudem haben die Kinder eine positive Beschäftigung. Der Text zeigt im Anschluss, dass diese Form des Musizierens gerade für das eigene Kind eine schöne Erfahrung war. Auch hier versucht der Text also, aus der Position des Kindes zu argumentieren. Dass der Text vorschlägt, diese positive Erfahrung auch auf Erwachsene auszudehnen, passt in das argumentative Muster des Textes insgesamt.

Im vorliegenden Interview fallen zwei Zusammenhänge besonders auf: Der Text versucht zum einen, den Gottesdienst aus der Sicht des Kindes und der Erwachsenen zu reflektieren und dabei beide Perspektiven zu differenzieren. Dies führt zu einigen Kritikpunkten, die aus der subjektiven Wahrnehmung heraus formuliert werden und zumindest in potenzieller Spannung zu anderen Perspektiven stehen. Zum andern zeigt der Text eine Vorstellung von Religiosität, die stark an der Kindheit und Krisensituationen ausgerichtet ist und in beiden Fällen subjektiv als wertvoll empfunden wurde. Die Stärkung einer solch wohltuenden Religiosität kann als Zielvorstellung des Textes für den Gottesdienst benannt werden. Die Pfarrerin soll dabei eine herausgehobene Stellung einnehmen sowie Inhalte vermitteln und sowohl exemplarische als auch kollektive rituelle Formen vollziehen.

5.   Ein gelungener Gottesdienst aus verschiedenen Perspektiven – Teilnehmendeninterview III

Das dritte und letzte Teilnehmendeninterview wurde am Sonntagmittag nach dem Gottesdienst geführt. Im Patientenzimmer des etwa eineinhalb Jahre alten Kindes befinden sich zum Zeitpunkt des Interviews auch Mutter, Vater und ein Geschwisterkind. Da nur das Patientenkind und die Mutter den Gottesdienst besucht haben, wird allein die Mutter interviewt, die anderen hören aber interessiert zu. Das Interview dauert lediglich sechs Minuten und kann in drei thematische Felder gegliedert werden.

Das erste und quantitativ größte thematische Feld betrachtet die ,Zielgruppengerechte Gestaltung' des Gottesdienstes. Für den Text grundlegend ist dabei die Unterscheidung verschiedener Gruppen in der Zuhörerschaft, wobei vor allem die Kinder im Blick sind:

„[I]ch denke, [das] ist ja auch schwierig in einem Gottesdienst, dass man die alle so rein-. Da jetzt da, der eine Junger mit zehn oder so und dann ein Baby mit drei Monaten, dann muss man das ja irgendwie so ein bisschen zusammenbringen, und das find ich, ist ihr auch gut gelungen." (G4/I3/46ff.)

Der Text beschreibt hier zunächst die herausfordernde Situation aus der Sicht der Pfarrerin. Die Kinder im besuchten Gottesdienst decken eine recht große Altersspanne ab und sind daher in ihren Teilnahmemöglichkeiten und Bedürfnissen höchst unterschiedlich. Die abschließende positive Evaluation wird durch eine zweite Textstelle näher ausgeführt:

> „Und dann auch so ein bisschen was passiert, dass da eine Interaktion war im Gottesdienst. Weil, ich glaube, sonst ist das einfach- jetzt grad für einen Familiengottesdienst oder so was, das muss ja schon so sein, dass die auch miteinbezogen werden. Die sitzen ja nicht nur eine Stunde oder eine halbe Stunde still hin und hören zu." (G4/I3/22-25)

Die Kerneigenschaft der als gelungen evaluierten Gestaltung des Gottesdienstes liegt in den vielen interaktiven Elementen innerhalb des Gottesdienstes. Die Kinder können am Geschehen aktiv teilnehmen und verbleiben nicht nur passiv in einer Rezipientenrolle. Um dies zu erreichen, ist eine deutliche Abweichung von ‚normalen‘ Gottesdiensten erforderlich, wie sie der Text beispielsweise mit einem „Konfirmandengottesdienst" identifiziert, „wo ja auch eher auf Kinder ein bisschen eingegangen werden soll und was [aber] zu=zu abstrakt religiös, fand ich, war" (G4/I3/54f.). Im Gegensatz dazu sind im vorliegenden Gottesdienst religiöse und interaktive Teile „gut eingeflossen ineinander" (G4/I3/56). Zudem bewertet der Text den stimmungsmäßigen Modus des Gottesdienstes sehr positiv:

> Es ist „zwanglos; also wenn es eben nicht funktioniert, kann man auch wieder gehen. Weil ich jetzt nicht wusste, ob er da jetzt so ruhig bleibt oder so, dann würde das ja irgendwie den=den, äh, Gottesdienst crashen irgendwie, wenn denn da so Babygeschrei wäre. Und das denke ich ist optimal ja (3), wenn das beides so sein darf." (G4/I3/63-66)

Der Gottesdienst hat seinen Charme nicht in einer perfekten Inszenierung, sondern in einer zwanglosen Offenheit, die eine Teilnahme auch auf Zeit ermöglicht. Dies senkt die Teilnahmeschwelle gerade für Eltern jüngerer Kinder erheblich, da auch ein nur zeitweiser Gottesdienstbesuch wertgeschätzt wird.

Die anderen beiden thematischen Felder zeigen nun einzelne Gottesdienstelemente in ihrer zielgruppenspezifischen Bedeutung. Der Text hält dazu zunächst allgemein fest, dass da die verschiedenen Gestaltungselemente „unterschiedlich [darin sind], auf welches Alter das jetzt abge- äh oder gezielt ist" (G4/I3/11f.). Im Hinblick auf das etwa eineinhalb Jahre alte Kind berichtet der Text im thematischen Feld ‚Musik‘ zunächst lobend von den musikalischen Teilen des Gottesdienstes:

> „Gut [war] vor allem das viele Singen, glaub ich. Ist ganz gut für die Kinder. Das fand also jetzt er besonders gut. [...] Das Singen und so Musizieren mit den Instrumenten, ich glaube, das fand er [das Kind S. L.] gut (3) und äh ja, sie [die Pfarrerin S. L.] hats auch schön gemacht mit dem, dass man=dass man sich so eben Sachen nehmen konnte und das so ein bisschen kindgerecht verpackt war." (G4/I3/10-15)

Das gemeinsame Singen und Musizieren wird zunächst allgemein, dann aber vor allem im Hinblick auf das eigene Kind positiv evaluiert. Dabei nehmen die zu Beginn des Gottesdienstes ausgeteilten Percussion-Instrumente eine wichtige Stellung ein. Durch die eigenständige Auswahl wird die persönliche Motivation der Teilhabe gesteigert und gleichzeitig Wertschätzung ausgedrückt. So zeigt sich hier implizit die oben beschriebene Unterscheidung nach Zielgruppen: Für das junge Kind ist vor allem das Spielen des Instrumentes eine tolle Erfahrung. Für die älteren Kinder und die Erwachsenen kommt hingegen noch das gemeinsame Singen als kollektive Erfahrung hinzu.

Das dritte und letzte thematische Feld ,Interaktives Gebet' geht auf ein Gestaltungselement ein, dass, so der Text, vor allem für die Erwachsenen und „auch die größeren Kinder" (G4/I3/15) ausgelegt ist. Hier wird erneut Interaktivität positiv herausgestellt, die das Gebet auch Kindern zugänglich machen kann. Auf die Frage, was „besonders gut gefallen hat im Gottesdienst" (G4/I3/17), antwortet der Text:

> „[A]lso das mit dieser Schale, äh, und mit dem, dass man da praktisch so (2) das vorbringen kann eben, ob man jetzt diesen Stein genommen hat oder die bunten Steine oder so und dass man so praktisch das Gebet irgendwie äh äußern konnte, das-. Und ich glaube, das war gut versinnbildlicht auch, dass es auch für die kleinen Patienten eben, ähm (2), dass die das verstanden haben, worum es geht." (G4/I3/18-22)

Auch hier bewertet der Text zunächst die Gebetsform allgemein positiv. Die Besucherinnen und Besucher haben die Möglichkeit, ihre eigene Situation in den Gottesdienst einzubringen. Dass diese Möglichkeit durch die Gegenstände auch für ältere Kinder geboten wird, stellt der Text anschließend positiv heraus und nimmt dabei erneut Bezug auf die Differenzierung innerhalb der Zielgruppe. Es fällt auf, dass der Text dabei über den direkten eigenen Bezug hinausgeht, der durch die Perspektive der erwachsenen Mutter und des Kleinkindes bestimmt wird.

Das vorliegende Interview berichtet insgesamt durchgehend positiv von dem besuchten Gottesdienst. Dabei ist die zielgruppengerechte, interaktive Gestaltung das zentrale Bewertungskriterium. Auf die verschiedenen Besuchsgruppen, Babys, Kleinkinder, Kinder und Erwachsene kann der Gottesdienst Rücksicht nehmen und zeigt verschiedene Gestaltungselemente, um alle Teilgruppen zu integrieren. Das gemeinsame Musizieren und das interaktive Gebet werden dabei als zwei Highlights besonders herausgehoben.

6.   Gesamtanalyse des Gottesdienstes

6.1.   Religiöse Inhalte: Impuls und Erntedank

In Bezug auf das Thema der religiösen Inhalte lohnt vor allem der Blick in die Teilnehmendeninterviews. Hier wird deutlich, wie unterschiedlich die Bedürfnisse und Erwartungen der Teilnehmerinnen und Teilnehmer sein können. Zwei der Texte sprechen durchgehend positiv über die religiösen Impulse sowie die interaktive und kindgerechte Aufbereitung der Inhalte (vgl. I1 und I3). Ein Teilnehmendeninterview spricht sich dagegen für eine deutlich gesteigerte Fülle von religiösen Inhalten aus und verweist auf die religiöse Vermittlungsfunktion der Pfarrerin (vgl. I2). Diese soll die Religiosität der vor allem von Krisen direkt betroffenen Besucherinnen und Besucher – Kinder wie auch Erwachsene – stärken, um in der Krisensituation seelsorgerliche und sinnhafte Zugänge zu ermöglichen. Die Forderung des dritten Teilnehmendeninterviews, hierfür verstärkt katechetische Formen im Gottesdienst zu nutzen – auch an Stelle von interaktiven Elementen -, steht den beiden anderen Teilnehmendeninterviews deutlich gegenüber. Diese schätzen gerade die auf Austausch und Einbindung angelegten gottesdienstlichen Teile. Dieses Gegenüber lässt sich kaum homogenisieren, zeigt aber deutlich die komplexen Erwartungen und Bedürfnisse einer plural verfassten Zuhörerschaft.

6.2. Rituale: Persönliche Segnung versus Gebet

Hinsichtlich der empirischen Wahrnehmung der Rituale fällt ein deutlicher Unterschied zwischen dem ethnographischen Protokoll und dem Interview mit der Pfarrerin auf der einen sowie den Teilnehmendeninterviews auf der anderen Seite auf. Erstere Texte stellen die gegenseitige Segnung als einen emotionalen und spirituellen Höhepunkt des Gottesdienstes heraus. In der theologisch und liturgisch aufgeladenen und gleichzeitig intimen Handlung können Eltern und Kinder auf besondere Weise ihre guten Wünsche und ihre Zuneigung ausdrücken. Die Teilnehmendeninterviews gehen allesamt hierauf mit keinem Wort ein. Drei Thesen könnten diese große Differenz erklären: Zum Ersten besteht die Möglichkeit, dass die persönliche Segnung in der Durchführung so optimal abgelaufen ist, dass Teilnehmenden diese zwar miterlebt, aber weit weniger reflektiert haben. Für die Besucherinnen und Besucher wäre die persönliche Segnung demnach ein positives und eventuell auch intimes, aber vor allem ein widerstandsfreies Gottesdienstelement gewesen, das in den Interviews darum auch nicht eigens angesprochen wurde. Eine zweite Deutungsmöglichkeit könnte die Auslassung gerade durch die hohe Intimität erklären, die während der persönlichen Segnung erlebt wurde. Diese könnte dazu geführt haben, dass im ungewohnten Setting des Interviews genau jene emotional aufgeladenen Erfahrungen nicht aus eigener Motivation angesprochen wurden. Eine dritte Interpretationsmöglichkeit könnte die Auslassung aus den grundverschiedenen Einstellungen und Vorerfahrungen heraus erklären. Die wichtige Stellung einer persönlichen Segnung, wie sie das ethnographische Protokoll und das Interview mit der Pfarrerin nachzeichnen, könnte von den Teilnehmendeninterviews auch schlicht nicht geteilt beziehungsweise nachvollzogen werden. Die persönliche Segnung verliert ohne die theologische Bestimmung ihr Alleinstellungsmerkmal. Die Aussage „ich bin froh, dass du da bist. Gott behüte dich" (G4/E/107f.) unterscheidet sich dann unter Umständen kaum von anderen elterlichen Zusprüchen und bedarf darum kaum einer ausführlichen Reflexion. Letztlich kann nicht geklärt werden, ob und wenn ja, welche der vorgeschlagenen Interpretationsmöglichkeiten auf die Teilnehmendeninterviews zutrifft. Deutlich ist dagegen, dass die Teilnehmendeninterviews stärker über die Gebetsrituale sprechen, wobei auch hier ein Unterschied hervorzuheben ist: Bewerten zwei Interviews das interaktive Gebet höchst positiv (I1, I3), schätzt ein Text das repräsentative Gebet der Pfarrerin weit mehr (I2). Hier können nun aber die Begründungsmuster deutlicher rekonstruiert werden. I1 und I3 schätzen vor allem die Möglichkeit, Persönliches in Verbindung mit dem Gottesdienst zu bringen. I2 sieht eine solche Öffnung vor Fremden eher kritisch, zeigt Bedenken etwas „falsch" (G4/I2/90) zu machen und hebt dagegen die kollektive und stellvertretende Funktion des Einzelgebets der Pfarrerin hervor.

6.3.   Reflexion aus Kinderperspektive

Auf Seiten der Teilnehmendeninterviews fällt deutlich auf, dass alle drei Texte in hohem Maße die kindliche Perspektive für die eigenen Reflexionen in den Vordergrund stellen. Zudem versuchen die Texte an vielen Stellen, diese kindliche Perspektive klar von der eigenen Erwachsenenperspektive zu unterscheiden. In weiten Teilen des Textes tritt diese abgegrenzte Erwachsenenperspektive deutlich zurück. Das ist auch insofern interessant, als zwei der Texte als Bezugspunkt ein Kleinkind in die Reflexionen einspielen. Den Wechsel auf die Erwachsenenperspektive wählen die Texte oftmals, wenn eigene Erfahrungen den Reflexionshintergrund bilden, die dem Kind auch zugänglich gemacht oder ermöglicht werden sollen. Dies kann beispielsweise in den Bedürfnissen der erlebten (Gottes-) Gemeinschaft (I1), den aufregenden und stützenden Dimensionen der Religiosität (I2) oder der Teilhabe als Person und der damit verbundenen Wertschätzung (I3, I1) liegen. Dass trotz dieser klaren Bezogenheit der elterlichen auf die kindliche Perspektive keine eigene Reflexion der persönlichen Segnung vorliegt, überrascht. Schließlich könnten beide Wahrnehmungen gut in eine direkte Verbindung zueinander gebracht werden.

6.4.   Gottesdienstgestaltung: Interaktiv und integrierend

Hinsichtlich der Gottesdienstgestaltung zeigen sich im Vergleich der Texte zunächst zwei große Überschneidungen: Alle Texte betonen die hohen interaktiven Anteile des Gottesdienstes und bewerten diese positiv. Zudem differenzieren die Texte zwischen den Zielgruppen Eltern und Kinder, wobei in einigen Texten (I2, I3) auch zwischen Kindern und Kleinkindern unterschieden wird. Die vornehmliche Ausrichtung auf die Kinder beziehungsweise älteren Kinder wird positiv wahrgenommen, gleichzeitig werden die anderen Gruppen nicht außen vorgelassen. Zwei der Texte (I1, I2) beobachten eine leichte Unsicherheit der Pfarrerin gegenüber den Eltern. Das Interview mit der Pfarrerin betont die hohe Spontanität der Gottesdienstgestaltung. Die anderen Texte nehmen diese Facette kaum wahr.

6.5.   Musik

Bei der Reflexion der musikalischen Teile des Gottesdienstes finden sich dagegen wieder große Übereinstimmung in allen Texten. Außer dem Interview mit der Pfarrerin, die das Themenfeld Musik ausspart, zeigen sich durchweg positive Evaluierungen des gemeinsamen Singens und Musizierens. Dabei heben vor allem die Teilnehmendeninterviews I2 und I3 die Percussioninstrumente hervor, mit denen auch kleinere Kinder am kollektiven Musizieren teilhaben können. Dass zusätzlich die Texte I1 und E das Lied positiv herausheben, bei welchem die Namen der Kinder eingebaut werden, zeigt, dass vor allem die interaktiven und auf persönlicher Teilhabe bezogenen Elemente des Musizierens und Singens wertgeschätzt werden.

6.6.   Inhaltliche Verdichtung

Die Texte des vorliegenden Gottesdienstes weisen eine deutliche Schwerpunktsetzung bei der inhaltlichen Dimension auf. Vor allem die Teilnehmendeninterviews zeigen hieran ein gesteigertes Interesse. Die Reflexionen beziehen sich zunächst auf den Verkündigungsteil im vorliegenden Gottesdienst. Daran anschließend daran lassen die Texte aber auch erkennen, wie stark die eigenen religiösen Vorerfahrungen, Prägungen und Bedürfnisse die Gedankengänge leiten und zu unterschiedlichen Schlussfolgerungen führen. Nicht nur in diesen Teilen fällt auf, dass die Teilnehmendeninterviews zwischen der elterlichen und der kindlichen Wahrnehmungsperspektive wechseln und dennoch versuchen, beide aufeinander zu beziehen. Dabei sind sich alle Texte darin einig, dass die hohen interaktiven Anteile im Gottesdienst eine positive Teilhabe vom Kleinkind bis zum Erwachsenen ermöglichen. In der Evaluierung der einzelnen Gottesdienstelemente gehen die Texte dann aber zum Teil deutlich auseinander, wobei auch hier die inhaltliche Verkündigung eine zentrale Rolle einnimmt. Zudem zeigen sich in der Auswahl der Themenfelder und der Inhalte deutliche Unterschiede zum Interview mit der Pfarrerin und dem ethnographischen Protokoll. Vor allem die gegenseitige Segnung von Kind und Eltern nimmt bei den beiden zuletzt genannten Texten eine hohe Stellung ein. Die Teilnehmendeninterviews gehen dagegen nicht auf die Segnung ein.

Soll der Gottesdienst in seinen Eigenheiten beschrieben werden, fällt vor allem das hohe Interesse der Teilnehmendeninterviews an der inhaltlichen Verkündigung auf. Alle drei Texte reflektieren diesen Zusammenhang, entwickeln dabei aber zwei grundverschiedene Profile gelingender Verkündigung. Da im Hintergrund der Ausführungen deutlich die Bedürfnisse und Erwartungen von Eltern und Kindern formuliert werden, soll der Gottesdienst die Überschrift „Erwartungen und Bedürfnisse im Kontext der Verkündigung" tragen.

Gottesdienstanalyse V – Gemeinschaft auf Zeit

Gerald Kretzschmar in Zusammenarbeit mit Jonathan Steinestel

An dem Gottesdienst, der am 18.12.2018 gefeiert wurde, nahmen sieben Kinder und sechs Erwachsene teil. Außerdem beteiligt waren die Pfarrerin, eine Musikerin mit E-Piano, eine Praktikantin und eine studentische Hilfskraft. Dem ethnographischen Protokoll ist folgender Ablauf zu entnehmen:

- Begrüßung und Einstieg: Frage der Pfarrerin, welches Kind wohl das älteste sei
- Anzünden der Altarkerze
- Votum (mit Bekreuzigung)
- Lied „Vom Aufgang der Sonne"
- Gebetsritual
- Lied
- Verkündigungsteil: Thema „Licht als Hoffnungssymbol"
- Lied
- Segen

1.   Raum für Gemeinschaftserfahrungen – Analyse des ethnographischen Protokolls

Das ethnographische Protokoll gliedert sich in fünf thematische Felder. Das erste thematische Feld *‚Die Konstitution der gottesdienstlichen Gemeinschaft'* beschreibt, wie alle, die den Gottesdienst mitgestalten und mitfeiern, nach und nach im Spielzimmer der Kinderklinik ankommen. Der Text verwendet viel Raum für die Schilderung, wie die Pfarrerin alle Ankommenden persönlich begrüßt. Dabei wird betont, dass die Pfarrerin die Situation des Ankommens dazu nutzt, von allen Kindern den Namen zu erfahren. Außerdem beschreibt der Text, wie die Pfarrerin zwei Kinder, die vom Gang aus in das Spielzimmer schauen, dazu ermutigt, hereinzukommen und am Gottesdienst teilzunehmen. Der Text hebt hervor, wie sehr der Pfarrerin daran gelegen ist, dass alle Kinder, sowohl diejenigen, die zu Fuß kommen, als auch diejenigen, die im Bett liegend teilnehmen, einen geeigneten Platz haben, um voll und ganz am gottesdienstlichen Geschehen teilhaben zu können. Betrachtet man das thematische Feld als Ganzes, so handelt es sich hier um eine Erzählung darüber, wie die Pfarrerin die gottesdienstliche Gemeinschaft konstituiert, indem sie Kinder persönlich begrüßt, sie nach ihrem Namen fragt und mit ihnen gemeinsam geeignete Plätze für die Feier des Gottesdienstes sucht.

Das zweite thematische Feld ‚Gegenseitige Wahrnehmung der Teilnehmenden' knüpft inhaltlich an das Vorangegangene an. Im Unterschied dazu steht nun nicht die Perspektive der Pfarrerin, sondern die der Teilnehmenden im Zentrum. Deren gegenseitige Wahrnehmung erfolgt, so der Text, indem die Pfarrerin jedes Kind mit Namen anspricht und fragt, wie alt es ist. Als Ergebnis dieser Vorstellungsrunde mit Altersnennung hält der Text fest: „Das verband die anwesenden Kinder untereinander ein wenig und gab erneut einen Überblick, wer zum Gottesdienst gekommen war" (G5/E/31f.). Recht ausführlich beschreibt der Text, wie die Pfarrerin Gott in die Gruppe aller am Gottesdienst Beteiligten einführt. Konkret geschieht das durch das Entzünden einer elektrischen Kerze, die die Anwesenheit Gottes symbolisieren soll. Dabei wird die hohe Priorität betont, die die Pfarrerin der Integration aller am Gottesdienst Beteiligten beimisst. So evaluiert der Text die Tatsache, dass die Kerze von einem kleinen, im Bett liegenden Jungen angezündet wird, mit der folgenden Formulierung: „Der Beobachter empfand es als mutig, dass Frau Schwager dafür einen kleinen Jungen um Hilfe bat, der am Gottesdienst im Bett teilnahm" (G/5/35f.). Interessant an dieser Passage ist auch, dass hier geschildert wird, wie die Pfarrerin das Anzünden der Kerze durch moderierende, an Joh 8,12 angelehnte Worte so inszeniert, dass auch Gott in die Gruppe integriert wird. Ebenfalls als integrative Maßnahme zur Konstitution der Gottesdienstgruppe kann das gemeinsame Singen und Aufführen des Bewegungsliedes „Vom Aufgang der Sonne" betrachtet werden, wovon der Schluss des thematischen Feldes berichtet. Durch die begleitend zum Singen gemeinsam ausgeführten Bewegungen wird das Singen des Liedes zu einem gemeinschaftsstiftenden Erlebnis für alle Teilnehmenden. Die gegenseitige Wahrnehmung unter den Teilnehmenden wird dadurch zum wichtigen Schritt bei der Etablierung der gottesdienstlichen Gemeinschaft.

Mit der Formulierung ‚Bewegendes aussprechen' kann das folgende thematische Feld überschrieben werden. Es befasst sich mit dem Gebetsritual. Der Text beschränkt sich darauf, den formalen Ablauf des Rituals zu schildern. Offenbar gab es keine Unsicherheit, Störung oder Ähnliches, auf die der Text hätte eingehen müssen. Lediglich eine Besonderheit spricht der Text eigens an: Er berichtet, dass die meisten Teilnehmenden die beim Ritual verwendeten Gegenstände schweigend in die Schale legten. Einem Mädchen und einer Mutter mit ihrer Tochter war es allerdings wichtig, die Gebetsanliegen laut in der Gruppe auszusprechen. So betete das Mädchen darum, gesund zu werden. Die Mutter und ihre Tochter beteten für ihren Sohn beziehungsweise Bruder, der gerade in der Klinik behandelt wurde. Es ist durchaus nicht selbstverständlich, in einer Gruppe einander fremder Menschen Dinge auszusprechen, die einen selbst bewegen oder belasten. Unter Berücksichtigung dessen ist die Tatsache, dass aus dem Kreis der am Gottesdienst Teilnehmenden insgesamt drei Personen ihre Gebetsanliegen laut ausgesprochen haben, bemerkenswert. Offenbar ist es der Pfarrerin durch ihr integratives Handeln im Vorfeld und während der Eingangsphase des Gottesdienstes gelungen, eine gottesdienstliche Gemeinschaft zu konstituieren, die so sehr von Vertrauten geprägt ist, dass sie die Möglichkeit bietet, persönliche Anliegen in der Gruppe offen auszusprechen.

Das vierte thematische Feld trägt die Überschrift ‚Die Kinder ins Spiel bringen‘. Es befasst sich mit dem inhaltlich-verkündigenden Teil des Gottesdienstes. Thematisch geht es hier um die Geschichte von einem König, der zwei Töchter hat, und der diejenige Tochter zu seiner Nachfolgerin machen möchte, die eine von ihm gestellte Aufgabe am besten löst. Die Aufgabe besteht darin, mit drei Goldstücken etwas zu kaufen, womit eine große Halle im Königspalast möglichst vollständig gefüllt werden kann. Die erste Tochter kauft für die Goldstücke eine Menge Stroh. Damit lässt sich die Halle aber kaum füllen. Die andere Tochter kauft eine Kerze, entzündet sie und das Licht der Kerze füllt die Halle vollständig aus. Damit hat sie die gestellte Aufgabe gelöst. Die Struktur dieses thematischen Feldes zeichnet sich dadurch aus, dass sich sein quantitativ größter Teil mit Schilderungen darüber befasst, wie die anwesenden Kinder einen konstruktiven Zugang zu der Geschichte erhalten können. Der Text beschreibt, wie die Pfarrerin die Geschichte inszeniert, indem sie einige Requisiten zur Verfügung stellt und die Geschichte von drei Kindern szenisch spielen lässt. Die übrigen Kinder werden in die Inszenierung ebenfalls eingebunden, indem sie während des Spiels Meinungen und Ideen einbringen können. Der Text widmet sich auch intensiv der Frage, inwieweit die inhaltliche Vermittlung eines zentralen Inhalts der Geschichte gelingt. Der Text schildert diesbezüglich eine Spannungslage zwischen einem inhaltlichen Zugang, den ein Mädchen stark macht, und der Deutung, die der Pfarrerin wichtig ist. So fokussiert sich das Mädchen ganz darauf zu erfahren, welche der beiden Töchter nun ‚gewinnt‘. Der Pfarrerin dagegen ist es wichtig, auf das Licht der Kerze hinzulenken und dieses als Hoffnungssymbol zu interpretieren. Der Text kommentiert diese Spannungslage wie folgt:

> „Den Übergang von der Erzählung der Geschichte zur theologischen Weiterverarbeitung empfand der Beobachter als holprig, da die beiden Inhalte etwas [...] unverbunden nebeneinanderstanden. Ich fragte mich, wie wohl die Kinder diese Geschichte für sich interpretierten [...] .“ (G5/E/84–89)

Neben der Schilderung dieser Problemlage stellt der Text die Integration der Kinder bei der Inszenierung der Geschichte als durchaus gelungen dar. So wird hervorgehoben, dass alle Kinder eingebunden werden und dadurch die Möglichkeit bekommen, auf eine je eigene Weise einen Zugang zu den Inhalten der Geschichte zu erhalten. Letztlich relativiert der Text auf diese Weise die angesprochene Problemlage, dass der von der Pfarrerin stark gemachte inhaltliche Aspekt unter Umständen nicht richtig bei den Kindern angekommen sein könnte. Schließlich schildert er vor allem, wie die Pfarrerin auf dem Weg der Inszenierung gemeinsam mit den Kindern eine Diskursgemeinschaft arrangiert, die eine Vielzahl an Zugangs- und Deutungsvarianten generieren kann und dadurch den Kindern gute Möglichkeiten zur individuellen Rezeption der durch die Geschichte aufgerufenen Inhalte bietet.

Das abschließende thematische Feld trägt die Überschrift ‚Der Segen als Raum der Verbundenheit'. Die Segensworte: „Gott lasse dich wachsen, behüte dich, nehme dir die Last von den Schultern, gebe dir ein starkes Herz und behüte dich" (G5/E/92f.), werden dabei gestisch inszeniert.

> „Mir schien, als seien die Bewegungen nicht nur für die Kinder beim Segen sehr geeignet. Eine Mutter machte die Bewegung sehr intensiv mit und strich sich die Lasten sehr bewusst von den Schultern. Das Fassen bei den Händen stärkte für den Beobachter das Gefühl der Verbundenheit mit den anderen Gottesdienstbesucherinnen und -besuchern." (G5/E/97-101)

Im Anschluss an die ersten beiden thematischen Felder rückt erneut die gottesdienstliche Gemeinschaft in das Blickfeld. Kinder und Erwachsene sind hier nun ausdrücklich als Teil der Gemeinschaft. Jene wird dadurch näher beschrieben, dass sie in der Lage ist, die Lasten der oder des Einzelnen aufzunehmen und ein Gefühl der gegenseitigen Stärkung zu vermitteln.

Betrachtet man das ethnographische Protokoll als Ganzes, dann fällt auf, dass sich das Thema ‚Gemeinschaft' wie ein roter Faden durch alle Passagen des Textes zieht. Dabei werden folgende Aspekte im Zusammenhang mit dem Thema ‚Gemeinschaft' entfaltet: Die Integration in die Gemeinschaft durch das offene und einladende Zugehen der Pfarrerin auf die Kinder, die Konsolidierung der Gemeinschaft durch das persönliche Bekanntwerden der Gottesdienstteilnehmerinnen und -teilnehmer, das Erlebnis einer vertrauten Gemeinschaft während des Gebetsrituals sowie einer Diskursgemeinschaft im Verkündigungsteil und schließlich die Entlastungsfunktion der Gemeinschaft während des Segens. Auch wenn der Text auf Details eingeht, wie zum Beispiel den Ablauf des Gebetsrituals, die Requisiten für die Inszenierung des inhaltlichen Impulses, die gestische Inszenierung des Segens oder einzelne Lieder, so fokussiert er diese Schilderungen stets auf gemeinschaftsspezifische Aspekte hin. Auf Grund dieser klaren Wahrnehmungs- und Deutungsperspektive durch den Text trägt das ethnographische Protokoll die Überschrift ‚Ein Raum für Gemeinschaftserfahrungen'.

2. Individuelle Wahrnehmung der Teilnehmenden als Voraussetzung für das Erleben von Gemeinschaft – Das Interview mit der Pfarrerin

Der Text setzt mit dem kurzen thematischen Feld ‚Nähe schaffen' ein, dass vor allem die Herausforderungen schildert, die bei einer Gottesdienstteilnahme von Patientinnen und Patienten in Betten entstehen. Besonders die räumliche Aufteilung des Gottesdienstraums und die Distanz der Kinder zum Altarbereich werden problematisiert. Schließlich sei die Nähe zum Geschehen für den Gottesdienst etwas sehr Wichtiges: „So, dass die Kinder gut gucken können. Das finde ich schon einen ganz wichtigen Faktor, dass da genug Nähe da ist. Gerade auch bei Sachen, die vorne passieren" (G5/P/8f.). Eine positive Globalevalution bringt zum Ausdruck, dass die Herstellung von Nähe in diesem Gottesdienst gelungen ist. Auf dieser Grundlage spricht der Text sogar von einem beschwingten Moment des Gottesdienstes, das der Text unter anderem auf das lebendige Interagieren der Pfarrerin mit einzelnen Gottesdienstteilnehmenden zurückführt. Der Text schildert die Kinder als „sehr ernsthaft dabei" (G5/P/24), „sehr-sehr da" (G5/P/25) und „zuhörend" (G5/P/26).

Das folgende thematische Feld ‚Themen im Hintergrund' schildert, dass die Pfarrerin um die Diagnosen und Krankheitsgeschichten der einzelnen Kinder und Eltern weiß und diese im Gottesdienst „im Untergrund auch mitbeweg[t] [...]." (G5/P/32) Kurze Erzählungen deuten Krankheitsgeschichten und Diagnosen der Kinder an. Der Text resümiert, dass die Situation in der Klinik eine „wahnsinnige Belastung für die Familie" (G5/P/36) sein kann.

Das thematische Feld ‚Notwendige Spontaneität' spricht Störungen an, die regelmäßig bei den Familiengottesdiensten in der Kinderklinik vorkommen können. Die erste Art von Störungen, die der Text anspricht, bezieht sich auf das Pflegepersonal, das aus dienstlichen Gründen immer wieder einmal den Gottesdienstraum betreten muss. Der Text qualifiziert diese Störungen als „normal in der Klinik" (G5/P/46f.) und entproblematisiert sie, indem er feststellt, dass sie „völlig ausgeblendet werden können" (G5/P/46). Wie genau das möglich ist, sagt der Text nicht. Eine weitere Form der Unterbrechung bezieht sich auf den konkreten Gottesdienst, der hier analysiert wird. So konnten beim Gebetsritual einige elektrische Kerzen nicht entzündet werden, was den Ablauf des Rituals störte. Der Text betont, dass es in solchen Situationen wichtig ist „sich Zeit zu nehmen" (G5/P/160), sich wieder zu „zentrieren" oder zu „ordnen" (G5/P/166) und gegebenenfalls einen „zweiten Anlauf" (G5/P/162) zu machen. Dadurch könne gezeigt werden, dass das, was nun gerade gesprochen oder getan wird, etwas „Wichtiges ist" (G5/P/162f.). Dass Störungen situationsbezogen und spontan so aufgegriffen und bearbeitet werden und dass das gottesdienstliche Geschehen mit seinem ganz eigenen Charakter stimmig bleibt, ist vor dem Hintergrund seiner besonderen Funktion im Klinikalltag, als eine Art Unterbrechung der medizinischen Routinen, besonders wichtig.

Das thematische Feld ‚Musik im Gottesdienst' betont die große Bedeutung, die Musik und Singen im Gottesdienst spielen. Zur Bedeutung des Singens erläutert der Text:

> „[...] ich muss dann laut singen [...], ich singe gern mit Kindern, weil- da muss ich nicht unbedingt richtig singen, da kann ich mit Lust singen und das macht wahnsinnig Spaß.

> [...] weißt du, mit den Instrumenten kann ich in so einen Dialog gehen [...], auch durch Gucken und Trommeln. Das find ich irre mit den Kindern [...] ." (G5/P/66-71)

Durch die Betonung des ‚laut Singens' schreibt der Text der Pfarrerin eine anleitende Rolle beim gemeinsamen Singen zu, auch wenn diese sich selbst nicht als „großen Gesangsheld" (G5/P/65) einstuft. Dieses Rollenverständnis hat zur Konsequenz, dass sich das Liedgut an den Fähigkeiten der Pfarrerin orientieren muss. Die leitende Rolle der Pfarrerin in Sachen Musik wird vom Text aber auch als ambivalent beschrieben. Die Pfarrerin wünscht sich, so der Text, die musikalische Leitung stärker bei der Organistin beziehungsweise dem Organisten zu verorten:

> „[...] weißt du, das ist für mich schon ein Thema, weil mein Ideal wäre, dass der Organist [...] oder der Musiker das antreibt und macht und ich dann bloß mitmachen kann. Manchmal mache ich ja dann auch was oder kann zu Kindern hingehen, oder so, und muss dann nicht auf den Text achten." (G5/P/92-95)

Auch wenn der Text anspricht, dass die Pfarrerin durch die musikalische Leitungsrolle für ihre Verhältnisse zu stark gebunden ist, stellt das thematische Feld die interaktiven Möglichkeiten zwischen der Pfarrerin und der Musikerin im Gottesdienst als positiv heraus: „Was ich sehr schätze an ihr [...] ist, dass sie sehr beweglich ist" (G5/P/88f.). Dies ermögliche es der Pfarrerin zum Beispiel, die Organistin in die musikalische Inszenierung der im Gottesdienst erzählten Geschichte einzubinden. Auch wenn dieses thematische Feld Varianten erörtert, wie das Zusammenwirken von Pfarrerin und Musikerin modifiziert werden könnte, so steht hier insgesamt die übergeordnete Fragestellung im Raum, wie es gelingen kann, die Kinder auch während der musikalischen Phasen des Gottesdienstes möglichst gut an der gottesdienstlichen Kommunikation teilhaben zu lassen.

Das Themenfeld ‚Ritual – Gebet – Segen' legt einen Schwerpunkt auf die Schilderung des Segens. Zum Gebetsritual werden noch einmal die zu vernachlässigenden Störungen und die im Hintergrund mitschwingenden Diagnosen und Krankheitsgeschichten der Kinder genannt. Als „etwas Berührendes" (G5/P/167) bringt der Text das Thema Segen in einer positiven Evaluation zum Ausdruck. Der Segen sei etwas, „wo man gemeinsam etwas macht" (G5/P/177), was mit dem Ausführen der Bewegungen identifiziert wird. Auf der Erlebnisebene liege für die Kinder der Schwerpunkt auf den Bewegungen, die ihnen Spaß machten und den Segen zu etwas Besonderem machten. Bei den Erwachsenen stünden dagegen nicht die Bewegungen im Vordergrund, sondern die zu den Bewegungen gesprochenen Worte. Der Text schildert das so: „[...] die Erwachsenen hören [...] zu. Die hören, dass noch etwas dabei ist. Auch wirklich dieses Schützen, Behüten von den Gedanken. [...] das sind elementare Erlebnisse in der Klinik [...]." (G5/P/177-182) Ob die vom Text angebotene Deutungsperspektive, wonach die Kinder durch die physisch-dynamische und die Erwachsenen durch die inhaltlich-kognitive Ebene des Segens besonders angesprochen würden, das Erlebnis des Segens für Kinder und Erwachsene schon hinreichend erklärt, muss dahin gestellt bleiben. Völlig plausibel erscheint jedoch die Deutung, dass die im Gottesdienst verwendete Form des Segens die leibliche Dimension sehr stark macht. Damit spreche der Segen eine Erfahrungsebene an, die die Krankenhaussituation sowohl der Kinder als auch der Erwachsenen deutlich prägt. Schließlich würde im Kontext der Klinik „alles sehr leiblich" (G5/P/187) erlebt, so dass von einer Passung zwischen der Form des Segens und dem Erleben in der Klinik auszugehen ist.

Der Text endet mit einem thematischen Feld, das die Überschrift ‚Die Geschichte im Gottesdienst' trägt. Der Text schildert das Erzählen der Geschichte in diesem Gottesdienst – wie auch in allen anderen Gottesdiensten – zunächst als offene Situation: „Also es sind immer Überraschungen, weil die Geschichte jedes Mal mit den Kindern anders wird [...] " (G5/P/102f.).

Durch den offenen Charakter der Geschichte entstehe eine Spannung:

> „[...] das ist immer so eine Balance, auf der einen Seite die Geschichte [...] durchzukriegen mit der Botschaft [...], damit ich auch weitermachen kann, und auf der anderen Seite, dass die Kinder auch gestalten können. Und das fand ich hier schön [...]."
> (G5/P/109ff.)

Die vom Text thematisierte Spannung besteht offenbar einerseits in dem Interesse der Pfarrerin, ihren eigenen Deutungszugang gleichsam als Botschaft der Geschichte zu vermitteln, und andererseits in dem Bestreben, den Kindern Raum für eigene Deutungszugänge zu öffnen. Darin, beides zu ermöglichen, besteht die Balance, von der der Text spricht. Im konkreten Fall des hier analysierten Gottesdienstes schildert der Text das Herstellen der Balance als gelungen, indem er die Evaluation „und das fand ich schön" (G5/P/111) wählt. Diese positive Evaluation bringt zum Ausdruck, dass die Pfarrerin im Zusammenhang mit der Präsentation und der Inszenierung der Geschichte das Ziel verfolgt, für alle Beteiligten einen Rezeptionsraum zu schaffen, in dem die deutenden Impulse der Pfarrerin gleichberechtigt neben den individuellen Rezeptionsformen der Gottesdienstteilnehmenden stehen.

Die thematischen Schwerpunkte, die das Interview mit der Pfarrerin setzt, weisen in der Zusammenschau eine klare Verbindungslinie auf. Letztlich kreisen alle thematischen Felder um die Frage, wie alle am Gottesdienst Beteiligten einerseits angemessen in ihrer Individualität wahrgenommen werden können und sich andererseits das Erleben von Gemeinschaft einstellen kann. Der Zugang, den der Text zur Beantwortung dieser Frage präsentiert, ist bereits im ersten thematischen Feld angelegt, das sich auf die Situation des Ankommens vor Gottesdienstbeginn und Findens geeigneter Plätze für alle bezieht. So wird schon hier entfaltet, wie wichtig es ist, dass alle Beteiligten entsprechend ihrer aktuellen krankheitsspezifischen Möglichkeiten eine möglichst große Nähe zum gottesdienstlichen Geschehen finden können. Das bezieht sich zwar zunächst ganz schlicht auf die räumliche Dimension, geht aber, wie es der weitere Verlauf des Interviews zeigt, auf die kognitive und emotionale Dimension über. Dies zeigt sich innerhalb des zweiten thematischen Feldes in der Kenntnis der individuellen Krankheitsgeschichten und Diagnosen der Kinder, welche hintergründig auch auf das gottesdienstliche Geschehen einwirken. Die folgenden thematischen Felder führen alle auf ähnliche Weise aus, wie in dem Gottesdienst die Gleichzeitigkeit und das Ineinander von individueller Wahrnehmung der Gottesdienstteilnehmenden einerseits und der Ermöglichung einer Gemeinschaftserfahrung andererseits realisiert werden. Zunächst zeigt der Text Möglichkeiten auf, trotz Störungen die Nähe zwischen dem gottesdienstlichen Geschehen und den Teilnehmenden aufrecht zu erhalten. Anschließend zeigen die thematischen Felder über Musik im Gottesdienst, Segen und die im Gottesdienst inszenierte Geschichte jeweils an konkreten Beispielen, wie sich die individuelle Wahrnehmung des und der Einzelnen durch die Pfarrerin sowie ein gemeinschaftsförmiges Erleben aller Beteiligten gegenseitig bedingen. Beim gemeinsamen Musizieren, so der Text, komme es darauf an, dass die Pfarrerin möglichst durchgehend im Modus dichter Interaktion mit den Teilnehmenden steht, um das Musizieren als gemeinschaftliches Erleben erfahrbar zu machen. Beim Segen sind es die Bewegungen und die dazu gesprochenen Worte im Umfeld der Motive des Schützens und Bewahrens, die die für die Krankenhaussituation wichtige leibliche Dimension aufrufen und den Teilnehmenden je individuelle Zugangsmöglichkeiten bieten, auf deren Basis wiederum der Segen als Gemeinschaftserlebnis wahrgenommen werden kann. Die Inszenierung der Geschichte schließlich ist so angelegt, dass sich sowohl die Kinder mit ihren individuellen Deutungsansätzen als auch die Pfarrerin mit den für sie wichtigen Deutungsimpulsen einbringen können. Auch dadurch wird im Vollzug der Inszenierung wieder ein Gemeinschaftserlebnis möglich, das auf den je individuellen Beiträgen aller Beteiligten basiert. Versucht man für das Interview ein übergreifendes Thema zu formulieren, so kann dieses in der individuellen Wahrnehmung der Teilnehmenden als Voraussetzung für das Erleben von Gemeinschaft gesehen werden.

3.   Faktoren gelingender religiöser Kommunikation im Gottesdienst – Teilnehmendeninterview I

Das Interview wurde mit der Mutter zweier Kinder geführt. Es fand zwei Tage nach dem Gottesdienst im Seelsorgezimmer der Pfarrerin statt. Die Gesprächspartnerin hat den Gottesdienst mit ihrer Tochter besucht. In der Klinik liegt ihr jüngerer Sohn, der medizinisch jedoch nicht in der Lage war, den Gottesdienst zu besuchen.

Das Interview wird mit dem ersten thematischen Feld ‚Gottesdienst als Bereicherung zum Alltag‘ im Stil einer Stegreiferzählung begonnen. Der Text beschreibt als Grund für den Gottesdienst, dass dieser „immer so ein schöner

Programmpunkt für den Sonntag" (G5/I1/16) sei. Besonders betont wird die persönliche Zugangsweise der Pfarrerin auf die Kinder und deren aktives Einbeziehen:

> „[...] das besonders Schöne finde ich, dass die Frau Schwager – oder auch, wenn mal eine Vertretung da ist -, dass sie die Kinder wirklich so persönlich ansprechen, immer nach den Namen fragen, nach dem Alter. Dass die Kinder auch mitmachen können, wenn sie wollen." (G5/I1/17ff.)

Insbesondere die Entscheidungs- und Handlungsfreiheit der Kinder sowie die Erfahrung, das eigene Ergehen selbst aktiv gestalten zu können, werden vom Text als eine Kontrasterfahrung zum sonstigen Klinikalltag geschildet, in dem das Ausgeliefertsein an Krankheit und Klinikpersonal die Normalität darstellt. Gerade die Unterbrechung der Klinikroutinen scheint die besondere Qualität des Gottesdienstes auszumachen. Gestützt wird diese Deutung durch folgende Hintergrunderzählung: „[...] wir gehen halt zu so besonderen Anlässen eher, also Weihnachten und Ostern und so [...], in die Kirche bei uns um die Ecke und zünden halt mal eine Kerze an für jemanden [...] " (G5/I1/66-69). Die Erzählung zeigt, dass der Klinikgottesdienst in der Zeit des Krankenhausaufenthaltes eine ähnliche Funktion erfüllt wie der Kirchgang zu Hause. Auch zu Hause, so der Text, fungiert der Gottesdienstbesuch als Unterbrechung der alltäglichen Abläufe und damit als Pause und Reflexionsraum. In dieser Hinsicht ist der Gottesdienst etwas ‚Besonderes', klar vom Alltag Unterschiedenes. Ein Rekurs auf das Gebetsritual präzisiert und verstärkt weiter, worin die besondere Qualität des Gottesdienstes besteht. Der Text beschreibt die Atmosphäre als etwas

> „Feierliches, Schönes, wo man mal abschalten kann vom Klinikalltag und auch nochmal so reflektieren kann – also gerade das mit diesen Steinen, was sie immer macht, und dem Licht, also gute Sachen und nicht so gute Sachen. Und für wen will man ein Licht anzünden? Also, das überlegt man einfach nochmal, ok, was war jetzt eigentlich gut und schlecht." (G5/I1/27-30)

Der Gottesdienst als Reflexionsraum mit alltagsunterbrechender Funktion dient, überblickt man das thematische Feld insgesamt, somit dazu, sowohl an andere Menschen zu denken als auch die aktuelle eigene Situation zu bedenken.

Die beiden folgenden thematischen Felder sind sehr kurz und werden daher auch analytisch an dieser Stelle nur kurz betrachtet. So evaluiert das thematische Feld ‚Musik im Gottesdienst' das gemeinsame Singen als „was echt Schönes für die Kinder" (G5/I1/43). Außerdem unterstreicht der Text eine gute musikalische Anleitung und Führung, damit gerade bei unbekannteren Liedern alle mitsingen können. Im Kern des thematischen Feldes ‚Die Geschichte im Gottesdienst' steht die Feststellung, dass die Möglichkeit, sich aktiv an der Inszenierung der Geschichte zu beteiligen, bei den Kindern große Freude auslöst.

Das letzte thematische Feld ‚Angebot der Kirche in der Klinik' stellt die Frage nach gelingender religiöser Kommunikation in den Mittelpunkt. Hier wird zunächst das Kommunikationsverhalten der Pfarrerin geschildert:

„Und ich finde es halt schön, dass nicht immer nur dieses-, dass man so arg gläubig sein muss und Gott jetzt- also keine Ahnung. Es gibt ja auch Pfarrer und Pfarrerinnen, die dann immer nur von Gott sprechen und so weiter. Gott behüte dich und was weiß ich. Und ich finde, sie ist so normal. Also, sie bringt halt auch immer eine Kleinigkeit mit und [...] verbindet so das Normale und eben dieses Religiöse. Und das finde ich eben sehr angenehm." (G5/I1/99-104)

Indem der Text hier eine Dichotomie zwischen einem ‚normalen' und einem ‚religiösen' Kommunikationsmodus zeichnet und eine eindeutige Präferenz für den ‚normalen' Modus zeigt, bietet er einen Einblick, wie religiöse Kommunikation im Gottesdienst, aber auch darüber hinaus im Alltag, nach Meinung der Befragten gelingen kann. So wird die Beschränkung auf explizit religiöse Semantiken und Inhalte als kommunikativ nicht fruchtbar beschrieben, während dagegen der ‚normale' Kommunikationsmodus, der an dieser Stelle der Pfarrerin zugeschrieben wird, als gelungene Kommunikationsform bezeichnet wird. Da der Text nicht mehr zu dieser Thematik entfaltet, entzieht es sich der abschließenden Deutbarkeit, worin genau ein solcher ‚normaler' Kommunikationsmodus besteht. Die im Text notierten Abgrenzungen von explizit religiösen Semantiken und Inhalten zeigen jedoch einerseits, wie eine gelingende Kommunikation zwischen Pfarrerinnen und Pfarrern ausgeschlossen ist. Mit Bezug auf die positive Seite der Dichotomie, also der gelingenden Kommunikation, weist der Text andererseits auf die Fähigkeit der Pfarrerin hin, religiöse Inhalte so zu kommunizieren, dass sie von Gesprächspartnerinnen und –partnern aufgenommen werden können. Die Kompetenz, religiöse Inhalte im Modus der gewöhnlichen Alltagssprache und konsequent orientiert an der aktuellen Situation und Befindlichkeit des Gegenübers in die Kommunikation einzubringen, sowie die Nutzung angemessener kommunikativer Möglichkeiten jenseits der sprachlichen Ebene, wie zum Beispiel des Übereichens kleiner Giveaways, dürften den vom Text als ‚normal' benannten gelingenden Kommunikationsmodus kennzeichnen.

In der Summe reflektiert das Interview den Gottesdienst als spezifische Form religiöser Kommunikation, nämlich als eine Unterbrechung alltäglicher Routinen im Allgemeinen und mit der Kliniksituation einhergehender Routinen im Speziellen. Der Raum, den der Gottesdienst durch seinen den gewöhnlichen Alltag unterbrechenden Charakter eröffnet, bietet kommunikative Aktivitäten in drei Richtungen. Zum einen stellt er eine Gelegenheit dar, an andere Menschen zu denken, die einem am Herzen liegen. Zum anderen bildet er einen Raum zur Selbstreflexion in Bezug auf die aktuelle Lebenssituation. Und schließlich realisiert sich im Gottesdienst beziehungsweise auch in dessen Umfeld eine gelingende religiöse Kommunikation. Als gelingend wird diese Kommunikation bezeichnet, weil es auf Grund der fachlichen Kompetenz der Pfarrerin zu Verständigungsprozessen kommt, die religiöse Inhalte einerseits und die situationsspezifischen kommunikativen Voraussetzungen der Gesprächspartnerinnen und –partner andererseits als kommunikative Grundlage ernst nehmen. Das übergeordnete Thema des Textes sind somit die Faktoren gelingender religiöser Kommunikation im Gottesdienst.

4. Gemeinschaft mit Menschen und Gott in einer belastenden Situation – Teilnehmendeninterview II

Das Gespräch wurde mit einer Patientin geführt, die zum Zeitpunkt des Interviews sieben Jahre alt war. Bei dem Gespräch, das im Patientenzimmer geführt wurde, war der Vater der Interviewpartnerin anwesend. Das Gespräch wurde nach einigen Minuten unterbrochen, als das Mittagessen der Interviewpartnerin gebracht wurde.

Es fällt auf, dass die thematischen Felder des Textes eher frei und assoziativ miteinander verbunden sind und sich gegenseitig durchdringen. Dennoch lässt der Text eine profilierte Sicht auf den Gottesdienst erkennen, die in der folgenden Analyse herausgearbeitet wird.

Das erste thematische Feld *Der Gottesdienst als Ort zum Wohlfühlen'* befasst sich zunächst mit dem Spielzimmer. Es wird als Gottesdienstort positiv hervorgehoben: „Ja, ich bin froh, dass es das Spielzimmer gibt. Und dass halt die Kinder da hindürfen. Weil, wenn das nicht geht, dann ist es für Kinder langweilig [...]" (G5/I2/4f.). Der Gottesdienst, so der Text, gewinnt durch die Wahl des Raumes an Attraktivität, da das Spielzimmer Abwechslung in den Klinikalltag bringt. Diese positive Sicht auf den Ort wird auf den Gottesdienst selbst übertragen. Auch er wird als „schön" (G5/I2/13) beschrieben. Im Folgenden werden noch weitere Gründe für die positive Evaluation des Gottesdienstes angeführt. Zunächst wird auf die aktive Einbindung der Kinder in die im Gottesdienst inszenierte Geschichte verwiesen. Die Interviewpartnerin spielte dabei die Rolle einer Königin beziehungsweise einer Prinzessin. Die mit dieser Rolle verbundene Bedeutung und Aufmerksamkeit ruft bei ihr, so der Text, ein „Wohlgefühl" (G5/I2/18) hervor. Aber auch das Gebetsritual trägt zur positiven Wahrnehmung des Gottesdienstes bei. Dazu unterstreicht der Text: „Ja, es ist halt gut, weil man dann sagen kann, ob man sich wohlfühlt oder nicht, und was alles so passieren kann [...]" (G5/I2/31f.). Diese Passage ist dahingehend interessant, als mit dem Zustand des Gut-Gehens ein Sachverhalt angesprochen wird, der sich auch auf einen negativen Zustand beziehen kann – nämlich den, dass es einem gerade nicht gut geht. Auch wenn es um einen negativen Zustand geht, kann gemäß der Logik des Textes ein positives Gefühl entstehen, weil das Gebetsritual die Möglichkeit bietet, Belastendes auszusprechen. Dass ein sieben Jahre altes Kind diese Möglichkeit des Gebetsrituals erkennt und nutzt und dies dann auch noch im Rahmen der Interviewkommunikation klar und deutlich artikuliert, spricht sowohl für die Wahrnehmungskompetenz des

Kindes als auch für die Funktions- und Leistungsfähigkeit des Gebetsrituals. Zuletzt nennt der Text als Grund für die positive Evaluation des Gottesdienstes noch die Möglichkeit, dort andere Kinder zu treffen: „[...] ich finde das schön und toll, weil man halt vielleicht Freundinnen sehen kann oder halt vielleicht Leute, die wir kennen aus dem Kindergarten und der Schule und so [...]" (G5/I2/68f.). Auch wenn im Fall des Familiengottesdienstes in der Kinderklinik eher keine Kinder aus dem Kindergarten oder der Schule anzutreffen sind, so bringt der Text hier doch zum Ausdruck, dass der Gottesdienst als Ort der wohltuenden Begegnung mit anderen Menschen wahrgenommen wird. Somit zählt auch die Erfahrung von Gemeinschaft zu den Gründen, die der Text in Bezug auf die positive Evaluation des Gottesdienstes anführt.

Im zweiten thematischen Feld ‚Operation' spricht der Text verschiedene Befürchtungen und Ängste der Interviewpartnerin an. Dazu zählen zum Beispiel negative Erfahrungen im Zusammenhang mit der Bewegungseinschränkung und der notwendigen Ruhe, die Folge der Operation sind (vgl. G5/I2/40f.). Außerdem spricht der Text die Schmerzen an, die mit dem Verabreichen einer Spritze einhergehen können: „Weil, ich wurde drei Mal gepikst und einmal musste ich so schreien. Aber beim zweiten Mal musste ich nicht weinen. Aber beim dritten Mal musste ich weinen [...]" (G5/I2/52f.). In solchen Situationen, so führt es der Text weiter aus, sei Gott ein Ansprechpartner im Zusammenhang mit den Sorgen der Interviewpartnerin: „Ich habe gesagt, dass der Gott uns helfen kann, wenn der vielleicht-, wenn ich vielleicht [...] übermorgen [...] am Herz operiert werde, dann tut der meine Hand halten [...]" (G5/I2/20ff.). Der Text beschreibt die Hoffnung auf Gottes Nähe ganz analog zu der physischen Nähe, in der sich die Eltern zu ihrer Tochter befinden. Allerdings geht aus dem Text nicht klar hervor, ob Gott die Hand ‚vielleicht' halten wird, oder ob mit dem Beistand Gottes während der Operation ganz sicher gerechnet wird. In deutender Perspektive kann dieses thematische Feld vor allem als Präzisierung der vorangegangenen Textpassage verstanden werden. Wurde Gott dort als Adressat für Dinge und Umstände eingeführt, die dazu führen, dass es einem nicht gut geht, so wird er hier analog zu einer konkreten Person als Größe geschildert, die in einer bedrohlichen Situation Beistand leistet, indem sie da ist und die Hand hält.

In der Gesamtschau begründet der Text die positive Sicht auf den Gottesdienst vor allem mit der sozialen Dimension, die ihm innewohnt. Er ist ein Ort, an dem man mit anderen Menschen, hier vor allem Kindern, zusammenkommen und mit ihnen interagieren kann, wie zum Beispiel in der inszenierten Geschichte. Aber er ist auch ein Ort in der eine wohltuende Interaktion mit Gott möglich ist – auch das gehört zur sozialen Dimension. Konkret fungiert Gott im Text als Adressat für Sorgen und Ängste sowie als Beistand in der als bedrohlich empfundenen Situation der Operation. Neben der Gemeinschaft unter den am Gottesdienst teilnehmenden Menschen betont der Text in noch höherem Maß die Gemeinschaft, in die die Interviewpartnerin im Kontext des Gottesdienstes mit Gott treten kann.

5. Der Gottessdienst als alltagsunterbrechendes Gemeinschaftserlebnis für die ganze Familie – Teilnehmendeninterview III

Das Gespräch wurde mit einer Familie im Zimmer des Patienten geführt. Anwesend waren beiden Elternteile, sowie die Tochter (7 Jahre) und der Sohn (3 Jahre). Der Sohn ist Patient in der Kinderklinik. Die Familie hat zum ersten Mal den Klinikgottesdienst besucht.

Das erste thematische Feld ‚*Gottesdiensterleben der Familie*' beginnt mit einer Globalevaluation: „War nett, ja. War mal eine Abwechslung [...]" (G5/I3/5). Der Aspekt der Abwechslung wird durch weitere Evaluationen näher beschrieben beziehungsweise in seiner positiven Wirkung weiter verstärkt. So wird das Gottesdienstgeschehen als „toll" (G5/I3/8), „für die Kinder spannend" (G5/I3/7f.) und „schön" (G5/I3/14) geschildert. Der Aspekt der Abwechslung zum Alltag wird im weiteren Verlauf des Texts mehrfach wieder aufgegriffen. Dabei fällt auf, dass über den Gottesdienst generalisierend gesprochen wird, so dass der Eindruck entsteht, nicht nur der Gottesdienst in der Kinderklinik, sondern auch die anderen Gottesdienste, die die Familie erlebt, werden als Abwechslung zum Alltag wahrgenommen. So hebt der Text hervor: „Ist immer gut so ein Gottesdienst. Ist immer positiv [...]" (G5/I3/69f.). Verstärkt wird der Aspekt einer positiven Alltagsunterbrechung durch Ausführungen zu der Rückfrage, ob die Interviewpartnerinnen und -partner denn etwas aus dem Gottesdienst in der Kinderklinik für den Alltag mitgenommen hätten:

> „Das vielleicht nicht, aber wie gesagt, dann halt, dass man mal was anderes sieht. Im Kontakt mit Leuten. Jetzt speziell was rausgezogen haben wir jetzt nicht. Aber wie gesagt, für uns ist es nichts neues. Wir sind öfters mal in der Kirche." (G5/I3/74ff.)

Diese Textpassage wirft die Frage auf, ob denn der Gottesdienst in der Kinderklinik aus der Sicht der Interviewpartnerinnen und -partner überhaupt Unterschiede zu anderen Gottesdiensten aufweist. Eine Antwort auf diese Frage gibt die folgende Passage, indem sie den Gottesdienst in der Kinderklinik kontrastiv von anderen Gottesdiensterlebnissen abhebt:

> „[...] alles eigentlich, ja, war super gemacht, einfach spannend, nicht so langweilig wie jetzt in der Kirche selber, ja. Für die Kinder ist es ja blöd eigentlich, so ein Gottesdienst. Aber so war es, fand ich, ganz spannend." (G5/I3/53-56)

An dieser Stelle nimmt der Text nun doch eine klare Kontrastierung zu anderen Gottesdiensten vor. Die Gottesdienste in der Kinderklinik sind, so der Text, für Kinder viel ansprechender als die Gottesdienste, die die Familie sonst besucht. Die positive Sicht auf den Gottesdienst in der Kinderklinik wird nochmals verstärkt durch den Hinweis, dass der Gottesdienst jeder Zeit wieder besucht werden würde und es keiner Veränderung bedarf:

> „Also anders würde ich gar nichts machen. Ich finde das alles sehr toll gemacht. Egal, was jetzt, ja doch, oder? Ja, einfach so weitermachen. Also wir haben nichts zu beanstanden." (lacht) (G5/I3/83ff.)

Überblickt man dieses thematische Feld insgesamt, so kommen hier zwei Sichtweisen auf den Gottesdienst nebeneinander zu stehen. Zum einen werden Gottesdienste im Allgemeinen dahingehend positiv gewürdigt, dass sie positive Unterbrechungen des Alltags darstellen. Dabei werden sie aber auch in einem so hohen Maß als routinisiert wahrgenommen, dass sie auf der Inhaltsebene meist keine neuen Impulse bieten und für Kinder letztlich langweilig sind. Zum anderen wird der Gottesdienst in der Kinderklinik im Speziellen als eine Gottesdienstform hervorgehoben, der es über den positiven Aspekt der Alltagsunterbrechung hinaus gelingt, die Kinder anzusprechen und nicht langweilig zu sein. Welche Faktoren genau dazu führen, dass sich keine Langeweile einstellt, führt der Text zunächst nicht näher aus. Lediglich, dass der Gottesdienst spannend sei, wird betont.

Faktoren, die den Gottesdienst in der Kinderklinik zu etwas Besonderem machen, sprechen allerdings die folgenden thematischen Felder an. So hebt das zweite thematische Feld ‚Musik im Gottesdienst‘ hervor, wie sehr die Kinder durch die musikalische Gestaltung in den Gottesdienst einbezogen werden: „Gut, dass auch jeder ein Instrument gekriegt hat. So können sie sich ein bisschen austoben [...]. Mitsingen können sie noch nicht. Aber wenigstens Musik mitmachen [...]" (G5/I3/46-49). Mit einer positiven Evaluation, die die wichtige Rolle der musikalischen Gestaltung für die Einbeziehung der Kinder in das gottesdienstliche Geschehen unterstreicht, endet das thematische Feld.

Auch das folgende thematische Feld ‚Der Gottesdienst als Ort der Begegnung‘ nennt einen Faktor, durch den sich der Gottesdienst in der Kinderklinik positiv von anderen Gottesdiensten abhebt. Dabei handelt es sich um den Wert der zwischenmenschlichen Begegnung: „Mir hat es gefallen, dass die Leute so zusammenkommen. Das gefällt mir immer in der Kirche. Darum geht es ja eigentlich auch. Das gefällt mir immer ganz gut [...]" (G5/I3/50f.). Erneut spricht der Text generalisierend von ‚dem‘ Gottesdienst, also nicht nur vom Gottesdienst in der Kinderklinik. Neben dem Aspekt der Alltagsunterbrechung ist es auch der Aspekt des Erlebens von Gemeinschaft, der die positive Sichtweise der Familie auf Gottesdienste generell, aber auch auf den Gottesdienst in der Kinderklinik im Speziellen erklärt.

Zusammengenommen zeichnet der Text das Bild einer grundsätzlich positiven Haltung gegenüber Gottesdiensten im Allgemeinen. Dabei fällt auf, dass der als positive Alltagsunterbrechung geschilderte Gottesdienstbesuch für die

Familie nicht den Mehrwert hat, aus dem Gottesdienst inhaltliche Aspekte zur Pflege der eigenen Religiosität mitzunehmen. Vielmehr scheinen es gemeinschaftsstiftende Erlebnisse zu sein, die die positive Sicht auf den Gottesdienstbesuch bedingen. Steigerbar ist die positive Sicht auf den Gottesdienst, wenn Kinder am gottesdienstlichen Geschehen aktiv teilnehmen können, so wie es beim Gottesdienst in der Kinderklinik der Fall ist. Dadurch wird der Gottesdienst zu einem alltagsunterbrechenden Gemeinschaftserlebnis für die ganze Familie.

6. Gesamtanalyse des Gottesdienstes

6.1. Musik im Gottesdienst

Zu den Themen, die die Interviewkommunikation dieses Gottesdienstes besonders prägen, zählt die Musik und das Singen im Gottesdienst. Interessante Aufschlüsse, welche Bedeutung die Musik im Gottesdienst spielt, bietet das Interview mit der Pfarrerin. Dieser Text hebt den dialogischen Charakter der Musik als wichtige Funktion innerhalb der gottesdienstlichen Kommunikation hervor, mit der es zu einer Interaktion zwischen der Pfarrerin und den anwesenden Kindern kommt. Die Pfarrerin spielt bei diesem Kommunikationsgeschehen die initiierende und leitende Rolle. Sie trägt so etwas wie die Prozessverantwortung dafür, dass der Dialog zwischen ihr und den Kindern in Gang kommt und während eines Liedes aufrecht erhalten bleibt. Wie anspruchsvoll diese Aufgabe ist, schildern die Interviewpassagen, die das Zusammenwirken und die Rollenverteilung zwischen der Musikerin und der Pfarrerin reflektieren. Im Zentrum dieser Reflexion steht die Leitfrage, wie die Musik im Gottesdienst dessen dialogischen Charakter so stark wie möglich fördern kann. Dass die Art und Weise, wie die Musik und das Singen im Gottesdienst praktiziert werden, tatsächlich positiv wahrgenommen und als dialogisches Geschehen empfunden werden, ist den Teilnehmendeninterviews I und III zu entnehmen. So schildert das Teilnehmendeninterview I das gemeinsame Singen im Gottesdienst als schönes Erlebnis für die Kinder und benennt die gute musikalische Anleitung und Führung als Ursache für diesen positiven Effekt. Auch das Teilnehmendeninterview III hebt die positive Funktion hervor, die die Musik im Gottesdienst spielt. Zusätzlich präzisiert es die Erklärung für diese positive Sichtweise weiter, indem es auf die Möglichkeit der Kinder hinweist, an der Musik im Gottesdienst aktiv mitzuwirken. Das ist möglich, weil die Pfarrerin zu Beginn des Gottesdienstes jedem Kind ein Instrument zum Mitmusizieren anbietet. In Bezug auf den dialogischen Charakter, den die Musik und das Singen in die gottesdienstliche Kommunikation einbringen, heißt das, dass der Dialog nicht nur nach dem Muster von Aktion (durch die Pfarrerin) und Reaktion (durch die Kinder) erfolgt. Vielmehr handelt es sich um einen Dialog, der zwar von der Pfarrerin und der Musikerin initiiert wird, in dessen Verlauf aber sowohl die Pfarrerin als auch die Kinder zu Akteurinnen und Akteuren werden. Dieses Strukturmerkmal der musikalischen Dialoge im Gottesdienst dürfte einer der Gründe dafür sein, dass der hier analysierte Familiengottesdienst in der Gesamtwahrnehmung ganz stark als Gemeinschaftserlebnis betrachtet wird.

6.2.   Die Geschichte im Gottesdienst

Ein weiteres Thema, das von den empirischen Zugängen zu diesem Gottesdienst mehrfach thematisiert wird, ist die Inszenierung der Geschichte über die beiden Königstöchter, die die Aufgabe haben, mit drei Goldstücken etwas zu kaufen, was die große Halle im Königspalast möglichst vollständig füllt. Das ethnographische Protokoll nimmt in Bezug auf die Wirkung der Inszenierung eine ambivalente Haltung ein. Auf der einen Seite problematisiert der Text die Frage, wie es der Pfarrerin gelingen kann, den Kindern die von ihr in den Mittelpunkt gestellte Kernaussage der Geschichte zu vermitteln, wenn die Kinder demgegenüber andere Aussagen für wichtiger erachten. Auf der anderen Seite stellt das ethnographische Protokoll positiv heraus, dass die Geschichte so inszeniert wird, dass sich möglichst viele Kinder an der Inszenierung und Deutung beteiligen können. Auffallend ist nun, dass die weiteren Texte diese Diskrepanz entproblematisieren beziehungsweise überhaupt nicht mehr ansprechen. So konstruiert das Interview mit der Pfarrerin keine Diskrepanz, sondern redet von einer Balance, die es herzustellen gelte. Diese Balance solle darin bestehen, dass die deutenden Impulse der Pfarrerin gleichberechtigt mit den individuellen Rezeptionsformen der Gottesdienstteilnehmenden zur Geltung kommen. Dass diese Balance durch die Inszenierung der Geschichte tatsächlich hergestellt und von allen Beteiligten positiv wahrgenommen wird, belegt die positive Evaluation im Interview mit der Pfarrerin, aber auch das Resümee im Teilnehmendeninterview I, wonach die Geschichte bei den Kindern große Freude ausgelöst habe, und die Feststellung im Teilnehmendeninterview II, dass die Mitwirkung in der Geschichte bei der Interviewpartnerin ein Wohlgefühl ausgelöst habe. In der Summe schildern die empirischen Zugänge zu diesem Gottesdienst die Inszenierung der Geschichte als ein Phänomen, bei dem die individuellen inhaltlichen Sichtweisen und Deutungen zu einem Gemeinschaftserlebnis zusammengeführt werden.

6.3. Der Gottesdienst als Ort des Umgangs mit Belastendem

Der Familiengottesdienst in der Kinderklinik ist dadurch charakterisiert, dass er in einem Kontext stattfindet, in dem Menschen mit außergewöhnlichen Belastungen konfrontiert sind. Diese bestehen konkret in den gesundheitlichen Problemen der Kinder, welche auch der Grund für den Aufenthalt im Krankenhaus darstellen. Aus diesen gesundheitlichen Problemen ergeben sich aber auch weitere Belastungen, die etwa um die Fragen kreisen, ob und wie sich das Alltagsleben von Familien durch die Erkrankung eines Kindes ändert, ob Eltern etwas versäumt oder falsch gemacht haben und sie sich deshalb unter Umständen mitverantwortlich für den Gesundheitszustand des Kindes fühlen, oder auch die grundsätzliche Frage, warum das eigene Kind an genau dieser Erkrankung leidet. Solche Formen von Belastungen bringen die Eltern und Kinder mit in den Familiengottesdienst in der Kinderklinik und erwarten, dass dort mit diesen Belastungen auf eine adäquate Art und Weise umgegangen wird. Es ist davon auszugehen, dass sowohl Eltern als auch Kinder die Qualität des Familiengottesdienstes in der Kinderklinik maßgeblich daran bemessen, ob und wie der Gottesdienst in der Lage ist, aktuelle Belastungen der Teilnehmenden aufzugreifen. Dass der hier analysierte Gottesdienst diese Erwartung in einer guten Form erfüllt, belegen gleich mehrere empirische Zugänge zu diesem Gottesdienst.

Es sind insbesondere das Gebetsritual und der Segen, die in den empirischen Zugängen zu diesem Gottesdienst als Orte und Gelegenheiten genannt werden, Belastendes zu thematisieren. So schildert das ethnographische Protokoll, wie Gottesdienstbesucherinnen und -besucher das Gebetsritual nutzen, Belastendes auszusprechen und dieses sowohl in die gottesdienstliche Gemeinschaft ein als auch vor Gott zu bringen. Offenbar bietet die gestalterische Durchführung des Gebetsrituals einen so geschützten Rahmen, dass Menschen es wagen, etwas so Intimes und Persönliches wie individuelle Belastungen in der Gegenwart anderer anwesender Personen und vor Gott zu artikulieren.

Auch auf den Segen als zweites liturgisches Element, das im Gottesdienst Belastendes aufgreifen und thematisieren kann, geht das ethnographische Protokoll ein. Im Unterschied zum Gebetsritual besteht für die Gottesdienstbesucherinnen und -besucher hier nicht die Möglichkeit, Belastendes zu verbalisieren und auszusprechen. Vielmehr bieten die liturgische Rede, dass Gott die Lasten von den Schultern nehmen möge die Möglichkeit, die je eigenen Erfahrungen vor Gott zu bringen. Dies wird von bestimmten Gesten wie zum Beispiel das symbolische Abstreifen der Lasten von den Schultern oder auch das gegenseitige Fassen an den Händen unterstützt. Darauf, dass der Segen auch tatsächlich dafür genutzt wird, deutet die im ethnographischen Protokoll geschilderte Beobachtung, dass die Bewegung des Lastenabstreifens und das Händehalten von den Teilnehmenden sehr bewusst vollzogen werden.

Das Interview mit der Pfarrerin spricht ebenfalls den Segen an und bietet Einblicke in die inszenatorischen Überlegungen der Pfarrerin. Ihr geht es um ein gemeinsames Erleben von Kindern und Erwachsenen. Ermöglicht wird der Erlebnischarakter dadurch, dass der Segen nicht nur gesprochen, sondern durch von allen gemeinsam vollzogenen Bewegungen begleitet wird. Gerade diese sollen spürbar machen, dass es beim Segen ganz stark um leibliche Aspekte des Lebens geht. Dadurch kann der Segen zu einer Gelegenheit werden, insbesondere in Bezug auf die krankheitsbedingten leiblichen Belastungen um Gottes Begleitung zu bitten.

Dass – und wie – der Gottesdienst als Gelegenheit wahrgenommen wird, Belastendes zu thematisieren, beschreibt das Teilnehmendeninterview II. So schildert das Interview, dass die siebenjährige Interviewpartnerin das Gebetsritual als Möglichkeit wertschätzt, Gott gegenüber zum Ausdruck zu bringen, wie es ihr gerade geht und welche Befürchtungen sie im Blick auf die Zeit im Krankenhaus hat. Außerdem bietet der Gottesdienst der Interviewpartnerin die Möglichkeit, Gott um Beistand in einer bedrohlichen Situation zu bitten. Das sieben Jahre alte Mädchen steht unmittelbar vor einer Herzoperation.

6.4.   Inhaltliche Verdichtung

Bei den empirischen Materialien zu diesem Gottesdienst fällt auf, wie sehr sie um Gemeinschaft als übergeordnetes Thema kreisen. Das ethnographische Protokoll kann in dieser Deutungsperspektive als detaillierter Bericht darüber gelesen werden, wie die Pfarrerin im Vorfeld und im Eingangsteil des Gottesdienstes unter den Gottesdienstbesucherinnen und -besuchern eine Gemeinschaft konstituiert, die dann im weiteren Verlauf des Gottesdienstes beim Gebetsritual, bei der Inszenierung des inhaltlichen Impulses, beim Segen sowie beim Musizieren und Singen konkret erfahrbare Gemeinschaftserlebnisse ermöglicht und durchläuft. Das Interview mit der Pfarrerin präzisiert das Thema der Gemeinschaftsbildung und -erfahrung aus der Binnenperspektive der Liturgin. Im Mittelpunkt dieses Interviews stehen Schilderungen darüber, wie die Pfarrerin jede und jeden Einzelnen im Gottesdienst wahrnimmt und die liturgischen Elemente des Gottesdienstes dann so gestaltet, dass sich alle Teilnehmenden auf der Grundlage ihrer je individuellen Bedürfnisse in die diversen gottesdienstlichen Interaktionen einbringen und die Erfahrung von Gemeinschaft machen können. Die Teilnehmendeninterviews präsentieren, wie die subjektorientierte Gemeinschaftsbildung, die das ethnographische Protokoll und das Interview mit der Pfarrerin beschreiben, auf je individuelle Weise von den Gottesdienstbesucherinnen und -besuchern wahrgenommen werden. So schildert das Teilnehmendeninterview I den Gottesdienst als Raum gemeinschaftlicher religiöser Kommunikation, bei der die Menschen im persönlichen sozialen Umfeld, die aktuelle eigene Lebenssituation und auf all das bezogene religiöse Deutungsangebote besonders bedeutsam sind. Der Fokus, den das Teilnehmendeninterview II auf das Thema Gemeinschaft richtet, hebt auf die wohltuende Wirkung des Zusammenseins mit anderen Menschen und die Gemeinschaft mit Gott in einer als bedrohlich empfundenen Lebenssituation ab. Das Teilnehmendeninterview III schließlich würdigt den Gottesdienst besonders als Raum, in dem sich Kinder begegnen und miteinander interagieren können, so dass der Gottesdienst zu einem Gemeinschaftserlebnis für die ganze Familie wird. Bündelt man die Erträge aller empirischen Zugänge zu diesem Gottesdienst, so kommt hier ein gottesdienstliches Geschehen in den Blick, bei dem sich Menschen, die sich nicht kennen, treffen, einander kennenlernen, miteinander agieren, eine situationsbezogene, wohltuende Erfahrung von Gemeinschaft machen und dann wieder auseinandergehen. Auf dieser Grundlage kann der Gottesdienst mit der Überschrift ‚Gemeinschaft auf Zeit' versehen werden.

Gottesdienstanalyse VI – Ein Raum für Emotionen, die im sonstigen Klinikalltag keinen Ort haben

Gerald Kretzschmar in Zusammenarbeit mit Kim Hellinga

Der Gottesdienst fand am 2.12.2018 statt. An ihm nahmen 8 Kinder und 13 Erwachsene teil. Außerdem beteiligt waren die Pfarrerin, eine Gitarristin, eine Praktikantin und eine studentische Hilfskraft. Dem ethnographischen Protokoll ist folgender Ablauf zu entnehmen:

- Anzünden der Altarkerze
- Begrüßung
- Votum (mit Bekreuzigung)
- Zwei Lieder
- Gebetsritual
- Lied
- Verkündigungsteil: Thema „Der Advent als Wartezeit"
- Lied
- Verteilen von Segensbändchen
- Vaterunser
- Segen
- Verteilen von Giveaways: Rote LED-Teelichter

1. Symbole und Rituale als kommunikative Räume – Analyse des ethnographischen Protokolls

Das ethnographische Protokoll gliedert sich in insgesamt fünf thematische Felder. Das erste und mit Abstand umfassendste thematische Feld ‚*Geschehnisse in der Zeit vor dem Beginn des Gottesdienstes*' schildert, wie die Pfarrerin den Adventsweg mit Weihnachtskranz vorbereitet, den sie später für den Verkündigungsteil benötigen wird. Ausführlich und in einem hohen Detaillierungsgrad wird die Ankunft der Gottesdienstbesucherinnen und –besucher beschrieben.

> Zu Gottesdienstbeginn waren „insgesamt vier Kinderwägen und ein Krankenbett im Spielzimmer gewesen [...]. Ein junges Paar hatte beispielsweise auch ihr Baby auf dem Arm. Die anderen Kinder waren alt genug, um eigenständig auf dem Stuhl neben ihren Müttern zu sitzen [...]." (G6/E/35-38)

Bereits an dieser Stelle spricht der Text die hohe Bedeutung des kommunikativ-interaktiven Aspektes des Gottesdienstes an, der hier in dem Bemühen greifbar wird, für alle Gottesdienstbesucherinnen und -besucher Plätze zu finden, von welchen aus sie bestmöglich am gottesdienstlichen Geschehen teilhaben können.

> „Der Pfarrerin lag vor Beginn des Gottesdienstes viel daran, dass alle gut sehen konnten und dass auch sie alle gut im Blick hatte, denn nur so konnten die Gottesdienstbesuchenden und sie miteinander in Kommunikation treten [...]." (G6/E/41ff.)

Mit einer Globalevaluation, die den erfolgreichen Abschluss der Gottesdienstvorbereitungen schildert, endet das thematische Feld:

> „Trotz der vielen Anwesenden und eben auch der Kinder, die teilweise schwer krank waren und an Geräte angeschlossen waren, war es nicht laut oder unruhig. Im Gegenteil, es herrschte eine entspannte, aber auch aufmerksame Stimmung [...]." (G6/E/44-47)

Das zweite thematische Feld *Beginn des Gottesdienstes* spricht die Begrüßung durch die Pfarrerin und das Votum an. Vor allem vertieft es aber das Anzünden der Altarkerze, das als liturgisches Stück Teil des Gottesdienstes ist. Die Pfarrerin bittet eine erwachsene Patientin und deren Tochter, die LED-Kerze zu entzünden. Der Text hebt das Entzünden der Kerze durch Mutter und Tochter als besonders dichten Moment hervor: „Sie und ihre Mutter legten gemeinsam den Schalter um, was in gewisser Weise bedächtig wirkte, obwohl es ja ,nur' ein Schalter an einer ,unechten' Kerze war [...]" (G6/E/49f.). Die Pfarrerin deutet und verstärkt die Intensität des Geschehens durch den Hinweis, „dass das Licht dieser Kerze für die Nähe Gottes stehe und er uns in diesem Licht nahe sei [...]" (G6/E/51f.).

Das dritte thematische Feld *Gebetsritual* gibt zunächst die Erläuterungen wieder, die die Pfarrerin zu diesem Ritual und den dabei verwendeten Gegenständen gibt. Drei Gegenstände, die jeweils mit einer symbolischen Bedeutung verbunden sind, machen das Gebetsritual aus.

> So seien die „LED-Teelichter [...] dafür da, eine Kerze für einen lieben Menschen anzuzünden, den man besonders gern hat und an den man gerade denkt. Die Steine würden für alle Sorgen und Ängste stehen, eben je nach Größe des Steins für große und schwere beziehungsweise kleine und leichtere Sorgen. Die Muggelsteine stünden für Erinnerungen und alles Schöne, was man erlebt hat [...]." (G6/E/68-72)

Im Laufe des Gebetsrituals können sich alle Teilnehmenden aus einer Box die Gegenstände nehmen, mit denen sie ihre jeweiligen Gebetsanliegen zum Ausdruck bringen wollen. Nun „konnten alle ihre Gegenstände in eine Schale legen, die dann auf einer Art Podest abgestellt wurde" (G6/E/74f.). Ähnlich wie schon zuvor das Anzünden der Altarkerze wird auch dieses Geschehen als sehr dicht, konzentriert und bewegend dargestellt:

> „Im Hintergrund spielte die Gitarristin leise ein Musikstück. Alle Beteiligten warteten geduldig darauf, bis sie jeweils drankamen. Beim Ablegen der Gegenstände war es schön

zu beobachten, wie die jeweiligen Elternteile ihren Kindern erklärten, was sie da machten und vor allem, welche Bedeutung das für sie hatte." (G6/E/75-79)

Der Text schildert das Ritual als kommunikative Situation mit zwei Bezugs-
punkten. Zum einen geht es um die Kommunikation zwischen den agierenden
Subjekten und Gott. Zum anderen treten Eltern und Kinder miteinander in eine
Kommunikation.

Das vierte thematische Feld ,*Der Adventskranz als Symbol hoffnungsvollen War-*
tens' befasst sich mit dem inhaltlich-verkündigenden Teil des Gottesdienstes.
Zunächst wird Johann Hinrich Wicherns ,Erfindung' des Adventskranzes geschildert. Ähnlich wie bei Wicherns ,Adventskranz' hat die Pfarrerin einen
Adventsweg vorbereitet, bei dem für jeden Tag im Advent eine Kerze angezündet wird, das heißt nicht nur an den Adventssonntagen. Der Text betont, dass
das tägliche Anzünden einer Kerze die Kinder eher anspricht als die gewohnte
Praxis, nur mit vier Kerzen für die Adventssonntage zu arbeiten. Prägend für
dieses thematische Feld ist die Interaktion, die zwischen Pfarrerin, Kinder und
Eltern beschrieben wird.

> Anfangs erläutert die Pfarrerin, „dass der Adventsweg für den Weg der Hoffnung stünde
> und zugleich das Warten symbolisiere. Und dieses Üben der Geduld, ob im Krankenhaus-
> alltag oder beim Warten bis endlich Weihnachten ist, kann eben durch das tägliche An-
> zünden einer kleinen und das sonntägliche einer großen Kerze, erleichtert und verschö-
> nert werden." (G6/E/93-96)

Über die Frage, wie viele Kerzen nun im Gottesdienst an dem von der Pfarrerin
vorbereiteten Adventsweg angezündet werden sollten, stehen, so der Text,
unterschiedliche Meinungen im Raum:

> „Als die Pfarrerin die Kinder in der Runde fragte, welche Kerzen sie denn schon anzün-
> den dürfe, war es ihnen äußerst wichtig, dass sie erst die bis zum ersten Advent anzün-
> det und die restlichen eben noch nicht. Einige Erwachsene schmunzelten darüber, dass
> die Kinder so konsequente Überlegungen dazu hatten und sich einig darüber waren, ge-
> duldig abzuwarten. Manche Erwachsene erwähnten gegenüber der Pfarrerin dann noch,
> dass es ja schon auch Sinn ergeben würde, die Kerzen schon vor dem eigentlichen Tag
> anzuzünden, damit sie gleichmäßig abbrennen. Aber damit waren die Kinder absolut
> nicht einverstanden und bestanden darauf, immer erst die Kerze anzuzünden, die auch
> ,dran' ist [...]." (G6/E/96-104)

Auffallend an dieser Passage ist der Sachverhalt, dass die Kinder für eine Art
,ordnungsgemäßes' Warten votieren, bei dem die klare Regel angewandt wird,
dass jede Kerze erst dann angezündet wird, wenn sie an der Reihe ist, während
die Erwachsenen und gegebenenfalls auch die Pfarrerin das anders sehen. Auf
der inhaltlichen Ebene ist die Situation dahingehend interessant, dass die Kinder das Thema Warten, so wie es durch das Symbol des Adventskranzes beziehungsweise Adventsweges angesprochen wird, mit einer spezifischen Ord-
nungsvorstellung verbinden, während zum Beispiel der von der Pfarrerin thematisierte Aspekt der Hoffnung von den Kindern nicht aufgegriffen wird. Ähnlich wie beim Gebetsritual wird auch hier wieder eine Situation geschildert, in

der die Pfarrerin einen Raum öffnet, in dem die beteiligten Akteurinnen und Akteure selbstbestimmt miteinander kommunizieren.

Das thematische Feld ‚*Einzelsegnung*' beschließt das ethnographische Protokoll. Neben der Darstellung der Einzelsegnung werden hier das Beten des Vaterunsers, der Schlusssegen und die Verteilung von Giveaways angesprochen. Den größten Raum nimmt in diesem thematischen Feld allerdings die Einzelsegnung ein. Auch bei diesem liturgischen Stück berichtet das ethnographische Protokoll von einer dichten Atmosphäre. Dabei liegt der Fokus auf der Interaktion zwischen der Pfarrerin und den Gesegneten:

> „Die Pfarrerin ging zu jeder und jedem Einzelnen hin und legte ihr beziehungsweise ihm das Armband um das Handgelenk [Anm.: Es handelte sich um grüne Armbänder in der Art eines Freundschaftsbändchens]. Dabei sprach sie teilweise auch individuelle Worte – je nach Lebenssituation der Angehörigen, oder aber Worte wie ‚Gott möge dich xy segnen und behüten bei all deinem Tun.' Aufgefallen ist dabei, dass es in keiner Weise aufdringlich rüberkam, weil sie die Bänder ja behutsam um die Handgelenke legte und sie nicht etwa herumgebunden hatte." (G6/E/107-112)

Wie bei vorangegangenen liturgischen Stücken wird auch bei der Einzelsegnung das kommunikative Profil näher beschrieben. Es ist charakterisiert durch die individuelle Zuwendung der Pfarrerin zu der oder dem Einzelnen. Dies erfolgt jeweils durch die Nennung des Namens und das Sprechen eines guten Wunsches sowie durch die segnende Berührung, die durch das Auflegen des Segensbandes erfolgt. Die Kommunikationsrichtung erfolgt hier zunächst von der Pfarrerin hin zu den Gesegneten, wodurch der Segen als Zuspruch mit seelsorgerlichem Charakter hervorgehoben wird. Als eine Art Antwort seitens der Gesegneten kann dann das anschließende gemeinsam gebetete Vaterunser verstanden werden.

Betrachtet man das ethnographische Protokoll zu diesem Gottesdienst insgesamt, so fällt auf, dass sowohl hinsichtlich des quantitativen Bedarfs als auch in Bezug auf den Detaillierungsgrad die im Gottesdienst vorkommenden Symbole und Rituale eine besondere Aufmerksamkeit erhalten. Interessant ist, dass sowohl die Verwendung von Symbolen (Entzünden der Altarkerze, Adventskranz beziehungsweise Adventsweg) als auch die Durchführung von Ritualen (Gebetsritual, Einzelsegnung) unter einem spezifischen Aspekt geschildert werden: Sie bieten Raum zu Interaktion und Kommunikation. Dazu passt auch, dass im einzigen thematischen Feld ohne Ritual- oder Symbolbeschreibung die möglichst optimale Vorbereitung der Interaktions- und Kommunikationsräume geschildert wird. Auffallend ist, dass das ethnographische Protokoll dem gemeinsamen Singen im Gottesdienst nur geringe Aufmerksamkeit schenkt. Aus der Sicht des ethnographischen Protokolls stellt sich dieser Gottesdienst als getragen von Symbolen und Ritualen dar, die auf unterschiedliche Art und Weise Räume der Kommunikation öffnen.

2. Spontaneität und individuelle Wahrnehmung der Teilnehmenden als Bedingung gelingender gottesdienstlicher Kommunikation – Das Interview mit der Pfarrerin

Das erste thematische Feld ‚*Gottesdienstteilnehmer*‘ spricht zunächst die freudige Überraschung über die große und „bunt[e]“ (G6/P/15) Gottesdienstgemeinschaft an. Vermutlich ist diese Buntheit auf den kirchlichen Hintergrund der Teilnehmenden bezogen, auf den der Text explizit zu sprechen kommt:

> „[...] jetzt mit Anführungszeichen – mein Eindruck war: manche waren nicht unbedingt so total kirchlich drin (mh), auf der einen Seite. Und auf der anderen Seite fand ich, so bei den Liedern haben sie mitgemacht und haben sich eingebracht.“ (G6/P/16-19)

Spannend ist hier, wie das Mitmachen bei den Liedern als Kontrast zu dem vermuteten geringen Maß kirchlicher Orientierung inszeniert wird. Dennoch bleibt unklar, was genau mit „kirchlich drin“ (G6/P/17) gemeint ist und welche Funktion die Kontrastierung genau erfüllt. Möglicherweise soll diese hervorheben, in welch hohem Maß sich die Familien am gottesdienstlichen Geschehen beteiligen, obwohl sie im Alltagsleben eher selten Gottesdienste besuchen und auch dem Glauben keine allzu große Bedeutung beimessen. Intensive Formen von Kirchlichkeit und Glauben wären dann im Umkehrschluss nicht bunt und auch nicht von einer so starken Aktivität geprägt wie im Familiengottesdienst in der Kinderklinik. So beschreibt der Text die Gottesdienstbesucherinnen und -besucher, insbesondere die Eltern, als sehr präsent, auch im Kontrast zu anderen Gottesdiensten: „[...] ich fand die Eltern dann sehr [präsent] – die waren nicht müde oder weg oder genervt oder so halb am Handy, was es ja manchmal auch gibt [...]“ (G6/P/60ff.). Die Schlusspassage des thematischen Feldes bringt zum Ausdruck, wie gut die Pfarrerin viele Familien und deren Einzelschicksale kennt, und wie wichtig es der Pfarrerin ist, dass die Kinder beim Gottesdienstgeschehen vorne sitzen sollten, damit sie auch alles sehen können. Die Kinder werden hier klar als Zielgruppe des Gottesdienstes in den Blick genommen.

Das zweite thematische Feld bezieht sich auf den ‚*Adventsweg*‘. Die Feststellung, dass die Erwartungen, die die Pfarrerin mit dem Adventsweg verbunden hatte, nicht in Erfüllung gegangen sind, prägt das thematische Feld. Der Text spricht von einer Enttäuschung und schildert die eigentliche Zielsetzung, die die Pfarrerin mit dem Adventsweg verbunden hatte. Gemeinsam mit den Erwachsenen und den Kindern sollte überlegt werden, was beim Warten und beim Geduldhaben hilft. Die Resonanz auf entsprechende Gesprächsimpulse fiel gegenüber den Erwartungen der Pfarrerin schwach aus. Als Grund dafür nennt der Text das junge Alter vieler Kinder. Inhaltlich lag der Fokus der Pfarrerin, so der Text, auf dem langen Weg, dem langen Warten. Diese Themen sollten auf die Lebenswirklichkeit der Familien übertragen werden: Auch die Eltern und die Kinder in der Klinik müssten einen langen Weg aushalten.

In einem längeren Abschnitt wird die Frage nach dem Anzünden der Kerzen im Adventsweg behandelt. Der Text beschreibt, wie die Pfarrerin während der Erzählung zum Adventsweg fragte, ob man alle Kerzen anmachen soll. Dies wurde, so der Text, erst verhalten, dann aber ganz explizit verneint. Im Unterschied zur Meinung der Kinder hatte die Pfarrerin eigentlich vor, alle Kerzen des Adventsweges anzuzünden, um auf diesem Weg das Symbol des Lichtes kräftig in den Raum zu stellen und darüber sprechen zu können.

Der Text kommt noch einmal unter einem anderen Aspekt auf die Interaktion beim Adventsweg zurück. Er drückt eine Irritation in Bezug auf die durch die Gottesdienstteilnehmer vorgeschlagene Hilfe beim Warten aus. Mehrfach berichtet der Text, es sei drei Mal gesagt worden, dass man durch gutes Vorbereiten das Warten aushalten kann. Innerhalb des Textes wird festgestellt, dass es nicht klar ersichtlich war, ob mit diesem Vorbereiten das Weihnachtsfest oder die verschiedenen Lebenssituationen gemeint waren. Der Vorbereitung als Hilfe zum Warten auf das Weihnachtsfest stellt der Text einen vehementen Widerspruch der Pfarrerin entgegen:

> „[...] wenn du Weihnachten gut vorbereitest, dann hast du auch keinen Adventsstress-, da habe ich mir gedacht: Das ist ja noch mehr Stress! [...] also bin ich dagegen dann (ja) so, in dem Sinn, dass man sich auch noch Druck durch das Vorbereiten machen muss [...]." (G6/P/201-204)

Hier werden unterschiedliche Verständnisse dessen deutlich, was unter Vorbereitungen verstanden werden kann. Diese Irritation ist der Grund, warum die Pfarrerin, wie es der Text beschreibt, an dieser Stelle im Gottesdienst festgehakt ist. Eigentlich wollte die Pfarrerin mit dem Impuls zum Adventsweg auf die Fragen hinaus, wie man die Länge des Weges, die Ungewissheit und das Warten aushält. Das Licht der Kerzen sollte dabei ein Symbol der Ermutigung sein. Der Aufbau des Adventsweges war somit sehr durchdacht und auf konkrete Inhalte bezogen. Umso mehr schildert der Text das Bedauern darüber, dass die mit dem Adventsweg ursprünglich verbundene Zielsetzung im Gottesdienst nicht realisiert werden konnte. Resümierend nennt der Text das Fazit der Pfarrerin: „[...] was ich langsam lerne: Wenn etwas nicht geht, dann geht's nicht (ah ja). Dann muss man es auch lassen [...]" (G6/P/240f.). Der Text schildert nun die Entscheidung der Pfarrerin, den Adventsweg abzubrechen und im Ablauf des Gottesdienstes fortzufahren. Hierin spiegelt sich auch das vom Text beschriebene Gefühl, dass gerade die vielen Kleinkinder deutlich mehr beim Singen erleben als bei der Geschichte und dem Gespräch über den Adventsweg.

In der Summe gewährt dieses thematische Feld einen verdichteten Einblick in den situationsbezogenen Entscheidungsfindungsprozess der Pfarrerin. Dieser Prozess erstreckt sich über drei Phasen: Zu Beginn steht die Problemwahrnehmung (Intervention der Kinder gegen den geplanten Ablauf des Advents-

weges), dann folgt eine Krisensituation (Abwehr der Intervention, Enttäuschung) und schließlich eine Neuorientierung mit konkreter Problemlösung
(Wahrnehmung der Bedürfnisse und Möglichkeiten der Kinder und gemeinsames Singen). Deutet man die in diesem thematischen Feld geschilderte Situation, kann sie als gelungenes Beispiel liturgischer Präsenz charakterisiert werden.

Das folgende thematische Feld trägt die Überschrift ‚Musik im Gottesdienst‘.
Im Mittelpunkt stehen hier Erläuterungen zur Liedauswahl im Gottesdienst. Zu
Beginn steht die Information, dass die Liedauswahl spontan erfolgt, um auf
diese Weise auf die Gottesdienstbesucherinnen und -besucher einzugehen.
Anhand der im Gottesdienst gesungenen Lieder werden die spontanen Entscheidungen zur Liedauswahl illustriert. So nahm die Pfarrerin wahr, dass das
erste Lied bei Kindern und Erwachsenen eher unbekannt war. Aus diesem
Grund wählte sie im Rahmen des Gebetsrituals ein sehr bekanntes Lied, von
dem sie wusste, dass auch die kleinen Kinder gut mitsingen konnten. Auch das
Weglassen von Liedern, die die Pfarrerin ursprünglich singen wollte, von denen sie dann aber den Eindruck hatte, dass sie nicht geeignet sind, zeigt das
situativ-spontane Vorgehen. Resümierend bezeichnet die Pfarrerin das Singen
als das „Highlight" (G6/P/249) des Gottesdienstes. In funktionaler Hinsicht
knüpft dieses thematische Feld noch einmal an das vorangegangene an und
unterstreicht die Notwendigkeit, liturgisch präsent auf die jeweiligen gottesdienstlichen Situationen und die Bedürfnisse der Teilnehmenden zu reagieren.

Das thematische Feld ‚Gebetsritual, Vaterunser und Segen‘ geht zunächst auf
die große Teilnehmerzahl des Gottesdienstes und eine daraus resultierende
anfängliche Unsicherheit der Pfarrerin ein. Der Text thematisiert insbesondere
eine mögliche Unruhe, die auf Grund der großen Teilnehmerzahl und der damit verbundenen langen Dauer des Gebetsrituals einhergehen könnte. Als
Problemlösung präsentiert der Text die intuitive Entscheidung der Pfarrerin,
sich sowohl beim Gebetsritual als auch beim Segen die nötige Zeit zu nehmen.
Der Text berichtet anschließend vom den als positiv wahrgenommenen Blick-
kontakten während des Rituals mit Eltern und Kindern als Beleg für das Vorgehen. Dies wird als besondere Situation beschrieben, die nur möglich war, weil
ausreichend Zeit zur Verfügung stand. Auffallend ist an dieser Stelle die vom
Text verwendete Formulierung: das „Ritual mit dem Beten" (G6/P/47). Mit
dieser Formulierung wird ein besonderer Aspekt des Gebetsrituals angesprochen. Er besteht darin, dass das Ritual auch verstanden und begangen werden
kann, wenn jemand kaum oder auch gar nicht deutsch spricht. Der Text beschreibt diesen Sachverhalt am Beispiel des Verhaltens einer ausländischen
Familie:

> „[...] wobei ich den Eindruck habe, sie hat das Ritual sehr gut verstanden. Also da habe
> ich gemerkt: Sie weiß=weiß Bescheid, also das hat sie verstanden und auch mitgemacht.
> [...] Das ist ja immer spannend, wer was reintut. Das fand ich sehr=sehr bewusst, was sie
> da reingetan hat." (G6/P/139-143)

Die Schilderungen der Blickkontakte während des Rituals und der Partizipationsmöglichkeit am Ritual auch mit schlechten oder überhaupt nicht vorhandenen Sprachkenntnissen betonen das besondere Potential des Gebetsrituals auf der nonverbalen Ebene. Beim Vaterunser, so der Text, kann nicht von einem automatischen Gelingen der Kommunikation ausgegangen werden – etwa, weil hier neben der sprachlichen noch weitere Kommunikationsebenen eine Rolle spielen würden. Aus diesem Grund zählt das Vaterunser nicht zu den festen liturgischen Bestandteilen der Familiengottesdienste. Je nach der Stimmung, die im Gottesdienst herrscht und der Wahrnehmung der Gottesdienstteilnehmerinnen und -teilnehmer durch die Pfarrerin, trifft diese spontan die Entscheidung, ob das Vaterunser gebetet wird oder nicht. Im Fall des hier analysierten Gottesdienstes nennt der Text für das Beten des Vaterunsers zwei Gründe:

> „Das war ein Stück weit, weil mir der Papa von [Name eines Kindes] den Namen erklärt hat und da habe ich gemerkt, er ist ein aramäischer Christ und darum auch, klar, dabei. Also, das war dann schon mal etwas und dann habe ich einfach die Eltern so aktiv mitmachend erlebt, also in ihrer Präsenz aktiv mitmachend und deswegen habe ich gedacht: So, ich mach' jetzt das Vaterunser [...]." (G6/P/90-95)

Der erstgenannte Grund für oder gegen das Beten des Vaterunsers bezieht sich auf den religiösen Hintergrund der Teilnehmenden. Der zweite Grund bezieht sich auf die Stimmung im Gottesdient im Allgemeinen.

Hinsichtlich des Segensbandes, das zum persönlichen Segen verteilt wurde, beschreibt der Text die große Freude der Besucherinnen und -besucher darüber, dass es mitgenommen werden durfte. Dieses Segnen unter Verwendung des Segensbandes beschreibt der Text als „super emotional" (G6/P/284f.). Dennoch oder gerade deswegen betont der Text, dass man aufpassen muss, dass man niemanden den Segen „überstülpt" (G6/P/289). Auch hier sind die individuellen Bedürfnisse der Teilnehmenden besonders im Blick. Trotz der Öffentlichkeit wird das Segnen als etwas Intimes beschrieben, „wo ich den Eindruck hatte, sie halten die Spannung (mh), also es hat keiner nebenher Quatsch gemacht [...]" (G6/P/300f.). Dass das Segnen eine Art Raum eröffnet, der durch eine besondere Qualität gekennzeichnet ist, schildert der Text durch den Hinweis, dass sich manchmal auch die Eltern und Kinder untereinander segnen.

Betrachtet man das thematische Feld insgesamt, fällt zunächst die Tatsache auf, dass hier das die drei Elemente des Gebetsrituals, des Betens des Vaterunsers und des Segnens mit dem Segensband in einen Zusammenhang gestellt werden. Worin dieser Zusammenhang genau besteht, ist dem Text nicht explizit zu entnehmen. Eine Hypothese kann entwickelt werden, wenn man die Erläuterungen zum Gebetsritual einerseits und zum Segnen mit Segensband andererseits mit den Ausführungen zum Beten des Vaterunsers in Beziehung setzt. Als verbindendes Moment zwischen den drei Phänomenen kann die Tatsache gesehen werden, dass es sich in allen Fällen um rituell grundierte Praktiken mit hohem Symbolgehalt handelt. Allerdings hebt sich das Beten des Vaterunsers dahingehend von den beiden anderen Phänomenen ab, dass seine Durchführung und sein Gelingen in kommunikativer Hinsicht von einer Entscheidung abhängig gemacht wird, welche die Pfarrerin auf Grund spezifischer situativer Faktoren fällt. Damit ist das Vaterunser sowohl in Bezug auf seine Durchführung als auch sein Gelingen ein kontingentes Phänomen, während das Gebetsritual und das Segnen mit dem Segensband als nahezu sicher gelingende Rituale in Erscheinung treten, die aus diesem Grund stets angewandt werden können. Zumindest das Gebetsritual zählt tatsächlich zu den festen Bestandteilen eines jeden Familiengottesdienstes in der Kinderklinik.

Das folgende thematische Feld ‚Namensnennung‘ beschreibt das Vorgehen der Pfarrerin in Bezug auf die Namen der teilnehmenden Kinder. Wenn möglich, schreibt sie sich die Namen auf, um sie sich besser merken und die Kinder je individuell mit ihrem Namen ansprechen zu können. Dieses thematische Feld illustriert einmal mehr die hohe Priorität, die der Schaffung optimaler kommunikativer Bedingungen bei den Familiengottesdiensten zukommt.

Im thematischen Feld ‚Stimmung im Gottesdienst‘ wird das Resümee einer angenehmen, von großer Aufmerksamkeit seitens der Teilnehmenden geprägten Stimmung gezogen. Als Belege für dieses Resümee dient die Schilderung der fehlenden Aufbruchsstimmung am Ende des Gottesdienstes sowie die Beschreibungen einzelner Gottesdienstteilnehmerinnen und -teilnehmer. So geht der Text besonders auf ein Mädchen ein, das die Pfarrerin außerhalb des Gottesdienstes als sehr ängstlich erlebt hat – nach außen hin erkennbar an einer Stirnfalte. Das Fehlen dieses „kritischen Stirnfaltenblick[s]" (G6/P/112f.) im Gottesdienst deutet der Text so, dass das Mädchen während des Gottesdienstes keine Angst mehr hatte. Weiter wird von einer Frau berichtet, die während des Gottesdienstes nach Taschentüchern fragte. Sie sei emotional positiv bewegt gewesen. Auch ein friedlich im Kinderwagen schlafendes Kind und das hohe Maß an Aktivität der Besucherinnen und Besucher sowie deren Offenheit zum Mitmachen werden vom Text als Belege für das positive Resümee angeführt.

Das nächste thematische Feld trägt die Überschrift ‚Situation in der Kinderklinik‘. Hier wird die Dichte des Gottesdienstes in dem Sinn thematisiert, dass er zeitlich kurz und gestalterisch abwechslungsreich ist. Dies wird mit der Situation in der Kinderklinik begründet:

> „Du weißt auch nicht, was die Kinder und Familien noch vorhaben. Ich lade ein und sage, dass der Gottesdienst circa eine halbe Stunde dauert. Dann will ich mich auch einigermaßen daran halten [...]." (G6/P/355ff.)

Außerdem erwähnt der Text die Krankheit der Kinder als weiteren Grund für die Dichte und Kurzweiligkeit des Gottesdienstes. Vermutlich ist die Konzentrationsdauer einiger Kinder krankheitsbedingt oft nicht so groß. Außerdem dürfen die Kinder ihre Station nicht zu lange verlassen. In diesem Zusammenhang geht der Text auch auf andere Gottesdienstformen ein, die in der Klinik gehandhabt werden.

Der Text schließt mit einem letzten sehr kleinen thematischen Feld über die *Unterstützung im Gottesdienst*. Hier wird zum Ausdruck gebracht, wie entlastend helfende Personen für die Pfarrerin sind, durch die sie selbst den Kindern ein höheres Maß an Aufmerksamkeit entgegenbringen kann. Das wiederum ermöglicht den Kindern im besten Fall eine intensivere Teilnahme am gottesdienstlichen Geschehen.

Betrachtet man den gesamten Text, so können die Ausführungen des ersten thematischen Feldes *Gottesdienstteilnehmer* als eine Art Deutungsschlüssel für das gesamte Interview gesehen werden. Indem hier das Engagement und die aktive Teilnahme von Eltern und Kindern geschildert wird, stellt der Text gelingende gottesdienstliche Kommunikation als eine Art Leitthema in den Raum. Letztlich widmen sich alle folgenden thematischen Felder diesem Motiv, indem sie auf je eigene Art und Weise Reflexionen darüber bieten, wie die gottesdienstliche Kommunikation am besten gelingen kann. Am umfassendsten informiert das thematische Feld *Adventsweg* hierüber, weil dieser Teil des Gottesdienstes aus der Sicht der Pfarrerin mit einer Krisensituation einherging, bei der zunächst nicht klar war, ob sie einen positiven Ausgang nehmen würde. Dass genau dieser positive Ausgang am Ende doch gelingt, hängt aus Sicht des Textes an einer situationsangemessenen liturgischen Präsenz der Pfarrerin, die sich besonders in der Fähigkeit zeigt, spontane Entscheidungen auf Basis sorgfältiger individueller Wahrnehmung der Teilnehmenden zu treffen. Aber auch die anderen thematischen Felder erläutern auf je ihre Weise die Bedeutung, die den Faktoren der Spontaneität und der individuellen Wahrnehmung der Teilnehmenden durch die Pfarrerin im Zusammenhang gelingender gottesdienstlicher Kommunikation zukommt. Auf Grund dieser thematischen Schwerpunktsetzung trägt das Interview die Überschrift *Spontaneität und individuelle Wahrnehmung der Teilnehmenden als Bedingung gelingender gottesdienstlicher Kommunikation*.

3. Die individuelle Lebenssituation als Ausgangs- und Zielpunkt des Gottesdienstes – Teilnehmendeninterview I

Das Interview wurde mit der Mutter eines Patienten geführt, die zum Zeitpunkt des Gesprächs etwa 30 bis 35 Jahre alt war. Geführt wurde das Interview am Mittag nach dem Gottesdienst in einem Gemeinschaftsraum auf der Station. Das erste thematische Feld trägt die Überschrift *Das Gottesdiensterleben im Allgemeinen*, das mit einer Globalevaluatin des Gottesdienstes beginnt: „Zunächst mal fand ich sehr schön, dass es das hier gibt [...]" (G6/I1/9). Im weiteren Verlauf zeigt der Text auch die Begründung dieser Evaluation, da die Feier eines

Gottesdienstes in einer Kinderklinik nicht als selbstverständlich empfunden wird. Durch eine Kontrastierung mit dem negativen Erleben des Wochenendes in der Kinderklinik ohne Gottesdienst wird die positive Evaluation noch einmal verstärkt. So sei dieses Wochenende durch den Gottesdienst

> „nicht nur ein Wochenende [...], an dem weniger los ist und das Spielzimmer abgeschlossen ist, sondern es ist dann einfach ein Sonntag, der zu einem kommt, wenn man selber nicht in die Kirche gehen kann." (G6/I1/10ff.)

An dieser Aussage fällt auf, dass der Text den Sonntag als agierendes Subjekt beschreibt. Dadurch wird um so mehr hervorgehoben, in welch hohem Maß der Gottesdienst in der Kinderklinik als etwas Besonderes empfunden wird und wie sehr der Gottesdienst auf die eigenen Bedürfnisse der Interviewpartnerin eingeht. Der Gottesdienst wird als ein Raum inszeniert, der es ermöglicht, sich auf eine individuelle Art und Weise zu dem gottesdienstlichen Geschehen in Beziehung zu setzen und die individuellen Bedürfnisse in den Gottesdienst einzubringen.

Nach diesen grundsätzlichen Ausführungen über den Gottesdienst richtet der Text im thematischen Feld ,Wahrnehmung der Anwesenden im Gottesdienst' den Blick auf Geschehnisse im Gottesdienst selbst. Der Schwerpunkt liegt dabei auf dem Aspekt der Namensnennung der Kinder. So fungiert die Tatsache, dass die Pfarrerin jedes Kind mit Namen anspricht, als Illustration für die besondere Intensität, mit der jedes Kind im Gottesdienst wahrgenommen wird. Die Bedeutung der Namensnennung wird vom Text weiter gesteigert, indem der Name und die je individuelle Situation jedes Kindes in Beziehung zueinander gestellt werden:

> „Und obwohl natürlich nicht darüber gesprochen wurde, dadurch, dass der Name des Kindes dann da war, war die Geschichte automatisch präsent, obwohl sie gar nicht ausgesprochen wurde." (G6/I1/18-21)

Der Text führt diesen Zusammenhang und die daran geknüpfte positive Bewertung im Folgenden noch breiter aus. Diese Würdigung lässt sich möglicherweise auf die Situation in der Kinderklinik zurückführen. Sie ist geprägt von Eingriffen in die Privatsphäre, in der sich die Kinder stellenweise eher als zu behandelnde Objekte und weniger als Individuen wahrgenommen fühlen.

Das thematische Feld ,Gottesdienstliche Rahmenbedingungen' steht in einem engen Verhältnis zum ersten thematischen Feld. Nachdem der Text darüber informiert hat, dass die Mutter und der Patient zum ersten Mal an einem solchen Klinikgottesdienst teilgenommen haben, richtet er sich inhaltlich auf die Art und Weise, wie die Mutter auf den Gottesdienst aufmerksam wurde.

> „Ich hatte das schon gelesen an dem Aushang und dann kam heute morgen nochmal die Durchsage und jetzt hat es auch gepasst vom Termin her. Deswegen war es sehr schön, dass wir kommen konnten." (G6/I1/31ff.)

Durch diese Verlagerung des Fokus bringt der Text zum Ausdruck, wie sich der Blickwinkel der Mutter im Laufe des Textes insgesamt ändert. Der Text beschreibt erst den Gottesdienst allgemein und geht dann immer intensiver auf die eigene Teilnahme und das eigene Empfinden ein. Mit der positiven Bewertung der Teilnahme endet dieses kleine thematische Feld.

Im längsten thematischen Feld ‚Rituale im Gottesdienst' bezieht sich der Text auf Elemente aus dem Gottesdienst selbst. Genannt werden das Gebetsritual und der „Weg mit den Kerzen in Richtung Weihnachten" (G6/I1/37). Allerdings geht der Text nicht detailliert auf diese gottesdienstlichen Elemente ein, sondern bietet Reflexionen über die Wirkweise von Ritualen. Bei dem hier entfalteten Kerngedanken wird die Wirkung nicht auf die Rituale selbst zurückgeführt, sondern auf den „eigene[n] spirituelle[n] Zustand" (G6/I1/40f.) der Teilnehmenden, der von jeder Person selbst mitgebracht wird. Im Folgenden wird diese These immer weiter ausgeführt und begründet, auch wenn der Text meint: „Es ist unglaublich schwierig darüber zu sprechen [...]" (G6/I1/38f.).

Das hier durchscheinende Motiv der Schwierigkeiten durchzieht den gesamten Text, wenn auch oft nur unterschwellig. Vermutlich steht die Rede von den Schwierigkeiten in einer Verbindung mit der als schwierig empfundenen aktuellen Lebenssituation der Mutter. Innerhalb des thematischen Feldes versucht der Text die innere Haltung weiter in Bezug zur Ritualwirkung zu setzen. Er beschriebt es im Setting des Gottesdienstes als „grundsätzlich" (G6/I1/42) schwierig, wenn Gott „immer" (G6/I1/43) als Metapher beschrieben wird. Der Text kritisiert das Fehlen von menschlichem Mitgefühl und von Zugängen zu einer „außermenschliche[n] Wirklichkeit" (G6/I1/44). An dieser Stelle wiederholt der Text zweimal, dass das Gefühl der Präsenz Gottes davon abhängt, was man mitbringt: „[...] das Ritual alleine macht noch kein Gott [lacht], sondern das hilft einem nur in dem Moment, den eigenen Zugang freizulegen oder nicht freizulegen [...]" (G6/I1/47ff.). Das Ritual selbst wird hier also als allgemeine Praktik oder als eine Art Gelegenheit verstanden, deren Zweckerfüllung davon abhängt, was die Teilnehmenden jeweils individuell einbringen. Wie wichtig dem Text diese Aussage ist, kann zuletzt dadurch abgelesen werden, dass am Ende des Interviews und ohne direkten Bezug diese Kernaussage erneut wiederholt wird (vgl. 70-73).

Nun verlässt der Text die Ebene der grundsätzlichen Reflexion über die Wirkweise von Ritualen und geht wieder auf den konkreten Gottesdienst ein. Auffallend ist, dass der Text den zu Beginn des thematischen Feldes angesprochenen Adventsweg nicht mehr thematisiert, sondern nur noch das Gebetsritual. Vermutlich hat dieses Ritual stärker auf die Mutter gewirkt. Der Text erklärt die gesteigerte Wirkung zweigliedrig und dabei zunächst dadurch, dass die Interviewpartnerin auf Grund von Kopfschmerzen am Vortag nicht gut beten konnte. Die hier erwähnten Kopfschmerzen können eventuell als Schwierigkeit gedeutet werden, aufgrund der aktuell belastenden Lebenssituation mit Gott in Kontakt zu kommen. Nach einer Nacht mit gutem Schlaf stimmten die Bedingungen für das Gebetsritual innerhalb des Gottesdienstes dann umso besser. Sie konnte sich auf das Ritual gut einlassen. Der Text formuliert dazu: „Und diesen Stein in die Hand zu nehmen, fand ich ein sehr starkes Mittel. Das kannte ich so noch nicht [...]" (G6/I1/53f.). Bemerkenswert ist, dass lediglich der Stein, nicht aber die übrigen Gegenstände des Gebetsrituals explizit genannt werden. Auch dies könnte auf die aktuelle Lebenssituation der Interviewpartnerin zurückgeführt werden, die auch in der schon angesprochenen Präsenz des Schwierigkeiten-Motivs innerhalb des gesamten Textes hervorscheint. Im Vollzug des Gebetsrituals steht der Stein für die Dinge im Leben, die schwer sind und belasten. So gesehen war es insbesondere der Stein und dessen symbolische Bedeutung, die es der Interviewpartnerin ermöglichten, sich mit ihrer aktuellen Lebenssituation und den dazugehörigen Bedürfnissen in das Ritual einzubringen.

Im weiteren Verlauf berührt der Text noch einige weitere thematische Aspekte wie zum Beispiel Fragen einer kindgemäßen Präsentation gottesdienstlicher Inhalte und einige Verbesserungsvorschläge zur Durchführung von Familiengottesdiensten. Das erfolgt aber nur äußerst knapp, so dass diese Passagen nicht eingehend analysiert werden können.

Betrachtet man das gesamte Interview, fällt das thematische Feld ‚Rituale im Gottesdienst' besonders auf. Der Aspekt, dass man immer mit seiner persönlichen Geschichte oder aktuellen Stimmung an einem Gottesdienst oder Ritual teilnimmt, wird im Interview an mehreren Stellen angesprochen. So präsentiert der Text den Gottesdienst als etwas, das zu einem in der betreffenden Lebenssituation kommt, stellt die Namensnennung der Kinder als Verbindung zu deren individueller Lebensgeschichte heraus und führt schließlich sehr ausführlich aus, dass es der eigene aktuelle spirituelle Zustand ist, der die Wirkung eines Rituals ausmacht. Dieser Fokus auf die individuellen Lebenszustände und deren Bedeutung für die Funktionsweise von Ritualen könnte die Erklärung sein, warum andere Gottesdienstelemente, wie beispielsweise die Musik, im Text gar nicht genannt werden. Auch die Kinder im Gottesdienst werden nur als ein Randthema behandelt. Das Interview dokumentiert mit der Perspektive der Interviewpartnerin ausschließlich eine Erwachsenensicht. Da das Gebetsritual den entscheidenden Schnittpunkt zwischen der individuellen Situation der Interviewpartnerin und dem Gottesdienst darstellt, liegt auf ihm der thematische Schwerpunkt des Interviews. Damit eng verbunden ist auch das Motiv der Schwierigkeiten, das unterschwellig den gesamten Text durchzieht und als Platzhalter für die Situation der Mutter interpretiert wurde. Strukturell ist auffällig, dass die als schwierig konnotierten Beschreibungen oft mit einer positiven Evaluation enden. Das hat offenbar mit der Art und Weise zu tun, in der die Interviewpartnerin die Aufnahme ihrer belastenden Lebenssituation im Rahmen des gottesdienstlichen Geschehens empfindet. Dies scheint durchgängig ein positives Erleben zu sein, was sich in einer eindeutig positiven Gesamtbewertung des Gottesdienstes niederschlägt. Da die Frage nach den Bezügen zwischen dem Gottesdienst und der individuellen Lebensgeschichte im Mittelpunkt der hier analysierten Interviewkommunikation stehen, trägt das Interview die Überschrift „Die individuelle Lebenssituation als Ausgangs- und Zielpunkt des Gottesdienstes".

4.   Der Gottesdienst als Erinnerungs- und Hoffnungsraum in einer existentiellen Krisensituation – Teilnehmendeninterview II

Das Interview wurde mit beiden Eltern und dem Onkel einer Patientin geführt. Die Mutter und der Vater beteiligten sich zu ungefähr gleichen Teilen an dem Interview, der Onkel spricht nur einen Satz. Das Interview wurde am Tag des Gottesdienstes im Zimmer der Patientin geführt.

Das erste thematische Feld ‚*Der schöne Gottesdienst*' beginnt nach einer allgemeinen Frage nach dem Ergehen im Gottesdienst mit der Globalevaluation „Ja das war schön" (G6/I2/8). Diese steht typisch für den gesamten Text ist, worin der Gottesdienst anhand vielfacher Evaluationen positiv bewertet wird. In konkretisierenden Passagen werden als Bezugspunkte für die positive Sicht auf den Gottesdienst das Singen, das Hören guter Worte, der Segen und das Beten genannt. Detailliertere, die Ebene pauschaler Wertungen überschreitende Ausführungen, finden sich allerdings nicht. Besonders fällt auf, dass der Text im unmittelbaren Anschluss an die positive Globalevaluation den Gottesdienst als etwas „Altes" (G6/I2/8) bezeichnet. Die prominente Stellung dieses Attributs ‚alt' für den Gottesdienst gleich zu Beginn des Interviews drückt den hohen Stellenwert aus, den die Interviewpartner dieser Sicht auf den Gottesdienst beimessen. Warum genau das Attribut ‚alt' verwendet wird, kann mehrere Gründe haben. Der Text konkretisiert das Attribut mit der Aussage, dass die Familie schon lange nicht mehr an einem Gottesdienst teilgenommen hat. Darüber hinaus ist auch denkbar, dass etwas Altes mit etwas Wertvollem gleichgesetzt wird.

Das starke Empfinden des Gottesdienstes als etwas Altes wird durch das thematische Feld ‚*Erzählungen aus der Vergangenheit*' weiter ausgeführt. Grundsätzlich kann festgehalten werden, dass im gesamten Text Erzählungen aus der Vergangenheit eine besondere Funktion erfüllen. So wird an den beiden Stellen, an denen der Text ganz allgemein nach den Empfindungen im Gottesdienst fragt, mit Geschichten aus der Vergangenheit geantwortet, wie zum Beispiel: „Meine Oma war streng katholisch und da sind wir jeden Sonntag in die Kirche gegangen [...]" (G6/I2/11f.). Narrationen wie diese begründen funktional, warum der Gottesdienst positiv qualifiziert wird. Als Schlussfolgerung formuliert könnte man sagen: Als schön wird bewertet, was bekannt und vertraut ist. Allem voran stehen in diesem Zusammenhang die Lieder und das Singen. An einer Stelle nennt der Text sie sogar explizit ‚das Beste' im Gottesdienst, was folgendermaßen begründet wird:

> „VATER: Bei uns gab es noch diesen Religionsunterricht, katholisch [und] evangelisch getrennt. Und dann ab der achten oder neunten Klasse war es dann erst Ethik, wo dann alle zusammen waren-" [...] „MUTTER: Ja, das ist schon lange her, aber die Lieder bleiben schon im Kopf." (G6/I2/87-90)

Insgesamt bringt die Verknüpfung des Gottesdienstes mit etwas Altem aus der Vergangenheit ein Ambivalenzverhältnis zwischen Distanz und Nähe zum christlichen Glauben und zur Kirche zum Ausdruck. Der Text formuliert das so: „Wir sind ja auch schon christlich [ja]. Meine Frau will sich taufen lassen. Ich hab' da noch gemischte Gefühle. Aber so ist das ja schon was Schönes [...]" (G6/I2/36f.). Die Sicht des Vaters auf den Gottesdienstbesuch wird klar von der aktuellen Haltung zu Glaube und Kirche abgesetzt: Dem positiv erlebten Gottesdient stehen Zweifel in Bezug auf die geplante Taufe der Ehefrau gegenüber. Unter Umständen steht hinter der hier thematisierten Ambivalenz eine weitere Kontrast- oder Spannungslage. So könnte der Gottesdienstbesuch die Interviewpartner etwa an alte, vermutlich schöne Zeiten erinnern, die angesichts der aktuellen, als schwierig empfundenen Situation im Klinikalltag als kontrastiv empfunden werden.

Für diese Hypothese sprechen auch die Ausführungen des folgenden thematischen Feldes ‚Der Klinikalltag', das den Gegensatz zwischen dem Gottesdienst und dem Alltag in der Klinik schildert. Der Text stellt heraus: „Wenn man eine schwere OP hat oder so, dann ist das [der Gottesdienst G.K.] schon was Schönes, wo man sich ablenken kann oder schöne Worte hört, ja [...]" (G6/I2/15f.). Während der Gottesdienst weiterhin durchgehend positiv konnotiert wird, herrschen in den Aussagen zum Erleben des Klinikalltags negative Adjektive, wie „schwe[r]" (G6/I2/15), „langweilig" (G6/I2/33) und „ungewiss" (G6/I2/53) vor. Allerdings wird das Personal demgegenüber als „kinderfreundlich" (G6/I2/76) und „einfühlsam" (G6/I2/78) beschrieben. Diese Differenzierung drückt aus, dass sich die negative Gefühlslage auf den Aspekt der Erkrankung und die damit verbundenen Sorgen bezieht, nicht aber auf das Krankenhauspersonal. So wird zum Beispiel die bevorstehende Operation klar als Bedrohung gekennzeichnet. Dies wird durch eine weitere Kontrastierung unterstrichen. So werden die schönen Worte im Gottesdienst den Worten der Ärzte gegenübergestellt, die problematische und negative Nachrichten übermitteln. Aber auch hier wird zwischen der Erkrankung und ihren problematischen Folgen einerseits und den Personen, das heißt den Ärzten, differenziert. Bemerkenswert ist allerdings, dass der Text nicht die Erkrankung als Grund für den Gottesdienstbesuch nennt, sondern die Langeweile im Klinikalltag.

Summarisch betrachtet besteht die Kernaussage des Interviews darin, dass der Gottesdienst in der aktuellen belastenden Situation des Klinikaufenthaltes eine besonders positive Rolle spielt. Das ist der Fall, weil der Gottesdienst als eine Art Bindeglied zur vergangenen, guten und ‚normalen' Zeit inszeniert wird. In einer die Familie belastenden Krisensituation wird der Gottesdienst zu einem Ort, der an eine Normalität und einen Lebensalltag ohne Krankheit erinnert. Indem der Text den Gottesdienst im Horizont einer erinnerten Zeit thematisiert, inszeniert er ihn gleichermaßen als Erinnerungs- und Hoffnungsraum angesichts einer aktuellen existentiellen Krisensituation. Als Motto für das Interview kann daher die Überschrift ‚Der Gottesdienst als Erinnerungs- und Hoffnungsraum in einer existentiellen Krisensituation' gelten.

5.   Der Gottessdienst als Ort und Gelegenheit der Klage gegenüber Gott – Teilnehmendeninterview III

Das Interview wurde mit der Mutter eines Patienten geführt. Das Interview wurde am Mittag nach dem Gottesdienst geführt und fand im Zimmer des Patienten statt.

Der Text beginnt mit dem thematischen Feld ‚Die aktuelle Gottesbeziehung als Hürde für den Gottesdienstbesuch'. Hier bringt die Mutter zum Ausdruck, wie schwierig sich ein Gottesdienstbesuch aktuell für sie darstellt. Emotional aufgeladen bringt das der Text so zum Ausdruck: „[...] ich bin durch mit Gott, ja [...]" (G6/I3/23). Auch wenn der Text offenlässt, wie es zu dieser Haltung kam, legt sich die Vermutung nahe, dass die Erlebnisse in der Klinik und die Ängste aufgrund der derzeitigen gesundheitlichen Situation des Sohnes dafür verantwortlich sind. Dafür spricht, dass „die letzte Zeit" (G6/I3/15) als Bezugsrahmen genannt wird. Die Aussage, die Mutter sei durch mit Gott, wird zum Ende des thematischen Feldes nochmals wiederholt. Die Betonung dieser Aussage in der Eingangspassage des Interviews bringt die hohe Bedeutung zum Ausdruck, die dieser Aussage für die Deutung der folgenden Interviewkommunikation zukommt.

Vor diesem Hintergrund wirken die Inhalte des folgenden thematischen Feldes ‚Die Wahrnehmung des Gottesdienstes' überraschend. So wird der Besuch des Gottesdienstes gleich an mehreren Stellen positiv evaluiert: „Ich fand die Atmosphäre sehr persönlich, sehr individuell, ja sehr angenehm [...]" (G6/I3/12f.). Anders als bei der individuellen Gottesbeziehung der Mutter werden in Bezug auf den Gottesdienst keine Vorbehalte artikuliert. Stattdessen wird dieser eindeutig als lohnendes und bereicherndes Erlebnis gekennzeichnet. Als konkretisierendes Beispiel für diese positive Sicht wird besonders die Namensnennung der Kinder hervorgehoben, die als „unheimlich rührend" (G6/I3/145) beschrieben wird. Somit inszeniert der Text einen Kontrast zwischen den aus der aktuellen Gottesbeziehung resultierenden Vorbehalten gegenüber einem Gottesdienstbesuch im Allgemeinen und diesem speziellen Gottesdienst. Im Fall des Familiengottesdienstes in der Kinderklinik löst der

Text diese Vorbehalte „sehr schnell auf" (G6/I3/17). Der Text betont, dass dies nicht von vornherein erwartbar war, indem er berichtet, dass die Mutter auf die Einladung zum Gottesdienst zunächst ablehnend reagiert hat.

Das thematische Feld ‚*Gründe für den Gottesdienstbesuch*' erläutert, warum dennoch am Gottesdienst teilgenommen wurde. Dabei sticht vor allem ein Anlass besonders hervor: „Also ich gehe, weil ich denke, dass [Name des Sohnes] gerne geht, ja [...]" (G6/I3/9f.). Das Kind ist also der Antrieb in den Gottesdienst zu gehen. Auffallend ist, dass der Text stets aus Sicht der Mutter argumentiert. Angesichts der zuvor erwähnten Vorbehalte der Mutter wäre es naheliegender gewesen, dass der Sohn von sich aus Interesse am Gottesdienst zeigt und die Mutter trotz ihrer Stimmung diesem Wunsch nachgibt. Stattdessen interpretiert die Mutter von sich aus, dass ihr Sohn gerne geht und ergreift selbst die Initiative:

> „[...] dann, fünf vor halb elf, glaube ich, habe ich [Name des Kindes] geschnappt und habe gesagt: ‚Komm, es ist erster Advent, den können wir nicht einfach so verdümpeln. Jetzt müssen wir uns hier schon unseren ersten Advent selber machen. Ja genau." (G6/I3/35-38)

Zwar betont der Text immer wieder die zurzeit angespannte Gottesbeziehung der Mutter, präsentiert aber auch ihren Wunsch nach Gott für ihre Kinder: „Eben nicht für mich, sondern weil ich denke, dass, egal, was man davon hält, es den Kindern Halt gibt [...]" (G6/I3/25f.). Der erste Advent als Auslöser für diesen konkreten Gottesdienstbesuch in der Kinderklink lässt Rückschlüsse auf die christliche Sozialisation der Familie zu, die an anderen Stellen auch bestätigt werden. Der Text bezeichnet die Familie explizit als ‚gläubig', berichtet dass die Mutter sogar bei einer bundesdeutschen Landeskirche angestellt ist. Und trotz aller Schwierigkeiten bezeichnet sich auch die Mutter selbst als gläubig. Insgesamt inszeniert der Text die religiöse Haltung der Mutter daher im Modus der Ambivalenz.

Das thematische Feld ‚*Rituale im Gottesdienst*' ist von zahlreichen positiven Evaluationen geprägt. Ausführlich reflektiert der Text die Bedeutungen der drei Elemente des Gebetsrituals. Die Reflexionen begründen und betonen, warum das Gebetsritual aus Sicht der Interviewpartnerin so gelungen ist: „Also, das war sehr schön. Das lässt wirklich alles offen. Jeder kann reinlegen, was er will. So ist es ja auch gedacht, so kommt es auch rüber. Ja, das fand ich sehr schön [...]" (G6/I3/47ff.). Die positive Wahrnehmung der Individualität und Offenheit des Rituals erklärt sich schlüssig aus der angespannten Gottesbeziehung der Interviewpartnerin. Schließlich lässt das Gebetsritual offen, ob man zu Gott betet oder einfach nur für sich die Elemente ablegt. Man kann damit in aller Freiheit umgehen. Die positive Sicht auf das Gebetsritual wird durch eine Kontrastierung mit Blick auf das Ritual der Segnung mit dem Gebetsband unterstrichen. Der hier gegebene explizite Bezug auf Gott wird kritisch gesehen und als „Grenze" (G6/I3/53) im Sinne von grenzwertig betrachtet. Andererseits wird das Segensritual aber auch positiv gewürdigt, indem es aus der Sicht des

Sohnes in den Blick genommen wird: „Und wie gesagt, ich bin ja nicht der [Name des Sohnes] und es tut ja nicht weh [lacht], macht ja nichts kaputt [...]" (G6/I3/56f.). Interessant ist hier die Art und Weise, wie der Text den Sohn inszeniert. Faktisch geht es nicht um die Bedürfnisse des Sohnes, sondern um die Plausibilisierung des Verhaltens der Mutter. So erfüllt der Rekurs auf den Sohn die Funktion, das Verhalten der Mutter im Spannungsverhältnis von Skepsis und Interesse an dem Gottesdienst zu inszenieren. Der Rekurs auf den Sohn ermöglicht es, das positive Interesse der Mutter an dem Gottesdienst im Allgemeinen und an seinen rituellen Elementen im Speziellen zu thematisieren. Im weiteren Verlauf des thematischen Feldes liegt der Schwerpunkt der Schilderung dann auch auf den positiven Aspekten des Segensrituals. So informiert der Text: „Und im Endeffekt habe ich jetzt ja beide [sc. Segensbänder] nicht weggeschmissen, sondern sogar an seinen Buggy hingemacht [...]" (G6/I3/59f.). Der Text evaluiert positiv, dass die Pfarrerin das Segensband sehr vorsichtig in die Hand des Sohnes gelegt hat. Wie beim Gebetsritual ist hier die Betonung des offenen und unaufdringlichen Umgangs auffallend. Auch das Segensritual wird nach einer anfänglichen Skepsis so wahrgenommen, dass es die Möglichkeit bietet, ganz individuell damit umzugehen. In diesem Umstand ist wohl eine der Ursachen dafür zu sehen, dass die Mutter trotz ihrer momentan angespannten Gottesbeziehung so inszeniert wird, dass sie den Gottesdienst positiv würdigt. Vermutlich sind die Rituale im Gottesdienst geeignete liturgische Formen, um die angespannte Gottesbeziehung der Mutter angemessen aufzunehmen. Die Rituale erlauben es der Mutter, Nähe und Distanz zu Gott individuell zu steuern.

In dem thematischen Feld ‚Lieder und musikalische Begleitung des Gottesdienstes‘ legt der Text den Schwerpunkt auf das Singen von neuen, unbekannten Liedern. Der Text artikuliert dazu einen Zwiespalt. So sei ein neues Lied prinzipiell schön, wenn es im Gottesdienst mehrmals wiederholt wird, so dass sich eine gewisse Sicherheit einspielt. Demgegenüber wird aber auch der Wunsch nach mehr bekannten Liedern geäußert. Dieses thematische Feld ist sehr lang und stellt die Perspektive der Mutter in den Mittelpunkt. Das liegt im Beruf der Mutter begründet: Sie ist Dozentin für Gesang. In diesem Teil des Interviews besteht für die Mutter die Möglichkeit, von eigenen Erfahrungen zu berichten. Der Text zeugt von einer Sicherheit, die sprachlich durch eine hohe Anzahl von Belegerzählungen und Detailschilderungen ausgedrückt wird. Besonders positiv hebt der Text die Art und Weise hervor, in der die Pfarrerin mit der Musik im Gottesdienst umgeht:

> „[...] also lieber guckt man auf die Kinder, was gerade gefragt ist und disponiert irgendwie um oder vergisst währenddessen irgendwas Geplantes. Das ist besser als ein Schema-F, das man vorhatte und bei dem man gar nicht mitkriegt, dass irgendwelche Kinder grade aber irgendwas Anderes gewollt, gewünscht oder gebraucht hätten." (G6/I3/136-141)

Wie zuvor in Bezug auf die Rituale im Gottesdienst, zeigt sich auch hier eine positive Wahrnehmung des individuellen und spontanen Umgangs.

Das thematische Feld ‚*Die religiöse Vielfalt in der Klinik und der Gesellschaft*‘ spricht ein ganz neues Thema an. Ausgelöst durch die Frage nach der Zielgruppe des Gottesdienstes entwickelt sich hier ein Abschnitt über Pluralität, verschiedene Glaubensrichtungen und Kritik an der Scheu zum christlichen Glauben zu stehen. Der zuvor an vielen Stellen positiv herausgehobenen Offenheit und Individualität werden hier Grenzen gesetzt. Der Text benennt die Angst vor Verwässerung der christlichen Werte und Inhalte. Ein Verhalten, das versucht, es allen recht zu machen, kritisiert der Text. Damit wird der Begriff der Offenheit näher spezifiziert: Sie bezieht sich auf den Umgang mit verschiedenen Elementen im Gottesdienst, die aber immer noch christlich zu verstehen bleiben sollten:

> „So wie man eben sagt: ‚Wir feiern jetzt Advent’ und nicht ‚Wir feiern jetzt ein Lichterfest’ oder ‚Wir feiern jetzt das Draußen-ist-so-dunkel-und-wir-machen-es-uns-so-schön-hell-Fest’, sondern für den christlichen Glauben ist es Advent. Und es ist auch jeder ganz unmissionarisch eingeladen hier mitzufeiern. Das finde ich wichtig.“ (G6/I3/159-163)

Bedeutend ist, dass der Text einen Gottesdienst als immer noch offen für andere Religionen sieht und auch den Anspruch hat, dort ein Zugehörigkeitsgefühl auszulösen:

> „[...] und dieses Gefühl, man gehört dazu, das bietet man einem ja trotzdem, ohne dass man meint, man muss jetzt in die Kirche eintreten, um an dem Gottesdienst teilnehmen zu dürfen.“ (G6/I3/16ff.)

Diese Sicht auf den Gottesdienst und den auf ganz unterschiedlichen Ebenen plural verfassten Teilnehmendenkreis korrespondieren mit den bisherigen Beschreibungen der Mutter und ihrer Wahrnehmung des Gottesdienstes. Denn auch sie fühlt sich dort wohl, obwohl sie, so der Text, gerade eine angespannte Gottesbeziehung hat. Interessant ist, dass hier nicht zwischen Konfessionen unterschieden wird, obwohl es sich um einen evangelischen Gottesdienst handelt. Stattdessen wird nur zwischen dem Christentum und anderen Religionen beziehungsweise Atheisten unterschieden. Das thematische Feld und damit das gesamte Interview schließt mit einem enthusiastischen Plädoyer für ein Christentum, das klar zu seinem Glauben und seinen Inhalten steht. Als Vorbild nennt der Text Muslime, die auch für alle sichtbar zu ihrem Glauben stehen. Am Ende des Plädoyers steht es eine überraschende Wendung:

> „[...] ich frage mich oft: Was machen wir eigentlich? So irgendwo zwischen Peinlichkeit und dann eben so ne komische Pseudooffenheit und-, statt dass man eben sagt: Ich- wir sind Christen und das gehört alles dazu. Und dazu seid ihr auch eingeladen, [so] wie ihr seid, ja. Trotzdem bin ich durch mit Gott.“ (G6/I3/187-191)

Auf der einen Seite steht hier eine klar artikulierte Verbundenheit mit dem christlichen Glauben. Auf der anderen Seite wird der Einstieg in das Interview nochmals aufgegriffen und die aktuelle kritische Gottesbeziehung der Interviewpartnerin betont. Eine spontane Deutung dieser Gegenüberstellung deutet auf eine Spannung, ja sogar eine Diskrepanz hin. Als Frage formuliert, ließe sich die Diskrepanz so ausdrücken: Wie kann man so sehr positiv für die christliche Religion plädieren und gleichzeitig sagen, man sei durch mit Gott? Eine tiefergehende Deutung legt allerdings keine Spannung beziehungsweise Diskrepanz in der Argumentation nahe, sondern eine in sich plausible religiöse Position der Interviewpartnerin. Ihre Plausibilität gewinnt diese Position, wenn man sie von dem in der Klinik erlebten Familiengottesdienst her deutet. Dann stellt sich der Sachverhalt so dar, dass die Interviewpartnerin dem Gottesdienst zunächst skeptisch begegnete, weil sie davon ausging, dass dieser Gottesdienst keine Gelegenheit dazu bieten würde, die eigene aktuell kritische Gottesbeziehung dort einzubringen. Tatsächlich erwies sich der Gottesdienst aber insbesondere in seinen rituellen Teilen als Raum, in den die Interviewpartnerin ihre aktuelle Gottesbeziehung sehr wohl einbringen konnte. Konkret fand sie hier die Möglichkeit, ihre Sorgen und Ängste, die mit dem Krankenhausaufenthalt des Sohnes verbunden sind und die mit massiven Anfragen an Gott einhergehen, in den Gottesdienst einzubringen. Damit hat sie, so der Text, nicht gerechnet. Nun führt diese unerwartet positive Erfahrung verständlicherweise nicht dazu, dass die aktuelle kritische Gottesbeziehung unverzüglich revidiert würde. Wohl aber führt sie dazu, dass die Interviewpartnerin den Gottesdienst und sogar die christliche Religion positiv würdigt. Auch in Bezug auf die Gottesbeziehung hat der Gottesdienst etwas bewirkt, nämlich, dass die Interviewpartnerin in den Prozess einer Reflexion ihrer aktuellen Gottesbeziehung eintritt. So hält der Text abschließend fest: „Aber doch, es war eben mal anders. Vielleicht ändert es sich auch mal noch [...]" (G6/I3/191f.).

Betrachtet man die gesamte Interviewkommunikation, ist eine Bewegung im Text erkennbar: Sie führt von einer eher verschlossenen, abgrenzenden Haltung dem christlichen Glauben und dem Gottesdienst gegenüber weiter über eine wertschätzende Analyse verschiedener Gottesdienstelemente bis hin zu einem Plädoyer für den Erhalt christlicher Inhalte. Bei all dem wird das gottesdienstliche Erleben durchweg positiv evaluiert. Dies ist der Fall, so die hier favorisierte Deutungsvariante, weil die im Interview präsentierten Reflexionen durchgängig zu dem Ergebnis kamen, dass die Interviewpartnerin den Gottesdienst als Ort und Gelegenheit erfahren hat, in den sie sich mit ihren Ängsten und Sorgen und der damit einhergehenden kritischen Gottesbeziehung einbringen konnte. Aus diesem Grund kann die *Formulierung „Der Gottesdienst als Ort und Gelegenheit der Klage gegenüber Gott"* als Überschrift für das gesamte Interview gewählt werden.

6.   Der Gottesdienst als Ort der Ruhe und Geborgenheit – Teilnehmendeninterview IV

Das Interview wurde mit der Mutter einer Patientin geführt. Es fand mittwochs nach dem Gottesdienst im Zimmer der Patientin statt.

Der Text beginnt mit dem thematischen Feld ‚*Der Gottesdienst als Rückzugsort*‘. Eine positive Evaluation des Gottesdienstes macht gleich zu Beginn die große Bedeutung des diskutierten Themas deutlich: „[...] es war eine Einladung, zum bisschen wieder zu sich zu kommen, ja einfach auch sich wohlzufühlen, sich geborgen zu fühlen. Ja genau, das war's; geborgen zu fühlen [...]" (G6/I4/8ff.). Hier wird noch nicht angesprochen, wodurch diese positiven Gefühle ausgelöst werden. Es liegt aber die Vermutung nahe, dass der Kontrast der im Klinikalltag erlebten Gefühle im Hintergrund steht. Es folgt eine Aufzählung der bereits erlebten Klinikgottesdienste. Die Häufigkeit der Gottesdienstteilnahme lässt darauf schließen, dass die Gottesdienste immer positiv wahrgenommen wurden und die positive Würdigung des hier analysierten Gottesdienstes keine Ausnahme ist. Unterstrichen wird diese These durch eine Globalevaluation, wonach die Gottesdienste immer schöne Gelegenheiten sind, zur Ruhe zu kommen. Hier folgt nun eine Belegerzählung, in welcher das Erleben des Klinikalltags angesprochen wird: „[...] weil man hier doch ziemlich in Hektik ist und Angst hat und Sorge und einfach, ja, man fühlt sich dann schon aufgehoben wieder [...]" (G6/I4/16ff.). Der Besuch des Klinikgottesdienstes stellt also eine Art Ausbruch aus dem von Hektik, Angst und Sorge geprägten Alltag im Klinikum dar. Dieser Ausbruch ist nicht nur in einem emotionalen, sondern auch in einem räumlichen Sinn gemeint: Schließlich findet der Gottesdienst im Spielzimmer statt, das heißt an einem besonderen Ort, der sich klar vom Krankenzimmer unterscheidet. Der Stellenwert des Gottesdienstbesuchs wird durch Schilderungen unterstrichen, die erkennen lassen, dass die Tochter der Interviewpartnerin aus gesundheitlichen Gründen nicht immer an dem Gottesdienst teilnehmen konnte. Auch wenn die Pfarrerin in solchen Fällen nach dem Gottesdienst die Tochter besuchte, um sie ‚noch einmal dazu zu holen', ist das nicht mit dem tatsächlichen Gottesdienstbesuch vergleichbar. Der Text illustriert das durch die Kontrastierung von ‚dabei sein' und „dazu geholt werden" (G6/I4/23). Ein späterer Besuch durch die Seelsorgerin wird zwar als ein nachträgliches Dazunehmen verstanden, aber nicht als ein vollständiges Dabeisein. Den Hintergrund für diese Kontrastierung bilden vermutlich die große Präsenz der Krankheit und die mit ihr verbundenen Ängste, die mit dem Krankenzimmer assoziiert werden. Diese Ausführungen lassen Rückschlüsse über die Brisanz der persönlichen Krankenhausgeschichte und den Gesundheitszustand des Kindes zu. Relativ am Ende des Interviews wird das thematische Feld nochmals aufgegriffen und bildet dadurch so etwas wie den Rahmen für das gesamte Interview. In diesem zweiten Teil werden die positiven Wertungen des Gottesdienstes weiter begründet. So spüre man in den Gottesdiensten, „dass man dann auch gehalten ist. Und das kommt schon rüber in diesen Gottesdiensten, dass man nicht allein dasteht [...]" (G6/I4/60ff.). Durch die Formulierung „auch gehalten" kommt zum Ausdruck, dass während des Gottesdienstbesuches trotz allem andere Gefühle dominieren. Die Erfahrung der Unsicherheit ist im Alltag vermutlich sehr präsent und strahlt somit auch in den Gottesdienst. Um das Gehalten-Sein weiter zu illustrieren, nennt der Text mit der Gemeinschaft eine weitere wichtige Komponente der Gottesdiensterfahrung. Diese führe vor Augen, dass man nicht allein sei. Dabei bleibt offen, ob sich die Gemeinschaft auf Gott oder die anderen Patienten beziehungsweise deren Angehörige bezieht. Beides ist denkbar. Zum einen wird man im Gottesdienst immer wieder daran erinnert, dass Gott auch noch da ist. Zum anderen erlebt man im Gottesdienst, dass es noch viele andere gibt, denen es vielleicht ähnlich geht.

Das folgende thematische Feld trägt die Überschrift ‚Gottesdiensthighlights'. Als erstes werden hier die Lichter benannt, womit vermutlich der Adventsweg gemeint ist, da die im Gebetsritual verwendeten Lichter später angesprochen werden. Der Text unterstreicht, dass die Lichter einen großen Eindruck hinterlassen haben. Als zweites folgt das Vaterunser. Der Text beschreibt es als ein Element, das „Sicherheit gibt" (G6/I4/28). Vermutlich ist damit nicht nur das Sprechen des Vaterunsers an sich gemeint, sondern auch der damit verbundene Blick auf und das Vertrauen in Gott. Schließlich wird die Musik angesprochen. Die hier verwendete Formulierung „natürlich" (G6/I4/28) zeigt, dass die Erwähnung der Musik vom Text als selbstverständlich erachtet wird. Die Aufzählung schließt mit der Globalevaluation: „Ich fand es war rundum eine schöne Sache." (G6/I4/28f.)

Das thematische Feld ‚Die Wichtigkeit des Zusammenseins mit dem Kind' nimmt einen eher kleinen Teil im Text ein. Interessant ist, dass dabei stets aus Sicht der Mutter argumentiert wird. Wie das Kind den Gottesdienst erlebt, wird nicht thematisiert. Der Gottesdienst wird als Rückzugsort zusammen mit dem Kind beschrieben, was wohl maßgeblich mit der Erreichbarkeit des Spielzimmers als Gottesdienstort zu tun hat. Denn als Alternative zum ‚Zur-Ruhe-Kommen' nennt der Text die Kapelle, die die Mutter wohl alleine besucht. Der Text informiert darüber, dass das Kind nur im Bett mobil ist und dass es mit dem Bett deutlich leichter ins Spielzimmer als in die Kapelle kommen kann. Dass die Teilnahme am Gottesdienst mit Bett möglich ist, hebt der Text gleich zwei Mal positiv hervor: „Und es wird auch alles dafür getan, finde ich. Es ist auch eine schöne Sache, es wird sich auch richtig bemüht, dass die Kinder dabei sein können [...]" (G6/I4/44ff.). Sehr kurz wird in diesem Zusammenhang der persönliche Kontakt zum Kind durch dessen Namensnennung erwähnt.

Im letzten thematischen Feld ‚Die Schwierigkeit, nicht zu Hause zu sein' spricht der Text an, wie problematisch es gerade in der Adventszeit ist, nicht daheim

zu sein. Auch vor diesem Hintergrund wird der Gottesdienst positiv wahrgenommen. So würdigt der Text, dass der Gottesdienst das Adventsthema aufgreift und den Teilnehmenden dadurch die Feier des ersten Adventes ermöglicht, auch wenn diese nicht zu Hause in ihren Familien sein können. Hier spielt
der Text nochmals auf das Erleben des Gottesdienstes als Rückzugsort an, indem er als Ort der Geborgenheit und des Innehaltens beschrieben wird. Eine
weitere Stärke des Gottesdienstes sieht der Text in der Möglichkeit Zeit mit
dem Kind zusammen verbringen zu können. In der Schlusspassage unterstreicht der Text abermals die Schwierigkeit, so lange nicht zuhause zu sein,
und bietet die folgende Zusammenfassung:

> „[...] normal macht man das ja zu Hause, [...] [den] Adventskranz zu Hause anbrennen
> und so. Und das war halt trotzdem schön und trotzdem war es da, auch wenn man nicht
> daheim sein konnte. Und ich finde es wichtig, dass das auch in der Klinik möglich ist. Das
> sind dann auch solche Sachen, die einem wichtig sind und wo man Kraft daraus schöpft."
> (G6/I4/68-72)

Hier expliziert der Text den Grund für das Geborgenheitsgefühl im Gottesdienst: Er schafft eine Verbindung zum eigenen Zuhause und damit zu dem Ort,
an dem sich viele Menschen besonders geborgen fühlen. Diese Verbindung
wird geschaffen, indem die daheim praktizierten Rituale, die in einem normalen Klinikalltag keinen oder nur sehr wenig Platz haben, im Gottesdient explizit
vorkommen.

Der Blick auf das gesamte Interview stellt das Motiv des Gottesdienstes als
Rückzugsort ins Zentrum. Nahezu alle Schlüsselstellen des Textes sind auf
dieses Empfinden bezogen. Als Auslöser hierfür wird der Kontrast zum Klinikalltag herangezogen. Im Unterschied zu diesem werden im Gottesdienst Ruhe,
Geborgenheit und Gemeinschaft erfahren. Außerdem können Eltern und Kinder ganz ihren eigenen Bedürfnissen entsprechend hier zusammen sein. Das
Adventsthema stellt schließlich eine wohltuende Verbindung zum vertrauten
Leben zu Hause her. All diese besonderen Qualitäten, die der Text benennt,
münden in die Formulierung ‚*Der Gottesdienst als Ort der Ruhe und Geborgenheit*',
die als Überschrift über diesem Interview steht.

7. Gesamtanalyse des Gottesdienstes

7.1. *Der Kontrast zwischen dem Erleben des Gottesdienstes und dem Klinikalltag*

Alle Teilnehmendeninterviews bearbeiten dieses Thema, was die hohe Bedeutung für die Gesamtwahrnehmung des Gottesdienstes verdeutlicht. Dass im
Gottesdienst einmal nicht die Abläufe und Routinen des Klinikalltags im Mit-

telpunkt stehen, sondern ganz andere Themen, macht den Gottesdienstbesuch
für die teilnehmenden Eltern und Kinder zu einem wohltuenden Erlebnis.
Wichtig ist dabei, dass sich das gottesdienstliche Geschehen zwar vom Klinikalltag unterscheidet, hier aber keineswegs die Fragen und Sorgen der Gottesdienstbesucherinnen und -besucher ausgeblendet werden. Im Gegenteil: Der
Gottesdienst erscheint in den Interviews als besonderer Ort, der es erlaubt, in
eine gewisse Distanz zu den gerade dominierenden Themen und Alltagsnotwendigkeiten zu treten, und diese aus anderen Perspektiven wahrzunehmen
und zu reflektieren, als das in der Krankenhaussituation sonst möglich ist.
Pointiert bringt diesen Sachverhalt das Teilnehmendeninterview IV zum Ausdruck, das den Gottesdienst als Ort der Ruhe und Geborgenheit beschreibt. Die
Teilnehmendeninterviews wählen zum Teil sehr starke Kontraste wie etwa
Hektik, Angst und Sorge einerseits und Geborgenheit und Ruhe andererseits
(vgl. I4), um den Unterschied zwischen Klinikalltag und Gottesdienst auszudrücken. In diesem Zusammenhang besonders bemerkenswert ist das Phänomen,
dass der Gottesdienst und der Sonntag im Teilnehmendeninterview I sogar in
den Status eines Subjekts gesetzt werden: Der Gottesdienst, und damit auch der
Sonntag, kommt zu den Menschen. Diese Formulierung erinnert an einen Besuch, über den man sich besonders freut. Wie eine Besucherin oder ein Besucher tritt der Gottesdienst in den Klinikalltag. Bleibt man in diesem Bild, dann
erscheint der Gottesdienst vor allem als kommunikatives Geschehen. Es findet
eine Art Gespräch zwischen der besuchten Person und dem Besucher statt.
Dass und wie sich diese Kommunikation beziehungsweise dieses Gespräch tatsächlich ereignet, zeigen die Analysen zu diesem Gottesdienst auf vielfältige
Weise.

7.2.   Die Rituale im Gottesdienst

Auch dieses Thema ist im Zusammenhang mit dem hier analysierten Gottesdienst zentral. Ganz besonders das Gebetsritual, aber auch die Segnung mit
dem Segensarmband können als entscheidende Schnittstellen zwischen der
aktuellen individuellen Situation und dem Gottesdienst interpretiert werden
(vgl. I1 u. I3). Die Rituale werden insgesamt als angenehm unaufdringlich geschildert. Ihre Offenheit, das heißt die Möglichkeit, sie den eigenen Bedürfnissen entsprechend zu nutzen, ist dabei die vom Text genannte Hauptursache für
die positive Wahrnehmung. Aus der Reihe der im Gebetsritual verwendeten
Symbolgegenstände wird der Stein immer wieder hervorgehoben. Vermutlich
steht das Ablegen des Steines in einem sehr großen Zusammenhang mit dem
Ablegen von Sorgen und Ängsten in der aktuellen Situation im Krankenhaus.
Offenbar bergen die Rituale ein hohes kommunikatives Potential im Zusammenhang mit der Vermittlung zwischen dem gottesdienstlichen Geschehen
und den persönlichen Bedürfnissen. Dass das Interview mit der Pfarrerin das

Gebetsritual hingegen nur kurz behandelt, dürfte auf dessen routinisierte Anwendung durch die Pfarrerin zurückzuführen sein. Schließlich kommt dieses Gottesdienstelement in jedem ihrer Gottesdienste in sehr ähnlicher Weise vor. Zuletzt stützt auch das ethnographische Protokoll die Deutung, dass den Ritualen ein hohes kommunikatives Potential innewohnt, indem es diese als emotionalen Höhepunkt des Gottesdienstes beschreibt.

7.3. Das individuelle Eingehen auf die Gottesdienstbesucherinnen und -besucher

Mit Blick auf das individuelle Eingehen auf die Besucherinnen und Besucher des Gottesdienstes herrscht eine sehr große Korrespondenz zwischen den Ausführungen des Interviews mit der Pfarrerin und den im ethnographischen Protokoll sowie den Teilnehmendeninterviews dokumentierten Aussagen. So bringt das gesamte Interview mit der Pfarrerin nachdrücklich zum Ausdruck, wie wichtig es ihr ist, spontan und individuell auf die Gottesdienstbesucherinnen und -besucher einzugehen. Eindrücklich illustriert wird dies in den Passagen des Interviews, die von den im Unterschied zu den ursprünglichen konzeptionellen Zielen des Adventsweges abweichenden Modifikationen berichten. Aber auch Hinweise zu spontanen Liedänderungen, zum Abkürzen oder Verlängern bestimmter Gottesdienstelemente sowie die bewusste Entscheidung, das Vaterunser zu beten, verdeutlichen die konsequente Orientierung und Bezogenheit auf die Teilnehmenden. Seitens der Gottesdienstteilnehmenden wird die persönliche Zugewandtheit der Pfarrerin gleichsam pars pro toto dadurch thematisiert, dass die Pfarrerin jedes Kind beim Namen nennt. Die hier analysierten Texte machen deutlich, dass die individuelle Wahrnehmung und die damit verbundene Einbeziehung aller Anwesenden in das gottesdienstliche Geschehen zu den zentralen Gestaltungsmerkmalen des Gottesdienstes zählen. Wohl auch wegen einer solchen Wahrnehmung aller im Gottesdienst anwesenden Personen wird der Gottesdienst so positiv vom sonstigen Klinikalltag abgesetzt. Anders als im Gottesdienst werden die Menschen hier vor allem aus der systemimmanenten Perspektive des Krankenhauses wahrgenommen, das heißt als Patientinnen und Patienten sowie als deren Angehörige.

7.4. Die Musik im Gottesdienst

Auch wenn die Musik im Gottesdienst im Vergleich zu den vorangegangenen Aspekten in den empirischen Dokumenten keine so große Rolle spielt, soll an dieser Stelle trotzdem kurz darauf eingegangen werden. Hier lässt sich eine interessante Wechselbeziehung zwischen dem Teilnehmendeninterview II und dem Interview mit der Pfarrerin beschreiben. So werden im Teilnehmendeninterview II die Lieder und das Singen als das ‚Beste' im ganzen Gottesdienst genannt. Die positive Wertung hängt damit zusammen, dass die Musik als sehr passend empfunden wird, weil sie kindgemäß ist und weil die gesungenen Lieder spezifische Assoziationen auslösen. Konkret erinnern sie die Interviewten an als schön erlebte vergangene Zeiten und bringen damit die Sehnsucht zum Ausdruck, in das ganze normale Leben ohne Krankheit zurückzukehren. Das Interview mit der Pfarrerin legt dar, dass die Pfarrerin auf Grund der hohen Zahl kleiner Kinder im Gottesdienst den Verkündigungsteil zum Thema „Adventsweg" abgekürzt und stattdessen musikalische Elemente erweitert hat. Damit hat sie die Liedauswahl spontan geändert und auf die Besuchergruppe der eher kleineren Kinder hin ausgerichtet. Dass es dadurch zu einer Passung zwischen den im Gottesdienst gesungenen Liedern und den Bedürfnissen der anwesenden Kinder gekommen ist, bestätigen die Teilnehmendeninterviews – hier besonders Interview II – durch positive Evaluationen und Würdigungen zum Thema Musik. Somit können, neben den Ritualen im Gottesdienst und dem individuellen Eingehen auf alle Gottesdienstbesucherinnen und -besucher, auch die musikalischen Elemente zu den Faktoren gerechnet werden, die den Familiengottesdienst zu einem Erlebnis machen, das sich für die Besucherinnen und Besucher auf eine wohltuende Weise vom sonstigen Klinikalltag abhebt.

7.5.   Die Dominanz der Elternperspektive in der Interviewkommunikation

Bei allen Teilnehmendeninterviews zu diesem Gottesdienst fällt auf, dass sich die Interviewkommunikation sehr dominant auf das Erleben der Eltern, nicht aber auf das der Kinder bezieht. So kommt das Teilnehmendeninterview I zum Beispiel nur auf die Kinder zu sprechen, um zu erklären, warum die liturgischen Elemente des Gottesdienstes so rasch aufeinander folgen. Das Teilnehmendeninterview II thematisiert die Tochter der Interviewten, wenn Gesprächsgänge beendet sind und die Interviewte überlegt, zu welchem Thema sie sich als nächstes äußern möchte. Das Teilnehmendeninterview III nennt den Sohn als Grund für den Gottesdienstbesuch und in funktional ähnlicher Hinsicht unterstreicht Interview IV, wie schön es ist, dass man den Gottesdienst gemeinsam mit dem Kind beziehungsweise den Kindern besuchen kann. Durch den in den Teilnehmendeninterviews beobachtbaren Fokus auf die elterliche Erlebnisebene stellt der hier analysierte Gottesdienst eindrücklich vor Augen, dass die Familiengottesdienste in der Kinderklinik keine Veranstaltungen sind, deren Erlebnisebenen ausschließlich von Kindern rezipierbar sind. Vielmehr bieten die Gottesdienste Erlebnisebenen, die kommunikativ sehr präzise an die Wahrnehmungsperspektiven Erwachsener anschließen. Wenn das hier analysierte gottesdienstliche Fallbeispiel auf der Ebene der Teilnehmendeninterviews die Perspektive der Kinder so gut wie gar nicht thematisiert, dann kann daraus nicht der Schluss gezogen werden, die Kinder seien durch den Gottesdienst nicht angesprochen worden. Vielmehr führt die hier dokumentierte Interviewkommunikation mit dem Schwerpunkt auf der Elternperspektive sehr eindrücklich vor Augen, dass es sich bei dem analysierten Gottesdienst in einem qualifizierten Sinn tatsächlich um einen Familiengottesdienst handelt, der sowohl für Kinder als auch Erwachsene passende Rezeptionsmöglichkeiten bietet.

7.6.   Inhaltliche Verdichtung

In der Summe betrachtet stellen die empirischen Materialien diesen Gottesdienst als besonderen Raum in der spezifischen Krankenhaussituation heraus. Bereits das ethnographische Protokoll betont, in welch hohem Maß dieser Gottesdienst mit Hilfe von Ritualen und Symbolen einen Kommunikationsraum eröffnet. Qualifiziert ist dieser Kommunikationsraum, so das ethnographische Protokoll, durch gelingende Interaktionen zwischen allen Beteiligten und durch eine positive atmosphärische Dichte. In dieser Deutungsperspektive lässt sich auch gut das Interview mit der Pfarrerin interpretieren. So lässt es sich als eine Schilderung lesen, die ganz offen und detailreich erläutert, welche spontanen Entscheidungen die Pfarrerin im Vollzug des Gottesdienstes getroffen hat, um diesen atmosphärisch dichten und Interaktion ermöglichenden Raum zu eröffnen und situativ passend zu gestalten. Die Teilnehmendeninterviews wenden die Blickrichtung auf die Besucherperspektive. Es ist auffallend, dass auch diese Texte den Gottesdienst vor allem als besonderen Erlebnisraum schildern. Die Art und Weise, wie sie das im Einzelnen tun, kann als Präzisierung der Raummetapher verstanden werden, mit deren Hilfe bereits das ethnographische Protokoll und das Interview mit der Pfarrerin gedeutet wurden. Das Teilnehmendeninterview I stellt die rituellen Elemente des Gottesdienstes in den Mittelpunkt und schildert sie als Räume, in die auf individuelle Weise die eigene Lebenssituation eingetragen werden kann. Vermutlich steht hinter der Formulierung der ‚eigenen Lebenssituation‘ ein ganzes Bündel an Gefühlen und Empfindungen, die mit der Erkrankung des Kindes und deren Behandlung im Krankenhaus verbunden sind. Indem die eigene Lebenssituation in die rituellen Elemente des Gottesdienstes eingetragen werden kann, bietet der Gottesdienst etwas, das im sonstigen Klinikalltag nicht möglich ist. Das Teilnehmendeninterview II qualifiziert den vom Gottesdienst eröffneten Raum als Erinnerungs- und Hoffnungsraum. Texte, gute Worte, der Segen, vor allem aber die gesungenen Lieder rufen positive Erinnerungen hervor, die für die Interviewpartner als Hoffnung auf bessere Zeiten in der Zukunft fungieren. Aber der

Gottesdienst dient auch als Raum der Klage. Das ist im Teilnehmendeninterview III der Fall. Schließlich konnotiert das Teilnehmendeninterview IV den durch den Gottesdienst eröffneten Raum mit den Aspekten der Ruhe und Geborgenheit. Betrachtet man die in den Teilnehmendeninterviews dokumentierten inhaltlichen Füllungen des von dem Gottesdienst eröffneten Raums, dann handelt es sich in allen Fällen um Themen und Emotionen, die im Klinikalltag jenseits des Gottesdienstes in dieser Form entweder nur sehr verhalten oder gar nicht artikuliert werden können. Versieht man den Gottesdienst auf der Grundlage aller empirischen Analyseergebnisse mit einer Überschrift, kann man dafür folgende Formulierung verwenden: ‚Der Gottesdienst als Raum für Emotionen, die im sonstigen Klinikalltag keinen Ort haben‘.

Das Familiengottesdienstformat im Gesamtblick – Kontrastiver Vergleich und fallübergreifende Analyse

Gerald Kretzschmar

1.   Zum methodischen Vorgehen

Die folgende synthetisch-fallübergreifende Analyse verlässt nun die Ebene der Einzelfallanalysen. Auf der Grundlage aller sechs Gottesdienstanalysen wird jetzt die übergeordnete Frage gestellt, was das Format des Familiengottesdienstes in der Kinderklinik im Spiegel seiner empirischen Wahrnehmung insgesamt charakterisiert: Welche Gestaltungselemente werden besonders hervorgehoben? Welche kommunikativen Faktoren zeichnen das Gottesdienstformat aus? Welche Wirkung erzielt das Format? Welche Funktionen werden ihm zugeschrieben? Fragen dieser Art werden im Folgenden aufgeworfen und mit einem Antwortvorschlag versehen.

Methodisch erfolgt die synthetisch-fallübergreifende Analyse in zwei Schritten. So wird auf dem Weg eines *kontrastiven Vergleichs* aller sechs analysierten Gottesdienste eine hermeneutische Leitperspektive formuliert, die die wesentlichen Charakteristika des Formates Familiengottesdienst in der Kinderklinik in einen konsistenten Zusammenhang bringt. Diese hermeneutische Leitperspektive bildet die Grundlage für den zweiten synthetisch-fallübergreifenden Analyseschritt. Dieser besteht in einer *strukturellen Inhaltsanalyse* über alle hier analysierten Gottesdienste hinweg. Dabei werden die inhaltlichen Strukturmerkmale, die aus dem empirischen Gesamtmaterial am markantesten hervortreten, benannt und daraufhin befragt, inwieweit sie der Konkretion der zuvor erhobenen hermeneutischen Leitperspektive dienen können. Somit schreiten die beiden synthetisch-fallübergreifenden Analyseschritte den Weg von der Formulierung eines übergeordneten deutenden Zugangs zum empirischen Material hin zu dessen detailbezogener Konkretion ab.

2. Kontrastiver Vergleich

Der hier vorgenommene kontrastive Vergleich erfolgt in zwei Vergleichsperspektiven. In der Perspektive des *minimalen Vergleichs* wird das empirische Material der einzelnen Gottesdienste hinsichtlich geringer Unterschiede kontrastiert. Strukturelle und inhaltliche Ähnlichkeiten, sich wechselseitig bestätigende Sachverhalte und das Aufzeigen von Stereotypen in allen oder mehreren Gottesdienstanalysen stehen dabei im Vordergrund. Der *maximale Vergleich* dagegen nimmt eine Kontrastierung hinsichtlich höchster Verschiedenheit vor. Sich unterscheidende, gegebenenfalls sich widersprechende Analysebefunde sind hier von Interesse.[1]

2.1. Minimaler Vergleich

Zunächst zur Perspektive des minimalen Vergleichs. Hier kann eine Nähe zwischen Gottesdienst 3 und Gottesdienst 4 festgestellt werden. Auf der inhaltlichen Ebene legt das empirische Material zu Gottesdienst 3 einen Schwerpunkt auf den Aspekt der Adressatenorientierung, die durch eine homogene Gemeinschaft konstituierte Gottesdienstsituation, die Rolle der Pfarrerin und die Rituale im Gottesdienst. Bei all diesen thematischen Schwerpunkten fällt auf, dass sie vor dem Hintergrund der Frage entfaltet werden, wie der Gottesdienst so gut wie möglich auf die an ihm teilnehmenden Personen bezogen werden kann. Die Ursache für diesen perspektivischen Fokus besteht darin, dass die Pfarrerin ursprünglich das Thema Schulanfang in das Zentrum des Gottesdienstes stellen wollte. Dies ließ sich allerdings nicht wie gedacht realisieren, weil bei den Kindern, die den Gottesdienst besuchten, gar kein Schulanfang bevorstand. Aus diesem Grund stand die Pfarrerin vor der Aufgabe, das Gottesdienstthema spontan zu variieren. Dies tat sie, indem sie das Thema Schulanfang aufgab und stattdessen das Thema Neuanfänge in den Mittelpunkt stellte. Auf dieses Weise konnte sie vieles von dem, was sie im Zusammenhang mit dem Thema Schulanfang in den Gottesdienst einbringen wollte, tatsächlich ansprechen, weil das Thema Schulanfang vielfältige Aspekte des Themas Neuanfänge impliziert. Gleichzeitig konnte sie mit dem allgemeiner gehaltenen Thema Neuanfänge auf Situationen und Erfahrungen Bezug nehmen, die einen Anhaltspunkt im Leben der teilnehmenden Kinder haben. Diese notwendige spontane thematische Umorientierung hatte offenbar zur Folge, dass sich die Pfarrerin ganz besonders intensiv auf die anwesenden Kinder einlassen musste,

---

1 Zum Verfahren des kontrastiven Vergleichs vgl. Nassehi 1995, 348-352 und Gerstenkorn 2004, 224-228. Grundsätzlich zur Vergleichbarkeit empirischer Einzelfälle vgl. Flick 2000, 252-265.

um sicherzustellen, dass die inhaltliche Ebene des Gottesdienstes an die lebensweltlichen Hintergründe der Teilnehmenden anschlussfähig ist. In Bezug auf das empirische Material zu diesem Gottesdienst hat das zur Folge, dass sowohl das Interview mit der Pfarrerin als auch das ethnographische Protokoll wie auch die Teilnehmendeninterviews dokumentieren, wie intensiv die Pfarrerin an einem konsequenten Adressatenbezug in allen liturgischen Stücken und auf allen Gestaltungsebenen des Gottesdienstes arbeitet und wie dies auf der Beobachter- und Rezipientenseite wahrgenommen wird. Somit stellen die empirischen Materialien zu Gottesdienst 3 heraus, wie wichtig die individuelle Wahrnehmung der am Gottesdienst beteiligten Personen für das Format der Familiengottesdienste in der Kinderklinik ist.

Gottesdienst 4 fokussiert ebenfalls die individuelle Dimension, indem die Analysen des empirischen Materials dieses Gottesdienstes stark um Erwartungen und Bedürfnisse kreisen, die die Gottesdienstteilnehmenden potenziell oder de facto an den Gottesdienst richten können. Das geschieht konkret dadurch, dass zum Beispiel die Teilnehmendeninterviews die Frage nach einer kindgerechten Aufarbeitung der Inhalte im Verkündigungsteil des Gottesdienstes reflektieren. Aber auch die rituellen Elemente des Gottesdienstes wie das Gebetsritual und die persönliche Segnung werden unter dem Gesichtspunkt thematisiert, wie Erwartungen und Bedürfnisse der Teilnehmenden angemessen wahrgenommen werden beziehungsweise wahrgenommen werden können. Dabei stehen vor allem die teilnehmenden Kinder im Mittelpunkt, was sich daran zeigt, dass die empirischen Materialien dieses Gottesdienstes immer wieder explizit die Kinderperspektive auf das gottesdienstliche Geschehen ansprechen. Aber auch die interaktive und integrierende Gottesdienstgestaltung im Allgemeinen und in Bezug auf die Musik im Speziellen werden in besonderer Weise vom empirischen Material aufgegriffen, wodurch ebenfalls die hohe Bedeutung unterstrichen wird, die die individuelle Wahrnehmung der Gottesdienstteilnehmenden im Rahmen der Familiengottesdienste in der Kinderklinik spielen.

Stellt man die empirischen Materialien zu den Gottesdiensten 3 und 4 unter dem Gesichtspunkt des minimalen kontrastiven Vergleichs gegenüber, dann tritt trotz des je eigenen inhaltlich-thematischen Profils, das beide Gottesdienste auszeichnet, eine deutlich wahrnehmbare Nähe zwischen ihnen zutage. Die Nähe besteht darin, dass beide Gottesdienste unter den Überschriften ‚Adressatenorientierung' beziehungsweise ‚Orientierung an Erwartungen und Bedürfnissen der Teilnehmenden' die individuelle Wahrnehmung der Gottesdienstteilnehmenden als maßgebliches Konstitutivum des Familiengottesdienstes herausstellen. Theorieförmig formuliert kann man in diesem Zusammenhang auch von einer konsequenten Subjektorientierung sprechen.

Unter der Perspektive des minimalen Vergleichs weisen auch die Gottesdienste 1 und 5 eine spezifische Nähe zueinander auf. Die empirischen Materialien zu Gottesdienst 1 heben immer wieder den Aspekt der Gemeinschaft hervor. Der Grund dafür liegt vermutlich in der recht plural verfassten Gruppe der Gottesdienstteilnehmenden. Ähnlich wie die Analysen zu den Gottesdiensten 3 und 4 heben auch die Analysen zu Gottesdienst 1 zunächst die individuelle Wahrnehmung der Teilnehmenden hervor. Allerdings wird die Wahrnehmung der Teilnehmenden in den empirischen Materialien zu Gottesdienst 1 eher als so etwas wie eine Basis inszeniert, aus der dann ein gemeinschaftliches Erleben resultiert. So gesehen beginnt die strukturelle Logik, die zu dem Fokus auf den Aspekt der Gemeinschaft führt, mit der individuellen Wahrnehmung der Teilnehmenden, die dann in diverse Formen der Interaktion und der Beziehungsaufnahme unter den Teilnehmenden übergeht, um schließlich in das Erleben von Gemeinschaft zu münden. Aus der Perspektive dieser strukturellen Logik werden vom empirischen Material des Gottesdienstes die Interaktionen zwischen der Pfarrerin und den Kindern, die Inszenierung der Geschichte im Gottesdienst, die Rituale, aber auch die den Gottesdienst prägende Atmosphäre und dessen spontaner Charakter beschrieben.

Gottesdienst 5 stellt in allen empirischen Materialien das Thema Gemeinschaft in den Mittelpunkt. Die empirisch erhebbare Struktur zu diesem Thema stellt sich so dar, dass das ethnographische Protokoll den Gottesdienst als Ganzen als eine Aneinanderreihung von Gemeinschaftserlebnissen beschreibt. Das Interview mit der Pfarrerin legt daran anknüpfend einen Schwerpunkt darauf zu schildern, wie genau die Pfarrerin die liturgischen Stücke des Gottesdienstes so inszeniert, dass sie zu Gemeinschaftserlebnissen werden. Sowohl im ethnographischen Protokoll als auch im Interview mit der Pfarrerin findet sich übrigens das gleiche Erklärungsmuster für die Entstehung eines gemeinschaftlichen Erlebens wie in den empirischen Materialien zu Gottesdienst 1: Erst die individuelle Wahrnehmung der Gottesdienstteilnehmenden ermöglicht es, sie zu Interaktionen und Aktivitäten zu motivieren, die dann in ein gemeinschaftliches Erleben münden können. Die Teilnehmendeninterviews zu Gottesdienst 5 richten den Fokus schließlich auf die Rezipientenseite und stellen dar, an welchen Stellen und auf welche Weise die Teilnehmenden im Gottesdienst ein gemeinschaftliches Erleben empfinden.

Zusammen betrachtet inszenieren die Analysen zu den Gottesdiensten 1 und 5 den Familiengottesdienst schwerpunktmäßig als Gemeinschaftserlebnis. Das geschieht in der Weise, dass die Gemeinschaftserlebnisse und die damit einhergehende Gemeinschaft in jedem Gottesdienst neu konstituiert werden müssen. Wenn die Menschen zum Gottesdienst gehen, kommen sie zunächst als einander mehr oder minder fremde Individuen. Zu einer Gemeinschaft mit entsprechenden Gemeinschaftserlebnissen werden sie erst im Verlauf des Gottesdienstes. So sehr die Gottesdienste 1 und 5 das Thema Gemeinschaft in den Mittelpunkt stellen und sich dadurch vordergründig von den Gottesdiensten 3 und 4, die ja die Subjektorientierung des Familiengottesdienstes hervorheben, unterscheiden, so groß ist doch bei genauerem Hinsehen die Nähe zwischen den Gottesdiensten 3 und 4 einerseits und den Gottesdiensten 1 und 5 andererseits. Das zeigt der Blick auf die argumentative Struktur, die die Analysen zu den Gottesdiensten 1 und 5 aufweisen. Schließlich wird hier gerade die individuelle Wahrnehmung der Gottesdienstteilnehmenden durch die Pfarrerin als unabdingbare Voraussetzung für die Entstehung von Gemeinschaft und der dazugehörigen gemeinschaftlichen Erlebnisse benannt. So gesehen greifen die Analysen zu den Gottesdiensten 1 und 5 das in den Analysen zu den Gottesdiensten 3 und 4 stark gemachte Moment der Subjektorientierung auf, um auf dieser Grundlage zu schildern, dass die Subjektorientierung nicht mehr und nicht weniger als die Voraussetzung für das Erleben von Gemeinschaft im Familiengottesdienst darstellt. Zugespitzt könnte man sagen: Die Analysen zu den Gottesdiensten 3 und 4 bereiten mit dem Fokus der Subjektorientierung einen argumentativen Ausgangspunkt vor, der in den Analysen zu den Gottesdiensten 1 und 5 aufgegriffen wird, um zu verdeutlichen, wie genau sich Gemeinschaftserlebnisse konstituieren.

Schließlich können in der Perspektive des minimalen kontrastiven Vergleiches die Gottesdienste 2 und 6 in eine Beziehung zueinander gesetzt werden. Die Nähe zwischen den Analysen beider Gottesdienste besteht darin, dass der Familiengottesdienst hier jeweils als Unterbrechung zum Klinikalltag inszeniert wird. Unter den empirischen Materialien zu Gottesdienst 2 sind es vor allem die beiden Teilnehmendeninterviews, die das Thema der Unterbrechung zum Klinikalltag stark machen. So finden sich in den Interviews Formulierungen wie zum Beispiel ‚gute Abwechslung‘ und ‚kleine Oase‘, um auf den Punkt zu bringen, wie der Familiengottesdienst im Kontext des Krankenhausalltags empfunden wird. Aus der Perspektive der Unterbrechung des Klinikalltags lassen sich letztlich alle thematischen Schwerpunktsetzungen, die das empirische Material zu Gottesdienst 2 aufweist, interpretieren. Seien es die konsequente Zielgruppenausrichtung und die für den Gottesdienst charakteristische Atmosphäre, oder die Rituale, die Musik und der inhaltliche Impuls im Gottesdienst – stets finden sich hier Schilderungen, die unterstreichen, dass und wie sich der Gottesdienst vom Klinikalltag abhebt.

Die empirischen Materialien zu Gottesdienst 6 nähern sich dem Aspekt der Unterbrechung des Klinikalltags einerseits auf eine ganz ähnliche Weise, wie das bei den Materialien zu Gottesdienst 2 der Fall ist. So sind es bei Gottesdienst 6 ebenfalls die Teilnehmendeninterviews, die hervorheben, wie sehr sich die Gottesdienstsituation vom Klinikalltag unterscheidet, und die damit eine stimmige Perspektive für die Gesamtdeutung des Gottesdienstes vorgeben. Andererseits ist die thematische Verbindungslinie zwischen den Teilnehmendeninterviews und dem ethnographischen Protokoll sowie dem Interview mit der Pfarrerin bei Gottesdienst 2 expliziter greifbar und das Material gibt außerdem etwas präziser zu erkennen, worin genau die Unterbrechung des Klinikalltags durch den Gottesdienst besteht. Zunächst zu der Verbindungslinie, die alle empirischen Materialien dieses Gottesdienstes miteinander verbindet: Konkret handelt es sich dabei um eine Raummetaphorik. So zeichnen das ethnographische Protokoll und das Interview mit der Pfarrerin die Gottesdienstsituation als einen Kommunikationsraum, dessen Atmosphäre so gestaltet ist, dass im Gottesdienst Interaktionen zwischen allen Beteiligten möglich sind, die im Klinikalltag in dieser Weise nicht vorkommen. Die Teilnehmendeninterviews bedienen sich ebenfalls der Raummetaphorik und beschreiben näher, was genau in dem durch den Gottesdienst eröffneten Raum erlebt wird. An dieser Stelle wird dann auch präzisiert, was genau die Unterbrechung des Klinikalltags durch den Gottesdienst aus Sicht der Teilnehmenden ausmacht. Konkret handelt es sich dabei um die Möglichkeit, im Gottesdienst den Blick einmal nicht nur auf das Thema Krankheit zu fokussieren, sondern auf die aktuelle Lebenssituation insgesamt, das heißt, auf Fragen und Themen, die nichts mit dem Thema Krankheit zu tun haben. Ferner eröffnet die Unterbrechung des Klinikalltags durch den Gottesdienst einen Raum für Erinnerungen und Hoffnungen, aber auch für die Artikulation der Klage. Schließlich werden Ruhe und Geborgenheit als Charakteristika der gottesdienstlichen Alltagsunterbrechung genannt. Dies alles ist mit positiven Evaluationen verbunden, die den wohltuenden Charakter der Unterbrechung des Klinikalltags durch den Gottesdienst hervorheben.

Somit besteht eine sehr große Nähe zwischen den Gottesdiensten 2 und 6 in der Betonung einer wohltuenden Unterbrechung des Klinikalltags durch den Familiengottesdienst. Die Funktion einer wohltuenden Unterbrechung kann auf dieser Grundlage als ein dritter Aspekt benannt werden, der das Format der Familiengottesdienste in der Kinderklinik auf besondere Weise charakterisiert.

2.2. Maximaler Vergleich

Richtet man den Blick auf inhaltlich-argumentative, aber auch strukturelle und inszenatorische Unterschiede zwischen dem empirischen Material zu den einzelnen Gottesdiensten, fällt eine Zweiteilung auf. Auf der einen Seite stehen die Gottesdienste 3 und 4 beziehungsweise 1 und 5. Indem hier das Moment der Individualität (Gottesdienste 3 und 4) und das der Gemeinschaftlichkeit (Gottesdienste 1 und 5) als Charakteristika der Familiengottesdienste in der Kinderklinik hervortreten, stehen inszenatorische und deutende Leitperspektiven im Vordergrund, die sich auf so etwas wie die soziale Konfiguration der Familiengottesdienste beziehen. Doch nicht nur der Schwerpunkt auf der sozialen Konfiguration verbindet das empirische Material dieser Gottesdienste miteinander. Auch die in den Materialien zu den Gottesdiensten 1 und 5 zu beobachtende inhaltliche-argumentative Struktur, wonach die individuelle Wahrnehmung der Gottesdienstteilnehmenden die Voraussetzung für die Konstitution und das Erleben von Gemeinschaft ist, rückt die Gottesdienste 1,3,4 und 5 in eine Nähe zueinander. Schließlich werden in der Gesamtschau auf das empirische Material zu diesen vier Gottesdiensten Individualität und Gemeinschaft nicht als Gegensatzpaar verstanden, sondern als sich gegenseitig bedingende Momente.

Auf der anderen Seite des maximalen Vergleichs stehen die Gottesdienste 2 und 6. Indem die empirischen Materialien zu diesen Gottesdiensten den Aspekt einer wohltuenden Unterbrechung des Klinikalltags durch den Familiengottesdienst betonen, machen sie nicht die soziale Dimension als deutende Leitperspektive stark, sondern die psychische beziehungsweise seelsorgerliche. Die Art und Weise, wie der Familiengottesdienst durch die empirischen Materialien zu den Gottesdiensten 2 und 6 inszeniert wird, zielt auf die psychische und seelsorgerliche Funktion, die der Familiengottesdienst im Kontext des Klinikalltags erfüllt. Bei dieser Funktion handelt es sich um eine wohltuende Unterbrechung des Klinikalltags. Durch das Schwergewicht auf der psychischen beziehungsweise seelsorgerlichen Dimension als inszenatorische und deutende Leitperspektive heben sich die Gottesdienste 2 und 6 im Rahmen des kontrastiven Vergleichs maximal von den Gottesdiensten 1,3,4 und 5 ab.

2.3.   Konklusion

Nach dem kontrastiven Vergleich in minimaler und maximaler Perspektive werden die Ergebnisse dieses Vergleichs nun abschließend in Form einer hermeneutischen These verdichtet. Mit ihr sollen die maßgeblichen Konturen des als komplexes Phänomen zu verstehenden Familiengottesdienstes in der Kinderklinik auf den Punkt gebracht werden. Das argumentative Muster für die Formulierung dieser hermeneutischen These folgt einem Ursache-Wirkungs-Schema. Dabei werden die Charakteristika, die das empirische Material zu den Gottesdiensten 1,3,4 und 5 prägen, als ursächlich für eine Wirkung verstanden, die die empirischen Analysen der Gottesdienste 2 und 6 erhoben haben. Konkret handelt es sich bei diesem Ursache-Wirkungs-Schema um die Schlussfolgerung, dass aus der individuellen Wahrnehmung aller Gottesdienstteilnehmenden (Gottesdienst 3 und 4) die Konstituierung einer gottesdienstlichen Gemeinschaft resultiert (Gottesdienst 1 und 5), was zusammengenommen zur Folge hat, dass der Familiengottesdienst als wohltuende Unterbrechung des Klinikalltags begriffen werden kann (Gottesdienste 2 und 6). Noch einmal bündig als These formuliert: *Die individuelle Wahrnehmung aller Gottesdienstteilnehmenden und die auf dieser Basis erfolgende Konstituierung einer gottesdienstlichen Gemeinschaft machen den Gottesdienst zu einer wohltuenden Unterbrechung des Klinikalltags.*

3.   Strukturelle Inhaltsanalyse

Da die Analysen des empirischen Materials aller Gottesdienste eine Fülle ganz unterschiedlicher Strukturmerkmale erhoben haben, ist es notwendig, diese noch unabhängig von der hermeneutischen Leitperspektive, unter der sie im Folgenden betrachtet werden sollen, zunächst einmal zu systematisieren. Das Spektrum der empirisch erhobenen Strukturmerkmale reicht von dem Aspekt der Adressatenorientierung über gestalterische Aspekte wie zum Beispiel der Musik bis hin zu einem Aspekt wie der Wahrnehmung des gottesdienstlichen Geschehens durch die anwesenden Kinder. Blickt man auf die Gesamtheit der Strukturmerkmale, die die empirischen Analysen in besonderer Weise hervorgehoben haben, dann lassen sich drei inhaltliche Bereiche unterscheiden, mit deren Hilfe es möglich ist, alle Strukturmerkmale auf eine systematisierende Weise einander in Beziehung zu setzen. Diese drei Bereiche sind die empirisch erhobenen konstituierenden Dimensionen, die das Format der Familiengottesdienste in der Kinderklinik besonders auszeichnen.

Die erste konstituierende Dimension, der sich einige Strukturmerkmale zuordnen lassen, kann mit dem Stichwort der *Haltung* überschrieben werden. Unter diesem Stichwort können alle Aspekte subsumiert werden, die einen Beitrag zur atmosphärischen Stimmung des Gottesdienstes leisten. Eine weitere konstituierende Dimension trägt die Überschrift *Gestaltung*. Hier geht es um konkrete gestalterische Elemente des Gottesdienstes. Die dritte Dimension der hier vorgenommenen Systematisierung trägt die Überschrift *Effekt*. Hier werden Strukturmerkmale des Gottesdienstes zusammengenommen, die Auskunft über die Wirkung des Gottesdienstes geben.

Die Logik der genannten Systematisierung lautet: Aus einer bestimmten *Haltung* ergeben sich Konsequenzen für die *Gestaltung* des Gottesdienstes, die ihrerseits bestimmte *Effekte* in Bezug auf die Wahrnehmung des Gottesdienstes mit sich bringen. Die folgende Reflexion einzelner Strukturmerkmale des Familiengottesdienstes in der Kinderklinik aus der oben formulierten hermeneutischen Leitperspektive heraus folgt daher dem Gliederungsprinzip von Haltung, Gestaltung und Effekt.

3.1.   Haltung

3.1.1.   Adressatenorientierung und Spontanität

Der Familiengottesdienst in der Kinderklinik hat ein ständig wechselndes Publikum. Die gottesdienstliche Situation ist dadurch gekennzeichnet, dass sich hier Menschen begegnen, die einander nicht kennen. Die Gruppe der Besucherinnen und Besucher ist in Bezug auf Alter, auf soziale Faktoren wie Schicht-

und Milieuzugehörigkeit, auf religiöse und kulturelle Hintergründe und viele weitere Faktoren plural verfasst. Damit der Gottesdienst zu einem Erlebnis werden kann, das alle Teilnehmenden zu integrieren vermag, muss die Pfarrerin sie alle auf individuelle Art und Weise wahrnehmen. Die Analyse zu Gottesdienst 2 hebt dies ganz besonders hervor.

Dabei muss allerdings berücksichtigt werden, dass sich die individuelle Wahrnehmung der Gottesdienstteilnehmenden durch die Pfarrerin ganz klar auf die Kinder fokussiert. Sie sind für die Pfarrerin so etwas wie die primären Adressatinnen und Adressaten. Das wird nicht nur durch die Gottesdienstanalyse zu Gottesdienst 2 unterstrichen, sondern auch durch die Analysen zu den Gottesdiensten 1, 3 und 6. Man könnte nun die Frage stellen, warum die bisherige Deutung der Gottesdienstanalysen ganz pauschal von einer sehr individuellen Wahrnehmung aller Gottesdienstteilnehmenden spricht, wenn doch faktisch schwerpunktmäßig die Kinder von der Pfarrerin in ihrer Individualität wahrgenommen werden. Der Grund für diese pauschale Deutung besteht in den zahlreichen positiven Evaluationen, die sowohl Kinder als auch Erwachsene in Bezug auf die individuelle Wahrnehmung in den Gottesdiensten im Rahmen der Teilnehmendeninterviews äußern. Vermutlich ist es so, dass die Erwachsenen sehr genau darauf achten, wie die Pfarrerin mit dem je eigenen Kind umgeht. Wenn sie erleben, dass die Pfarrerin das eigene Kind individuell wahrnimmt, übertragen sie den positiven Zugang der Pfarrerin zu dem eigenen Kind auf sich selbst und fühlen sich ihrerseits individuell wahrgenommen. Hinzu kommt, dass auch die Erwachsenen im Laufe des Gottesdienstes zum Beispiel durch die Rituale mit in das gottesdienstliche Geschehen einbezogen werden. Auch das ist sicher eine Erklärung dafür, dass sich neben den Kindern auch die Erwachsenen in den Gottesdiensten individuell wahrgenommen fühlen.

Die individuelle Wahrnehmung der Gottesdienstteilnehmenden durch die Pfarrerin erfolgt auf unterschiedlichen Wegen. Zum einen nimmt die Pfarrerin schon im Vorfeld des Gottesdienstes und in seiner Anfangsphase Kontakt mit jedem einzelnen Kind auf, indem sie mit ihm spricht und nach seinem Namen fragt. Zum anderen schlägt sich die individuelle Wahrnehmung der Kinder aber auch darin nieder, dass die Pfarrerin nach der anfänglichen Wahrnehmung jedes Kindes spontan entscheidet, ob das von ihr avisierte Konzept des Gottesdienstes in Bezug auf die konkrete Gruppe von Gottesdienstbesucherinnen und -besuchern stimmig ist. Einen solchen spontanen Entscheidungsprozess schildern sehr eindrücklich die empirischen Materialien zu Gottesdienst 3. Sah der geplante Ablauf der Pfarrerin hier vor, das Thema Einschulung in inhaltlicher Hinsicht in den Mittelpunkt des Gottesdienstes zu stellen, musste sie bei der anfänglichen Wahrnehmung der Kinder feststellen, dass sich kein einziges der Kinder vor der Einschulung befindet. Nachdem sie das realisiert hatte, modifizierte sie das ursprünglich vorgesehene Thema, indem sie statt der Einschulung das Thema Neuanfänge in den Mittelpunkt des Gottesdienstes stellte.

Dieses Beispiel zeigt, dass sich die individuelle Wahrnehmung der Kinder nicht darin erschöpft, dass die Pfarrerin ihren Namen kennt und ein paar Worte mit ihnen gewechselt hat. Vielmehr heißt individuelle Wahrnehmung durch die Pfarrerin an diesem Punkt auch, die inhaltlichen Schwerpunkte der Gottesdienste so zu wählen, dass sie einen Bezug zur Lebenswelt und zum Erfahrungshorizont der Kinder haben. Das Gegebensein dieses Bezugs lässt sich nur bis zu einem gewissen Punkt im Vorfeld planen. Um den Kindern tatsächlich funktionierende Zugänge zu den Themen der Gottesdienste zu eröffnen, ist neben einer sorgfältigen Planung in mindestens genauso hohem Maße die Fähigkeit notwendig, spontan auf die aktuellen Lebenssituationen der Kinder reagieren und geplante Inhalte dementsprechend modifizieren zu können.

Aber nicht nur der Blick auf die Lebenssituation und den dazu gehörenden Erfahrungshintergrund der Kinder macht deren individuelle Wahrnehmung durch die Pfarrerin aus. Auch in konkreten Interaktionen muss die Pfarrerin die Kinder im Auge haben und in aller Offenheit auf deren Handlungen und Äußerungen reagieren. Diesen Sachverhalt illustriert die Analyse zu Gottesdienst 6 eindrücklich. So verbindet die Pfarrerin mit der interaktiven Inszenierung eines Adventsweges ein ganz konkretes inhaltliches Ziel. Im Vollzug der Inszenierung wird ihr aber klar, dass sie die Kinder auf ihrem inhaltlichen Weg nicht mitnehmen kann. Die Inszenierung des Adventsweges löst bei den Kindern andere Assoziationen und Gedanken aus, als es die konzeptionellen Überlegungen der Pfarrerin vorgesehen hatten. Um die Interaktion mit den Kindern auf eine konstruktive Weise aufrecht zu erhalten, muss die Pfarrerin diese Sachlage wahrnehmen und sich offen auf die Sichtweisen und Meinungen der Kinder einlassen. Auch um den Preis, dass am Ende des inszenierten Adventsweges ein anderes inhaltliches Ziel steht als das, das sich die Pfarrerin ursprünglich vorgenommen hatte. Sicher hätte die Pfarrerin auch konsequent an der Erarbeitung ihres ursprünglichen Ziels festhalten können. Das hätte jedoch vermutlich dazu geführt, dass die Interaktion zwischen den Kindern und der Pfarrerin mehr oder minder zum Erliegen gekommen wäre und sich die Kinder nicht mehr individuell wahrgenommen gefühlt hätten. Um dies zu verhindern, musste die Pfarrerin auch in diesem Fall ein hohes Maß an Spontanität zeigen.

Versucht man all diese Beobachtungen und Deutungen auf einen Nenner zu bringen, wird deutlich, dass die individuelle Wahrnehmung der Gottesdienstteilnehmenden als eines der hauptsächlichen Charakteristika der Familiengottesdienste in der Kinderklinik nur möglich ist, weil die Pfarrerin auf äußerst spontane Weise auf die Bedürfnisse der Kinder reagiert. Damit ist das Moment der Spontanität die Grundvoraussetzung dafür, dass der Gottesdienst von den Teilnehmenden so erlebt wird, dass sie sich je individuell wahrgenommen fühlen. Auf dieser Grundlage kann die Schlussfolgerung gezogen werden, dass der Gottesdienst seine konkrete Gestalt in erster Linie auf der Grundlage spontaner Entscheidungen der Pfarrerin gewinnt. So gesehen ist die Gottesdienstplanung im Vorfeld nur eine Art erster Schritt oder ein Gerüst, das sich dann im tatsächlichen Vollzug des Gottesdienstes durch eine Vielzahl spontan zu treffender und an den Bedürfnissen der Kinder orientierter Entscheidungen zu dem formt, was den Gottesdienst am Ende ausmachen wird. Ein Gottesdienst, der die Teilnehmenden in einem so hohen Maß individuell wahrnimmt, wie das bei den Familiengottesdiensten in der Kinderklinik der Fall ist, ist somit letztlich nicht abschließend planbar.

3.1.2. Interaktivität

Eng mit den Aspekten der Adressatenorientierung und der Spontaneität ist auch der Aspekt der Interaktivität verbunden. Dazu bietet die Analyse von Gottesdienst 1 aufschlussreiche Konkretionen. Hier wird eindrücklich gezeigt, in welch hohem Maß sich der Gottesdienst durch eine Atmosphäre des wertschätzenden Umgangs auszeichnet und auf diese Weise eine Fülle niedrigschwelliger Teilhabemöglichkeiten bietet. Auf der Grundlage dieser Atmosphäre kommt es dann zu vielfältigen Interaktionen zwischen der Pfarrerin und den Kindern. Sowohl das ethnographische Protokoll als auch das Interview mit der Pfarrerin unterstreichen, dass eine offene Haltung gegenüber den Bedürfnissen der Kinder und die Schaffung möglichst vieler Teilhabemöglichkeiten zu den wesentlichen Maximen des Gottesdienstformates zählen. Die Teilnehmendeninterviews zu Gottesdienst 1, die schwerpunktmäßig die Elternperspektive wiedergeben, schildern den Effekt dieser Haltung sehr eindrücklich. Sie heben hervor, dass die Kinder in einem ganz umfassenden und vorbehaltlosen Sinn in den Gottesdienst eingebunden werden. Seitens der Kinder löst das Motivation und Begeisterung aus. Die interaktive Bezogenheit der Pfarrerin wird auch in den Teilnehmendeninterviews zu Gottesdienst 4 angesprochen. Allerdings kommen hier zusätzlich die Erwachsenen in den Blick. Auch in Bezug auf diesen Personenkreis wird konstatiert, dass ihm im Laufe des Gottesdienstes immer wieder interaktive Beteiligungsformen angeboten werden. Dabei handelt es sich nicht zuletzt um die rituellen liturgischen Elemente des Gottesdiensts.

Der Aspekt der Interaktivität kann als eine Art Bindeglied zwischen dem Erlebnis der individuellen Wahrnehmung in dem Gottesdienst und der dort erlebbaren Gemeinschaft betrachtet werden. Schließlich ist die individuelle Wahrnehmung der Gottesdienstteilnehmenden durch die Pfarrerin die Voraussetzung dafür, dass alle Gottesdienstteilnehmenden zumindest potentiell in Interaktionen untereinander treten können und auf diese Weise Gemeinschaftserfahrungen machen können.

3.1.3. Spielerische Atmosphäre

Stehen bereits die Aspekte der Adressatenorientierung, der Spontaneität und der Interaktivität für ein spezifisches atmosphärisches Profil, das den Familiengottesdienst in der Kinderklinik prägt, sollen an dieser Stelle noch weitere Details aus den Gottesdienstanalysen hervorgehoben werden, die die Atmosphäre der Familiengottesdienste besonders prägen. Vor allem die Analysen zu den Gottesdiensten 1 und 2 kommen auf solche Details zu sprechen. So wird in der Analyse zu Gottesdienst 1 hervorgehoben, dass die Gottesdienstteilnehmenden ohne jeden Druck in die gottesdienstliche Gemeinschaft eingeladen werden. Diese Einladung wird von den Gottesdienstteilnehmenden in weiten Teilen angenommen. Vor allem die vielfältigen Möglichkeiten für Kinder, sowohl im Vorfeld als auch im Verlauf des Gottesdienstes spielerisch miteinander zu interagieren, machen die Atmosphäre des Familiengottesdienstes aus – so die Analyse zu Gottesdienst 2. Die Kinder spielend in Aktion zu sehen, rührt die anwesenden Erwachsenen ganz positiv an. Dass der Gottesdienst im Spielzimmer der Kinderklinik gefeiert wird, unterstreicht die spielerische und von Leichtigkeit und Offenheit geprägte Atmosphäre zusätzlich. Sowohl die Analysen zu Gottesdienst 1 als auch zu Gottesdienst 2 thematisieren im Zusammenhang mit dieser atmosphärischen Prägung, dass sich der Familiengottesdienst hierdurch vom üblichen Klinikalltag auf wohltuende Weise abhebt.

3.2. Gestaltung

3.2.1. Rituale

Die im Familiengottesdienst vorkommenden Rituale werden in den Analysen zu den Gottesdiensten 1, 2, 3 und 6 angesprochen. Um die Funktionsweise der Rituale auf der Grundlage der empirischen Befunde deutend zu erschließen, bietet sich zunächst der Blick auf die Analysen zu den Gottesdiensten 1 und 3 an. Bei beiden Analysen verhält es sich so, dass die Rituale sowohl im Rahmen des ethnographischen Protokolls als auch des Interviews mit der Pfarrerin jeweils recht ausführlich thematisiert werden. Die Teilnehmendeninterviews gehen dagegen kaum auf die Rituale ein. Auffallend ist allerdings, dass die Teilnehmendeninterviews in Bezug auf den Gesamteindruck des Gottesdienstes die Leichtigkeit betonen, mit der es möglich ist, in den Gottesdienst auf individuelle Weise eingebunden zu werden und sich auf dieser Grundlage als Teil einer Gemeinschaft zu empfinden. Als These für die weitere Deutung könnte auf dieser Grundlage formuliert werden: Die sorgfältig von der Pfarrerin reflektierten und vorbereiteten Rituale tragen einen wesentlichen Teil dazu bei, dass sich die Gottesdienstteilnehmenden in den Gottesdienst individuell integriert und als Teil der gottesdienstlichen Gemeinschaft empfinden.

Gestützt wird diese Deutung durch die Analysen zu Gottesdienst 6. Anders als bei den Gottesdiensten 1 und 3 sprechen die Teilnehmendeninterviews hier die Rituale explizit an. Sowohl das Gebetsritual als auch die Segnung mit dem Segensarmband werden so beschrieben, dass sie als ganz offenes, unaufdringliches Angebot wahrgenommen werden. Dies ermöglicht es den Gottesdienstteilnehmenden, die Rituale den individuellen Bedürfnissen entsprechend zu nutzen. Damit verfügen die Rituale über das besondere kommunikative Potenzial, zwischen dem gottesdienstlichen Geschehen und den individuellen Bedürfnissen der Teilnehmenden zu vermitteln. Dass sich dieses kommunikative Potenzial tatsächlich auf eine positive Weise entfaltet, unterstreicht auch das ethnographische Protokoll zu diesem Gottesdienst. Es beschreibt die Rituale als emotionalen Höhepunkt des Gottesdienstes.

Noch weiter gestützt wird die oben genannte Deutungsthese schließlich durch die Analysen zu Gottesdienst 2. Hier gehen alle empirischen Analysen, das heißt das ethnographische Protokoll, das Interview mit der Pfarrerin und die Teilnehmendeninterviews auf die Rituale ein. All diese Texte setzen in Bezug auf die Rituale bei der individuellen Ebene an, indem sie beschreiben, wie die Rituale jeder Teilnehmerin und jedem Teilnehmer einen Kommunikationsraum zur Verfügung stellen, der ganz eigenständig und individuell gefüllt werden kann. Der so zur Verfügung gestellte und genutzte Kommunikationsraum, so die Texte, ermöglicht dann ein Erleben von Gemeinschaft, in der jede und jeder seinen eigenen Platz findet. Die situative Adaption und Offenheit der Rituale reicht so weit, dass sie sogar für Angehörige anderer Religionen zugänglich sein können. An Gottesdienst 6 und den in diesem Gottesdienst vorkommenden Ritualen nahmen tatsächlich Angehörige anderer Religionen teil.

3.2.2.   Inhaltlicher Impuls

Als liturgisches Gestaltungselement wird der inhaltliche Impuls in den Analysen zu den Gottesdiensten 1,2,4 und 5 thematisiert. Vor allem die Teilnehmendeninterviews zu den Gottesdiensten 1 und 4 gehen darauf ein und geben positive Wertungen dazu ab. Hierbei fällt auf, dass die positiven Wertungen nicht an den thematisierten Inhalten festgemacht werden, sondern an der Art und Weise, wie der Impuls präsentiert wird. So würdigen die Teilnehmendeninterviews die auf Interaktion und Dialog zielende Inszenierung. Dadurch würden die Kinder in das gottesdienstliche Geschehen eingebunden und könnten ihre Meinungen und Ansichten zu dem inhaltlichen Impuls gut einbringen. Als Folge dieser Art der Präsentation des Impulses benennen die Teilnehmendeninterviews die Entstehung eines Gemeinschaftsgefühls. Die Analysen zu den Gottesdiensten 2 und 5 bieten weiterführende Reflexionen in Bezug auf die inhaltlichen Impulse in den Familiengottesdienste. Kreisen das ethnographische Protokoll und das Interview mit der Pfarrerin zu Gottesdienst 2 vor allem um die Frage, wie mit etwaigen Ungereimtheiten beim Ablauf und der Umsetzung des Impulses umgegangen werden kann und wie dabei theologische Deutungen angemessen zu handhaben seien, so präsentiert das Interview mit der Pfarrerin zu Gottesdienst 5 einen detaillierten Einblick in grundsätzliche konzeptionelle Überlegungen zur Präsentation des Impulses. Der interaktive und dialogische Charakter, den die Teilnehmendeninterviews aus Rezipientenperspektive in Bezug auf den inhaltlichen Impuls hervorheben, wird im Interview mit der Pfarrerin gleichsam als Konstruktionsprinzip für die Präsentation des Impulses beschrieben. Das Ziel des Impulses bestehe darin, eine Balance zu finden zwischen den deutenden Zugängen, die der Pfarrerin wichtig sind, und den Gedanken, die für die Kinder bedeutsam sind. Indem sich die Pfarrerin bei der Präsentation des Impulses der Interaktion und des Dialogs mit den Kindern bedient, hat sie die Möglichkeit, eine Balance zwischen ihren eigenen Anliegen und denen der Kinder herzustellen. Somit zielt bereits das methodisch-konzeptionelle Vorgehen im Zusammenhang mit dem Impuls auf die Schaffung einer gemeinsamen Basis, die dann faktisch seitens der Rezipienten als Gemeinschaftserlebnis wahrgenommen wird. Damit zeigt sich auch am Beispiel des inhaltlichen Impulses, dass die hermeneutische Perspektive zum Gesamtverständnis der Familiengottesdienste in der Kinderklinik nicht nur auf der Ebene des Gottesdienstes als Ganzem tragfähig ist, sondern auch auf der Ebene einzelner liturgischer Gestaltungselemente: Die individuelle Wahrnehmung aller am Gottesdienst beteiligten Personen ist die Voraussetzung für die Konstituierung einer gottesdienstlichen Gemeinschaftserfahrung, die in der aktuellen Lebenssituation im Klinikalltag eine positiv-wohltuende Funktion für die Kinder und deren Familien erfüllt.

3.2.3. Musik

Die Musik spielt bei den Familiengottesdiensten in der Kinderklinik eine sehr wichtige Rolle. Das kann den zahlreichen positiven Evaluationen entnommen werden, die in den Teilnehmendeninterviews zu finden sind, aber auch den in den ethnographischen Protokollen festgehaltenen Beobachtungen sowie den Reflexionen der Pfarrerin, die in den mit ihr geführten Interviews dokumentiert sind.

Einen ersten Zugang zu dem Themenfeld Musik bieten die Analysen zu Gottesdienst 2. Hier fällt auf, dass alle Texte die musikalische Gestaltung des Gottesdienstes ansprechen. So betonen das ethnographische Protokoll und das Interview mit der Pfarrerin die konzentrierte Atmosphäre während des gemeinsamen Musizierens und die lange anhaltende Aufmerksamkeit der Kinder währenddessen. Die Teilnehmendeninterviews knüpfen an diese Beobachtung an, drücken den Effekt des Musizierens aber sprachlich anders aus. Sie greifen auf eine Semantik zurück, die um das Moment der Gemeinschaftlichkeit kreist. Konkret heben sie den Spaß und die Freude der Kinder hervor, die diese am gemeinsamen Musizieren haben.

Die Teilnehmendeninterviews zu Gottesdienst 4 präsentieren eine erste Erklärung für die durch das Musizieren erzielten Effekte der Konzentration, der Aufmerksamkeit, des Spaßes und der Freude seitens der Kinder. So liegt die Ursache dieser Effekte darin, dass jedes Kind – auch die Kleinsten – ein Percussioninstrument erhalten, um eigenständig am Musizieren mitzuwirken. Dadurch, so ist es den Teilnehmendeninterviews zu entnehmen, können die Kinder interaktiv agieren und den je individuellen Bedürfnissen und Fähigkeiten entsprechend am Geschehen teilhaben.

Eine zweite Erklärung für die positiven Effekte, die mit dem Musizieren einhergehen, lässt sich den empirischen Materialien zu Gottesdienst 6 entnehmen. Die Teilnehmendeninterviews würdigen die Liedauswahl als sehr gelungen. Dafür nennen sie konkrete Gründe. So erinnerten die Lieder an schöne vergangene Zeiten und brächten die Sehnsucht nach der Rückkehr in ein normales Leben zum Ausdruck. Warum die Liedauswahl von den Teilnehmenden als so gelungen wahrgenommen wird, erklärt das Interview mit der Pfarrerin. Sie erläutert, dass die Lieder oftmals während des Gottesdienstes spontan und orientiert an den Bedürfnissen der Kinder ausgewählt würden. Offenbar kommt es auf diese Weise zu einer guten Passung zwischen der Musik im Gottesdienst und den Bedürfnissen der Kinder.

Die empirischen Materialien zu Gottesdienst 5 schildern fast schon systematisierend die Funktionsweise der Musik im Gottesdienst und präsentieren damit eine schlüssige Erklärung für die positive Resonanz, die der musikalischen Gestaltung der Familiengottesdienste zu Teil wird. So wird im Interview mit der Pfarrerin dargelegt, dass die Funktion der Musik darin bestehe, die gottesdienstliche Kommunikation dialogisch zu gestalten. Es solle zu einer möglichst lebendigen Interaktion zwischen der Pfarrerin und den Kindern kommen. Ganz ähnlich fällt der Blick auf die musikalische Gestaltung und deren Funktionsweise aus Sicht der Teilnehmenden aus. Die Teilnehmendeninterviews stellen den interaktiven Charakter, den ja auch die Pfarrerin konzeptionell hervorhebt, ganz klar in den Vordergrund. Durch die Möglichkeit des aktiven Mitwirkens würden die Kinder zu Akteurinnen und Akteuren auf Augenhöhe mit der Pfarrerin. Das heißt, so ist es den Teilnehmendeninterviews zu entnehmen, dass es beim Musizieren im Gottesdienst nicht einfach um ein schlichtes Mitmachen der Kinder geht, womöglich nach dem Muster von Aktion der Pfarrerin und Reaktion der Kinder, sondern um ein echtes dialogisches Geschehen, in das sich die Pfarrerin und die Kinder je gleichberechtigt einbringen. Diese dialogisch gleichberechtigte Struktur im Zusammenhang mit der Musik im Gottesdienst ist letztlich identisch mit der kommunikativen Funktionsweise, die oben bereits in Bezug auf die inhaltlichen Impulse in den Familiengottesdiensten herausgearbeitet wurde.

3.3. Effekt

3.3.1. Anschlussfähigkeit an individuelle Religiosität

Die plural verfasste Struktur des Kreises der Besucherinnen und Besucher der Familiengottesdienste zählt zu den besonderen Merkmalen, die diese Gottesdienste auszeichnen. Die Pluralität der Teilnehmendenstruktur bezieht sich auf Aspekte wie das Alter, den sozialen Status, die Milieuzugehörigkeit, das Bildungsniveau, die regionale Herkunft, kulturelle Hintergründe, religiöse Hintergründe und viele Aspekte mehr. Wie die letztlich in allen Teilnehmendeninterviews artikulierte generell positive Wertung der Familiengottesdienste nahelegt, verfügt dieses Gottesdienstformat in Bezug auf die plurale Teilnehmendenstruktur offenbar über eine hohe Integrationskraft. Dies scheint auch für den Aspekt der je individuellen Religiosität der Teilnehmenden zu gelten.

Die empirischen Materialien zu Gottesdienst 1 gehen näher auf die Verhältnisbestimmung zwischen dem Familiengottesdienst und der individuellen Religiosität der Teilnehmenden ein. Auch wenn die individuellen religiösen Hintergründe der Teilnehmenden explizit nur in den empirischen Analysen zu Gottesdienst 1 thematisiert werden, kann begründet davon ausgegangen werden, dass die individuelle Religiosität der Teilnehmenden eine wichtige Kategorie für das tiefergehende Verständnis des Formats der Familiengottesdienste in der Kinderklinik ist. Dass dieses Thema im Zusammenhang mit Gottesdienst 1 besonders zutage tritt, ist wohl auf die hohe Besucherzahl des Gottesdienstes und die daraus resultierende sehr plurale Teilnehmendenstruktur zurückzuführen: Zehn Kinder und zehn Erwachsene verschiedener Nationalitäten, Kulturen und Religionen nahmen an dem Gottesdienst teil. Welche Rolle spielt nun die individuelle Religiosität der Teilnehmenden für diesen Gottesdienst? Bereits das ethnographische Protokoll stellt fest, mit welch großer Unbefangenheit und Offenheit alle Beteiligten an dem Gottesdienst teilhaben. Das Interview mit der Pfarrerin nennt als eine von mehreren Ursachen für diese Unbefangenheit und Offenheit die individuelle Religiosität der Besucherinnen und Besucher. Sie wird als positiver motivationaler Fixpunkt für die Teilhabe am Gottesdienst gedeutet. Die Teilnehmendeninterviews präzisieren diese Deutung allerdings noch etwas. Sie zeigen, dass eine Gleichung nach dem Muster ‚Vorhandensein individueller Religiosität=Offenheit gegenüber dem Gottesdienst' zu kurz greifen würde. Insbesondere die Interviews mit erwachsenen Teilnehmenden führen das vor Augen. So betonen diese Interviews erst einmal eine gewisse Zurückhaltung und auch einen eher apologetischen Zugang zum Familiengottesdienst. Für die Erklärung der am Ende auch von den erwachsenen Interviewten bekundeten positiven Evaluation des Gottesdienstes heißt das, dass Zurückhaltung und Apologetik zunächst so etwas wie den Ausgangspunkt für die Wahrnehmung des gottesdienstlichen Geschehens darstellen, die erst im Vollzug und Erleben des gottesdienstlichen Geschehens so in den Gottesdienst integriert werden, dass er am Ende als ein positives Erlebnis bezeichnet werden kann. Zugespitzt könnte man die Schlussfolgerung formulieren: Das gottesdienstliche Geschehen vermag die eigene, durchaus profilierte Religiosität der Teilnehmenden so zu integrieren, dass sie von den Teilnehmenden als relevanter Bestandteil des Gottesdienstes im positiven Sinn verortet werden kann. Somit ist einer der Effekte der Familiengottesdienste eine prozesshafte Integration der je individuellen Religiosität der Teilnehmenden in das gottesdienstliche Geschehen.

3.3.2. Gemeinschaft

Die empirischen Materialien zu Gottesdienst 3 führen paradigmatisch etwas vor Augen, was, wenn auch im kleineren Maßstab, auch die empirischen Analysen zu anderen Gottesdiensten zeigen: Die Haltung einer konsequenten Adressatenorientierung sowie deren Umsetzung auf der gestalterischen Ebene des Gottesdienstes führen zur Konstitution einer gottesdienstlichen Gemeinschaft. Man könnte im Fall von Gottesdienst 3 nun einwenden, dass die Konstitution einer gottesdienstlichen Gemeinschaft hier besonders leicht und naheliegend sei, weil die Teilnehmenden offenbar alle kirchlich geprägt und informiert sind und daher ein hohes Maß an gottesdienstlicher Erfahrung einbringen. Diese Erklärung für das den Gottesdienst prägende Gemeinschaftserlebnis greift zu kurz. Schließlich kennen sich alle an dem Gottesdienst Beteiligten zu Beginn des Gottesdienstes entweder gar nicht oder zumindest nicht so gut, dass sie gegenseitig um ihre jeweilige kirchliche Prägung wissen könnten. Vielmehr entfalten sich die je individuellen kirchlichen Prägungen der Teilnehmenden erst auf Grund der individuellen Wahrnehmung aller Beteiligten durch die Pfarrerin. Nur weil die Pfarrerin klar zu erkennen gibt, dass sie an jeder und jedem Einzelnen interessiert ist und sie diesem Interesse auf der liturgischen Gestaltungsebene Ausdruck verleiht, können sich die Teilnehmenden im Vollzug des Gottesdienstes so gegenseitig wahrnehmen und miteinander agieren, dass sie sich ihrer gemeinsamen kirchlichen Prägungen bewusstwerden und zu einer homogenen gottesdienstlichen Gemeinschaft werden. Ohne die individuelle Wahrnehmung der Gottesdienstteilnehmenden durch die Pfarrerin und die gestalterische Umsetzung dieser Wahrnehmung wäre das besondere Gemeinschaftserlebnis in diesem Gottesdienst nicht möglich gewesen.

3.3.3. Zentralstellung (relativ) der Pfarrerin

Wie schon in Bezug auf das gemeinschaftsbildende Potential der Familiengottesdienste so bieten sich die empirischen Materialien zu Gottesdienst 3 auch dazu an, paradigmatisch die Rolle zu illustrieren, die der Pfarrerin im liturgischen Geschehen der Familiengottesdienste zukommt. Im Rahmen der je individuellen Wahrnehmung aller Gottesdienstteilnehmenden ist die Pfarrerin die zentrale Akteurin. Weitere mitwirkende Akteure wie zum Beispiel die Pianistin oder eine studentische Hilfskraft ermöglichen der Pfarrerin durch ihre Unterstützung eine ganz klare Fokussierung auf die individuelle Wahrnehmung der Gottesdienstteilnehmenden. Die dichten Interaktionsformen, in die die Pfarrerin auf diese Weise mit den Gottesdienstteilnehmenden eintreten kann, führen dazu, dass die Pfarrerin ihrerseits von den Gottesdienstteilnehmenden intensiv und individuell als Person wahrgenommen wird. Auf dieser Grundlage ist die Rolle der Pfarrerin im Familiengottesdienst durch zwei Faktoren gekennzeichnet. Zum einen wird ihr im gottesdienstlichen Geschehen eine Zentralstellung zuteil, da sie es ist, die durch die individuelle Wahrnehmung der Teilnehmenden die den Gottesdienst prägenden Interaktionen initiiert und ermöglicht. Zum anderen stellt sie sich im Rahmen der Interaktionen mit den Teilnehmenden selbst in ihrer Individualität zur Disposition und wird auf diese Weise zu einer Interaktionspartnerin, die den Verlauf und das Ergebnis der gottesdienstlichen Interaktionen nicht direktiv steuern möchte, sondern im Sinne eines offenen Prozesses in die Regie der Gruppe derjenigen gibt, die an den jeweiligen Interaktionen beteiligt sind. Somit kann in Bezug auf die Rolle der Pfarrerin in den Familiengottesdiensten festgehalten werden, dass ihr bei der Schaffung und Ermöglichung gottesdienstlicher Interaktionssituationen zwar eine Zentralstellung zukommt, nicht aber hinsichtlich der je individuellen Ausgestaltung und Deutung der verschiedenen Interaktionssituationen. Hier kommt niemandem eine Zentralstellung zu, weil alle Beteiligten im Modus der Gleichberechtigung miteinander interagieren. Die Zentralstellung der Pfarrerin ist eine relative.

3.3.4. Zentralstellung (absolut) der Kinder

Wurde im vorangegangenen Abschnitt beschrieben, inwieweit der Pfarrerin eine spezifische Zentralstellung im gottesdienstlichen Geschehen zukommt, so kann man auch in Bezug auf die am Gottesdienst teilnehmenden Kinder fragen, ob sie eine besondere Rolle im Gottesdienst spielen, und wenn ja, was diese Rolle genau auszeichnet. Paradigmatisch für das Format der Familiengottesdienste in der Kinderklinik insgesamt kann dieser Frage gut anhand der empirischen Materialien zu Gottesdienst 4 nachgegangen werden. Das ist deshalb der Fall, weil insbesondere die Teilnehmendeninterviews zu diesem Gottesdienst sehr fokussiert aus der Perspektive der Kinder argumentieren – auch wenn die Interviewten Erwachsene sind. Was in den Teilnehmendeninterviews zu den anderen hier analysierten Gottesdiensten ebenfalls immer wieder einmal angesprochen wird, tritt in den Interviews zu Gottesdienst 4 besonders deutlich zutage: Ebenso wie in Bezug auf die Pfarrerin kann man die These formulieren, dass auch den Kindern eine Zentralstellung im Gottesdienst zukommt. Die erwachsenen Interviewpartnerinnen und -partner legen ihre Beschreibungen, Argumentationen und Wertungen so an, dass sie die Bilder zugrunde legen, die sie von den kommunikativen Voraussetzungen und Bedürfnissen des je eigenen Kindes im Speziellen und von pauschalen Einschätzungen über Kinder im Allgemeinen im Kopf haben. Diese Bilder des je eigenen Kindes beziehungsweise von Kindern insgesamt prägen den Blick der Erwachsenen auf das gottesdienstliche Geschehen. Damit stehen die Kinder im Mittelpunkt des Gottesdienstes und nehmen darin tatsächlich eine Zentralstellung ein.

Diese herausgehobene Positionierung im gottesdienstlichen Geschehen erfolgt jedoch nicht nur seitens der interviewten Eltern. Vielmehr ist sie bereits in den atmosphärischen Grundentscheidungen und den maßgeblichen Elementen der Gottesdienstgestaltung angelegt. So gesehen setzt sich in der durch die Kinderperspektive geprägten Wahrnehmung des Gottesdienstes durch die interviewten Erwachsenen etwas fort, das für die Anlage und das Gesamtverständnis der Familiengottesdienste in der Kinderklinik ohnehin grundlegend ist. Das heißt natürlich nicht, dass die Erwachsenen keine eigene Meinung zum Erleben des Familiengottesdienstes haben. Allerdings treten deren Wahrnehmungen des Gottesdienstes nahezu ausschließlich vermittelt über die Kinderperspektive in Erscheinung. Vor diesem Hintergrund ist der Familiengottesdienst in erster Linie ein Gottesdienst für Kinder und erst in zweiter Linie auch ein Gottesdienst für Erwachsene. Entscheidend an dieser Reihung ist der Sachverhalt, dass der Gottesdienst seine Relevanz für die Erwachsenen nur über den Weg der Kinder entfalten kann.

Im Blick auf die Frage nach der spezifischen Stellung und Funktion der Kinder im Familiengottesdienst heißt das, dass ihnen tatsächlich die Zentralstellung im Gottesdienst zukommt. Und das in einem deutlich höheren Maß als im Fall der Pfarrerin. Geht man bei der Pfarrerin und den Kindern von zwei Varianten einer Zentralstellung im Gottesdienst aus, dann kann die Zentralstellung der Pfarrerin als eine relative Zentralstellung verstanden werden, die sich letztlich darauf beschränkt, interaktive Prozesse zu arrangieren und in Gang zu setzen, ohne dabei Einfluss auf deren weiteren Verlauf und Ausgang nehmen zu wollen. Bei den Kindern dagegen handelt es sich nicht um eine relative, sondern eine absolute Zentralstellung im Familiengottesdienst. Die Art und Weise wie sie wahrgenommen werden, wie sie im Gottesdienst agieren können und wie sie auf den Gottesdienst und dessen einzelne liturgische Elemente reagieren, prägt die Konzeption, die Durchführung und die Bewertung des Gottesdienstes. Die Kinder sind so etwas wie der absolute Maßstab, an dem sich alles, was mit dem Familiengottesdienst zu tun hat, messen lassen muss.

3.3.5. Inklusion der Eltern

So wie die empirischen Materialien zu Gottesdienst 4 die Kinderperspektive in den Mittelpunkt stellen, so stellen sie bei Gottesdienst 6 die Erwachsenenperspektive in den Mittelpunkt. Auf den ersten Blick könnte man diesen Unterschied zwischen Gottesdienst 4 und 6 als ein Gegenargument zu der im vorangegangenen Abschnitt herausgearbeiteten absoluten Zentralstellung der Kinder begreifen. Eine solche Lesart würde allerdings ein entscheidendes empirisches Detail ausblenden: So sehr die empirischen Materialien zu Gottesdienst 6 auch die Erwachsenenperspektive stark machen mögen, so sehr unterstreichen sie auch, dass der Gottesdienstbesuch nur wegen der Kinder erfolgt. Wären die Kinder nicht, gäbe es auch keinen Gottesdienstbesuch. Aus diesem Grund kann die oben entfaltete Argumentation, wonach die Kinder die entscheidende Vermittlungsinstanz für alles, was den Gottesdienst ausmacht, darstellen, aufrechterhalten werden. Der Familiengottesdienst bleibt, wie oben bereits unterstrichen, in erster Linie ein Gottesdienst für Kinder und erst in zweiter Linie einer für Erwachsene. Bemerkenswert an den empirischen Befunden zu Gottesdienst 6 ist allerdings, dass diese zweite Linie für Erwachsene so sehr zum Tragen kommt, dass sie sich durch das gottesdienstliche Geschehen in einem religiös und theologisch qualifizierten Sinn persönlich angesprochen fühlen. Es ist die Zentralstellung der Kinder, die den Erwachsenen persönliche Zugänge zu den religiösen Themen und Inhalten des Gottesdienstes vermittelt. Das geschieht in Gottesdienst 6 in so hohem Maße, dass die interviewten Erwachsenen bei der Schilderung ihrer eigenen gottesdienstlichen Wahrnehmungen gar nicht eigens auf die Kinderperspektive rekurrieren müssen, sondern unmittelbar von ihren eigenen Erfahrungen berichten. Versucht man diesen Effekt zusammenfassend zu beschreiben, dann lässt sich der Familiengottesdienst in der Kinderklinik als ein Prozess religiöser Kommunikation begreifen, der zwar von den Kindern her konzipiert und durch diese vermittelt ist, dann aber in der Folge alle am gottesdienstlichen Geschehen Beteiligten erfasst und persönlich anspricht. So wird aus diesem Gottesdienstformat tatsächlich ein Gemeinschaftserlebnis und ein in einem weiten Sinn zu verstehender Familiengotttesdienst.

3.3.6. Umgang mit Belastendem

Die bisher beschriebenen Effekte, die sich aus den atmosphärischen Grundentscheidungen und den maßgeblichen Gestaltungselementen des Gottesdienstes ergeben, waren bisher auf einer eher formalen Ebene angesiedelt. Sowohl die Tatsache, dass der Familiengottesdienst unterschiedliche Formen der Religiosität zu integrieren vermag und Gemeinschaft konstituieren kann, als auch die Tatsache, dass die Pfarrerin, die Kinder sowie die Erwachsenen auf je eigene Weise tragende Akteure des gottesdienstlichen Geschehens sind, sagt noch nichts darüber aus, worin ein Effekt des Familiengottesdienstes auf der inhaltlichen Ebene liegen könnte. Auch in Bezug auf diese Frage verhält es sich wieder so, dass letztlich die empirischen Materialien zu allen analysierten Gottesdiensten eine spezifische Antwort erkennen lassen, diese Antwort aber im

Zusammenhang mit einem der Gottesdienste auf besonders profilierte Weise entfaltet wird. Konkret handelt es sich dabei um Gottesdienst 5. Die empirischen Materialien zu diesem Gottesdienst stellen in inhaltlicher Hinsicht den Umgang mit Belastendem als wichtigen Effekt des Familiengottesdienstes heraus. Alle Materialien zu diesem Gottesdienst thematisieren diesen Effekt. Dabei fällt auf, dass im Laufe des Gottesdienstes vor allem das Gebetsritual und der Segen als Gelegenheiten fungieren, Belastendes zu thematisieren. Das geben vor allem das ethnographische Protokoll und das Interview mit der Pfarrerin zu erkennen. Gerade das Interview mit der Pfarrerin, in dem ausführliche Überlegungen darüber geschildert werden, wie in den Familiengottesdiensten gezielt Räume für die Artikulation von Belastendem und den Umgang damit eröffnet und geboten werden können, hebt den Familiengottesdienst als eine Veranstaltung hervor, bei der das Thema Krankheit und die damit einhergehenden Folgen für die Kinder und deren Familien ausdrücklich angesprochen werden können. Dass der Gottesdienst auch tatsächlich in dieser Funktion wahrgenommen wird, unterstreicht das Teilnehmendeninterview mit dem siebenjährigen Mädchen, das kurz vor einer Herzoperation steht, besonders deutlich.

3.3.7.   Wohltuende Unterbrechung des Klinikalltags

Dass der Familiengottesdienst ein kommunikativer Ort ist, der die besondere Situation der erkrankten Kinder und deren Familien auf eine spezifische Weise aufgreift, lassen die Ausführungen des vorangegangenen Abschnitts am Beispiel des Umgangs mit Belastendem erkennen. In diesem Zusammenhang deutet sich bereits an, dass der Familiengottesdienst im Kontext des Klinikalltags und der dort prägenden pflegerisch-medizinischen Kommunikation eine spezifische Funktion erfüllt. Es wäre nun allerdings verkürzt, die spezifische kommunikative Funktion, die der Familiengottesdienst im Klinikalltag erfüllt, auf den Aspekt des Umgangs mit Belastendem zu reduzieren. Insbesondere die empirischen Materialien zu den Gottesdiensten 2 und 6 führen das vor Augen. Auch wenn die Analysen zu den beiden Gottesdiensten unterschiedliche inhaltliche Akzente in Bezug auf die kommunikative Funktion des Familiengottesdienstes in der Kinderklinik setzen, besteht eine Gemeinsamkeit darin, dass der Gottesdienst jeweils als eine Unterbrechung des Klinikalltags gedeutet wird. Sprechen die Analysen zu Gottesdienst 2 von einer Oasenfunktion des Gottesdienstes und einer damit verbundenen willkommenen Abwechslung zum sonst eher eintönigen Tagesablauf in der Klinik, machen die Analysen zu Gottesdienst 6 das Moment eines regelrechten Kontrasts zum Klinikalltag stark. Wodurch zeichnet sich die durch den Gottesdienst erfolgende Unterbrechung des Klinikalltags nun genau aus?

Das empirische Material zu Gottesdienst 2 hebt in diesem Zusammenhang die Feierlichkeit des Gottesdienstes hervor, die durch das Erleben von Gemeinschaft, das Singen und diverse interaktive Gestaltungselemente entsteht. Der entscheidende Unterschied zum sonstigen, eher von Anonymität und Sterilität geprägten Klinikalltag bestehe darin, dass die Kinder und deren Eltern im Gottesdienst als Personen mit eigenen Bedürfnissen wahrgenommen würden. Im Gottesdienst komme es zu persönlichen Beziehungen.

Das empirische Material zu Gottesdienst 6 beschreibt den Unterschied zum Klinikalltag eher auf einer inhaltlich-atmosphärischen Ebene. So würden die gerade aktuellen medizinischen Themen und Alltagsnotwendigkeiten nicht im Modus von Hektik, Angst und Sorge betrachtet, sondern in einer Atmosphäre der Ruhe und Geborgenheit. Dieser andere Blick auf die gegenwärtige Situation ist für die Gottesdienstteilnehmenden offenbar sehr wohltuend. Das zeigt besonders eindrücklich ein Teilnehmendeninterview, das den Familiengottesdienst personifiziert und ihn mit einer Person vergleicht, über deren Besuch man sich freut. So scheint es auch im Fall von Gottesdienst 6 die individuelle Wahrnehmung der Gottesdienstteilnehmenden als Person zu sein, die den Gottesdienstbesuch zu einer wohltuenden Unterbrechung des Klinikalltags macht.

Zu dieser wohltuenden Unterbrechung zählt ohne Zweifel die Möglichkeit, Belastendes im Zusammenhang mit der Erkrankung einmal anders zu thematisieren, als das im Klinikalltag der Fall ist. Wohltuend dürfte es aber auch sein, dass die am Gottesdienst Teilnehmenden einmal nicht auf das Thema Krankheit hin fixiert werden, sondern als Personen wahrgenommen werden, die noch vieles mehr auszeichnet als der eigene Gesundheitszustand oder der des Kindes.

3.4.   Zusammenfassung der strukturellen Inhaltsanalyse

Die untenstehende Tabelle stellt noch einmal gebündelt dar, wie sich die empirisch erhobenen Strukturmerkmale so systematisieren lassen, dass sie der Konkretion der im Zuge des kontrastiven Vergleichs herausgearbeiteten hermeneutischen Leitperspektive dienen können. Diese Leitperspektive lautet: *Die individuelle Wahrnehmung aller Gottesdienstteilnehmenden und die auf dieser Basis erfolgende Konstituierung einer gottesdienstlichen Gemeinschaft machen den Gottesdienst zu einer wohltuenden Unterbrechung des Klinikalltags.*

In Bezug auf diese Leitperspektive, die dem tieferen Verständnis des Familiengottesdienstes in der Kinderklinik dienen soll, zeigt die strukturelle Inhaltsanalyse, dass Strukturelemente, die das Moment der individuellen Wahrnehmung aller Gottesdienstteilnehmenden stark machen, unter dem Stichwort Haltung (Dimension 1) angesiedelt sind. Die unter dem Stichwort Gestaltung (Dimension 2) genannten Strukturmerkmale stehen für den Bereich der gottesdienstlichen Kommunikation, an dem sich ablesen lässt, wie auf der Grundlage der individuellen Wahrnehmung aller Gottesdienstteilnehmenden gemeinschaftsbildende Prozesse stattfinden. Die unter der Überschrift Effekt (Dimension 3) firmierenden Strukturmerkmale führen das Ergebnis vor Augen, das aus der individuellen Wahrnehmung der beteiligten Subjekte und den konkreten gestalterischen Elementen des Gottesdienstes resultiert: Das Empfinden, selbstbestimmt Teil einer Gemeinschaft aus Kindern, der Pfarrerin und aller anderen Erwachsenen zu sein, und das gottesdienstliche Geschehen als wohltuende Unterbrechung des Klinikalltags zu erleben.

Familiengottesdienst in der Kinderklinik Konstituierende Dimensionen und deren Strukturmerkmale		
Dimension 1: Haltung	⟹ **Dimension 2:** Gestaltung	⟹ **Dimension 3:** Effekt
– Adressatenorientierung/Spontaneität – Interaktivität – Spielerische Atmosphäre	– Rituale – Inhaltlicher Impuls – Musik	– Anschlussfähigkeit an individuelle Religiosität – Gemeinschaft – Zentralstellung (relativ) der Pfarrerin – Zentralstellung (absolut) der Kinder – Inklusion der Eltern – Umgang mit Belastendem – Wohltuende Unterbrechung des Klinikalltags

III. Praxisbezogene und praktisch-theologische Vertiefungen

„Impro-Gottesdienste" – Ritualität im Familiengottesdienst in der Tübinger Kinderklinik

Miriam Löhr

Vorbemerkungen

Ich bin angefragt worden, einen ritualtheoretischen Blick auf die Studie der Familiengottesdienste in der Tübinger Kinderklinik zu werfen, Beobachtungen zu skizzieren und Befunde ritualfokussiert auszuloten. Ich war vorab nicht an der Durchführung der Studie beteiligt und stütze mich daher vollständig auf das vorliegende aufbereitete Material sowie die deutenden Kapitel des Bandes.

Ich nehme in einem ersten Teil drei Perspektivierungen vor, die sich aus dem vorgestellten empirischen Material ergeben: Funktionalität der beobachteten Ritualisierungen, Rollen und Raum. In einem anschließenden Teil bringe ich aktuelle ritualtheoretische Impulse ins Gespräch, notiere Überlegungen zur Spiritualität der Gottesdienste und schließe mit einem Fazit. Zunächst möchte ich jedoch nach dem der Studie zugrunde liegenden Ritualbegriff fragen.

1.   Ritualbegriff

Rituale und ihre möglichen Wirkungen werden in der vorliegenden Studie durchgängig positiv gewertet. Sie haben ein „besondere(s) kommunikative(s) Potenzial"[1] und bilden den „emotionalen Höhepunkt des Gottesdienstes".[2] Sie stellen „jeder Teilnehmerin und jedem Teilnehmer einen Kommunikationsraum zur Verfügung".[3] Dadurch wird ein „Erleben von Gemeinschaft, in der jede und jeder seinen eigenen Platz findet"[4] möglich. Damit ist das Ritual als Konstitutivum für eine (zunächst soziologisch, noch nicht theologisch bestimmte) Gemeinschaft definiert. Es umfasst Kommunikation in einem weiten Sinne und zielt auf emotionale Beteiligung ab.

---

1   Kretzschmar in diesem Band, 215.

2   A.a.O., 216.

3   A.a.O., 232.

4   Ebd.

Der rituelle Charakter der Gottesdienste wird von den Studienleitenden in seiner Struktur beschrieben als „Trennungsphase, Transformationsphase und Wiedereingliederungsphase".[5] Dieses ‚klassische' ritualtheoretische Verständnis von Passageriten nach Victor Turner trifft meines Erachtens jedoch nicht allein den Kern der Funktionalität der Rituale in den Kindergottesdiensten. Zwar folgen die Gottesdienste in ihrem liturgischen Aufbau diesem Schema anhand der Grundelemente Sammlung, Verkündigung, Fürbitte, Sendung. Die erhobenen Feiern weisen (mindestens und in Variationen) folgende Elemente auf (vgl. die tabellarischen Liturgie-Abläufe der sechs Gottesdienstanalysen):

- Sammlung: Begrüßung, Anzünden der Altarkerze, Lied
- Fürbitte: „Gebetsritual", Lied
- Verkündigung: Impuls und Anspiel
- Sendung: Vaterunser, Segen, Verteilen von Giveaways

Es fällt auf, dass die Kerze-Stein-Glasnugget-Handlungen in den Auswertungsberichten konsequent als „Gebetsritual" qualifiziert werden. Ferner fällt auf, dass ein explizierbarer „Anbetungsteil" in den Gottesdienstliturgien nur schwer auszumachen ist. Über die Gründe kann ich an dieser Stelle nur mutmaßen – das Fehlen einer expliziten Anbetung liegt, so nehme ich an, nicht im belasteten Gesamtsetting begründet, das eine Anbetung unplausibel machen würde – Dank und Freude haben durchaus Raum; in den Liedern, dem Segnen durch die Eltern und explizit symbolisiert in den Glasnuggets –, sondern an der nicht gesichert christlichen beziehungsweise pluralen religiösen Sozialisation der Gottesdienstbesuchenden. Eine Konkretion des Gegenübers der Anbetung hätte in diesem Setting möglicherweise exkludierende Auswirkungen.

Die Funktionalität des Gesamtablaufs erweist sich nicht vorrangig als Passageritus, sondern primär als Unterbrechung des (Klinik-)Alltags.[6] Mit dieser ebenso klassischen Deutung des Potenzials religiöser Rituale ist ihre Funktion in diesem Fall meines Erachtens auch noch nicht hinreichend erfasst. Präziser erscheint mir eine Perspektive auf die „Wahrnehmungswahrnehmung", die „Aufladung" von Symbolen sowie „emotionale Energie" (R. Collins) – ich komme später darauf zurück.

Bei der Lektüre der Fallbeispiele und ihrer Deutung fällt auf, dass der Studie trotz der obigen Skizzierungen kein einheitlicher oder programmatischer Ritualbegriff zugrunde liegt. Zumeist werden als „Ritual" einzelne Handlungen bezeichnet, die in den meisten beschriebenen Feiern anzutreffen sind: Die Teilnehmenden sind eingeladen, eine Kerze, einen Stein oder einen Glasnugget als Bitte, Klage oder Dank zu platzieren. Dies entspricht einem „kirchenumgangssprachlichen" Gebrauch des Begriffs Ritual. Ein Ritual ist demnach eine inkludierende Handlung, die nicht beispielsweise als Lied, Predigt oder anderes charakterisiert werden kann. Aus liturgietheoretischer Perspektive lässt sich

---

5   Kretzschmar / Lacher / Merle in diesem Band, 13.
6   Vgl. Kretzschmar in diesem Band, 240f.

jedoch auch der gesamte Gottesdienst als Ritual oder rituelle Handlung verstehen. Die anderen Elemente der beschriebenen Familiengottesdienste sind ebenfalls stark ritualisiert: das Singen und die Musikbegleitung mit Orff-Instrumenten durch die Kinder, das angeleitete Anspiel der Kinder, der Segen am Schluss des Gottesdienstes. Diese Elemente richtet die Pfarrerin explizit an den anwesenden Kindern und ihren Begleitpersonen aus, sie haben also eine variierende, starke Adressat*innenorientierung. In dieser Freiheit sind sie jedoch nur möglich, *weil* die Rahmung stark ritualisiert ist.

Auch die Vorbereitungs- und die Postphase der Gottesdienste sind stark ritualisiert. Die Pfarrerin lädt zeitnah persönlich zur Teilnahme ein, sorgt für ein aufmerksamkeitsförderndes Setting im Raum, fragt die Kinder einzeln nach ihrem Namen, lässt sie sich ein Perkussionsinstrument aussuchen. Wann der eigentliche Gottesdienst beginnt, ist damit verunklart – und mutmaßlich auch nicht wichtig. Der gesamtrituelle Rahmen markiert das Geschehen Gottesdienst und hebt ihn vom sonstigen Klinikalltag ab, so dass ein bestimmter, fixer Zeitpunkt für den Beginn nicht konstitutiv ist. Der Übergang von Vorbereitung und Gottesdienst ist fließend, ein extra markierter Anfangspunkt (etwa ein „Einzug" der Pfarrerin, ein Glockenschlag oder ähnliches) ist nicht nötig. Aus ritualtheoretischer Perspektive ist ein solch unklarer Beginn aufschlussreich – er verweist darauf, dass die Vor- und Nachbereitung neben dem „eigentlichen" Gottesdienst, der auf eine halbe Stunde angesetzt ist (in den Fallbeispielanalysen finden sich Formulierungen wie ‚von etwa 10.30 Uhr bis 11 Uhr' und ‚gegen 10.30 Uhr'), ebenfalls konstitutiv-funktionale Bedeutung haben. Die Beobachtungsprotokolle verfahren aufschlussreicherweise unterschiedlich mit der Kategorisierung des Gottesdienstbeginns und führen Begrüßung und Perkussionsinstrumenten-Wahl teils als Teil des Gottesdienstes, teils als Vorbereitung an (vgl. beispielsweise Gottesdienstanalyse I und III). Verstärkt werden diese Beobachtungen durch den Raum (das Spielzimmer), der erst in einen Gottesdienst-Raum transformiert werden muss, da nicht das Aufsuchen beispielsweise eines Kirchgebäudes das Geschehen als Gottesdienst markiert.

Raum und Zeitpunkt weisen damit eine hohe Fluidität auf und erhalten erst durch eine starke Ritualisierung ihre gottesdienstliche Konturierung. „Ritual" ist in dieser Perspektive nicht nur die liturgisch angeleitete, gemeinschaftliche Handlung mit Kerze, Glasnugget und Stein. Vielmehr ist der gesamte Gottesdienst ein stark ritualisiertes Geschehen, einschließlich der Kommunikation zur Einladung im Vorfeld. Ohne diese starke Ritualisierung wäre das Gottesdienst-Geschehen in einem Rahmen, der zunächst auf alles andere, aber keine religiöse Feier im engeren Sinn ausgerichtet ist, kaum oder nur sehr erschwert möglich.

Insofern verstehe ich die relative Unbestimmtheit des Ritualbegriffs der Studie als einen weit gesteckten Arbeitsbegriff, der sowohl die einzelne Kerze-Stein-Glasnugget-Handlung umfasst als auch den Gottesdienst als Ganzes sowie die Kommunikationsprozesse im Vorfeld und Nachgang.

2.   Rollen

Die Rolle der Pfarrerin ist – aus ritualtheoretischer Perspektive – weitgehend klar. Sie ist liturgische Leitung, Pfarrperson, Seelsorgerin (leitend ist sie gerade, weil sie einzelne Elemente den Kindern beziehungsweise Eltern zur eigenen Gestaltung „übergibt"). Sie vertritt „die Kirche", aber in gewisser Weise auch die Kinderklinik, da das von ihr verantwortete Angebot des Gottesdienstes einen legitimierten, festen Platz im Klinik-Zeitplan innehat – auch wenn die Feier theologisch und rituell der „Unterbrechung des Alltags" dient. Auf der strukturellen Ebene hat der Familiengottesdienst als Termin einen offiziell zugewiesenen Platz und fügt sich damit samt Pfarrerin in den Gesamtablauf der Klinik ein.

Weit weniger klar ist die Rolle der anderen Beteiligten. Dies spiegelt sich in der variierenden Bezeichnung (und damit Qualifizierung) in den Auswertungsberichten: Hörerinnen, Besucher, Gottesdienstbesucher, Rezipientinnen. Damit sind sie formal eher passiv bestimmt, obwohl sie in den Vollzug explizit aktiv eingebunden werden und liturgisch handeln (singen, musizieren, Kerze zu Beginn anzünden, Beteiligung am „Gebetsritual", kollektives Beten (Vaterunser), Anspiel, segnen).

Das Setting erlaubt erklärtermaßen auch eine distanzierte Beteiligung, soweit der Raum dies ermöglicht (offene Tür; späteres Kommen oder früheres Gehen werden anstandslos akzeptiert). Wer allerdings im Bett hereingeschoben wird, ist in der freien Platzwahl eingeschränkt. Dem notwendigerweise improvisierten Raum kommt meines Erachtens eine besondere Rolle zu, daher beleuchte ich seine Bedingtheiten im Folgenden aus ritualtheoretischer Perspektive.

3.   Raum

Die Familiengottesdienste werden im Spielzimmer der Kinderklinik gefeiert. Damit liegt kein vorab religiös markierter Raum vor, dessen Aufsuchen bereits eine Alltagsunterbrechung mit sich ziehen würde (wobei das Spielzimmer als solches mutmaßlich eine ähnliche Funktion innehat). Das Spielzimmer ist für die Kinder mutmaßlich positiv konnotiert und in vielen Fällen bereits vor dem Gottesdienstbesuch bekannt. Er ist offenbar so groß, dass Betten hineingeschoben werden können (vgl. Gottesdienst II), zugleich ist im Vergleich zu einem Kirchgebäude von einer stärkeren räumlichen Beschränkung auszugehen.

Störungen scheinen eher von außen zu kommen (Hereintreten einer Krankenschwester, die Bücher ins Regal räumt, vgl. Gottesdienst II), als dass eine

Gruppe singender und Perkussionsinstrumente bedienender Kinder andere in der Klinik Anwesende zu stören scheint. Die Funktionalität des Spielzimmers muss für die Dauer des Gottesdienstes ausgeblendet werden, indem bestimmte Objekte in den Mittelpunkt der Aufmerksamkeit gerückt werden („Altarkerze", Kerzen/Steine/Glasnuggets, Perkussionsinstrumente). Andere Objekte werden umfunktioniert (ein kleiner Tisch mutiert zum Altar). Aus ritualtheoretischer Sicht erscheint das Spielzimmer variabel „bespielbar". Ohne eine entsprechende Umfunktionierung und Markierung als Gottesdienstzeit und -ort ist der Vollzug der Feier jedoch schwierig vorstellbar, nicht zuletzt, weil das Gesamtsetting einer Klinik eher von Sterilität und medizinischer Funktionalität bestimmt ist. Aus medizinischer Sicht dysfunktionale Objekte wie Glasnuggets und Steine bringen nicht nur eine bestimmte Symbolik, sondern eine andere, eigene Logik in die dominierenden Rahmenbedingungen des Klinikalltags, indem sie ihn unterlaufen, ohne seine Abläufe und Regeln zu stören.

4. Ritualtheoretischer Impuls: Interaktionsrituale nach Randall Collins

Der ritualtheoretische Ansatz des US-amerikanischen Soziologen Randall Collins lässt sich in anregender Weise auf die Tübinger Kinderklinik-Gottesdienste anwenden. Ich hebe im Folgenden einige Schlaglichter hervor.

Collins interpretiert rituelles Handeln von der jeweiligen Situation her, nicht vom Individuum. Er fragt also nicht, welche rituellen Handlungen jemand aus welchen Gründen und mit welcher Motivation vollzieht, sondern beobachtet zunächst die Situation, deren Akteur*innen er gewissermaßen als „interaction ritual chain"[7] versteht. Individuen sind demnach aus ihren interaktionsrituellen Handlungen zu dem geworden, was sie sind. Die Besonderheit von Collins' Ritualkonzept besteht darin, im rituellen Handeln nicht den Ausdruck oder die Darstellung von etwas Verborgenem zu sehen, sondern den Ursprung. Im vorliegenden Beispiel: Das Kerze-Glasnugget-Stein-Ritual bildet Religiosität nicht ab, sondern erzeugt sie.

Zentral ist laut Collins der gemeinsam geteilte Fokus auf etwas, hier: die Gottesdienstfeier, oder kleinteiliger: das jeweilige Lied, das Anspiel, die Äpfel als Giveaway. Konstitutiv ist dabei die Kopräsenz der beteiligten Personen, also die physische Anwesenheit vor Ort. Gerade hierin liegt die Gemeinsamkeit der Kinder und ihrer Familien in der Klinik: Sie sind jetzt und hier an diesem Ort, und das macht sie zwangsläufig zu Kopräsenten. Nach Collins' Ansatz besteht darin die Voraussetzung für interaktionsrituelles Handeln. Neben der körperli-

---

7   Collins 2004, 5.

chen Anwesenheit am selben Ort, bei der Leiblichkeit konstitutiv mitgedacht wird, steht eine gemeinsame „Gestimmtheit" im Fokus („shared mood"[8]). Eine solche kann durch eine gemeinsame Gottesdienstfeier entstehen. Voraussetzung ist die gegenseitige Wahrnehmung. Als Wahrnehmungswahrnehmung bedingt sie Kommunikation, welche permanent sicherstellen muss, dass die gegenseitige Wahrnehmung aufrechterhalten bleibt. In dieser Perspektive ist der buchstäbliche Sinn des gesprochenen Wortes weniger wichtig als die Aufrechterhaltung der Wahrnehmungswahrnehmung. Dieser Aspekt erscheint mir für die Feier mit teils sehr kleinen Kindern und kirchlich Nichtversierten als nicht unerheblich.

Zusammengefasst bestehen nach Collins vier Bedingungen von Interaktionsritualen:

- Körperliche Anwesenheit beziehungsweise Kopräsenz.
- Bewusstsein dafür, wer der Gruppe zugehörig ist.
- Gegenseitige Wahrnehmungswahrnehmung mit der Ausrichtung auf einen gemeinsamen Gegenstand hin.
- Eine „geteilte Stimmung" beziehungsweise ein gemeinsames emotionales Erleben.

Aus diesen Bestandteilen des (Interaktions-)Rituals resultieren viererlei Potenziale:

- Gruppensolidarität.
- Aufladung der in der Gruppe gültigen beziehungsweise für sie relevanten Symbole.
- Erneuerung von „Energien" des Individuums und von sozialen Bindungen.
- Eine Auffassung von „Richtigkeit" in Bezug auf die Gruppe („feelings of morality"[9]).

Gruppensolidarität basiert auf der Kopräsenz der Beteiligten und kann sich beispielsweise durch kollektive Emotionen im Gottesdienst manifestieren. Die zum Aufräumen hereinkommende Krankenschwester (vgl. Gottesdienst II) ist zwar kurzzeitig körperlich anwesend, gehört aber offenbar nicht zur Gruppe: Sie teilt in dem Moment weder den gemeinsamen Gegenstand der Aufmerksamkeit noch das gemeinsame Erleben. Folglich erfolgt für sie im Sinne Collins' weder eine Stärkung der Gruppensolidarität noch eine symbolische oder energetische „Aufladung".

Die für die Gruppe relevanten Symbole lassen sich in den vorliegenden Beispielen auf vielfältiger Ebene fassen: Die beim Erntedank-Gottesdienst verteilten Äpfel (vgl. Gottesdienst IV) sind nicht einfach Äpfel aus der Krankenhaus-Kantine, sondern Symbolträger der gemeinsam erlebten Feier. Für Außenstehende, der Gruppe Nichtzugehörige sind die Äpfel Obststücke wie andere auch,

---

8   A.a.O., 48.
9   A.a.O., 49.

für die „Gruppe" gewinnen sie nach Collins' Modell eine inhaltlich aufgeladene Bedeutung, die mit dem in Gemeinschaft erlebten Gottesdienst und/oder seiner Botschaft verbunden ist. Auch die Glasnuggets sind nicht einfach Dekoration, sondern im Kontext des Gottesdienstes für die Gruppenzugehörigen ein ersichtliches Symbol der Dankbarkeit, der Freude oder eines erinnerten positiven Erlebnisses. Die Steine derselben Ritualhandlung sind nicht nur ein Mitbringsel von draußen, sondern ebenso mit individueller Bedeutung aufgeladen, die sich jedoch als Symbol allen Gruppenzugehörigen erschließen kann (von den ganz jungen Teilnehmenden abgesehen).

Collins spricht im engeren Sinn von Symbolen, die die Gruppe repräsentieren. Meines Erachtens lässt sich jedoch auch ein Symbolgebrauch wie im oben beschriebenen Sinne kategorisieren: Gruppen-Symbole werden mit Respekt behandelt und nach „außen" verteidigt.[10] Das trifft mutmaßlich auch auf die Segensarmbänder und andere mit Bedeutung aufgeladene Give-aways zu, auch wenn diese nicht die Gruppe als solche repräsentieren, sondern lediglich zu ihrem variablen Objekt-Repertoire gehören (Collins spricht in diesem Zusammenhang von „symbols of social relationship" beziehungsweise „sacred objects"[11]).

Ein drittes Potential besteht gemäß Collins' Konzept in der Erneuerung emotionaler „Energien" des Individuums und sozialer Bindungen: Vertrauen und Freude werden gestärkt, ergänzt durch nicht zuletzt theologische Kategorien: Hoffnung und Unterbrechung des Alltags. Die Frage nach der moralischen „Richtigkeit" im vierten Punkt findet ihr Pendant in den Interviews mit Bezugspersonen, die mit Gott oder der Kirche hadern und selbstreflexiv darlegen, inwieweit der Gottesdienstbesuch für sie dennoch plausibel oder sogar positiv war (vgl. Gottesdienst VI).

Ich halte im Folgenden zwei Spezifika dieses ritualtheoretischen Ansatzes für das vorliegende Untersuchungsfeld fest. Es ist meines Erachtens hilfreich, die gegenseitige Wahrnehmungswahrnehmung nicht als Nebenprodukt, sondern als Voraussetzung für das kommunikative Geschehen der Klinikgottesdienste in den Blick zu nehmen. Es geht weniger um das Transportieren des Wortsinns einer verbalisierten Botschaft, sondern um ein gemeinschaftliches Erleben, das auf der wechselseitigen Vergewisserung der Wahrnehmungswahrnehmung basiert. Dies geschieht explizit auf der Ebene der Namensnennung, viel subtiler und grundlegender jedoch beispielsweise in der Anordnung der Beteiligten im Raum, die darauf basiert, dass alle „sehen" können. Auf diese Weise wird Wahrnehmungswahrnehmung als Voraussetzung für interaktionsrituelles Handeln strategisch ermöglicht.

Der zweite Punkt, der mir herausragend erscheint, ist der der symbolischen Aufladung der für die (situative) Gruppe relevanten Symbole. Auch wenn

---

10   Vgl. ebd.
11   A.a.O., 48.

der Einsatz von Steinen und Kerzen in rituellen Handlungen des Dankes und der Klage nicht ungewöhnlich ist, erscheint mir die konsequente Perspektive von den Beteiligten her anregend. Es geht im gesamten gottesdienstlichen Geschehen nicht darum, in pädagogischer Motivation die Bedeutung eines (christlichen) Symbols zu vermitteln und zur Aneignung zu bringen, sondern ein bestehendes Symbol-Feld zu nutzen, um es von den liturgisch Beteiligten her „aufladen" zu lassen. In Collins' Sinn: Religiosität, Glaube oder Sinn werden durch die symbolisch haptisierte rituelle Handlung nicht abgebildet, sondern ermöglicht. Damit trägt eine Deutung der Familiengottesdienste in dieser Perspektive zu einer stärkeren Wahrnehmung der aktiven Rolle der liturgisch Eingeladenen bei.

5.   Spiritualität

Die spirituelle Dimension der Familiengottesdienste scheint mir durch zwei Aspekte und einen Zielpunkt gekennzeichnet zu sein. Die Feiern „leben" von leiblicher Anwesenheit beziehungsweise Kopräsenz (siehe oben), die gegenseitige Wahrnehmung und damit Sozialität ermöglicht. Körper werden anders als sonst im Klinik-Setting nicht mit Krankheit, Schmerzen und medizinischer Behandlungsnotwendigkeit in Verbindung gebracht, sondern symbolisch als „Gemeinschaftsträger" aufgeladen. Neben der Leiblichkeit prägt haptische Wahrnehmbarkeit die spirituelle Dimension der Feiern: Die (elektrische) Kerze brennt, der Stein und der Glasnugget einschließlich ihrer sich in der Hand wandelnden Temperaturen können ertastet werden, Stimmen und Instrumente erklingen, das Anspiel wird körperlich performt. Es gibt viel zu sehen, zu hören und zu spüren bei gleichzeitiger Fokussierung auf ein Thema. Der Giveaway Apfel kann sogar geschmeckt werden.

Die beiden Aspekte – Leiblichkeit und Haptik – zielen auf die Erlebbarkeit einer temporären Gemeinschaft. Die explizite Würdigung des Individuums durch Namensnennung und Ansprache steht der Gemeinschaftsbildung nicht entgegen, sondern trägt der Besonderheit der Situation Rechnung (kleinere Gruppen, Kinder mit ihren Bezugspersonen). Die Spiritualität der Feiern liegt eher im Wahrnehmen und in-Bezug-Setzen der eigenen Situation begründet, weniger in einer transzendentalen Ausrichtung. Dies mag in der Variabilität der Gottesdienstteilnehmenden begründet sein, die eine konfessionell gefärbte spirituelle Ausrichtung nicht unbedingt plausibel macht. Somit bleibt der Gottesdienst konzeptionell für unterschiedliche spirituelle Zugänge, religiöse Haltungen und Gottesbilder offen und anschlussfähig. Insgesamt fällt jedoch auf, dass viele Familien in den Interviews eine religiöse beziehungsweise christliche Prägung zur Sprache bringen und diese „Vorkenntnisse" im gottesdienstlichen Geschehen Anschlusspunkte bieten, eine christliche, teilweise konfessionell ausgeprägte Spiritualität also bei manchen Teilnehmenden vorgespurt ist.

6.   Fazit

Die Studie der Familiengottesdienste in der Tübinger Kinderklinik lässt in ritualtheoretischer Hinsicht an mehreren Stellen aufhorchen. Neben der begrifflichen Unschärfe des Ritualbegriffs in den Beispielanalysen, die sich auch als pragmatische Offenheit verstehen lässt, ist es die Förderung des Gemeinschaftserlebens in einer tendenziell von Vereinzelung geprägten Lage, auf die das rituelle Handeln primär abzielt. Die betroffenen Kinder und ihre Angehörigen sollen sich in einer anderen Rolle als der der Patient*innen erleben können, der zähe und mehrheitlich unangenehme Klinikalltag soll heilsam unterbrochen werden und Kontakte unter den situativ in einem Boot Sitzenden befördert werden. Dabei werden Individualität beziehungsweise individuelle Wahrnehmung und Gemeinschaft eng zueinander in Beziehung gesetzt, so dass Gruppensolidarität und soziale Bindungen gestärkt werden beziehungsweise entstehen können.

Auffällig erscheint mir zudem die Spannung von starker Ritualität und Spontaneität. Je nach den Anwesenden und ihren persönlichen Ausgangslagen muss die Pfarrperson die einzelnen liturgischen Praktiken bis hin zur gesamten Feier spontan anpassen können. So variiert sie die interaktiven Anspiele nach Bedarf und erweitert beispielsweise das geplante und vorbereitete Thema „Schulbeginn" zu „Neuanfängen", weil sich keins der anwesenden Kinder unmittelbar vor der Einschulung befindet (vgl. Gottesdienst III). Ebenso reagiert die Pfarrerin mit liturgisch eingepassten Wiederholungen einzelner Elemente, wenn Interessierte später dazustoßen (vgl. Gottesdienst II und IV). Auch die von ihrer Planung abweichenden inhaltlichen Interessen der Kinder (vgl. Gottesdienst V) werden aufgenommen, so dass der Gottesdienst im Vollzug eine andere Ausrichtung einnimmt.

Diese inhaltliche Spontaneität ist nur möglich, weil die einzelnen rituellen Elemente und damit die Liturgie als Ganze feste Konturen haben und in sich stabil sind. Damit bieten sie Halt und Orientierung, und ermöglichen zugleich einen veränderten Blick auf die je eigene Situation, vielleicht Transformation und Hoffnung. In diesem Sinne können die rituellen Handlungen die Menschen in einer herausfordernden, teilweise existentiellen Situation stabilisieren und zugleich neue Perspektiven in den Sichthorizont rücken. Die feste Ritualisierung fixiert nicht den (krisenhaften) Status quo, sondern hilft, ihn zu ertragen. In Collins' Sinn: Die Interaktionsrituale bilden nicht ab, sondern bringen transformative Religiosität hervor. Die für die Feiern konstitutive Spannung zwischen ritueller Gebundenheit und Spontaneität ließe sich programmatisch als „Impro-Gottesdienst" weiterdenken, in dem ähnlich wie im entsprechenden Theaterkonzept die „Gäste" nicht nur Vorgeformtes mitmachen dürfen, sondern als Akteur*innen das Geschehen inhaltlich mitbestimmen und ausrichten und sich als Handelnde erleben können. Jedenfalls erfordern die Gottesdienste von der liturgischen Leitung neben liturgischer Präsenz eine hohe Ritualkompetenz, um auf die situativen Gegebenheiten und die unterschiedlichen rituell Involvierten angemessen reagieren zu können.

Die Hörerinnen und Hörer als Zielpunkt kirchlichen Handelns. Adressatenorientierung als praktisch-theologische Aufgabenstellung

Samuel Lacher

1. Einführung: Die Hörerinnen und Hörer als Zielpunkt kirchlichen Handelns

> Sie hat „die Kinder in den Mittelpunkt gestellt. Das war das, was mich eigentlich fasziniert hat und was mir sehr gut gefallen hat."[1]
> „Und des- so was find ich schön, [...] dass die Kinder auch das Gefühl haben, es geht um sie, es geht um jedes Einzelne, ja, und dass [die Pfarrerin die Kinder] persönlich anspricht und so".[2]

Die in dieser Studie analysierten Teilnehmendeninterviews betonen an unterschiedlicher Stelle die große Nähe, welche die Pfarrerin zwischen den vorbereiteten und vorgetragenen Inhalten und den anwesenden Besucherinnen und Besuchern schafft. Diesen werden, neben einer stillen Rezipientenrolle, konsequent Möglichkeiten der Mitgestaltung aufgezeigt und angeboten. Auch außerkirchlich sind kommunikativ-interaktive Angebote auf starkem Vormarsch. Online schlagen die Kommentarsektionen quantitativ in vielen Fällen die darüberstehenden Artikel, Blogs oder Videos um ein Vielfaches. Einzelne Posts in den sozialen Medien provozieren in kürzester Zeit abertausende Reaktionen. Sogar das lineare Fernsehen versucht über die Einbindung von Apps und Social Media dem Prosumerverhalten[3] vor allem jüngerer Generationen gerecht zu werden. Aber auch außerhalb interaktiver Kommunikationsmöglichkeiten wird die Rolle der Adressatinnen und Adressaten heiß diskutiert. Wählergruppen sollen milieuspezifisch angesprochen, potenzielle Kundinnen und Kunden innerhalb ihrer Zielgruppe beworben und mediale Angebote fokusgruppenspezifisch aufbereitet werden. All diese Kommunikationshandlungen eint der

---

1   G1/I3/13f.
2   G2/I1/90ff.
3   Der Terminus Prosumer ist eine kommunikationswissenschaftliche Verbindung von Konsument (engl. *consumer*) und Produzent (engl. *producer*). Dahinter steht das vor allem durch das Web 2.0 veränderte Nutzungsverhalten, nach welchem Menschen nicht nur konsumieren, sondern selbst neue Inhalte kreativ produzieren, etwa durch eigene Postings oder Verlinkungen zu anderen Seiten (vgl. Gassner 2012, 420).

Versuch, die einzelne Person möglichst individuell, in ihren Lebensverhältnissen und auf dem Stand ihrer Vorkenntnisse anzusprechen.

Auch in der Praktischen Theologie hat die Hörerorientierung spätestens seit Ernst Lange breiten Einzug in die Theoriebildung erhalten. Gleichzeitig sind die Diskurse um Adressatenbezug und Hörerorientierung in der Gegenwart stiller geworden – und das in einem auffallend hohen Maß.[4] Während sich die kommunikativen Gewohnheiten in den vorigen Jahren und Jahrzehnten grundlegend geändert haben, steht deren wissenschaftliche Reflexion in der Praktischen Theologie noch am Anfang. Hierzu soll dieser Aufsatz einen Beitrag leisten, indem der Adressatenbezug als kommunikative Grundlage und Auftrag in seinen Grundlinien für die Praktische Theologie erschlossen werden soll. Im Zentrum steht dabei die Frage: Was ist mit Adressatenbezug im spezifischen Kontext der Praktischen Theologie gemeint? Wie kann ein gelungener Adressatenbezug Gestalt annehmen?

An dem in diesem Band diskutierten Fall des Familiengottesdienstes im Kinderklinikum zeigt sich dabei deutlich, dass für eine adäquate Beschreibung unterschiedliche praktisch-theologische und korrespondenzwissenschaftliche Perspektiven eingenommen werden müssen. Denn im Gottesdienst ereignen sich seelsorgliche Handlungen genau wie liturgische, homiletische genau wie rhetorische. Zudem macht der Familiengottesdienst Kirche auf eine ganz spezifische Weise zugänglich, was nicht zuletzt auch kirchentheoretisch reflektiert werden sollte. Daher soll der Adressatenbezug im Kontext der Seelsorge (2.1), der Liturgie (2.2), der Homiletik (2.3), der Kirchentheorie (2.4) und zuletzt der Rhetorik (2.5) analysiert werden. Jeweils werden die Perspektiven *Setting, Funktion* und *Gestaltung* die Einzelanalyse strukturieren und zudem eine bessere Vergleichbarkeit sicherstellen. Es wird sich zeigen, dass diese fünf Blickrichtungen auf das Gottesdienstgeschehen in Teilen unterschiedliche, in anderen Teilen übereinstimmende Hinweise darauf geben, wie ein positiver Adressatenbezug hergestellt werden kann. Der diesem Band zugrundeliegende empirische Einblick in die Familiengottesdienste im Kinderklinikum soll die Beobachtungen und Analysen veranschaulichend und verdeutlichend begleiten, um die situative Konkretion der oftmals abstrakten Betrachtungen aufzuzeigen. In einer anschließenden Synthese (3) werden Leitlinien eines gelingenden Adressatenbezuges aufgezeigt.

---

4   Gegenläufig zu diesem Trend gibt es aber auch Ausnahmen, die die situationshermeneutische Perspektive gegenwärtig besonders stark unterstreichen (vgl. exemplarisch Gräb 2013, 44-50; Weyel 2010; Kretzschmar 2014).

2. Analyse: Gelingender Adressatenbezug aus unterschiedlichen Perspektiven

Mit Blick auf den Familiengottesdienst im Kinderklinikum scheint zunächst eine Annäherung über die Disziplinen der Seelsorge, der Liturgik und der Homiletik naheliegend. Ein seelsorglicher Charakter kann den in diesem Band analysierten Gottesdiensten nicht nur deshalb zugeschrieben werden, weil er von der Krankenhausseelsorgerin gehalten wird. Auch hinsichtlich der Besucherinnen und Besucher, ihrer Situation und den sich hieraus ergebenden Bedürfnissen und Erwartungen muss eine seelsorgliche Ausrichtung des Gottesdienstes angenommen werden – auch unabhängig von den in diesem Band untersuchten gottesdienstlichen Einzelfällen. In diesem Kontext stellt die Liturgie nicht nur ein Konstitutivum des Gottesdienstes an sich dar, sondern eine zentrale Gestaltungsmöglichkeit seelsorglicher Begegnung. Zeichenhandlungen, Rituale und Symbole, so wird sich zeigen, nehmen einen wichtigen Platz in der gottesdienstlichen Kommunikation ein. In vielfältiger Hinsicht schaffen sie kommunikative Situationen, die in dieser Weise durch rhetorisch-homiletische Zugänge nicht ermöglicht werden können. Letztere bilden dennoch einen weiteren Grundmodus gottesdienstlicher Interaktion und Inszenierung. Die Predigt bildet für den agendarischen Sonntagsgottesdienst mindestens einen quantitativen Fix- und Höhepunkt, für viele evangelische Glaubende aber auch einen qualitativen. Auch in den in diesem Band analysierten Familiengottesdiensten hat ein Impuls mit biblischer Erzählung einen festen Platz. Homiletische Sprachhandlungen sind also ebenso konstitutiv mitzudenken, wenn es gilt, einem gelingenden Adressatenbezug nachzuspüren. Alle drei Perspektiven – Seelsorge, Liturgie und Homiletik – sollen nach einem baugleichen Analysemuster auf ihre jeweiligen Hinweise zum Adressatenbezug befragt werden. Das Analysemuster umfasst die Aspekte des *Settings*, der *Funktion* und der *Gestaltung*.

2.1. Seelsorge

2.1.1. Setting

Der erste Ansatzpunkt für eine Adressatenorientierung im Kontext der Seelsorge ergibt sich bereits aus deren Setting. Da die Inanspruchnahme einer Seelsorgehandlung in den allermeisten Fällen von der seelsorgesuchenden Person ausgeht, liegt ein zentraler Punkt der Adressatenorientierung im Abbau möglicher Hindernisse auf diesem Weg. Seelsorgeangebote müssen demnach niederschwellig sein. Dabei hilft zunächst eine gute *Sichtbarkeit* für Seelsorgesuchende. Im Kontext der hier analysierten Familiengottesdienste geschieht dies etwa über Aushänge[5] und persönliche Einladungen. Die *Regelmäßigkeit*, mit welcher die Seelsorgerin oder der Seelsorger vor Ort präsent sein kann und in welcher die Seelsorgeangebote stattfinden, kann dabei eine zusätzliche Hilfe sein. Auch ohne persönliche Beziehung kann schon ein kurzer Kontakt zur Seelsorgerin oder zum Seelsorger Unsicherheiten und Bedenken abbauen und dabei helfen, die eigenen Bedürfnisse mit wahrscheinlichen Erwartungen abzugleichen.[6] *Offenheit* in Seelsorgeangeboten führt dazu, dass sich ganz unterschiedliche Menschen durch die Angebote angesprochen fühlen können. Weder soziale noch kulturelle, bildungsbezogene, religiöse oder andere Eigenschaften einer Person sollten dazu führen, dass sich einige nicht eingeladen fühlen. Bei offenen Gruppenangeboten wie einem Familiengottesdienst sollte zudem die Möglichkeit bestehen, auch zeitweise teilnehmen zu können, ohne dabei größeres Aufsehen zu erregen. Offene Räumlichkeiten laden Interessierte ein, sich das Geschehen zunächst aus sicherer Distanz, etwa durch eine geöffnete Türe, anzuschauen. Dauer und Nähe zum Geschehen können so selbst gestaltet werden.[7]

Über die Faktoren der Sichtbarkeit, Regelmäßigkeit und Offenheit hinaus ist auch die spezifische Raumgestaltung den potenziellen seelsorgesuchenden Personen anzupassen. Stellt für Einzelgespräche ein vertraulicher Ort den wohl wichtigsten Bezugspunkt dar, gilt es bei Gruppenangeboten einerseits auf die Voraussetzungen, andererseits auf die Erwartungen und Befürchtungen der Einzelnen einzugehen. So sind etwa im Kontext der Familiengottesdienste im Kinderklinikum Betten, Rollstühle und Infusionsgeräte mitzudenken.[8] Gleichzeitig ist das genutzte Spielzimmer insofern umzugestalten, dass es als Ort des Gottesdienstes erkennbar wird, ohne durch zu hohes Framing exkludierend zu wirken.

---

5   Für einige Angebote sind digitale Informations- und Kommunikationskanäle weit wichtiger als analoge. Dies kann und soll hier aber aufgrund des Untersuchungsgegenstandes des Buches außer Acht gelassen werden.

6   Auch ein verlässlicher Rhythmus von Veranstaltungen kann, zumindest bei längerem Aufenthalt in der Klinik, zu einer höheren Teilnahmewahrscheinlichkeit führen. Was beim letzten Mal vielleicht noch verpasst oder aus der Ferne wahrgenommen wurde, kann beim nächsten Mal zur Teilnahme anspornen. Im Kontext lokaler kirchlicher Angebote schafft ein solcher Turnus für einige Angesprochene zudem Sicherheit und Beständigkeit.

7   Vgl. Häußer 2000, 20-22; Schwager 2018, 525.

8   Schwager 2018, 529.

2.1.2. Funktion

Seelsorge reagiert – darüber herrscht im poimenischen Diskurs Konsens – auf eine wie auch immer geartete Form von Notlage.[9] Gilt dies für das vertrauliche Gespräch als Normalfall der *cura animarum specialis* wie selbstverständlich, bildet es auch den Hintergrund für seelsorgliche Handlungen, die an eine größere Gruppe ausgerichtet sind. Es liegt in jedem Fall auf der Hand, dass die Veränderung dieser Notlage das übergeordnete Ziel einer Seelsorgehandlung darstellt. Eine derartige Kommunikation kann nur gelingen, wenn sie an der seelsorgesuchenden Person ausgerichtet ist und diese in ihrer je eigenen Situation wahr- und ernstnimmt. Ist dies für Einzelgespräche unmittelbar einsichtig, stellt sich die Forderung für Gruppenveranstaltungen mit seelsorglichem Charakter oder Auftrag als komplexer dar. Im Kontext der Familiengottesdienste im Kinderklinikum gilt es etwa, „die Vielfalt von neugierigen und schüchternen Kindern, von schreienden Babys und besorgten Eltern unterschiedlicher Kultur und Herkunft zusammenführen – und das zwischen Rollstühlen, Infusionsständer und Betten."[10] Neben allen individuellen und spezifischen Bedürfnissen wie Erwartungen und Befürchtungen kann aber in vielen Fällen auch auf gemeinsame beziehungsweise geteilte Anliegen geschlossen werden.

Dies kann erneut am Beispiel des Familiengottesdienstes nachvollzogen werden. Alle eint der Wunsch, den Alltag im Krankenhaus zu durchbrechen, dies jedoch jeweils unterschiedlich. Zur besseren Wahrnehmung der individuellen Situation legt sich die Unterscheidung zwischen den als Patienten aufgenommenen Kindern und deren Eltern nahe. Für die im Familiengottesdienst zuerst und besonders angesprochenen Kinder soll in der Gemeinschaft ein Kontrapunkt zur Krankenhausroutine gesetzt werden, die das Leben jenseits der medizinischen und pflegerischen Alltagsroutinen auf wenige Orte und persönliche Kontakte begrenzt. „Kinder brauchen Kontakt zu anderen Kindern und Gleichaltrigen."[11] Gemeinsam etwas zu erleben, zu musizieren, zu singen, eine Geschichte nachzuspielen oder zu beten, kann Zugehörigkeit vermitteln. Phasenweise soll so die in der Klinik erlebte Isolierung aufgebrochen werden. Dabei werden Erinnerungen und Sehnsüchte nach außerklinischer Unbeschwertheit aktualisiert und antizipiert. Der Familiengottesdienst kann helfen, ein soziales Grundbedürfnis der Kinder zu stillen: „Im neuen Kontext Klinik benötigen sie Wertschätzung, Gesehenwerden und Anerkennung ihrer Person, mit all dem, was sich gerade verändert."[12]

---

9   Jürgen Ziemer etwa definiert die Seelsorge als „zwischenmenschliche Hilfe durch personale Kommunikation in religiösen Kontexten" (Ziemer 2015, 21).
10   Schwager 2018, 529.
11   A.a.O., 524.
12   A.a.O., 525. Die hier genannten Aspekte des Gemeinschaftsbezugs sind keineswegs erschöpfend. So beschreibt etwa Ulrike Wagner-Rau: „In der Sehnsucht und manchmal

Auch auf Seiten der Eltern lässt sich das Bedürfnis nach einer Auszeit von den Abläufen des Krankenhauses nachvollziehen. Der Gottesdienst, so der kollektive Wunsch, kann ein Stück Normalität in einer außergewöhnlichen, bedrohlichen Situation ermöglichen. Gleichzeitig soll diese belastende Situation spezifisch thematisiert werden, wie dies etwa Ilse Häußer exemplarisch aus Sicht der Eltern formuliert: „Sprich mich an, nimm mich ernst, aber nicht so, dass ich meine Tränen nicht zurückhalten kann; ich will nicht, dass mein Kind meine Angst spürt."[13] Wenngleich sich die hier spezifisch ausgedrückten Bedürfnisse nicht gänzlich verallgemeinern lassen, weißen sie doch deutlich auf ein geteiltes Verlangen hin: Das Belastende soll im Gottesdienst thematisiert werden können; es soll ein anderer Blick auf die eigene Lage ermöglicht werden, ohne in einer solchen Situation die Kontrolle zu verlieren oder sich von den eigenen Gefühlen ungewollt überwältigen zu lassen.

2.1.3. Gestaltung

Beim Blick in das empirische Material fällt auf, dass sich die erwachsenen Bezugspersonen im Kontext des Familiengottesdienstes immer dann gut aufgehoben und wohlgefühlt haben, wenn sie genau dieses Gefühl von ihren Kindern hatten.[14] Auch wenn die Eltern neben den Kindern eine zweite Bezugsgruppe für die Gestaltung des Gottesdienstes bilden, die – so könnte thetisch formuliert werden – vorrangig mit anderen Formen angesprochen und erreicht werden können, zeigt sich deren Reaktion auf den Gottesdienst vor allem vermittelt durch die subjektiv gedeuteten Erlebnisse und Erfahrungen ihrer Kinder. Die gelungene Gestaltung eines Familiengottesdienstes im Kontext des Kinderklinikums hängt demnach primär an der angemessenen Adressierung der Kinder und nur deutlich nachgeordnet auch an einem ansprechenden Einbeziehen der Eltern.

Es überrascht daher kaum, dass schon in Bezug auf die Rahmenbedingungen des Gottesdienstes deutliche Anpassungen sichtbar werden, um die Kinder bestmöglich anzusprechen. „Die Gottesdienste dauern etwa 30 Minuten, sie sind auf Konzentration und Kurzweiligkeit angelegt."[15] Auch die Sprache unterscheidet sich von gewöhnlichen Sonntagsgottesdiensten, was neben den Kindern als vornehmlichen Adressatinnen und Adressaten auch an der pluralen Zusammensetzung der Besuchenden liegt. „Es braucht klare, leicht ver-

---

auch in der Gewissheit zu leben, dass Gott mich als Menschen sieht und unverbrüchlich anerkennt, ist ein sehr persönliches Widerfahrnis, aber es ist angewiesen auf die Anderen, die auf diese Möglichkeit verweisen und mit denen zusammen sie in der religiösen Praxis vergegenwärtigt wird" (Wagner-Rau 2018, 148).

13   Häußer 2000, 23.
14   Exemplarisch dafür steht etwa das erste Teilnehmendeninterview innerhalb der ersten Gottesdienstanalyse.
15   Schwager 2018, 529.

stehbare Formen in einer einfachen Sprache – besonders am Anfang und Schluss des Gottesdienstes."[16] Gerade im interkulturellen Setting ist zudem etwa auf eine gut verständliche Körpersprache zu achten. Im Unterschied zum Alltag im Klinikum sollen nicht die Einschränkungen und Defizite, sondern die Stärken der Kinder angesprochen und aktiviert werden. In Gemeinschaft, Musik, Spiel und Spaß können sich jene Stärken zeigen und eine temporäre Verbesserung des Wohlergehens erreicht werden. Indem der Gottesdienst aber gleichzeitig einen Rahmen eröffnen möchte, um die belastende Situation für Eltern und Kinder gleichermaßen zu thematisieren, kann die oft beschriebene Auszeit aus dem Klinikalltag auch in diesen hineinwirken. „Vor dem Hintergrund der Tragödien und des Leids, die in einer Kinderklinik zum Normalfall gehören, kann der Gottesdienst in der Kinderklinik zum geschützten Ort werden, an dem das Unsägliche zur Sprache kommt, das Unumgängliche seinen Platz hat, die Klage sein darf, das Gebet gehört wird, das Lied gesungen und das Leben dennoch gefeiert wird. Der Schmerz darf zum Vorschein kommen, Gemeinschaft wird erlebt, Hoffnung kann entstehen."[17]

Der Gottesdienst soll insgesamt zum Mitmachen einladen. Insbesondere die Kinder sollen ihn mitgestalten. Das fordert von den handelnden Personen ein hohes Maß an Spontanität und Flexibilität. Ist beides gegeben, kann der im Vorfeld des Gottesdienstes konzipierte Ablauf während der Feier des Gottesdienstes flexibel an die im Gottesdienst anwesenden und diesen mitgestaltenden Menschen angepasst werden.[18]

2.2. Liturgie

2.2.1. Setting

Die Liturgie, verstanden als „Feier des in Wort und Sakrament gegenwärtigen Christus"[19], hat ihren genuinen Ort in der Feier des Gottesdienstes.[20] In ihrer Funktion als „darstellend-symbolische[s] Handel[n] der Kirche"[21] teilt sie sich mit dem Gottesdienst folglich auch einige Eigenschaften und Bedingungen. Hierunter fällt zunächst der Öffentlichkeitsbezug, der im Kontext des Adressatenbezugs eine wichtige Rolle spielt. Einerseits kann theologisch formuliert

---

16 A.a.O., 530.
17 A.a.O., 528.
18 Vgl. Häußer 2000, 23f.
19 Arnold u.a. 2018, 15.
20 Zum Begriff der Liturgie und dem Gegenstand der Liturgik vgl. Bieritz 2011, 1-13. Mit leichten inhaltlichen Verschiebungen kann Michael Meyer-Blanck beide Begriffe, also Liturgie und Gottesdienst sogar miteinander identifizieren (vgl. Meyer-Blanck 2020, 7f.).
21 Bieritz 2011, 10.

werden, dass zur Liturgie „alle Menschen Zugang haben sollten"[22], die liturgische Gestaltung also inklusiven und nicht exkludierenden Charakter haben sollte. Andererseits stellt genau dieser Imperativ vor größere Schwierigkeiten, wenn die liturgisch tradierten Formen in pluralen Kontexten wenig vertraut sind und daher kaum vorausgesetzt werden können. Genau dieser Sachverhalt liegt auch sogenannten riskanten Liturgien zugrunde, also gottesdienstlichen Feiern mit einer heterogenen und pluralen Gemeinschaft und Gemeinde an einem für die liturgisch Handelnden oftmals wenig vertrauten Ort.[23] Eine solche „außergewöhnliche Situation ist für beide Seiten mit Unsicherheiten verbunden. Feuerwehrvereine und Museen [etwa] kennen sich nicht aus mit liturgischen Feiern, während Pfarrerinnen und Pfarrer am anderen Ort weniger selbstverständlich agieren."[24] Ein liturgisch ausgerichteter Adressatenbezug muss den vorhandenen und fehlenden Vorerfahrungen Rechnung tragen und die liturgische Gestaltung hierhingehend anpassen, damit eine Teilhabe möglich bleibt. In der Folge wird die Liturgie auch deshalb riskant, weil Routine und Sicherheit in den veränderten liturgischen Handlungen auf Seiten der kirchlichen Akteurinnen und Akteure fehlen. Damit einhergehend fordern viele riskante Liturgien ein höheres Maß an Flexibilität und Spontanität. Dies gilt zunächst für die Vorbereitungsphase, in welcher die Anpassungsleistung antizipatorisch versucht wird. Im anschließenden Gottesdienst gilt dies aber ebenfalls, da in der Konfrontation mit den tatsächlichen Mitfeiernden auch die vorbereitete Liturgie an die faktischen Bedingungen adaptiert werden muss.[25]

Der Blick auf die riskanten Liturgien führt vor Augen, was auch im regulären Sonntagsgottesdienst nicht außer Acht gelassen werden darf. Die anwesende Gemeinde sollte mit den liturgischen Formen in irgendeiner Weise umgehen können.[26] Nur so können die unterschiedlichen Personen Anteil haben am Gottesdienst und sich als Teil der versammelten Gemeinschaft erleben.

---

22 Arnold u.a. 2018, 15.
23 Vgl. Klie / Fechtner 2011.
24 Arnold u.a. 2018, 17.
25 Im Gegensatz zu einem oft fehlenden kollektiven Erfahrungs- und Traditionsschatz können riskante Liturgien im Vergleich zu regulären Sonntagsgottesdienstes aber auch weniger riskant sein, da in ihnen die eigentliche Relevanz des Gottesdienstes und der in diesem gesuchten Gottesgegenwart kaum zur Disposition steht: „Kann man die individuelle und öffentliche Irrelevanz, die ‚institutionalisierte Belanglosigkeit' als das größte Risiko aller liturgischen Darstellung ansehen, dann ist diese Gefahr bei den besonderen Gottesdiensten weniger gegeben" (A.a.O., 18).
26 Bewusst ist hier das deutungsoffene „umgehen" genutzt worden. Es steht außer Frage, dass auch fremdartige liturgische Formen, die aufgrund von Barrieren wie Sprache oder Kenntnis nicht verstanden werden können, eine positive Wirkung entfalten können. Aber auch in einem solchen Fall muss die rezipierende Person eine stimmige Weise gefunden haben, dieses Fremdartige an sich heran zu lassen, es trotz der Sprachbarrieren zu sich sprechen zu lassen, es etwa auf eine andere als kognitive Weise auf sich Wirken zu lassen.

Auch die Sonntag für Sonntag genutzten liturgischen Formen müssen daher dahingehend überprüft werden, ob sie tatsächlich die etwa von Jan Hermelink skizzierte Verbindung zur individuellen Frömmigkeit aufweisen und als Ausdruck des privat gelebten Glaubens verstanden werden können.[27] In jedem Fall gilt es die spezifische Gemeinde mit ihren religiösen Gewohnheiten und Nicht-Gewohnheiten beziehungsweise Leerstellen wahr und ernst zu nehmen. Dies führt direkt zur Frage nach Bedürfnissen, Erwartungen und Zielen und damit zur Funktion der Liturgie.

2.2.2.   Funktion

In der inhaltlichen Identifikation der Liturgie mit dem Gottesdienst dienen aus kirchentheoretischer Perspektive beide – Liturgie und Gottesdienst – dazu, „das Evangelium öffentlich mitzuteilen und darzustellen."[28] Neben diesem öffentlich-institutionellen Ziel dienen Liturgie und Gottesdienst aber auch als zentrale Elemente der gemeindlichen Versammlung und damit als Ankerpunkte christlicher Gemeinschaft. Auch aus der Perspektive der Besucherinnen und Besucher eines Gottesdienstes beziehungsweise der Feiernden der Liturgie sind beide Funktionen herauszuheben: Der Gottesdienst dient der Stärkung, Vergewisserung und Verbalisierung des eigenen Glaubens und der gemeinschaftlichen Verbindung. Beides gelingt über den Modus der Teilhabe.

An dieser Stelle lohnt sich ein Blick auf den Familiengottesdienst in der Kinderklinik, um die angesprochenen Perspektiven exemplarisch zu konkretisieren. Über die Liturgie kann ein veränderter Reflexionsrahmen für die eigene Situation angeboten werden, wie dies etwa Schleiermacher in seiner Unterscheidung von darstellendem und wirksamen Handeln nachzeichnet. „Beim ‚wirksamen Handeln' soll das Bewusstsein der Menschen beeinflusst, gefördert, gebildet, kurz: verändert werden. Beim ‚darstellenden Handeln' aber wird das Bewusstsein als das genommen, was es ist, und es wird in seinem aktuellen Zustand lediglich dargestellt. In heutiger Ausdrucksweise: Die Gedanken der Menschen werden zum Ausdruck gebracht und damit akzeptiert, wie sie sind."[29] In Verbindung von öffentlicher Liturgie und seelsorglichen Bedürfnissen, wie dies etwa in den Familiengottesdiensten in der Kinderklinik nachvollzogen werden kann, nimmt das darstellende Handeln eine herausgehobene Stellung ein. Die Liturgie kann Möglichkeiten und Formen bieten, die eigene

---

27 „Entscheidet die Kirche über ihre gottesdienstlichen Ordnungen, betätigt sie sich also als Organisation der pluralen Frömmigkeit, so muss sie offenbar auf gewachsene Bedürfnisse des Glaubens Rücksicht nehmen; nur da, wo eine ‚erneuerte' Agende von Gemeinden und Einzelnen als Rahmen der je eigenen Andacht akzeptiert wird, kann sie auf Bestand hoffen" (Hermelink 2011, 98, vgl. 97f.).

28 Meyer-Blanck 2020, 8.

29 Arnold u.a. 2018, 20; Für eine gute Übersicht über das Verhältnis von darstellendem und wirksamen Handeln bei Schleiermacher vgl. Meyer-Blanck 2020, 26-32.

Situation, das Erlebte genau wie das Bevorstehende, Ängste wie Hoffnungen, Trauer wie Freude auszusagen, die Personen sprachfähig zu machen[30] und dadurch die Möglichkeit eröffnen, die eigene Situation in einen größeren Kontext einzuordnen. Dass sich durch eine solche Verbalisierung Wahrnehmungen und Zusammenhänge dann auch ändern können, darf als eine Zielperspektive liturgisch-seelsorglichen Handelns verstanden werden. Für andere Personen kann dagegen das Aushalten einer beklemmenden, bedrohlichen oder beängstigenden Situation in einem liturgisch-gemeinschaftlichen Rahmen deutlich angemessener und hilfreicher sein. Die Bedürfnisse sind hier so plural wie die teilnehmenden Personen. Die Modi und Funktionen sind deutlich vielschichtiger und komplexer, als dass sie hier angemessen dargestellt werden könnten. Die Funktion der Liturgie bleibt aus Sicht der teilnehmenden Personen aber gleich: Sie hat Formen und Inhalte anzubieten, mittels derer die eigenen Bedürfnisse aufgespürt und zumindest in Teilen erfüllt werden können.

In der Liturgie kommen die öffentlich-institutionelle und die rezipierende Funktion zusammen. Liturgie hat das Evangelium zu kommunizieren und darzustellen, soll dies aber gleichsam so persönlich machen, dass die eigene Situation und der eigene Glaube Widerhall und Veränderung finden kann. Der Teilhabedimension kommt dabei eine entscheidende Schlüsselrolle zu. Sie soll es ermöglichen, dass Einzelne sich, ihre eigene Situation und ihre eigenen Bedürfnisse in die gemeinschaftliche Feier einbringen. Über Denominationsgrenzen hinaus wird darum die Teilhabe an den liturgischen Formen als wichtiger Auftrag herausgestellt. Inwieweit das gelingen kann, soll im folgenden Punkt reflektiert werden.

2.2.3. Gestaltung

Das Handbuch vielfältiger Gottesdienstformen aus dem Bistum Essen beschreibt vier unterschiedliche Formen der Teilhabe am Gottesdienst. Die (1) „fruchtbare Teilhabe (*participatio fructosa*)" zielt darauf, dass „die Gläubigen mit geistlichem Gewinn an der Liturgie und allen liturgischen Handlungen teilhaben."[31] Dies gilt zunächst als Appell an alle, die den Gottesdienst verantworten und soll durch ein positives Zusammenkommen von individuellen und gemeinschaftlichen Aspekten erreicht werden. Grundlage hierfür ist die (2) „leicht zu vollziehende Teilhabe (*participatio facilis*)"[32], also die Verständlichkeit. Der formulierte Minimalanspruch zielt auf die wörtliche Verstehbarkeit. Darüber hinaus sollten aber auch die theologischen Sphären nachvollziehbar sein, die

---

30 Die hier angesprochene Sprachfähigkeit geht über die gesprochene Sprache weit hinaus und meint vielmehr die Fähigkeit die eigene Situation, oft auch nur in Ansätzen und Bruchstücken, zu reflektieren.

31 Dezernat Pastoral und Zukunftsbildprojekte des Bistum Essen 2020, 22.

32 A.a.O., 23.

hinter liturgischer Sprache und Handlungen stehen. Der Wechsel zwischen literarischen Stilen wird hier als Gestaltungsimpuls angeboten. Die (3) „innerliche und äußerliche Teilhabe (*participatio interna et externa*)"[33] fordert eine ganzheitliche Teilhabe am liturgischen Geschehen, bezogen auf Körper und Geist der Glaubenden. Alle Sinne sollen angesprochen und nicht nur der Geist, sondern auch der Körper in Bewegung gebracht werden.[34] „Hier finden zum Beispiel die unterschiedlichen Gesten und Haltungen ihren Ursprung. Die Körperhaltungen von stehen, sitzen oder knien sollen auch die innere Haltung unterstützen"[35]. Zuletzt (4) soll in der „tätigen Teilhabe (*participatio actuosa*)"[36] die Aktivität der Gemeinde hervorgehoben werden, etwa durch Gesang oder Akklamation. Bemerkenswert ist nun, dass die Gestaltung der Liturgie direkt von den spezifischen Teilnehmenden abhängig gemacht wird: „Die Spiritualität und Religiosität der Zielgruppe sollte die liturgische Form, die Sprache und den Musikstil lenken."[37] Deutlich wird hier eine Offenheit und potenzielle Pluralität in der liturgischen Gestaltung formuliert, die Handlungsfelder eröffnet, statt auf Einheitlichkeit oder Traditionsbewusstsein zu verweisen.

Auch evangelischerseits kann der liturgische Imperativ der Teilhabe deutlich nachvollzogen werden. Überlegungen zu öffentlichen Liturgien weißen auf die Teilhabemöglichkeiten als zentrale Aufgabe solcher Angebote hin.[38] Verschiedene Analysen von Familiengottesdiensten zeigen, dass diese durch niederschwellige und abwechslungsreiche Formen, zusammen mit elementaren, zugespitzten und klar verständlichen Inhalten Menschen aus unterschiedlichen Generationen und in pluralen Situationen ansprechen können.[39] Auch an der diesem Band zugrundeliegenden empirischen Studie kann nachgezeichnet werden, dass gerade das Wahrnehmen der Besucherinnen und Besucher und ihrer Situation in die liturgische Gestaltung wesentlich einfließt und sich an diesen ausrichtet. Die liturgischen Handlungen können dann die Einzelnen im Rahmen einer erlebbaren Gemeinschaft ansprechen, etwa durch Lieder oder Symbole. „[I]n einem gemeinsam gesungenen Lied können Gefühle artikuliert, aber auch eine Klage an Gott gerichtet werden. Im gemeinsamen Singen wird Solidarität, vielleicht sogar Geborgenheit erfahren."[40] Symbole vermögen so-

---

33 Ebd.
34 Dass das ganzheitliche Angesprochen-Werden auch auf evangelischer Seite eine weitereichende Tradition hat, kann etwa bei Karl-Heinz Bieritz mit Rekurs auf Martin Luther nachvollzogen werden (vgl. Bieritz 2011, 449f.).
35 Dezernat Pastoral und Zukunftsbildprojekte des Bistum Essen 2020, 24.
36 Ebd.
37 Ebd.
38 Arnold u.a. 2018, 15-25.
39 Vgl. exemplarisch Kretzschmar 2018, 240; Grethlein 2000, 30.
40 Arnold u.a. 2018, 23.

wohl individuelle Sinnstiftung als auch Identitätsförderung als auch Gemeinschaftserfahrungen zu befördern.[41]

Für die Gestaltung der Liturgie ist zuletzt noch die Person der Pfarrerin oder des Pfarrers beziehungsweise der Liturgin oder des Liturgs zu bedenken. Es liegt auf der Hand, dass die Gestaltung der liturgischen Stücke wesentlich von der ausführenden Person abhängt. „Pfarrer sein heißt, die rituelle Sprache sprechen sowie glaubend überzeugt und überzeugend damit umgehen."[42] Gelingt es der liturgisch handelnden Person nicht, sich selbst stimmig in die liturgischen Abläufe zu integrieren, kann die Teilhabe empfindlich gestört werden. In Unterscheidung von katabatischer und anabatischer Funktion liturgischer Teile sowie prophetischem und priesterlichem Handeln gilt es verschiedene Rollen und Erwartungen zu füllen.[43] Die liturgisch handelnden Personen sind teils in einer Mittlertolle, etwa wenn der Segen zugesprochen oder das Abendmahl ausgeteilt wird, teils sind sie Teil der feiernden Gemeinde, etwa im Gesang oder beim Vaterunser. Je nach liturgischer Handlung ist dementsprechend das Verhältnis zwischen privater Person und liturgischer Rolle stimmig zu füllen. Mit Blick auf die Adressatenausrichtung sind besonders bei riskanten Liturgien die pluralen Erwartungen der Besucherinnen und Besucher zu berücksichtigen. Die Möglichkeit zur Teilhabe an liturgischen Stücken hängt nicht unwesentlich davon ab, wie die liturgisch handelnde Person interagiert. Die hier vorliegende empirische Untersuchung zeigt an unterschiedlichen Stellen auf, dass eine positive Verbindung zur Pfarrerin auch als Einladung zu einer persönlichen Teilhabe in den liturgischen Stücken des Gottesdienstes wahrgenommen wird. Wenn die Besucherinnen und Besucher spüren, dass die liturgischen Stücke auch für die Pfarrerin persönlich relevant sind, kann dies zu einer subjektiven Offenheit auch gegenüber noch unbekannten liturgischen Formen führen. Denn was für eine andere Person, zu der ich in positiver Bindung stehe, wichtig ist, kann potenziell auch für mich wichtig werden.

Die Liturgie zielt vermittelt durch die liturgisch handelnden Personen auf Teilhabe der Gottesdienstbesucherinnen und -besucher. Die Adressatenorientierung sucht dabei die Gottesdienstbesucherinnen und -besucher zum Ausgangspunkt der gestalterischen Überlegungen zu machen, indem eine persönliche Ansprache möglich wird, die in eine auf Transzendenz hin geöffnete Gemeinschaft führen soll.

---

41   Vgl. Sprang 1990, 91; Kretzschmar 2019, 45.
42   Arnold u.a. 2018, 21.
43   Zum dialogischen Charakter liturgischer Sprache aus katabatischen und anabatischen Kommunikationsakten vgl. Bieritz 2011, 258-261. Zur Unterscheidung von priesterlichem und prophetischen Handeln vgl. Bieritz 2006.

2.3. Homiletik

2.3.1. Setting

Innerhalb der homiletischen Theoriebildung kann über Ernst Lange als Ausgangspunkt bereits ein lebhafter Diskurs um die Stellung der Hörenden im Predigtprozess nachvollzogen werden. Die Adressatenorientierung ist bei Lange ein entscheidender Schritt der Predigtvorbereitung, der dabei helfen soll eine spezifische Predigt für eine spezifischen Situation zu verfassen. Auch im Diskurs über die Verbindung von Predigt und Liturgie im Gottesdienst lassen sich Ansätze einer Adressatenorientierung nachvollziehen, wenn auch implizit. Dass durch inhaltliche Beziehungen zwischen den liturgischen Teilen und der Predigt ein roter Faden und Spannungsbogen entstehen kann oder in unterschiedlichen Teilen des Gottesdienstes unterschiedliche Stimmen und Standpunkte hörbar werden, welche im besten Fall die Pluralität der Gemeinde widerspiegeln können, sind sicher Versuche, die Besucherinnen und Besucher gezielt anzusprechen.[44] Zuletzt wirken auch das räumliche und zeitliche Setting auf die Predigt ein. Die Wahrnehmung einer Predigt unterscheidet sich etwa, wenn diese entweder vormittags in einem monumentalen, geschichtsträchtigen Kirchenschiff, nachmittags in einer alten, leeren und umgestalteten Fabrikhalle oder abends in einer kleinen Kapelle gehört wird. Ein solches Predigtsetting aus Zeit und Ort steht im Vorfeld der Predigt meist fest und ist daher gut in die Vorbereitungen zu integrieren – eine größere Theoriediskussion hierzu ist allerdings kaum vorhanden.

Vielmehr bleiben die Reflexionen zur Adressatenorientierung in der Homiletik zuerst und vor allem in der Phase der Predigtvorbereitung verortet. Hierbei nimmt die Theoriebildung Ernst Langes eine Schlüsselrolle ein. Neben der homiletischen Situation Langes, verstanden als „diejenige Situation, durch die die Kirche sich, eingedenk ihres Auftrags, jeweils in einem ganz bestimmten Sinn zur Predigt herausgefordert sieht"[45], gehört zum Setting der Predigt auch die liturgische Feier des Gottesdienstes. Die anderen liturgischen Stücke können im besten Fall in inhaltlicher Spannung zur Predigt stehen, mit dieser gemeinsam einen roten Faden und einen Spannungsbogen bilden, unterschiedliche Stimmen zu einem im Gottesdienst entwickelten Thema hörbar machen und so die Pluralität der Gemeinde widerspiegeln.

---

44 Für einen kurzen Überblick über einige liturgische Stücke und mögliche Verbindungen zur Predigt vgl. etwa Hertzsch 2006.
45 Lange 2006b, 162.

2.3.2. Funktion

Auch nach Lange gilt der Erschließung der Predigtsituation größte Aufmerksamkeit. Dabei zielt Lange aber nicht auf das oben beschriebene Setting der Predigt, sondern die homiletische Situation, verstanden als die Situation, die die Kirche zur Predigt herausfordert. Statt um Ort und Zeit geht es um die kognitiven Bedingungen des Predigthörens in einer spezifischen Situation. Die Analyse dieser homiletischen Situation fußt auf drei Zugängen: den individuellen, den gesellschaftlichen und den religiösen Prägungen.[46] Als individuelle Prägungen versteht Lange die persönlichen Bedingungen des Predigthörens, abhängig etwa von der Bildung oder der soziologischen Zusammensetzung einer Gemeinde. Die für eine Predigt zu berücksichtigenden gesellschaftlichen Faktoren werden von Lange durch zwei Analyseschritte angenähert: der homiletischen Großwetterlage einerseits und der Lage vor Ort andererseits. Erstere beschreibt die großen sozio-politischen und kulturellen Themen, wie sie etwa über die Massenmedien verbreitet werden. Den einzelnen ist es kaum möglich, in solche Zusammenhänge verändernd einzugreifen. Trotzdem kann sich die homiletische Großwetterlage auf die Einzelne oder den Einzelnen ganz vielfältig auswirken und diese beschäftigen. Letzteres gilt auch in Bezug auf die Lage vor Ort. Diese ist jedoch dadurch gekennzeichnet, dass die Ereignisse auf Grund ihres lokalen Charakters potenziell veränderbar für die Einzelnen sind. Kann die homiletische Großwetterlage aus den Medien abgelesen und in diesen verfolgt werden, stellt sich eine Kenntnis über die Lage vor Ort nur über persönliche Beziehungen und Gespräche in der Gemeinde ein.[47] Die Kenntnis über das religiöse Vorverständnis soll zuletzt dabei helfen, die Inhalte und Argumente der Predigt nachvollziehbar und gleichzeitig interessant zu gestalten. So sollen etwa die Hörerinnen und Hörer durch theologische Termini und Zusammenhänge weder über- noch unterfordert werden.[48]

Das Ziel der Bemühungen um die Analyse der homiletischen Situation korreliert mit dem Ziel der Predigt, das Lange als Verständigungsbemühung beschreibt. Diese Verständigung betrifft die Relevanz der biblischen Überlieferung für den Alltag der Menschen. Nun zeichnet die homiletische Situation gerade ein „Verdacht der Irrelevanz"[49] beziehungsweise des Abstandes zwischen eigenem Leben und biblischem Zeugnis aus. In der Predigt soll also „die Relevanz der christlichen Überlieferung für diese Situation und in ihr verständlich [ge]macht und bezeugt"[50] werden.

---

46 Vgl. Lütze 2006, 172.
47 Vgl. Lange 2006a, 176ff.
48 Vgl. a. a. O., 178.
49 A.a.O., 180.
50 Lange 2006b, 161.

Langes Betonung der Verantwortlichkeit der Predigerin oder des Predigers gegenüber den Hörenden hat sich als bleibendes Erbe in den homiletischen Diskurs eingeschrieben. Dass der Text an sich „nicht eigentlich zünftig ausgelegt, sondern im Interesse der Verständigung verbraucht"[51] werden soll, gilt als Konsens im homiletischen Diskurs. In der Rolle, die den Hörenden zugedacht wird, zeigen sich dann aber je nach Konzeption klare Unterschiede.[52] Die rezeptionsästhetische Theoriebildung sieht im Anschluss an die Studien Karl-Wilhelm Dahms[53] zunächst die Unmöglichkeit der adäquaten Übertragung einer inhaltlichen Botschaft vom Sender zum Empfänger. Die Hörgewohnheiten sind stattdessen von Selektion und Assoziation gekennzeichnet, was zu je individuellen Sinnzusammenhängen bei den einzelnen Hörerinnen und Hörern führt. Statt an diesem Befund nun die Krise der Predigt fest zu machen, bestimmt Gerhard Marcel Martin die Predigt als offenes Kunstwerk und ihr Ziel darin, dem Hörer „Zeit und Raum [zu gewähren], neue Erfahrungen des Glaubens und Verstehens im Zusammenspiel der Überlieferung und seiner Situation zu machen."[54] Im Gegensatz zu Langes oben skizziertem Ansatz ist es dabei nicht mehr die vorrangige Aufgabe der Predigerin oder des Predigers, die Situation der Hörenden umfassend wahrzunehmen und zur Grundlage der Predigt zu machen. „Predigt als offenes Kunstwerk räum[t] den Hörern selbst die Gelegenheit ein, ihre Situation in das Predigtgeschehen einzubringen."[55] Vielmehr gilt es in der Predigt darauf hinzuarbeiten, dass die Predigt offen genug für die eigene Sinnfindung bleibt und gleichzeitig einen Rahmen für das gemeinsame Verstehen vorgibt. Neuere homiletische Konzeptionen, etwa von Martin Nicol und Alexander Deeg sowie von Wilfried Engemann, knüpfen hieran an, gestalten das von Martin erarbeitete rezeptionsästhetische Fundament aber je eigen aus. Eine Adressatenorientierung besteht hier vor allem indirekt, indem diesen Raum für die individuelle Rezeption gewährt wird.

Kritik an einer so beschriebenen Stellung der Hörenden formuliert beispielsweise Birgit Weyel. Da die Predigt von ihrem Auftrag her eine „Verständigungsbemühung über die Lebensbedeutsamkeit des Christentums in einer pluralen Gesellschaft"[56] darstellt, gilt es, die Hörerinnen und Hörer in einer spezifischen Situation anzusprechen. Ein gemeinsames Ringen um die Relevanz des christlichen Glaubens kann es nur auf dem Hintergrund von geteilten Erfahrungen und Überzeugungen geben, welche die Predigt aufnehmen muss. Die Frage nach der Relevanz der biblischen Texte muss daher vor allem unter der Perspektive der Hörerinnen und Hörer und deren Situation gestellt und in der

---

51 A.a.O., 160.
52 Der homiletische Diskurs kann unter der formulierten Forschungsfrage nur in zwei Schlaglichtern dargestellt werden.
53 Vgl. Dahm 1974.
54 Martin 1984, 53.
55 A.a.O., 49.
56 Weyel 2012, 231.

Predigt verhandelt werden. Eine adressatenorientierte Predigt ist demnach
verständigungsorientiert und sucht nach dem Gemeinsamen.[57] Eine individuelle Rezeption, in welcher sich die Hörenden selbst in den Text einschreiben,
wird dem nicht gerecht.

Unter der Perspektive des Adressatenbezugs können abschließend Überschneidungen und Trennendes beschrieben werden. Es herrscht im heutigen
homiletischen Diskurs ein Konsens darüber, dass die Predigt Teilhabe ermöglichen muss, um die Adressatinnen und Adressaten ansprechen zu können. Die
Hörerinnen und Hörer müssen daher sowohl in der homiletischen Konzeption
als auch in der Predigtvorbereitung und Durchführung neben dem Text eine
Schlüsselrolle zugedacht bekommen. Unterschiedliche Ansichten gibt es nun
darüber, welcher Platz den Hörerinnen und Hörern zugedacht werden soll. Im
engen Anschluss an Ernst Lange versuchen etwa Birgit Weyel[58], Wilhelm Gräb[59]
und Gerald Kretzschmar[60] die Reflexion der Hörersituation für die Predigtvorbereitung zu betonen. Rezeptionsästhetisch orientierte Konzeptionen wollen
dagegen Möglichkeiten eröffnen, mit welchen sich die Hörenden selbst in den
Text einschreiben können beziehungsweise den Text mit der eigenen Situation
verbinden können. Dabei verliert die Reflexion der homiletischen Situation an
Gewicht, sind es doch die Hörenden selbst, welche die Adaption vollziehen.[61]
Wahrscheinlich bleibt, dass das eine ohne das andere nicht wirklich funktioniert beziehungsweise sich nicht wirklich ereignen kann. So kann ein Text nur
schwerlich wertvolle Impulse für eine persönliche Entdeckung bieten, wenn in
ihm die Situation der Angesprochenen keine Rolle spielt. Genauso wird eine an
der homiletischen Situation orientierte Predigt nicht umhinkommen, den Hörerinnen und Hörern Räume zur individuellen Adaption zu bieten, um persönliche Erfahrungen mit dem Text zu ermöglichen. Die Orientierung an den Adressatinnen und Adressaten scheint aber in jenen homiletischen Konzeptionen
greifbarer, welche die Reflexion der Situation einen klaren Raum in der Predig-
terarbeitung einräumen.

---

57 In ähnlicher Weise formuliert etwa auch Wilhelm Gräb: „Das ist jetzt die Predigt als
     religiöse Rede. Sie stellt einen im Rückgang auf die Bibel, als dem Ursprungszeugnis der
     christlichen Erfahrung, sich vollziehenden, vom persönlichen Lebenszeugnis des Predi-
     genden getragenen, die Hörenden als religiös selbständige Subjekte anredenden Akt der
     Verständigung über existentiell unbedingt angehende religiöse Lebensfragen dar" (Gräb
     2018, 27).
58 Vgl. Weyel 2012.
59 Vgl. Gräb 2013, 44-50.
60 Vgl. Kretzschmar 2014.
61 Vgl. Martin 1984, 50.

2.3.3.   Gestaltung

Der bisher erarbeitete Adressatenbezug soll nun in weitere Kontexte der homiletischen Gestaltung eingeordnet werden. Unter Rückgriff auf das homiletische Dreieck, das bestehend aus Text, Predigerin beziehungsweise Prediger sowie Hörerinnen und Hörern als schematisch vereinfachte Form des Predigtgeschehens angesehen werden kann, soll unter der Perspektive der Adressatenorientierung gefragt werden, wie sich die Person der Predigerin oder des Predigers und der Text aus der Perspektive der Hörerinnen und Hörer erschließen lassen.

Beim Blick auf den adressatenorientierten Umgang mit dem biblischen Text zeigt erneut Ernst Lange eine mögliche Gestaltungsgrundlage. Lange spricht vom Prediger sowohl als „Anwalt der Hörergemeinde in ihrer jeweiligen Lage und Anwalt der Überlieferung in der besonderen Gestalt des Textes."[62] Auf Seiten der Hörerinnen und Hörer ist, wie oben bereits beschrieben, zu erarbeiten, inwieweit der Text als Dokument der Überlieferung des Glaubens potenziell irrelevant für deren Leben ist. Dies hat nach Lange eine andere Arbeit am und mit dem Text zur Folge.

> „Der Prediger fragt nun: Was wurde da relevant und wie, gegen welchen Widerstand wurde es relevant? Gefragt wird nun also nicht mehr nach dem isolierten Text als solchem, sondern nach dem Vorgang des Relevantwerdens des Verheißungsgeschehens, nach der Struktur und der Bewegung des Interpretationsvorganges, der im Text Gestalt geworden ist."[63]

Gleichzeitig führt die Anwaltschaft der Überlieferung zu einer

> „homiletischen Situationskritik. Mir wird in der intensiven Beschäftigung mit dem Text klar, welche Fragen meiner Hörer sich erledigen, weil sie falsch gestellt sind, welche Anstöße entfallen, weil sie nicht die Substanz der Überlieferung betreffen, wo der eigentliche Widerstand meiner Hörer sitzt, mein eigentlicher Widerstand, und wo es sich nur um Vorwände handelt, in denen sich dieser eigentliche Widerstand vor sich selbst verbirgt."[64]

Als Anwalt des Textes gilt es andererseits dessen Eigenaussage durch exegetische Methoden und die sich auf ihn stützende Predigttradition sicherzustellen.[65] In der doppelten Anwaltsrolle sind Situation und Text als die zwei großen Pole der Predigtvorbereitung stets aufeinander zu beziehen. „Text und Situation bilden einen Verstehenszirkel, der im Verlauf der Predigtvorbereitung mehrfach abgeschritten wird."[66] Die homiletische Situation erschließt den Text

---

62   Lange 2006b, 165.
63   A.a.O., 127f.
64   A.a.O., 168.
65   Lange geht auf diesen Punkt deutlich weniger ein, da die Arbeit am Text und dessen Predigttradition im damaligen Diskurs, etwa durch Vertreter der Dialektischen Theologie, breit reflektiert wurden.
66   Lange 2006b, 167.

perspektivisch und der Text in seiner Eigenaussage zeigt, worin seine (Ir-) Relevanz im Leben der Hörenden bestehen kann.

Eine adressatenorientierte Reflexion der predigenden Person kann mit Rückgriff auf den von Christoph Wiesinger analysierten Authentizitätsbegriff geschehen.[67] Wiesinger beschreibt Authentizität als dynamisches, intersubjektives Zuschreibungsphänomen und dementsprechend als eine wichtige Verbindung zwischen Predigerin beziehungsweise Prediger sowie Hörerinnen und Hörer. Vor dem Hintergrund sozialer Rollenvorstellungen und -erwartungen kann eine Person als authentisch wahrgenommen werden, wenn es dieser gelingt eine soziale Rolle, etwa die der Predigerin oder des Predigers, zu füllen und gleichzeitig durch die eigene Subjektivität zu brechen, indem die Rollenerwartungen an verschiedenen Stellen unter- oder überschritten werden.

> „Im Vertrauten muss das Unvertraute auftreten, im Gewohnten das Ungewohnte und im Erwartbaren das Unerwartete. [...] Somit ist Authentizität etwas, dass das Subjekt nicht selbst in der Hand hat, aber beeinflussen kann. [...] Authentizität hängt vom Anspruch und der Wahrnehmung des Gegenübers ab und wird vom Anderen herkommend zugeschrieben."[68]

Im Anschluss an Langes Überlegungen zur Predigtvorbereitung und Gestaltung ist also auch hier die Kenntnis der, oder besser die Beziehung zu den Hörerinnen und Hörern eine wichtige Komponente. Wenn Rollenerwartungen antizipiert werden können und es gelingt, diese Vorstellungen in die eigenen Handlungen einfließen zu lassen, ergibt sich eine weit höhere Chance als authentisch wahrgenommen zu werden. Dabei ist eine solche Zuschreibung kein Selbstzweck, der etwa das Renommee der Predigerin oder des Predigers stärken soll. Vielmehr schafft eine als authentisch wahrgenommene Predigt durch eine positive Verbindung zu den Hörerinnen und Hörern Möglichkeiten der Identifikation und individuellen Adaption.

Abseits allgemeinhomiletischer Schemata von Text, Predigerin beziehungsweise Prediger sowie Hörerinnen und Hörern kann die homiletische Gestaltung auch anhand einzelner Kommunikationsmuster reflektiert werden. Durch höhere Fokussierung und Präzision lässt sich dann phasenweise im Detail nachvollziehen, was die bisher beschriebenen Theoriereflexionen im Allgemeinen beschrieben haben. Eine gelingende Predigtgestaltung mit Adressatenbezug soll anhand von vier Kriterien schlaglichtartig dargestellt werden: der Nachvollziehbarkeit, der Niederschwelligkeit, der präzisen thematischen Fokussierung und der Varianz. Der in diesem Band untersuchte Familiengottesdienst soll stellenweise zur Veranschaulichung und Konkretion hinzugezogen werden.

Im Kontext der *Nachvollziehbarkeit* ist zunächst die Verständlichkeit der Predigtinhalte die „Grundvoraussetzung der Rezeption und sagt noch nichts

---

67   Vgl. Wiesinger 2019.
68   A.a.O., 112.

über die positive Rezeption einer Predigt aus."[69] Theologische sowie andere bildungssprachliche Fachtermini können bereits auf dieser Ebene die Aufnahme der Predigt erschweren oder verhindern. Im Fall kirchlich weniger oder gar nicht gebundener Menschen gilt dies auch für binnenkirchlich triviales Vokabular, dass ohne kirchliche Sozialisierung kaum einzuordnen ist. Aber auch eine in Bezug auf ihren Inhalt verstehbare Predigt ist noch wenig nachvollziehbar, überschneiden sich die beschriebenen Zusammenhänge nicht auch mit den eigenen Erfahrungen und Erlebnissen der Hörerinnen und Hörer. Die von Lange beschriebene Relevanz zeigt sich als Forderung nach Alltagsbezug oder Alltagstauglichkeit auch in Studien zur Predigtrezeption:

> „Eine gute Predigt zeichnet sich dadurch aus, dass sie Impulse gibt, dass man aus ihr etwas für den kommenden Tag, die kommende Woche mitnehmen oder aus der vergangenen Woche verstehen kann"[70].

Nachvollziehbarkeit als Zusammenhang von Verständlichkeit und Alltagsnähe muss sich dabei an den jeweiligen Hörerinnen und Hörer ausrichten. Im Fall von deutlich heterogen Zusammengesetzen Hörerschaften ist die Predigt inklusiv zu gestalten.

Kommen in der hörenden Gemeinde unterschiedliche Altersgruppen und Milieus zusammen – wie etwa beim Beispiel der Familiengottesdienste im Kinderklinikum –, ist sicherzustellen, dass alle die vorgetragenen Inhalte verstehen und auf die eigene Situation anwenden können. In einer gelungenen gottesdienstlichen Gestaltung ist die

> „Präsentation der Inhalte und Themen [...] konsequent niedrigschwellig oder – besser gesagt – elementar angelegt. Den Orientierungspunkt, aus dem die niedrigschwellige und elementare Präsentation von Themen und Inhalten resultiert, stellen die in den Gottesdienst involvierten Kinder dar."[71]

Dass eine solche Reduzierung auf das Grundsätzliche und Wesentliche für geübte Hörerinnen und Hörer nicht unterfordernd beziehungsweise exkludierend sein muss, sondern vielmehr integrierend wirken kann, liegt einerseits an der mediatisierenden Funktion der Kinder. Deren Bezugspersonen werden durch sie vermittelt angesprochen. Was den Kindern Freude bereitet und was Ihnen neue Perspektiven eröffnet, hat oft ähnliches Potenzial bei deren Eltern und weiteren Bezugspersonen. Darüber hinaus ist die elementarisierte Form der theologischen Inhalte auch für andere Adressatinnen und Adressaten oft nützlich, weil auch diesen ein besseres Verständnis ermöglicht werden kann. Die Niederschwelligkeit erzeugt so einen „größte[n] gemeinsame[n] Nenner"[72].

Dass eine solche Niederschwelligkeit funktioniert, hängt eng mit der *gelingenden thematischen Fokussierung* zusammen. Es liegt auf der Hand, dass die

---

69   Schwier 2014, 83.
70   A.a.O., 85.
71   Kretzschmar 2018, 240.
72   Ebd.

Aufmerksamkeitsspanne von Kindern und Jugendlichen in den meisten Fällen unter der von Erwachsenen liegt. Nur mithilfe eines präzisen Themas, durch welches eine klare Struktur führt, können Argumente und Gedankengänge auch für Kinder nachvollziehbar entwickelt werden.[73] Neben der argumentativen Struktur sind auch die Länge der Ansprache, der Sätze und gedanklichen Einheiten hierauf abzustimmen.

Die *Varianz* ist zuletzt nicht nur als Anforderung für den Gottesdienst insgesamt, sondern auch für die Predigt zu fordern. Hinsichtlich der homiletischen Gestaltung ist dabei vor allem das Verhältnis von kognitiven und emotionalen Inhalten zu bedenken. Eine Predigt, die nur intellektuell anspricht, ist nicht nur im Setting des Familiengottesdienstes für eine verschwindend kleine Zuhörerschaft vielversprechend. Sollen die Inhalte der Predigt mit dem eigenen Leben und der eigenen Person in Verbindung gebracht werden, ist das emotionale Angesprochen-Werden ebenso wichtig.[74] Die Varianz innerhalb einer Predigt zeigt sich daher weit weniger über eine thematische Pluralität als durch unterschiedliche Formen der Ansprache.

Sicherlich ließen sich noch weitere Faktoren einer gelungenen Adressatenorientierung beschreiben. Zusammenfassend gilt es aber, bei einer pluralen und heterogenen Zusammensetzung der Zuhörerschaft diejenigen zuerst und besonders anzusprechen, welche die wenigsten theologischen Vorkenntnisse und den geringsten Bildungs- und Entwicklungsstand haben. Inhalte, die so gestaltet sind, dass sie für diese Gruppe gut angeeignet werden können, sind in den meisten Fällen auch für die anderen Hörerinnen und Hörer reizvoll.

2.4.   Kirchentheorie

Auch auf Ebene der Kirchentheorie kann die Adressatenorientierung fokussiert werden. Da die Teildisziplin der Kirchentheorie weniger deutlich auf spezifische Kommunikationsakte zielt, ist hier noch deutlicher danach zu fragen, wo die Orientierung an Adressatinnen und Adressaten überhaupt gewinnbringend in die Theoriebildung miteinbezogen werden kann.

2.4.1.   Setting

Nach Cristian Grethlein sucht die Kirchentheorie danach, „was Kirche ist und welche Aufgabe sie im 21. Jahrhundert hat.“[75] Dazu wird das kirchliche Handeln etwa nach Ausrichtung, Mustern und Leerstellen befragt, um konkrete Handlungen und theologische Maximen einander gegenüberzustellen. Dabei soll die

---

73   Selbiges fordern auch erwachsene Predigthörerinnen und -hörer (vgl. Schwier 2014, 82).
74   Vgl. a.a.O., 92.
75   Grethlein 2018, 28.

Kirchentheorie Selbstbild und Fremdzuschreibungen einander genauso gegenüberstellen wie kirchliche Konzepte und deren faktische Umsetzung. Deutlich zeigt sich, dass zwischen dem, wie Kirche wirken möchte, und dem, wie Kirche tatsächlich wirkt, immer wieder größere Lücken zu finden sind. In der jüngeren Debatte wurden unterschiedliche kirchentheoretische Modelle entworfen, um die empirische Erscheinung der Kirche möglichst adäquat beschreiben zu können.[76] Die Orientierung an den Adressatinnen und Adressaten nimmt in den verschiedenen Konzeptionen einen je unterschiedlichen Platz ein. Anhand des kirchentheoretischen Modells von Jan Hermelink sollen hier einige Schlaglichter für die Möglichkeiten einer adressatenorientierten Kirchentheorie aufgezeigt werden.

2.4.2. Funktion

Die Kirchentheorie sucht die konkrete Gestalt der Kirche mit ihrem theologischen Selbstverständnis und den selbst definierten Aufgaben einerseits sowie den von außen gestellten Erwartungen und Bedürfnissen andererseits abzugleichen. Hermelink beschreibt dazu die Kirche in vier grundlegenden Dimensionen: der Organisation, der Institution, der Interaktion und der Inszenierung. Die Organisation beschreibt den Rahmen der formellen Entscheidungsstrukturen, in welchem Raum für praktische Vollzüge geschaffen wird.

> Hinzu treten „drei weitere, organisationsrelativierende Dimensionen: als ‚Institution‘ steht sie für eine gesellschaftlich vorgegebene religiöse Kultur, die theologisch als Ausdruck der organisatorisch unverfügbaren Freiheit des Geistes zu deuten ist. Als ‚Interaktion‘ manifestiert sich die Kirche in den gottesdienstlichen Versammlungen wie in den seelsorglichen, diakonischen oder katechetischen Begegnungen, in denen der Glaube unmittelbar ausdrücklich wird. Und als ‚Inszenierung‘ ist die Kirche insofern zu beschreiben, als sie den christlichen Glauben, seine inhaltlichen Gründe wie sein gemeinschaftliches Leben ausdrücklich, aber auch beiläufig zu öffentlicher Darstellung bringt.“[77]

Die Adressatenorientierung ist nun an den vier Dimensionen unterschiedlich ablesbar. Mehr oder minder direkt ist eine Ausrichtung an den Rezipientinnen und Rezipienten der kirchlichen Handlungen in der Interaktion erkennbar. Inwieweit religiöses Handeln zu wirklicher Interaktion führt, die „Personen als Personen sichtbar werden lässt“[78] und „als Markierung individueller Besonderheit und biographischer Konsistenz verstanden werden kann“[79], zeigt sich durch die gelungene Einbindung der Adressatinnen und Adressaten sowie

---

76 Einen kurzen Überblick über größere Entwürfe gibt etwa Christian Grethlein in seiner Kirchentheorie (vgl. a.a.O. 7-17).

77 Hermelink 2011, 15.

78 A.a.O., 112.

79 A.a.O., 111f.

deren Kontexte.[80] Auch bei der Inszenierung kann die Adressatenorientierung insofern nachvollzogen werden, als es kirchlichen Akteuren gelingt, den christlichen Glauben anschlussfähig zur Darstellung zu bringen. Dies kann nur gelingen, wenn die Frage nach der Relevanz des Glaubens in seinen verschiedenen Facetten gestellt wird und dies unter der klaren Ausrichtung an der beziehungsweise den Realität(en) der Rezipientinnen und Rezipienten ausgerichtet geschieht.

Schwieriger ist die Adressatenorientierung in den Dimensionen der Organisation und Institution aufzuspüren. Mit Blick auf die Organisation sind die Adressatinnen und Adressaten zunächst nur vermittelt im Blick. Diesen wird Raum zur Begegnung geschaffen, woran die Organisation selbst aber nicht teilnimmt.[81] Neben dem hieraus entstehenden Abstand ist aber gleichzeitig eine Verbindung zwischen Organisation und Praxis nötig, welche durch wechselseitige Reflexionen auf Weiterentwicklung beider Dimensionen zielt. Hier nun ist Raum, die möglicherweise unterrepräsentierte Adressatenorientierung in der Bereitstellung von Begegnungsräumen anzuzeigen und auf Änderungen hinzuwirken. Die Überprüfung einer geeigneten Ausrichtung der kirchlichen Angebote kann also nicht in der Organisation allein liegen, sondern muss kritisch aus der Praxis begleitet werden. Die Dimension der Institution, welche die individuelle Reflexion des Glaubens und des Lebens ermöglichen soll, kann zunächst dahingehend untersucht werden, wie anschlussfähig die bereitgestellten Reflexionsangebote für heterogene Gruppen sind. Dazu gehört neben der Möglichkeit des verstehenden Aneignens auch und vor allem die Möglichkeit der Teilhabe. Nur wenn Angebote überhaupt sichtbar und sich die angesprochenen Menschen angesprochen und willkommen fühlen, können diese auch in Anspruch genommen werden.[82]

2.4.3. Gestaltung

Exemplarisch sollen nun einige Schlaglichter aufzeigen, wie die erarbeitete kirchentheoretische Adressatenorientierung praktisch gestaltet werden kann. Die von Hermelink im Kontext der Institution genannten niederschwelligen Teilhabemöglichkeiten können etwa im Familiengottesdienst nachvollzogen werden. Die interkulturell, ökumenisch und interreligiös offene Veranstaltung bietet hohe Anschlussmöglichkeiten für unterschiedlichste Menschen, die zusätzlich vor dem Gottesdienst oft persönlich eingeladen werden. Gleichzeitig

---

80   Wie dies konkret gelingen kann, zeigen beispielhaft die Abschnitte 2.1.-2.3. in diesem Text.

81   Dadurch entstehen Spannungen zwischen organisatorischer und religiöser Kommunikation, die in der wahrnehmbaren Distanz zwischen beiden Dimensionen wurzelt (vgl. a.a.O., 94).

82   Vgl. a.a.O., 109f.

bleibt das Angebot ein christlicher Gottesdienst, der einen spezifischen Reflexionsrahmen für die individuellen Erlebnisse bereitstellen möchte. Auf der Ebene der Interaktion und Inszenierung kann die in den empirisch untersuchten Gottesdiensten festgestellte Spontanität der Pfarrerin als Beispiel dienen. Diese zielt auf eine Anpassung des Gottesdienstes auf die tatsächlichen Teilnehmerinnen und Teilnehmer unter Berücksichtigung der eigenen Person und des Gottesdienstthemas. Auf Ebene der Organisation zeigen die Texte Strukturen, die als Teil der von Hermelink beschriebenen Praxis der „Dynamik von Selbstbeobachtung, Kritik im Namen der Praxis und Strukturreform"[83] verstanden werden können. So kritisiert etwa die Klinikseelsorgerin Gisela Schwager Stellenreduktionen im Seelsorgebereich und die unzureichende Wahrnehmung der Potenziale von Familiengottesdiensten im Kinderklinikum.[84] Die von Hermelink beschriebene Lücke zwischen Organisation und Praxis wird hier deutlich sichtbar. Adressatenorientierung heißt hier, solche Kritik zu formulieren, konstruktiv auf Chancen und Grenzen möglicher Änderungen hinzuweisen und all dies von kirchenleitender Seite wahr- und ernst zu nehmen.

2.5.   Rhetorik

Neben den praktisch-theologischen Kerndisziplinen soll zuletzt auch die Rhetorik als Partnerwissenschaft befragt werden. Die Rhetorik bietet sich hier einerseits wegen ihrer Nähe zu den Kommunikationswissenschaften an. Bedingungen und Muster kommunikativer Handlungen sind genuiner Bestandteil rhetorischer Betrachtungen. Andererseits legt sich die Rhetorik als Partnerwissenschaft nahe, weil der Adressatenbezug für rhetorisch-persuasive Sprachhandlungen eine konstitutive Größe darstellt. Stellt das kommunikative Ziel einer persuasiven Handlung die Beeinflussung und im besten Fall die begründete Änderung von Meinungen, Einstellungen oder Handlungen bei den Hörerinnen und Hörern dar, muss sich diese zwangsläufig an diesen ausrichten.

2.5.1.   Setting

Beim Blick auf die antike Rhetoriktradition kann die Forderung nach Adressatenorientierung zumindest in Teilen mit der Forderung nach Angemessenheit (*aptum*) identifiziert werden. Die Angemessenheit ist nach rhetorischer Lehre ein Stilprinzip und bei der Versprachlichung der vorher identifizierten und gegliederten Argumente zu bedenken. Gleichzeitig gilt die Tugend der Angemessenheit auch als „Kern der rhetorischen Lehre überhaupt"[85], ja sogar als

---

83   A.a.O., 102.
84   Vgl. Schwager 2018, 536.
85   Göttert 2009, 62.

eine Art Superprinzip der Rhetorik.[86] So verstanden setzt die Forderung nach Angemessenheit die Rede in ein Verhältnis zu den verschiedenen ihr vorgegebenen Größen. Innerhalb der Rede gilt es, die Redeteile und Inhalte angemessen zu strukturieren und zueinander ins Verhältnis zu setzen. Außerhalb der Rede müssen Ort, Zeit, eigener Charakter und Publikum angemessen wahr- und aufgenommen werden. Die Individualität und Komplexität der Redesituation macht es unmöglich, feste Regeln für eine angemessene Rede auszuformulieren. Stattdessen fordert die Rhetoriktheorie von der redenden Person Fingerspitzengefühl und Urteilsfähigkeit (*iudicium*).

Als Minimalanforderungen für eine angemessene Sprache können die weiteren Stiltugenden Sprachrichtigkeit (*latinitas*) und Klarheit (*perspicuitas*) gelten, welche das Verständnis der Inhalte ermöglichen sollen. Für die Freude beim Zuhören soll darüber hinaus der Redeschmuck (*ornatus*) sorgen, mithilfe von Stilfiguren in Einzelwörtern und Wortfiguren. Die Anpassung des Stils an die jeweiligen Inhalte, rhetoriktheoretisch beschrieben durch die Stilgattungen (*genera elocutionis*), soll zudem für Abwechslung und eine angemessene Verknüpfung von Inhalt und Stil sorgen.[87]

In der neueren Diskussion weiten sich die Zugänge zur adressatenorientierten Ausrichtung der Rede. Die Adressatenorientierung kann etwa in der amerikanischen New Rhetoric Bewegung, der rhetorischen Textanalyse, aber ebenso in Überlegungen zu kommunikativen Widerständen nachvollzogen werden. Instrumentalrhetorische Überlegungen zur passgenauen Ausrichtung von Botschaften zielen genauso auf die Adressatenorientierung wie kasualrhetorische Reflexionen zum Hörwiderstand.

2.5.2. Funktion

Letztere bieten einen guten Ausgangspunkt für die Funktionsbestimmung der Adressatenorientierung. Der kasualrhetorische Imperativ: „Suche all das herauszufinden, was im vorliegenden Fall den größtmöglichen kommunikativen Erfolg angesichts aller situativen Widerstände sichert"[88], verdeutlicht den Stellenwert einer umfassenden Kenntnis von der Zusammensetzung des hörenden Publikums. Kommunikativer Erfolg hängt in gewissem Maße von den Fähigkeiten und Möglichkeiten ab, im Vorfeld und Vollzug die Einstellungen und Meinungen des eigenen Publikums annähern zu können und innerhalb der eigenen Rede hierauf angemessen zu reagieren. Zugrunde liegt dabei die Beobachtung, dass Texte stets eine spezifische Hörerschaft konzipieren. Auf jenes imaginierte Zielpublikum sind die eigenen Inhalte und der Stil ausgerichtet. Diese konzi-

---

86   Vgl. Asmuth 1992, 579.
87   Vgl. Göttert, 41-65.
88   Knape 2000, 87.

pierte kann sich aber erheblich von der tatsächlichen Zuhörerschaft unterscheiden, was kommunikative Folgen hat.

> „Für die erfolgreiche Verwirklichung einer kommunikativen Absicht ist [...] eine approximative Übereinstimmung des imaginierten Verhältnisses mit dem realen Verhältnis von Adressant und Adressat entscheidend; die Kommunikationschancen steigen im Verhältnis zur Nähe der jeweiligen ‚Autostereotypen' (Selbstbilder) und ‚Heterostereotypen' (Fremdbilder)."[89]

Weiterentwickelt wurde diese grundlegende Einsicht etwa in der textanalytischen amerikanischen New Rhetoric Bewegung. Edwin Black beschreibt in seinem Aufsatz *The Second Persona* wie eine entworfene Zuhörerschaft innerhalb eines Textes rekonstruiert werden kann und welche herausgehobene Rolle dabei moralische Einstellungen spielen, die von anderen Analysemustern oft (bewusst) ausgespart werden. Darüber hinaus zeigt er auch, wie stark eine solche projizierte Zuhörerschaft mit der dahinterliegenden Autorenschaft zusammenhängt.[90] Philip Wanders *The Third Persona* setzt hieran an und macht deutlich, wie Texte durch eine entworfene Hörerschaft die Teilhabe am Diskurs für all jene erschweren, die nicht mit dieser projizierten Hörerschaft übereinstimmen.[91] Dass Teilhabe nur dann möglich ist, wenn der Redegegenstand an die Lebenswelt der Zuhörerin und des Zuhörers anknüpft, ist interdisziplinär bekannt. Die Folgen einer stark binnenorientierten Kommunikation für Außenstehende wird durch Black und Wander aber erst wirklich sichtbar.

2.5.3. Gestaltung

Woran kann sich also ein gelungener Adressatenbezug ausrichten, ohne das kommunikative Ziel aus den Augen zu verlieren. Die Rhetorik fordert hier, ebenso wie etwa Ernst Lange in der Homiletik, die aktive Einbeziehung der Adressatinnen und Adressaten.

> „Die Vorbildung des H[örers] ist ebenso miteinzubeziehen wie seine Auffassungsgabe und Erwartung oder seine Schwächen, wie zum Beispiel Ungeduld oder Ablenkbarkeit. Die Anpassungsbereitschaft an den Willen der H[örer], die auch durch aktives Miteinbeziehen etwa in Form von Fragen dokumentiert werden soll, gilt als Voraussetzung für die spätere erfolgreiche Bewegung und Lenkung der Zuhörer".[92]

Die hier beschriebene Überzeugung, dass sich Menschen nur dann auf eine abweichende Meinung einlassen können, wenn die eigene Lebenssituation und Verfassung berücksichtigt wird, erklärt den hohen Stellenwert des Adressatenbezugs innerhalb der Rhetorik. Denn gelingt es nicht, den Redegegenstand an die Hörenden anzupassen, bleibt die Beeinflussung als Ziel der Rhetorik uner-

---

89   Reimann 1968, 110; vgl. Bernecker 1992, 123.
90   Vgl. Black 1970.
91   Vgl. Wander 2013.
92   Usener 1996, 1564.

reichbar. Eine solche Anpassungsleistung zeigt sich als methodisch vielschichtig:

> „Die Wechselwirkung zwischen Redner und H[örer]/Publikum ist sowohl eine planbare (inventio) als auch eine spontan gestaltbare kommunikative Größe (Interaktion), die den Redner vor die Aufgabe stellt, Glaubwürdigkeit sowohl verbal als auch aktional (Gestik, Mimik) bei situativen Unwägbarkeiten zu erzielen."[93]

Im Gegensatz zur homiletischen Theoriebildung, welche den Hörerinnen und Hörer vor allem in der Predigtvorbereitung Platz einräumt, weist die Rhetorik dezidiert darauf hin, dass ohne spontane Adaptionen der vorbereiteten Rede eine Anpassung an die wirklichen Hörenden kaum möglich ist.[94] Adressatenorientierung kann nur in Teilen vorbereitet werden und ist letztlich im redenden Vollzug zu leisten. Die Rednerin oder der Redner muss „die Gabe besitzen, die Disposition des H[örers] spontan zu erfassen und darauf zu reagieren."[95]

Neben der empathischen Wahrnehmung der Hörenden in der Vorbereitung und Durchführung der Rede ist auch die eigene Person nahbar zu machen. Rhetoriktheoretisch ist dies im Ethos greifbar, das nach Aristoteles als Darstellung der redenden Person verstanden werden kann, welche auf die Zuschreibung von Glaubwürdigkeit durch die Hörenden zielt.[96] Eben jene Aufgabe ist nun im Spannungsverhältnis von Redegegenstand, redender Person und Hörerschaft zu erfüllen. Die redende Person muss sich spezifisch erkennbar machen und durch hierin liegende Identifikationsangebote Möglichkeiten der positiven Verknüpfung zwischen Hörenden und eigener Person anbieten.[97] Dass dabei neben einer rationalen auch eine emotionale Ansprache nötig ist, ist eine rhetorische Grundeinsicht.[98]

Eine so gestaltete, adressatenorientierte Kommunikation kann letztlich in dem Gipfeln, was Platon ψυχαγωγία, also Seelenleitung nannte.

> „Die Seelenleitung umfaßt, in stetem Rekurs auf das vitale ‚Seelische' (ψυχή, psyché, animus), eine auf das gesamte menschliche Dasein bezogene Vielschichtigkeit, die unterschwellig jede der rednerischen Aufgaben und jede Phase der Herstellung einer Rede determiniert. [...] Anders als die Psychologie, die Lehre von den Seelenregungen, kon-

---

93 A.a.O., 1516.
94 Dass dies auch für homiletische und liturgische Kommunikation relevant ist, zeigen die in diesem Band dokumentierte empirische Studie deutlich.
95 Usener 1996, 1564. Der Schlüssel zur gelingenden Orientierung an den Adressatinnen und Adressaten liegt dabei in der empathischen Wahrnehmung der Hörenden (vgl. Bernecker 1992, 126).
96 „Durch den Charakter geschieht die [Überzeugung], wenn die Rede so dargeboten wird, daß sie den Redner glaubwürdig erscheinen läßt. Den Anständigen glauben wir nämlich eher und schneller, grundsätzlich in allem, ganz besonders aber, wo es eine Gewißheit nicht gibt, sondern Zweifel bestehen bleiben. Doch auch das muß sich aus der Rede ergeben und nicht aus einer vorgefaßten Meinung über die Person des Redners" (Aristoteles 2018, 1356a).
97 Vgl. Bernecker 1992, 128.
98 Vgl. unter anderem Aristoteles 2018, 1356a; Cicero 1976, 2 u. 115; Usener 1996, 1561.

zentriert sich die P[sychagogie] als Seelenführung auf die praktische Wirkungsabsicht, sie entfaltet sich im Zusammenwirken von Verstand und Gefühl und unterliegt situativ dem Wechselspiel zwischen Sprecher, Hörer und Thema."[99]

Hier zeigen sich nicht zuletzt auch große Schnittpunkte zu seelsorglichen Sprachhandlungen. Denn eine so verstandene Rede möchte Impulse für eine spezifische Person anbieten, um positive Veränderungen in ihr anzustoßen. Sie richtet sich an die ganze Person, schließt Denken wie Fühlen ein und benötigt Konkretion und individuelle Anknüpfungspunkte. Gelingt dies, kann neben einer individuellen Beeinflussung auch eine Gruppenidentität aufgebaut oder verstärkt werden. Das Ich erscheint dann nicht mehr isoliert, sondern in Nähe zu anderen Ichs – verbunden durch geteilte Erfahrungen, Wünsche, Ängste, Hoffnungen und vieles mehr.

3. Synthese: Adressatenbezug als praktisch-theologische Aufgabe

Die Adressatenorientierung meint, das haben alle oben aufgeführten Analysegänge gemein, eine kommunikative Ausrichtung an den tatsächlichen Rezipientinnen und Rezipienten. Das kann in der praktisch-theologischen Theoriebildung auch an einigen Stellen nachvollzogen werden. Im Kontext der Seelsorge steht die individuelle Wahrnehmung der einzelnen Person im persönlichen Seelsorgegespräch im Zentrum unterschiedlicher Konzeptionen.[100] In der Homiletik ist die Frage nach den Adressatinnen und Adressaten seit Ernst Lange ein vielbeachteter Reflexionsgang in der Predigtvorbereitung. Dass die Adressatinnen und Adressaten aber sowohl in der Vorbereitung als auch in der Durchführung der kommunikativen Handlungen ein, wenn nicht gar das entscheidende Kriterium in der Wahl kommunikativer Mittel darstellen, ist im Setting der kirchlichen Kommunikation an und mit Gruppen noch wenig beachtet. Die Theoriebildung konzentriert sich hier fast ausschließlich auf die Vorbereitung der Kommunikationshandlungen. Dies kommt überall dort an die Grenzen, wo die eigentliche Situation der Hörerinnen und Hörer nicht hinreichend erfasst werden konnte.[101]

Als Grundbedingungen für eine gelingende Adressatenorientierung gelten daher die in den empirischen Teilen dieses Bandes häufig begegnenden Faktoren der Spontanität und Flexibilität, die von einer geschulten Auffassungsgabe und Urteilsfähigkeit begleitet werden müssen. Es gilt die projizierte Zuhörer-

---

99   Stauffner 2015, 406.
100 Vgl. etwa Jung 2009; Stollberg 1971, 9-27; Wagner-Rau 2014.
101 Ernst Lange betont etwa für die Homiletik die „quälende Unsicherheit" (Lange 2006b, 158) der homiletischen Situation.

schaft mit der tatsächlichen abzugleichen und daraufhin die Kommunikation anzupassen. Die rhetorische Lehre der Angemessenheit (*aptum*) vermag es, sowohl die Komplexität als auch die Relevanz dieser Kommunikationsaufgabe zu beschreiben und die Adressatenorientierung in einen größeren Kreis kommunikativer Bedingungen und Faktoren einzugliedern. Mit Blick auf eine plurale Zusammensetzung der Hörerinnen und Hörer ist zudem eine präzise inhaltliche Fokussierung und Elementarisierung sowie ein niederschwelliger Gebrauch von Sprache und Stil zu beachten. Das heißt nicht, dass nur einfachste Inhalte und Formen gebraucht werden dürften. Ausschlaggebend ist vielmehr, dass die argumentative Entwicklung theologischer Inhalte auf Einsichten und Vorkenntnissen aufbaut, die in der Lebenswelt der Hörerinnen und Hörer verankert sind. Ebenso ist die sprachliche Gestaltung auf die Generierung von Aufmerksamkeit bei den Hörerinnen und Hörern auszurichten. Neben (theologischer) Rationalität sollten daher auch Emotionen und etwa Humor selbstverständlich zur Palette kommunikativer Möglichkeiten zählen. Zuletzt sind auch die Rahmenbedingungen habituierter Kommunikationshandlungen zu hinterfragen. Dass sich die Hörgewohnheiten etwa in den letzten Jahrzehnten deutlich verändert haben, hat für die sonntägliche Predigt noch kaum Auswirkungen.[102] Gleiches gilt etwa für die öffentliche Kommunikation der Kirche im Internet.[103]

Mit Blick auf die unterschiedlichen praktisch-theologischen Teildisziplinen können die theoretischen und praktischen Folgen einer Adressatenorientierung nun noch etwas differenziert formuliert werden. Im größeren Kontext von kirchlicher Interaktion und Inszenierung kann die Ausrichtung an den Adressatinnen und Adressaten als eine essenzielle Teilhabedimension und als ein entscheidendes Erfolgskriterium kirchlicher Handlungen beschrieben werden.[104] Umso auffälliger ist dabei, dass weder ein größerer Diskurs um kommunikative Teilhabe noch um den Stellenwert und die Umsetzung angemessener Adressatenorientierung im Feld der praktisch-theologischen Theoriebildung wahrgenommen werden kann.[105] Hier wäre der Austausch mit anderen Wissenschaften, etwa den Kommunikationswissenschaften, den Medienwissenschaf-

---

102 Zu den veränderten Hörgewohnheiten in Bezug auf die Predigt vgl. exemplarisch Rinn 2017.

103 Vgl. Kretzschmar / Lacher 2020.

104 Das belegt im homiletischen Kontext etwa die Studie zur Predigtrezeption von Helmut Schwier (vgl. Schwier 2014).

105 Die auch in der Theologie nachvollziehbaren Diskurse um entdiskriminierende und inklusive Sprache zeigen Facetten des hier angesprochenen Forschungsfeldes. Darüber hinaus geht es aber vor allem um kirchliche Sprachfähigkeit, also um eine engere Verzahnung theologischer Inhalte und lebensweltlicher Kontexte der Hörerinnen und Hörer, um eine sowohl alltags- als auch gesellschaftsrelevante Sprache wieder zu erlangen. Nur so kann es gelingen auch die theologischen Inhalte (wieder) als relevant für das Leben pluraler, auch kirchlich nicht sozialisierter Menschen auszusagen.

ten und der Rhetorik deutlich zu verstärken, um längst vorhandene Diskurse und Beobachtungen auch praktisch-theologisch zu nutzen. Und auch binnen-theologisch sind einige Zugänge unterreflektiert, wie etwa die exklusiven Wir-kungen kirchlicher Sprache und Handlungsmuster.[106]

Schon an dieser Stelle wird aber deutlich, dass kirchliche Akteurinnen und Akteure heute mehr denn je aufgefordert sind, auch vor pluralen und heterogenen Zuhörerschaften verstehbar und relevant theologische Inhalte weitergeben zu können. Im Sinne eines größten gemeinsamen Nenners ist daher, wie oben gezeigt, niederschwellig und präzise fokussiert zu kommunizieren.[107] Theologische Angebote sollten auf Teilhabe zielen. Besucherinnen und Besucher kirchlicher Veranstaltungen ist daran gelegen, Jenseits und Diesseits, Heiliges und Profanes, den Glauben an Gott und das eigene Leben zu verbinden. Möglichkeiten individueller Partizipation schaffen eine solche Verbindung – das zeigen die Interviews der Gottesdienstbesucherinnen und -besucher im empirischen Teil dieses Bandes deutlich. Im Modus der stummen Rezeption werden solche Verbindungen erschwert und können nur dann gelingen, wenn passende Räume für die eigene Beschäftigung mit den Inhalten geschaffen werden. Hierauf zielt die Adressatenorientierung: Die vorgegebenen Inhalte sollen für ein spezifisches Publikum aufbereitet und angepasst werden, damit die Hörerinnen und Hörer in ihrer individuellen wie kollektiven Situation angesprochen, mit neuen Perspektiven konfrontiert und zum Weiterdenken wie auch -reden herausgefordert werden.

---

106 Hierzu aktuell erschienen: Feddersen / Gessler 2020.
107 Vgl. Kretzschmar 2018, 240. Wie dies gelingen kann, zeigt die Analyse des Teilnehmen-deninterviews 1 des fünften Gottesdienstes (G5/I1).

Mit kranken Kindern Gottes Gegenwart feiern. Kommentare zum Familiengottesdienst in der Tübinger Kinderklinik aus Sicht der Gottesdienstberatung

Evelina Volkmann

1. Zur Bedeutung von Familiengottesdiensten beziehungsweise von Gottesdiensten mit Kindern

In der Arbeit der Fachstelle Gottesdienst, die ich leite, ist das Thema Familiengottesdienst von großer Bedeutung. Manche Kirchengemeinden probieren in diesem Feld neue Formate aus und holen sich dafür Unterstützung bei der Gottesdienstberatung der Fachstelle Gottesdienst. Auch die enge und gute Kooperation mit dem Württembergischen Evangelischen Landesverband für Kindergottesdienst e.V. schärft die Wahrnehmung in diesem gottesdienstlichen Bereich. Damit ist der Hintergrund dieses Kommentars zu den Analysen der ethnographischen Protokolle und der qua Interview erhobenen Wahrnehmungen von Liturgin und mitfeiernden Personen zu den Familiengottesdiensten in der Tübinger Kinderklinik skizziert.

Familiengottesdienste beziehungsweise Gottesdienste mit Kindern besitzen eine hohe Wertschätzung. Dies bestätigt ein Blick in die kirchliche Statistik. „Evangelische Christ*innen feiern, beten und singen im Gottesdienst miteinander und hören auf Gottes Wort. Im Laufe des Jahres 2019 wurden in Deutschland an Sonn- und Feiertagen 935.000 Gottesdienste gefeiert, darunter etwa 148.000 Kindergottesdienste. [...] Neben den gewöhnlichen Gottesdiensten gibt es Gottesdienste für bestimmte Zielgruppen oder mit besonderen Gestaltungselementen. Vor allem Familiengottesdienste finden dabei regen Anklang. Die Möglichkeit, mit der ganzen Familie gemeinsam am Gottesdienst teilzunehmen, wird immer attraktiver für Eltern mit Kindern, die sonst eher selten in der Kirche anzutreffen sind. 2019 feierten Eltern und Kinder sieben Prozent der sonntäglichen Gottesdienste gemeinsam."[1] Seit dem Jahr 2020 sinken diese Zahlen coronabedingt.[2]

---

1 EKD 2021, 13.
2 Beispielhaft sei Württemberg erwähnt: Nach Auskunft des Statistikreferats des Evang. Oberkirchenrats in Stuttgart wurden im Bereich der Evang. Landeskirche in Württem-

In diesen Gottesdiensten erfahren Kinder von Gott und vom christlichen Glauben. Sie ermöglichen eine kindliche Gottesdienstsozialisation, die möglicherweise lebenslang anhält. Die Kirchgangstudie 2019 zu Faktoren des Kirchgangs hat dieses Phänomen erforscht und dabei auch berücksichtigt, dass sich seit den 1970er Jahren vielerorts Familiengottesdienste verbreitet und die Kindergottesdienste teilweise ersetzt haben.[3]

Was Gottesdienste mit Kindern konkret bedeuten, ist dem Bildungsbericht zu gottesdienstlichen Angeboten mit Kindern[4], der 2018 erstmals vorgelegt wurde, zu entnehmen. Wer sich wie ich zunächst wundert, dass Gottesdienst hier als *Bildungs*phänomen bezeichnet wird, wird entdecken: Dies hat eine lange Tradition. So behandelt der Praktische Theologe Martin Schian in seinem 1922 erschienenen Grundriss der Praktischen Theologie „den Kindergottesdienst sowohl im Abschnitt ‚Andere Gemeindegottesdienste' als auch im Kapitel ‚Die kirchliche Erziehung im engeren Sinn".[5] In der Zeit nach 1945 wird die Neuorientierung des Kindergottesdienstes nach dem Zweiten Weltkrieg in drei Ansätzen greifbar: Der *gottesdienstlich-liturgische* Aspekt betont die Bedeutung einer verlässlichen Liturgie des Kindergottesdienstes. Der *therapeutische* Aspekt spiegelt sich in dem Wunsch wider, verwahrlosten Kindern zu helfen. Und drittens besitzt der Kindergottesdienst einen *religionspädagogischen* Aspekt, insofern als Psychologie, Lernforschung und problem- beziehungsweise themenorientierte Ansätze der Allgemeinpädagogik auf Theorie und Praxis des Kindergottesdienstes einwirken.[6] Ähnlich hält Dirk Schliephake im Handbuch „Qualität im Gottesdienst" fest: „Aktuelle liturgische, bibeldidaktische, kindertheologische und religionspädagogische Ansätze werden kontinuierlich in die Kindergottesdienstpraxis aufgenommen, kindgerecht angepasst und weiterentwickelt in Auseinandersetzung mit den sich verändernden gesellschaftlichen Rahmenbedingungen, unter denen Kinder aufwachsen."[7] Im Vorwort des Bildungsberichts zu gottesdienstlichen Angeboten mit Kindern heißt es 2018 entsprechend: Gottesdienstliche Angebote mit Kindern „fördern zugleich Bildungsprozesse, denn Erfahrungen liturgischen Feierns und die Begegnung mit dem Evangelium können Menschen verändern und bieten Impulse für die Auseinandersetzung mit Gottes- und Menschenbildern. [...] Deshalb wurde [...] empfohlen, diesen Bereich evangelischen Bildungshandelns in die Bildungsberichterstattung einzubeziehen.[8] Kennzeichen von Gottesdiensten mit Kindern als Bildungshandeln sind somit „die gleichgewichtige Mischung aus pädagogi-

---

berg im Jahr 2020 nur noch ca. 4 % der Sonntagsgottesdienste als Familiengottesdienste gefeiert (Mail an die Autorin vom 06.08.2021).

3   Vgl. Liturgische Konferenz 2019, 2.25f.

4   Vgl. Greier 2018; dazu kritisch Grethlein 2020.

5   Schian, zit. nach Hofhansl 2003, 811.

6   Vgl. a.a.O., 813f.

7   Schliephake 2015, 36f.

8   Schweitzer / Schreiner 2018, 7.

scher und liturgischer Ausrichtung, das hohe Gewicht von Erzählen, Musizieren und ‚kreativem Gestalten/Malen' [...], die Ausrichtung auf eine Stärkung des Gemeinschaftsgefühls und ‚Begegnung mit Gott' sowie die Achtsamkeit für die atmosphärische Qualität".[9]

Der genannte Bildungsbericht beruht auf einer repräsentativen Online-Umfrage unter 1000 Gemeinden im Jahr 2015.[10] Das wichtigste Ergebnis vorneweg: „Die Studie zeigt: Das eine Angebot gibt es nicht. Die verschiedenen Titel, die Gemeinden ihren gottesdienstlichen Angeboten geben, signalisieren deutliche Vielfalt."[11] Als Formate werden unter anderem genannt: Kindergottesdienst, Krabbelgottesdienst, Christenlehre, Jungschar, Familienkirche und Kinderbibeltag.[12] Wir begegnen einer Ausdifferenzierung des gottesdienstlichen Angebots. Die bei der Befragung gegebenen Antworten beziehen sich in etwa der Hälfte der Fälle auf den Kindergottesdienst,[13] können m.E. aber auch zur Erfassung des Profils von Familiengottesdiensten angewendet werden. Ich greife die Ergebnisse heraus, mit denen ich in einem weiteren Schritt – zusätzlich beziehungsweise in Überschneidung zu den drei bereits genannten Aspekten – auf den Familiengottesdienst im Kinderkrankenhaus sehen werde:[14]

Gottesdienstliche Angebote mit Kindern sind durch Innovation und Tradition geprägt: Die Innovation begegnet in den Organisationsstrukturen (Rhythmen, Wochentage), die Tradition manifestiert sich in der Orientierung an der biblischen Erzähltradition und am Kirchenjahr. Daraus resultiert die Herausforderung: „Wie lassen sich klassische Inhalte in modernen Strukturen präsentieren?"[15] Katechetische und liturgische Ziele sind gleichrangig.[16]

Bei den teilnehmenden Kindern zeigen sich eine lange Verweildauer, ein stark schwankendes Teilnahmeverhalten und eine große Altersspanne sowie ein binnenkirchlicher Hintergrund (Gottesdienstgemeinde): Die meisten Kinder nehmen drei Jahre oder länger teil. Schwankende Teilnahmezahlen bedeuten fünf oder 40 Kinder. Die große Altersmischung meint eine Spanne von drei bis zehn Jahren, in 25% auch Kinder unter zwei Jahren. Es kommen überwiegend oder ausschließlich getaufte, evangelische Kinder mit deutscher Muttersprache ohne Beeinträchtigungen.[17]

Gottesdienstliche Angebote erscheinen als ein Bildungsort mit eigenem Profil: Sie unterscheiden sich von anderen Bildungsorten dadurch, dass sie durch ihre explizite Hinwendung zu Gott geprägt sind. „Ob und wie Gottes Nähe spürbar

---

9   Schröder 2020, 47.

10 Vgl. Evangelische Bildungsberichterstattung 2018.

11 A.a.O., 2.

12 Ebd.

13 Vgl. Greier 2018, 27.

14 Vgl. Evangelische Bildungsberichterstattung 2018, 3–11.

15 A.a.O., 4.

16 Vgl. Schliephake 2020, 208.

17 Vgl. Evangelische Bildungsberichterstattung 2018, 7.

bleibt, bleibt dem Planen und Gestalten entzogen."[18] Darüber hinaus besitzen gottesdienstliche Angebote mit Kindern katechetische und liturgische Inhalte, die anhand unterschiedlicher Methoden realisiert werden. Es geht jedoch niemals um eine zu erbringende oder gar zu bewertende Leistung, sondern darum, „Kindern Zugänge zum Glauben zu eröffnen".[19] Hier schließt die Bildungsberichterstattung an den dritten, bereits genannten religionspädagogischen Aspekt der Neuorientierung der Gottesdienste mit Kindern nach 1945 an.

Gottesdienstliche Angebote mit Kindern lassen Beziehungen mit Familien entstehen: „Der Kontakt zu erwachsenen Begleitpersonen gehört mehrheitlich zu den gottesdienstlichen Angeboten mit Kindern dazu. In etwa der Hälfte der Angebote können die Erwachsenen auch selbst an den Gottesdiensten teilnehmen, teils mit speziell auf Erwachsene zugeschnittenen Gottesdienstelementen. Angebote wie Familienkirche und Krabbelgottesdienst, zu deren Konzept die gemeinsame Feier von Erwachsenen und Kindern gehört, sind relativ weit verbreitet. Offenbar wollen viele Erwachsene gemeinsam mit den Kindern Gottesdienst feiern und gestalten."[20]

2. Zum kasuellen Profil der Familiengottesdienste in der Kinderklinik

Von den drei genannten Ansätzen aus der Zeit seit 1945, Gottesdienste mit Kindern zu gestalten, sehe ich in den untersuchten Familiengottesdienste in der Kinderklinik Tübingen alle drei verwirklicht.

2.1. *Gottesdienstlich-liturgischer Aspekt*

Erstens besitzen alle sechs analysierten Gottesdienste eine verlässliche Liturgie, die sogar in fast allen Gottesdiensten gleich ist. Kinder, die länger oder wiederholt im Krankenhaus sind und die Gottesdienste auf der Kinderstation mitfeiern, können die gleichbleibenden Elemente wiedererkennen – ihre Eltern natürlich auch. Den Gottesdiensten ist abzuspüren, welche Kraft die gottesdienstliche Liturgie aus sich heraussetzt. Nach einer ausführlichen Ankommensrunde, in der die Pfarrerin persönlich Kontakt mit allen aufnimmt und nach den Namen der Kinder fragt, falls sie sie nicht schon von der Station her kennt, und in der sich jedes Kind ein Percussioninstrument für die Liedbeglei-

---

18 A.a.O., 9.
19 Schweitzer / Schreiner 2018, 7.
20 Evangelische Bildungsberichterstattung 2018, 10.

288   Evelina Volkmann

tung nehmen darf, beginnt der Gottesdienst wie der agendarische Gottesdienst
auch mit Eröffnung und Anrufung. Dazu gehört zunächst die Begrüßung, in der
ein Kind die elektrische Altarkerze anzünden darf. Die Pfarrerin deutet das
Licht als Gegenwart Gottes und bereitet damit die Kinder altersgemäß und
anschaulich auf das sich anschließende trinitarische Votum vor, das performa-
tiv die Gegenwart Gottes ansagt und die Anwesenden als Gottesdienstgemeinde
konstituiert.[21] Dazu bekreuzigt sie sich, um ökumenisch für andere christliche
Konfessionen anschlussfähig zu sein. Es folgen ein oder zwei Eingangslieder,
kindgerecht mit Bewegungen gesungen und von den Instrumenten begleitet.
Die Anrufung Gottes wird als Gebetsritual gestaltet. Dieses Eingangsgebet verläuft interaktiv, indem die Mitfeiernden die Möglichkeit haben, durch Gegenstände auszudrücken, ob sie Schönes und/oder Schweres in den Gottesdienst
mitbringen und ob sie für jemanden beten wollen. Mich erstaunt, dass die Fürbitte hier schon platziert wird. Sie wird später im Gottesdienst nochmals begegnen. Die meisten Gottesdienstanalysen berichten davon, dass dieses Ritual
nonverbal verläuft, obwohl die Pfarrerin jedes Mal dazu auffordert, sich – wenn
gewünscht – auch laut dazu zu äußern. Ich vermute, dass das stille Einbringen
der eigenen Person ins Gebet den Menschen mehr entgegenkommt. Wie auch
im agendarischen Gottesdienst folgt nun – in der Regel nach einem weiteren
Lied – der Verkündigungsteil. Die Pfarrerin inszeniert biblische Geschichten
wie die der Sturmstillung aus Mk 4,35–41 oder die von David und Goliath aus
1.Sam 17, Alltagsgeschichten ohne biblischen Bezug (Schultüte mit Geschenken
zum Auspacken, Dankgeschichten), Märchen (Der König und seine zwei Töchter) oder den Adventskranz. Dieser Teil verläuft immer interaktiv und muss
auffallend oft von der Pfarrerin spontan umgestaltet werden, da die Kinder
anders mitmachen als gedacht oder geplant. Ein Lied schließt sich an. Der
Schlussteil des Gottesdienstes – Fürbitte, Sendung und Segen – gestalten sich in
den einzelnen Gottesdiensten unterschiedlich. Die Elemente sind Fürbittenge-
bet, Vaterunser, interaktiver Segen mit gegenseitiger Handauflegung oder
anderen Bewegungen und das Mitgeben eines kleinen, symbolisch zum Gottesdienst passenden Geschenks.[22] Dass häufig Menschen später dazukommen,
unterbricht, stört und erschwert den liturgischen Ablauf. Die in ihm enthaltene
heilsame Bewegung von Ankommen, sich Gott öffnen, mit Gott in Berührung
kommen, von Gott gesegnet werden kann als Ganze m.E. nur schwer nachvollzogen werden, wenn nur teilweise mitgefeiert wird.

In der Gottesdienstberatung, wie wir sie von der Fachstelle Gottesdienst
aus anbieten, wäre das ein Punkt, der gemeinsam reflektiert werden würde:
Was möchte die Pfarrerin? Was tut der Gottesdienstgemeinde gut? Welche
Kompromisse gibt es, auch weil die Gegebenheiten nicht alle veränderbar sind?
Wäre es denkbar, dass die später Kommenden freundlich durch einen Hinweis

---

21 Vgl. Meyer-Blanck 2011, 408.
22 Vgl. kritisch zum „Give-away" in Familiengottesdiensten Westhof 2014, 9.

an der Tür zum Mitfeiern an der offenen Tür eingeladen werden, bis die Pfarrerin sie hineinbittet? Könnte die Pfarrerin immer bei einem liturgischen Einschnitt, z.B. wenn ein Lied gesungen wird, die an der offenen Tür Feiernden hereinholen, ohne liturgische Teile zu wiederholen? Ich bin mir sicher, dass die Kraft der Liturgie sich dann genauso stark, wenn nicht stärker entfalten könnte, als das bisher der Fall ist.

2.2. Therapeutischer Aspekt

Zweitens sind die Familiengottesdienste in der Kinderklinik dem therapeutischen Ansatz verpflichtet. Es handelt sich bei den mitfeiernden Kindern natürlich nicht um „verwahrloste", wohl aber um kranke bis schwerkranke Kinder, die medizinische und sicherlich auch seelsorgliche Hilfe benötigen. Letzteres gilt auch für die anwesenden Eltern oder Großeltern der kleinen Patientinnen und Patienten. Die therapeutische Hilfe des Gottesdienstes zeigt sich konkret beispielsweise darin, dass der Gottesdienst es ermöglicht, im Gebet eigene Wünsche des Gesundwerdens vor Gott zu bringen. Auch wer sich nicht hörbar mit einer Fürbitte einbringt, sondern still mitbetet, kann durch die Identifikation mit den Bitten, die die Pfarrerin laut vorträgt, zutiefst persönlich angesprochen sein. So erzählt es ein neun- bis zehnjähriger Junge im Interview: „Dass man halt betet, damit alles halt besser wird, weil wenn man zum Beispiel nicht betet, dann wird's gar nicht gut. Wenn man betet, dann wird's erstmal nur gut und dann immer besser halt. Man soll halt öfters beten."[23] Das Beten im Gottesdienst ermutigt ihn und gibt seiner angeschlagenen Seele die Hoffnung, dass seine schwere Situation sich bessert.

Auch die gottesdienstliche Musik wirkt therapeutisch. Die Pfarrerin wird grundsätzlich durch eine Musikerin oder einen Musiker unterstützt, die beziehungsweise der die Lieder begleitet und manche Aktionen musikalisch untermalt. Die Kinder begleiten das Singen mit ihren kleinen Instrumenten, die sie alle in Händen halten. Auch die Kleinen, die die Liedblätter noch nicht lesen können, sind dadurch bestens integriert. Der Vater eines vierjährigen Patienten bringt die therapeutische Wirkung gut auf den Punkt, wenn er im Interview berichtet, dass die Musik „wahrscheinlich auch zur Heilung beiträgt oder [...] die Schmerzen [...] irgendwie vergessen lässt."[24]

Die therapeutische Dimension berührt sich mit der diakonischen und muss – so Christian Grethlein – zur liturgischen und zur religionspädagogischen hinzutreten, damit der Gottesdienst zur Kommunikation des Evangeliums verhelfen kann.[25]

---

23 G1/I2/195–198.
24 G2/I2/86–90.
25 Vgl. Grethlein 2020, 70.

2.3.   Religionspädagogischer Aspekt: Gottesdienste mit Kindern als Bildungsort

Den dritten, religionspädagogischen Aspekt habe ich beim Lesen der Gottesdienstanalysen so wahrgenommen, dass – in Übereinstimmung mit dem zitierten Bildungsbericht – die Klinikgottesdienste Raum bieten für Erfahrungen
liturgischen Feierns und für die Begegnung mit dem Evangelium, auch wenn
Letzteres empirisch nicht erhoben werden kann. Insofern die Mitfeiernden
hierbei biblischen Geschichten, Texten und Inhalten begegnen, mit theologischen Fragen umgehen, Lieder lernen und Gebete kennen lernen, können sie
als Bildungshandeln im Kinderkrankenhaus bezeichnet werden. Hierher gehört
die religionspädagogische Vorbereitung der Pfarrerin, die geeignete Themen
auswählt, nach passenden Worten sucht, die kindgerechte Vermittlung be-
denkt und elementarisiert. Mir war allerdings bei der Lektüre der Gottesdienstanalysen zunächst nicht immer klar, ob in den Familiengottesdiensten
durch die inhaltlichen Impulse bestimmte inhaltliche Ziele realisiert werden
sollten. Bei Bernd Schröder lerne ich dazu, dass gottesdienstliche Angebote mit
Kindern, die kreative Methoden nutzen (unter anderem Erzählen, Gespräche,
Spielen, Musizieren), sich aufgrund der „Offenheit der Lern-Formen"[26] durch
„eine Unbestimmtheit der Ziele [...] und die Unmöglichkeit, Effekte wie etwa
Wissenszuwachs mit Blick auf biblische Geschichten [...] auszumachen,"[27] auszeichnen. Die Erwartung nach der Realisierung inhaltlicher Ziele ist an den
Tübinger Klinikgottesdienst für Familien aufgrund der favorisierten Methoden
also gar nicht zu stellen. Eine Mutter bewertet es entsprechend als positiv, dass
in dem von ihr erlebten Gottesdienst so wenig von Gott und vom Glauben die
Rede ist.[28] Bei anderen Teilnehmenden scheint es jedoch dezidiert inhaltliche
Erwartungen zu geben, die nicht erfüllt wurden. So wird von einem zwölfjähri-
gen Patienten und von seiner Mutter der Wunsch geäußert: „Vielleicht könnte
man eine kleine Bibelstelle vortragen."[29] Das Wort, der befreiende Impuls, den
wir uns selbst nicht sagen können, das extra nos unseres Glaubens, wird mit der
Bibel und Glaubensthemen assoziiert, die in den Gottesdiensten einen expliziten Raum einnehmen sollen, so die geäußerte Erwartung. Auch ein anderer
Vater wünscht sich, dass die Kinder, die sich alle in einer Krisensituation befinden, im Krankenhausgottesdienst stärker „religiösen Inhalten"[30] begegnen.
Bräuchte es dazu – ergänzend oder alternativ – andere Methoden?

M.E. impliziert die Situation im Krankenhaus keine katechetischen Ziele,
wohl aber klare theologische Inhalte. Wichtiger als dass die Kinder ihr Wissen

---

26   Schröder 2020, 49.
27   Ebd.
28   Vgl. G5/I1/99–104.
29   G3/I1/52f.
30   G4/I2/49f.

vergrößern, ist im Kontext des Krankenhauses, dass sie Gott und seine Liebe erleben und sich angenommen fühlen. Die „positiven Wertungen [der Gottesdienste wurden] nicht an den Inhalten festgemacht, sondern an der Art und Weise, wie der Impuls präsentiert wurde"[31], resümiert Gerald Kretzschmar in der fallübergreifenden Analyse der Gottesdienste. Dadurch unterscheidet sich das Setting der hier analysierten Gottesdienste von Familien- oder Kindergottesdiensten in einer Kirchengemeinde, an die ich diese religionspädagogischen Ansprüche durchaus stellen würde.

Auch der eingangs schon angesprochene Aspekt der Gottesdienstsozialisation ist im Blick auf die Familiengottesdienste in der Kinderklinik differenziert zu betrachten. So würde ich z.B. nicht davon ausgehen, dass der Besuch des Klinikgottesdienstes einen Beitrag zur Sozialisation der Kinder für agendarische Gemeindegottesdienste leistet.[32] Fasst man den Sozialisierungsbegriff in dem Sinne weiter, dass er Gottesdienste meint, nach deren Besuch bei den Kindern etwas „hängen" bleibt, was sich ganz unabhängig vom agendarischen Gottesdienst möglicherweise positiv auf ihre Sicht auf Gottesdienste auswirkt, so würde ich diese Klinikgottesdienste durchaus als sozialisierend bezeichnen. Sie werden sicherlich von vielen Kindern auf angenehme Weise in ihrem emotionalen Gottesdienstgedächtnis abgespeichert werden, weil sie im Gottesdienst persönlich angesprochen wurden, bei vielem mitmachen durften und dadurch etwas vom göttlichen Trost erfahren haben.

3.   Ausdifferenzierung

Wenn ich nun weiter den Merkmalen entlanggehe, die der Bildungsbericht formuliert, dann stelle ich zustimmend fest, dass der Familiengottesdienst in der Kinderklinik ein Beleg für die starke Ausdifferenzierung[33] des aktuell anzutreffenden Gottesdienstangebots allgemein wie im speziellen des Angebots für Kinder und ihre Eltern ist. Dieses Tübinger Format ist etwas so Besonderes, dass Vergleichbares in der Bildungsberichterstattung gar nicht erwähnt wird. Möglicherweise könnte man es unter „Familienkirche" subsumieren. Sieht man auf die Gottesdienstformen, die die Kirchgangsstudie 2019 unter der Überschrift „Gottesdienst im Plural" nennt, dann ließe sich das Tübinger Format sogar gleich drei Gottesdiensttypen zuordnen: den einrichtungsbezogenen, den altersbezogenen Gottesdiensten sowie den Gottesdiensten für Gemeinden auf

---

31 Kretzschmar in diesem Band, 232.
32 Das war das dezidierte Ziel der Kindergottesdienste nach dem 1964 erschienenen Sonderband der Agende für Evangelisch-Lutherische Gemeinden „Der Kindergottesdienst" (vgl. Kemnitzer 2021, 158).
33 Vgl. hierzu auch Liturgische Konferenz 2019, 3.

Zeit.[34] Das komplexe Profil dieser Tübinger Kinderklinikgottesdienste ist mit bekannten Rastern also kaum zu erfassen. Darum ist es sehr zu begrüßen, dass nun eine eigene Studie dazu vorliegt, die die Familiengottesdienste der Tübinger Kinderklinik „als Herausforderung zur Theoriebildung"[35] begreift, was bislang weder in der Religionspädagogik noch in der Gottesdiensttheorie von großer Bedeutung war.

3.1.   Innovation und Tradition

Die Prägung durch Innovation und Tradition sieht bei den Familiengottesdiensten in der Kinderklinik so aus, dass die Gottesdienste sich einerseits traditionell am Kirchenjahr, (oft) an biblischen Geschichten, an kirchlichem Liedgut, Vaterunser und an bekannten Ritualen wie dem Segen orientieren. Innovativ empfinde ich, in einem Spielzimmer Gottesdienst zu feiern, dort einen Altar aufzubauen, die Tür bewusst offen zu lassen, damit andere aus der Ferne mitfeiern können, es räumlich zu ermöglichen, dass Kinder sogar mitsamt ihren Klinikbetten dabei sein können und mit Gegenständen in der Hand individuell Gebetsinhalte zu markieren.

3.2.   Gottesdienstgemeinde

Bei der Zusammensetzung der Gottesdienstgemeinde zeigt sich ein bedeutender Unterschied zu den im Bildungsbericht befragten Gemeinden. Von einer langen Verweildauer und einem binnenkirchlichen Hintergrund ist im Krankenhaus in der Regel nicht auszugehen. Die Analysen betonen die oft heterogen zusammengesetzte Gemeinde, wodurch die Gottesdienste interkonfessionellen und internationalen Charakter gewinnen, was eine große Herausforderung für ihre Gestaltung bedeutet. Wohl aber können wie im Bildungsbericht das Teilnahmeverhalten als schwankend und die Altersspanne als groß bezeichnet werden, womit der Klinikgottesdienst vor ähnlichen pädagogischen Herausforderungen steht wie mittlerweile jede Kinderkirche: Wie ein Programm gestalten, das für 3–13jährige passt? Wie sich vorbereiten, wenn unklar ist, wer überhaupt kommt? In der Familienkirche, wie sie von Jochem Westhof konzipiert wurde, lese ich dazu folgende Anregung, die ich gern nach Tübingen weitergeben würde:

> „Im Mittelpunkt des Gottesdienstes steht aber eine biblische Geschichte. [...] Auch bei der Erzählung gibt es etwas zu sehen. Eine Gestaltung, eine Landschaft, ein Bodenbild entsteht in der Mitte unseres Kreises. [...] Die Gestaltung der Mitte ist in der Regel aber

---

34   Vgl. a.a.O., 9.
35   Schröder 2020, 42.

nicht einfach eine Veranschaulichung, ein Bild, eine Darstellung des Ablaufs, sondern ein inneres Bild. Es gibt einen Einblick in die Welt der Gedanken und Gefühle. Bei ‚Zachäus' steht nicht der Baum im Mittelpunkt, auf den der Zöllner klettert, sondern die Gedanken seiner Seele, die wir mit hellen und dunklen Tüchern veranschaulichen wollen. Der Baum ist erzählerisch zwar reizvoll, aber eigentlich belanglos. Und bei der Heilung des Gelähmten steht nicht die Dachkonstruktion im Zentrum, sondern die schweren Gedanken, die ‚Sünden', die den Kranken belasten. ‚Symbolgestütztes Erzählen' wird diese Art der Geschichtendarbietung genannt. [...] Es geht in den Geschichten der Bibel um die großen Dinge des Lebens, um die elementaren Fragen. Es geht um Verzweiflung und Erlösung, um Verlassenheit und Geborgenheit, um Knechtschaft und Freiheit, um Tod und Leben. Die Kinder sind nicht zu klein für diese Fragen, sie lauschen den Geschichten mit großem Ernst. Sie verstehen sie mühelos auf der emotionalen Ebene, vielleicht besser als wir Erwachsenen. Sie brauchen keine Erklärung, keine Predigt, die Geschichte reicht und hat alles in sich."[36]

3.3.   Die mitfeiernden Eltern

Auch der im Bildungsbericht erwähnte Umstand, dass Eltern gern zusammen mit ihren Kindern Gottesdienst feiern, trifft auf die Familiengottesdienste im Kinderkrankenhaus voll und ganz zu. Die Kinder im Krankenhaus sind ohne ihre Eltern vermutlich auch gar nicht in der Lage, den Gottesdienst zu besuchen. Die Eltern sind aber nicht nur Begleitpersonen. Für die „generationenübergreifenden Gottesdienste" gilt: „Die Generation der Eltern ist heute zu einem großen Teil dem herkömmlichen Gottesdienst entfremdet, Lieder und Rituale sind ihnen fremd. Sie wünschen aber für ihre Kinder und wohl auch für sich selber einen Zugang zu biblischen Texten und zu spirituellen Formen."[37] Das lässt sich dahingehend präzisieren, dass die Kinder für viele Eltern der Anlass sind, einen Familiengottesdienst zu besuchen, ohne dass in diesem Familien explizit als Zielgruppe hervorgehoben werden: „Hypothetisch formuliert scheinen Kinder im Familiengottesdienst eine mediatisierende, das heißt eine vermittelnde Funktion zu erfüllen. So ermöglichen sie durch ihre Präsenz im Gottesdienst den Menschen in ihrem Umfeld einen Zugang zum Gottesdienst."[38] Wenn Eltern wegen der Kinder mit ihnen zusammen in einen Gottesdienst gehen, „unterläuft der vermeintliche Umweg über die Kinder bei (uns) Erwachsenen eine gottesdienstliche Hemm- und Schamgrenze."[39]

---

36   Westhof 2014, 8f.
37   A.a.O., 7.
38   Kretzschmar 2018, 241.
39   Ende 2012, 13.

3.4.   Der Kasus: Gottesdienste im Kontext erlebter Krankheit

Der Vergleich mit den historisch gewachsenen Aspekten von Gottesdiensten
mit Kindern und Familien sowie mit Ergebnissen der Bildungsberichterstattung lässt das kasuelle Profil der Familiengottesdienste in der Kinderklinik im
Unterschied zu gemeindlichen Familiengottesdiensten deutlich heraustreten:
Die teilnehmenden Kinder sind krank oder sie sind Geschwister von kranken
Kindern. Die Eltern sind alle in einer angespannten Situation, da sie sich existentiell mit Gesundheit und Krankheit ihrer Kinder beschäftigen müssen. Ihre
Kinder sind der Anlass, dass sie den Familiengottesdienst besuchen. Sie kommen nicht von zuhause aus in eine Kirche oder ein Gemeindehaus, sondern ihr
Weg führt sie vom Krankenzimmer des Kindes über einen Krankenhausflur in
das Spielzimmer des Krankenhauses. Der Alltag, den sie hinter sich lassen, ist
der Klinikalltag, nicht ihr übliches Zuhause. Die Alternative zum Gottesdienstbesuch ist vermutlich nur, diese Zeit gemeinsam im Krankenzimmer zu verbringen, während zuhause zahlreiche Wochenend- und Freizeitaktivitäten mit
einem Besuch des Gottesdienstes konkurrieren würden. Die Pfarrerin, die den
Gottesdienst hält, haben sie – auch anders als in einer Kirchengemeinde – vermutlich in der Zeit davor schon intensiv sprechen können, unter Umständen
auch mehrmals. Sie hat persönlich zum Gottesdienst eingeladen, was laut
Kirchgangstudie 2019 ein ganz wichtiger Faktor des Kirchgangs ist.[40] Sie weiß
um die im Gottesdienst versammelten Schicksale. Anders als in gemeindlichen
Familiengottesdiensten steht darum der seelsorgliche Aspekt immer im Vordergrund. Alles, was gesagt, gesungen, gehört, getan wird, geschieht vor dem
Hintergrund reeller Krankheitserfahrung. Durch die für die Anwesenden jeweils ähnliche oder vergleichbare Situation im Krankenhaus kann die Botschaft auch deutlicher kasuell zugespitzt sein oder empfunden werden. Der
inhaltliche Aspekt der Verkündigung wirkt auf mich in diesem Tübinger Kin-
derkrankenhauskontext gegenüber dem seelsorglichen weniger ausgeprägt.
Dasselbe gilt für das gemeinsame Feiern der Liturgie von Anfang bis Ende. Die
Pfarrerin bietet den Eltern und Kindern an, auch später kommen zu dürfen und
auch nicht bis zum Ende bleiben zu müssen, um das Mitfeiern möglichst niederschwellig zu machen.

---

40   Vgl. Liturgische Konferenz 2019, 19.

4. Zum methodischen Vorgehen der Studie – Gottesdienste empirisch erforschen

Die vorliegende Studie betritt Neuland, indem sie Familiengottesdienste durch qualitative empirische Sozialforschung analysiert. Sie erfasst sie mithilfe der Ethnografie und ihrer Methode beziehungsweise der teilnehmenden Beobachtung. Mein Erstaunen über diesen Zugang bringt mich dazu, mich über Ethnografie zu informieren. Ich erfahre,[41] dass hiermit „Forschungsaktivitäten" gemeint sind, die sich durch eine „'entdeckende' Haltung" auszeichnen und „lediglich *vor Ort*" zu gewinnen sind, nicht „vom heimischen Lehnstuhl" aus, von dem aus ich jetzt allerdings meinen Kommentar zu den Ergebnissen schreibe. Es werden in der Regel fremde Phänomene ganzheitlich erforscht. Und wenn doch Vertrautes untersucht wird – so wie hier die Familiengottesdienste –, dann so, als sei es fremd. „Es wird nicht nachvollziehend verstanden, sondern methodisch ,befremdet': es wird auf Distanz zum Beobachter gebracht."[42] Ziel ist, auf die „impliziten (und uns auch allzu vertrauten) Regeln zu stoßen, die es als Ordnungsgeschehen zusammenhalten".[43] Diese Methode wurde hier wohl auch deshalb gewählt, weil dadurch „so etwas wie eine Innenperspektive eingenommen werden"[44] kann, die es ermöglicht, „auch Phänomene jenseits des Sprachlichen [... wie] Stimmungen, Atmosphären, emotionale Empfindungen"[45] wahrzunehmen, was für Gottesdienste eine eminent wichtige Rolle spielt.

Ergänzend zu ethnographischen Protokollen werden offene, problemzentrierte Interviews[46] mit der Pfarrerin und Gottesdienstfeiernden hinzugezogen. Besonders diese Interviews mit Eltern und teilweise auch Kindern sind sehr aufschlussreich. Sie geben Auskunft darüber, wie der besuchte Gottesdienst empfunden wurde. Ein solches Teilnehmendenfeedback würde ich mir in der Gottesdienstberatung auch wünschen. Dann wüsste der Pfarrer oder die Pfarrerin genauer, wie was gewirkt hat, was die Gottesdienstfeiernden mitnehmen, was sie gar nicht wichtig finden beziehungsweise was sie schlicht vergessen.

Aus allen drei genannten Quellen ergibt sich ein detaillierter Blick auf jeden der sechs Gottesdienste. Jeder Gottesdienst wird zunächst so beschrieben, als stünde er für sich. Das bringt mit sich, dass ich tatsächlich sechsmal gelesen habe, was vor dem Gottesdienst passiert, sechsmal, wie die Kinder sich Instrumente nehmen, sechsmal, wie die Altarkerze entzündet wird, sechsmal, wie das

---

41 Alle folgenden Zitate aus: Bollig / Schulz 2016.

42 Amann / Hirschauer, zit. nach Bollig / Schulz.

43 Bollig / Neumann, zit. nach Bollig / Schulz.

44 Kretzschmar in diesem Band, 56.

45 Ebd.

46 Vgl. a.a.O., 55ff.

Gebetsritual gestaltet wird etc. In der Zusammenschau der sechs Gottesdienste formuliert Gerald Kretzschmar als zusammenfassende These: „*Die individuelle Wahrnehmung aller Gottesdienstteilnehmenden und die auf dieser Basis erfolgende Konstituierung einer gottesdienstlichen Gemeinschaft machen den Gottesdienst zu einer wohltuenden Unterbrechung des Klinikalltags.*"[47] Dem stimme ich zu und frage zugleich: Worin besteht die wohltuende Unterbrechung? Was geschieht hier im Gottesdienst? Könnte hier die Theologie dieser Gottesdienste greifbar werden? Die gemeinsame, durch die Liturgie angeleitete Öffnung für Gottes Gegenwart angesichts erlebter Krankheit, der Beitrag der gottesdienstlichen Musik zur Heilung, die zuwendende Haltung der Pfarrerin, die Gottes Liebe zu den kranken wie gesunden Menschen repräsentiert? Ich lese weiter und entdecke, dass dann durch die fallübergreifende Gesamtanalyse auf der empirischen Ebene ein interessantes Ergebnis vorgestellt wird, das sich theologischer Deutung öffnet.

5. Ergebnis der empirischen Forschung: Haltung, Gestaltung, Effekt[48] und deren Strukturmerkmale

Die drei Dimensionen Haltung, Gestaltung und Effekt benennen die konstituierenden Dimensionen des Familiengottesdienstes in der Kinderklinik, wie sie sich aus der empirischen Forschung ergeben haben.

5.1. Haltung

Die Haltung der Pfarrerin ist durchgängig davon gekennzeichnet, den Kindern und Erwachsenen liebevoll, individuell und zugewandt zu begegnen. Dazu gehört, während des gesamten Gottesdienstes aufmerksam zu sein für alles, was sich tut, und gegebenenfalls den geplanten Gottesdienstablauf zu variieren. Zu ihrer Haltung gehört auch, dass sie sich Gedanken macht, wie die Einzelnen – unter Umständen trotz körperlich eingeschränkter Möglichkeiten und trotz großer Altersunterschiede – an möglichst vielen Stellen des Gottesdienstes aktiv mitmachen können. Im Gegensatz zum Klinikalltag, der von vielen passiv erfahrenen Behandlungen gekennzeichnet ist, ist dieses Moment besonders belebend und ansprechend. Den Eltern tut es gut zu erleben, wie sich ihre kranken Kinder gemeinsam mit anderen Kindern an den spielerischen Elemen-

---

47   A.a.O., 226.
48   Vgl. a.a.O., 220-246.

ten beteiligen. Alle werden stark auf der affektiv-emotionalen Ebene angesprochen.

In der Gottesdienstberatung kennen wir etwas Ähnliches wie diese Haltungsdimension der Liturgin. Wir sprechen hier vom persönlichen Gottesdienst-Spine[49] der Kollegin oder des Kollegen: Was wollen Sie als Liturgin und als Prediger im Gottesdienst erleben und erfahren? In welcher Haltung bereiten Sie ihn vor und feiern Sie ihn? Wir fragen damit nach dem *je eigenen* Gottesdienstkonzept: „Wie wir einen Gottesdienst gestalten, hängt davon ab, welches Verständnis vom Gottesdienst wir haben, welche Gottes- und Menschenbilder uns prägen, was wir tun, wenn wir beten, und wie wir biblische Texte verstehen."[50] Die empirische Beschreibung der Haltung der Tübinger Pfarrerin benennt meiner Wahrnehmung nach die theologischen Aspekte ihres Spines nur am Rande.[51] Darum frage ich zurück: Warum ist ihr das Beziehungsgeschehen im Gottesdienst so wichtig? Wieso hat die Wahrnehmung jedes einzelnen Kindes einen solch hohen Stellenwert? Die Antworten darauf prägen den Gottesdienst und zeigen die theologische Arbeit der Pfarrerin. Vermutlich würde sie antworten, dass ihr wichtig ist, dass Kinder und Erwachsene im Gottesdienst spirituell angesprochen werden. Vielleicht ist ihr das so selbstverständlich, dass sie es kaum erwähnt.

5.2. Gestaltung und Effekt

Wie die Realisierung des Spines beziehungsweise des persönlichen Gottesdienstkonzepts jeweils abläuft, wirkt sich auf die Gestaltung aus, der zweiten eruierten Dimension. Wenn der Spine der Kollegin besagt, dass das aktive Teilhaben von Eltern und Kindern am Geschehen wichtig ist, z.B. weil alle in ihrer Einmaligkeit und Unverwechselbarkeit von Gott geliebte Geschöpfe sind, dann erhalten die Rituale, die Musik und der inhaltliche Impuls eine entsprechende atmosphärische Färbung. Dann wirkt nichts zufällig. Sondern alle liturgischen Gesten sprechen die Einzelnen da an, wo sie mit ihren Fragen gerade stehen, und machen aus ihnen gleichzeitig eine Gemeinschaft: die Klinikgemeinde auf Zeit.[52] Was sich daraus ergibt, beschreibt die dritte gefundene Dimension Ef-

---

49 Spine (engl.) heißt auf Deutsch Rückgrat, Wirbelsäule. Dieser Begriff „wurde von Lee Strasberg geprägt und bezeichnet die Grundabsicht des Charakters im Stück. Er bildet sozusagen das Rückgrat für Liturginnen und Liturgen, um in Präsenz zu kommen [...]" (Kabel 1999, 10).

50 Ende 2012, 10.

51 Ende nennt die Haltung, die die Gottesdienste für Erwachsene und Kinder in dem von ihr herausgegebenen Werk charakterisiert: „Bei Gott zu Besuch sein" (ebd.) beziehungsweise „Wir sind in Gott miteinander verbunden und es ist bereichernd, wenn alle zusammen Gottesdienst feiern" (a.a.O., 12).

52 Vgl. hierzu Gottesdienstanalyse V.

fekt. Belastende Dinge können artikuliert werden, der Klinikalltag wird für 30 Minuten wohltuend unterbrochen – und das alles in einem gottesdienstlichen Rahmen, der die Menschen in einen Horizont stellt, der ihr eigenes Erleben christlich transzendiert.

5.3. Offene Fragen

Obwohl mir Haltung, Gestaltung und Effekt als heuristische Kategorien einleuchten, stelle ich dennoch zu allen drei genannten Dimensionen Rückfragen, die vielleicht zur Weiterarbeit anregen.

Ich sehe die Gefahr, dass die hier beschriebene Haltung der Spontaneität der Liturgin von einer inhaltlich und religionspädagogisch angemessenen Vorbereitung des Gottesdienstes dispensiert, würde man sie als normativ ansehen und wollte man sie auf andere, z.B. kirchengemeindliche Familiengottesdienste übertragen. Wenn es heißt, Klinikgottesdienste für Kinder seien letztlich nicht planbar,[53] dann mag das für die Tübinger Kinderklinik zutreffen. Verallgemeinern würde ich diese Aussage nicht.

Beim inhaltlichen Impuls ist mir zusätzlich zu der vermissten religionspädagogischen Ausrichtung der Gottesdienste aufgefallen, dass Inhalte, die weder mit dem Kirchenjahr noch mit der Bibel zu tun haben, m.E. wenig geeignet sind, die besondere spirituelle Dichte aufzunehmen, die der Gottesdienst in seinem Eingangsteil auf gute Weise herstellt. Liturgie und Predigt, in diesem Fall der kindgerechte inhaltliche Impuls, interpretieren sich gegenseitig, Homiletik und Liturgik gehören zusammen. Wenn der homiletische Teil gegenüber dem liturgischen abfällt, kommt es zu einem Ungleichgewicht.

Wie verhält sich sodann der Oberbegriff „Effekt" zur Kommunikation des Evangeliums im Gottesdienst? „Das evangelische Spezifikum liegt in der Rechtfertigungslehre als wichtigstem gottesdienstlichem Kriterium."[54] Nach unserer Hoffnung geschieht in jedem Gottesdienst etwas Unverfügbares – wir begegnen dem dreieinigen Gott und damit allem, was Gott zu unserem Heil getan hat. Wird das mit dem Begriff „Effekt" adäquat eingefangen? Und wenn die Antwort hierauf nein lautet, auch weil der Begriff dies seitens der Forschenden gar nicht leisten soll, wo ist dann Raum für das Nachdenken über diese Dimension?

---

53 Vgl. Kretzschmar in diesem Band, 230.
54 Meyer-Blanck 2011, 14.

6.   Präsenz im Ernstfall des Lebens

Die Familiengottesdienste in der Tübinger Kinderklinik zeigen, dass und wie Kirche im Ernstfall des Lebens präsent ist: durch elementare Gottesdienste, die eine persönlich zugewandte Pfarrerin und eine Musikerin oder ein Musiker im umgeräumten Spielzimmer unter schwierigen äußeren Bedingungen regelmäßig fröhlich, kindgerecht, zwanglos und seelsorglich feiern. Die gottesdienstliche Atmosphäre, die die Pfarrerin schafft, ist entscheidend dafür, dass die mitfeiernden Menschen sich angenommen fühlen und sich dem gottesdienstlichen Geschehen öffnen. Auf diese Weise begleitet Kirche Menschen in schwierigen Lebenssituationen. Sie feiert im Krankenhaus mit kranken Kindern und ihren Eltern Gottes Gegenwart. Diese beantworten das durch große Dankbarkeit.

Familiengottesdienst in der Kinderklinik als Impulsgeber für alle Familiengottesdienste

Gerald Kretzschmar

Das Format Familiengottesdienst spielt im Spektrum der gottesdienstlichen Angebote der Gliedkirchen der EKD eine gewichtige Rolle. Gestützt wird diese Feststellung bereits durch die alltagspraktische Wahrnehmung im kirchlichen Leben, wonach in den vergangenen dreißig Jahren eine kontinuierliche Ausweitung der familiengottesdienstlichen Angebote zu beobachten war. Verstärkt wird diese Wahrnehmung aber auch durch wissenschaftliche Befunde. So richtete die fünfte Kirchenmitgliedschaftsuntersuchung der EKD ein besonderes Augenmerk darauf, „die faktische Pluralität der gottesdienstlichen Formen"[1] über Sonntagsgottesdienst und Kasualien hinaus in den Blick zu nehmen. Zu den Befunden, die diese Weitung der Wahrnehmungsperspektive mit sich gebracht hat, zählt die wichtige Rolle, die Familiengottesdienste für die befragten Kirchenmitglieder spielen. Auf die Frage „Besuchen Sie gelegentlich Gottesdienste mit besonderen Themen oder Formen?" nehmen Familiengottesdienste in der Gruppe derjenigen, die angeben, mindestens mehrmals im Jahr einen Gottesdienst zu besuchen (das sind 55% aller Befragten)[2], mit Abstand die Spitzenposition ein: 43% aus dieser Gruppe geben an, Familiengottesdienste zu besuchen. Das an zweiter Stelle platzierte Gottesdienstformat, Segnungs- und Salbungsgottesdienste, liegt dann erst bei 30 Prozentpunkten.[3] Sicher können aus diesem Befund keine Rückschlüsse über faktische Besucherzahlen von Familiengottesdiensten abgeleitet werden. Doch allein die Tatsache, dass die Befragten im Rahmen einer subjektiven Selbsteinschätzung ihrer eigenen Gottesdienstbesuchspraxis Familiengottesdiensten einen solch herausragenden Stellenwert beimessen, reicht aus, das Thema Familiengottesdienste eingehend in den Blick zu nehmen. Es ist davon auszugehen, dass Familiengottesdienste im Rahmen der gesellschaftlichen Inszenierung von Kirche eine bedeutende Rolle spielen und im Blick auf die Kirchenbindung nicht weniger Menschen eine wichtige Funktion erfüllen.

Die folgenden Ausführungen fragen danach, welche Impulse von der vorliegenden Studie zu den Familiengottesdiensten in der Kinderklinik auf die Reflexion und die Gestaltung von Familiengottesdiensten im Allgemeinen aus-

---

1   Hermelink / Koll / Hallwaß 2015, 90.
2   Vgl. zur Kirchgangshäufigkeit im Überblick und im Zeitreihenvergleich von 1972 an a.a.O., 93.
3   Vgl. Koll / Kretzschmar 2014, 56.

gehen können. Damit soll ein Beitrag sowohl zum besseren Verständnis als auch zur Qualitätssteigerung dieses wichtigen und offenbar beliebten Gottesdienstsegments geleistet werden. Um nicht falsch verstanden zu werden: Wenn hier von Qualitätssteigerung die Rede ist, heißt das nicht, dass die vorfindliche Familiengottesdienstpraxis gravierend verbesserungsbedürftig wäre. Vielmehr geht es darum, die Erfolgsfaktoren, die die positive Resonanz auf Familiengottesdienste hervorrufen, transparent zu machen und auf dieser Grundlage die bereits gegebene Qualität zu sichern und darüber nachzudenken, was unter Umständen noch besser gemacht werden kann.

1. Topografie des Familiengottesdienstes

Bevor es im Folgenden um Impulse für die Reflexion und die Gestaltung von Familiengottesdiensten geht, soll in diesem Abschnitt zunächst einmal das weite Feld der familiengottesdienstlichen Landschaft, wie es in der Bundesrepublik Deutschland vorfindbar ist, etwas umrissen werden.

1.1. Historische Genese

Erste Erfahrungen mit Familiengottesdiensten wurden in der ehemaligen DDR bereits in den 50er Jahren gesammelt.[4] Hier war es ein Bündel von Problemstellungen im Zusammenhang mit dem stark katechetisch orientierten Kindergottesdienst, der zum Angebot der neuen Form des Familiengottesdienstes motivierte.[5] In der alten Bundesrepublik begann die Feier von Familiengottesdiensten in den 60er Jahren.[6] Wohl der wichtigste Grund, über neue Gottesdienstformen nachzudenken, war ein allgemeines Krisenempfinden hinsichtlich des Gottesdienstes insgesamt. Nach vergleichsweise hohen Besucherzahlen in den Jahren unmittelbar nach dem Zweiten Weltkrieg gingen diese seit Anfang der 60er Jahre merklich zurück. Eine weitere Motivation, über neue Gottesdienstformen nachzudenken, bestand in der alltagspraktischen Erfahrung von Pfarrinnen und Pfarrern, dass die Gottesdienste, die nach der einheitlich geordne

---

4   Vgl. Eichenberg 1975.
5   Vgl. Ratzmann 2003, 821.
6   Bereits 1971 legt Georg Kugler einen Band vor, in dem er Familiengottesdienste präsentiert und reflektiert, die er in den Jahren zuvor mit einem Team erarbeitet und durchgeführt hat (vgl. Kugler 1971). Darauf folgen zusammen mit Herbert Lindner die Bände „Neue Familiengottesdienste", die zur Etablierung von Familiengottesdiensten im kirchlichen Leben einen wichtigen Beitrag geleistet haben dürften (vgl. exemplarisch Kugler/ Lindner 1973).

ten Liturgie der Agende I von 1955/1959 gefeiert wurden, nicht der Lebenspraxis aller Kirchenmitglieder entsprachen. Im Zuge der gesamtgesellschaftlichen Prozesse sozialer Differenzierung, Pluralisierung und Individualisierung hatte sich auch das Spektrum möglicher Erwartungen und Bedürfnisse in Bezug auf den Gottesdienst geweitet. Zielgruppenspezifische Aspekte, aber auch das Interesse an bestimmten Themen und neuen liturgischen Formen hielten Einzug in das gottesdienstliche Leben, so dass „in rascher Folge freie Formen wie das ‚politische Nachtgebet', die ‚Beatmesse', der ‚Gesprächsgottesdienst' und schließlich das ‚Feierabendmahl'"[7] entstanden. Hinzu kam eine Veränderung der bis dahin vorherrschenden Kirchgangspraxis weg vom Gottesdienstbesuch aus Tradition und Gewohnheit hin zum Kirchgang aus einem besonderen Anlass. Infolge dieser Entwicklungen etablierte sich ein sogenanntes „Zweites Programm" von Gottesdiensten[8], zu dem auch Familiengottesdienste zählten. Mit den neuen Familiengottesdiensten im Speziellen verband sich die Hoffnung, über die Kinder auch Erwachsene neu für den Gottesdienst zu gewinnen.

1.2.   Zugänge zur aktuellen Landschaft des Familiengottesdienstes

Der Begriff Familiengottesdienst steht nicht für ein ganz spezifisches, klar definier- und beschreibbares gottesdienstliches Phänomen. Vielmehr stellt der Begriff Familiengottesdienst so etwas wie einen Oberbegriff dar, der sich auf ein ganzes Bündel verschiedener Gottesdienstformen bezieht. Der kleinste gemeinsame Nenner all dieser Gottesdienstformen kann darin gesehen werden, dass Kinder in diesen Gottesdiensten eine besondere Rolle spielen, und dass Erwachsene zusammen mit den Kindern Gottesdienst feiern. Um die differenzierte familiengottesdienstliche Landschaft zu erfassen, kann man sie gut aus einer kirchensoziologischen, einer konzeptionellen und einer empirischen Perspektive betrachten.

Aus *kirchensoziologischer Perspektive* lassen sich zwei große Linien in Bezug auf das Verständnis von Familiengottesdiensten unterscheiden.[9] Die eine Argumentationslinie stellt ganz grundsätzlich die notwendige Einheit des Gottesdienstes in den Mittelpunkt.[10] Hier wird mit der realisierbaren Möglichkeit eines *generations- und gruppenübergreifenden Gottesdienstes für alle* gerechnet. Insbesondere zielt diese Argumentationslinie auf die gottesdienstliche Integration der Kleinfamilie. Angesichts einer drohenden Isolation innerhalb kirchlicher Bezüge erscheint die Integration der Kleinfamilie in eine größere Gemein-

---

7   Meyer-Blanck 2011, 182.
8   Vgl. ebd.
9   Vgl. Ratzmann 2003, 823-825.
10   Vgl. Besser 1980 und Langhoff 1982.

schaft dringend geboten. Auf dieser Basis werden Familiengottesdienste als Versammlung der ganzen ‚Familie Gottes' betrachtet. In ihnen kommt die gesamte Gemeinde, das heißt auch und gerade die Familien der Gemeinde, zusammen.

Die andere Argumentationslinie nimmt den Begriff ‚Familie' wörtlich, so dass der Familiengottesdienst hier als *Gottesdienst für die Familien der Gemeinde* verstanden wird. Damit ist er ein zielgruppenorientierter Gottesdienst. In dieser Sichtweise werden idealisierende Verständnisse von der Einheit des Gottesdienstes oder der Familie Gottes kritisch gesehen. Demgegenüber wird hier die lebensweltliche Situation der Zielgruppe Familie zum Ausgangspunkt der liturgisch-gestalterischen Überlegungen genommen, um auf diese Weise eine möglichst weitreichende Passung zwischen der lebensweltlichen Situation der Gottesdienstbesucherinnen und –besucher einerseits und dem faktisch gefeierten Gottesdienst zu erreichen.[11]

In Bezug auf eine *konzeptionelle Perspektive* haben Georg Kugler und Herbert Lindner um 1980 herum eine Typologie von Familiengottesdiensten entworfen. Schon damals blickten sie auf eine komplexe familiengottesdienstliche Landschaft. Um diese zu greifen, unterschieden sie drei Grundtypen von Familiengottesdiensten: den *problemorientierten Typ*, den *Fest-orientierten Typ* und den *betrachtenden Typ*.[12] Doch auch in Bezug auf diese Typologie gilt: Familiengottesdienste stellen in der Regel Mischformen dar; zwar können sie einen Schwerpunkt in Bezug auf einen der drei typologischen Aspekte erkennen lassen, aber auch andere Aspekte dürften jeweils im Raum stehen.

Die *empirische Perspektive*, das heißt der Blick auf das gegenwärtige familiengottesdienstliche Leben, zeigt das Ergebnis einer kontinuierlichen Ausdifferenzierung und Pluralisierung des familiengottesdienstlichen Lebens seit den 80er Jahren. Ob die oben genannten kirchensoziologischen und konzeptionellen Zugänge zur familiengottesdienstlichen Landschaft in der Gegenwart noch tragfähig sind, ist schwer einzuschätzen und müsste eingehend wissenschaftlich überprüft werden. Faktisch bietet der Blick in Gemeindebriefe oder auch in die Praxisliteratur zum Stichwort Familiengottesdienst ein breites Veranstaltungsspektrum. Es reicht von regelmäßig stattfindenden thematisch orientierten Gottesdiensten im Monatsrhythmus über kirchenjahreszeitlich verortete Gottesdienste zu einem Festtag, weiter über Gottesdienste im Rahmen eines Dorf- oder Stadtteilfestes bis hin zum Gottesdienst mit Krippenspiel am Nachmittag des Heiligabends. In der Summe können Menschen ganz Unterschiedliches vor Augen haben, wenn sie zum Beispiel im Rahmen einer empirischen Untersuchung wie der letzten EKD-Kirchenmitgliedschaftsuntersuchung auf das Thema Familiengottesdienst angesprochen werden.

---

11   Vgl. Henkys 1983, 52-54, Kugler 1983 u. Ratzmann 1982.
12   Vgl. Kugler / Lindner 1980, 14f.

2.   Was hat der Familiengottesdienst in der Kinderklinik mit Familiengottesdiensten in Parochialgemeinden zu tun?

Vordergründig betrachtet könnte man natürlich sagen, dass der Familiengottesdienst in der Kinderklinik nicht sehr viel mit den Familiengottesdiensten zu tun hat, die in Parochialgemeinden gefeiert werden. Die Unterschiede liegen auf der Hand: Zum einen findet der Familiengottesdienst in der Kinderklinik in einem Anstaltskontext, nämlich im Kontext des Krankenhauses statt. Damit ist er im System Krankenhaus verortet und wird durch die organisatorischen und strukturellen Merkmale dieses Systems konfiguriert. Ohne das hier näher auszuführen, liegt es auf der Hand, dass diese Merkmale andere sind als zum Beispiel diejenigen, die das alltägliche Leben zu Hause ausmachen. Zum anderen sind die Familien, die den Familiengottesdienst in der Kinderklinik besuchen, mit dem Thema Krankheit konfrontiert. Sie befinden sich in einer Krisensituation, die die aktuelle Lebenssituation des erkrankten Kindes und all seiner direkten Angehörigen bestimmt. In physischer Hinsicht steht die Frage im Raum, ob und wenn ja, wie Genesung oder eine Verbesserung des Gesundheitszustandes möglich ist. In psychischer Hinsicht stehen existentielle Fragen im Raum.

Auf den zweiten Blick gibt es aber auch gute Argumente dafür, den Familiengottesdienst in der Kinderklinik als Inspirationsquelle für die Reflexion und Gestaltung von Familiengottesdiensten ganz generell zu nutzen. Für diese Position können folgende Gründe genannt werden:

Zunächst sei – wie eingangs gezeigt – daran erinnert, dass der Begriff Familiengottesdienst so etwas wie eine übergeordnete Kategorie darstellt, die zahlreiche Unterkategorien, sprich ein ganzes Spektrum verschiedener Familiengottesdienstformate umfasst. Möchte man anhand eines konkreten empirischen Beispiels etwas zum Thema Familiengottesdienst zeigen, ist letztlich immer die Situation gegeben, dass etwas herausgearbeitet wird, demgegenüber gefragt werden kann, ob es auch auf andere Familiengottesdienstformate zutrifft. Angesichts dieser Sachlage gibt es letztlich nur die Option, die Frage nach generellen Impulsen, die von einem Einzelfallbeispiel auf andere Gottesdienstformate ausgehen können, gar nicht zu stellen, oder sie eben doch zu stellen und zu schauen, inwiefern der komparative Blick ertragreich sein kann – wohlwissend darum, dass dieser vergleichende Blick auch seine Grenzen hat. Der letztgenannte Weg wird hier beschritten.

Ein zweites Argument dafür, vom Familiengottesdienst in der Kinderklinik auf das Feld von Familiengottesdiensten ganz generell zu schauen, hat mit dem sehr klar definierten Setting der Gottesdienste in der Kinderklinik zu tun. Gerade die Einbettung in das System Krankenhaus, welches ein gut beschreib-

und abgrenzbares System ist, erlaubt es, sehr genau die Interdependenzen zwischen dem aktuellen Lebenskontext der Kinder und Familien einerseits und dem Phänomen Familiengottesdienst mit all seinen Facetten andererseits rekonstruieren zu können. Wollte man zum Beispiel die Beziehung zwischen dem aktuellen lebensweltlichen Kontext von Gottesdienstteilnehmenden und einer gottesdienstlichen Praxis durch die empirische Analyse eines in einer Parochialgemeinde gefeierten Familiengottesdienstes zu Erntedank erforschen, wären die aktuellen Lebenssituationen, in denen sich die Kinder und deren Angehörigen befinden, auf Grund des überaus weiten alltagskulturellen Kontexts, in dem die Gottesdienstbesucherinnen und -besucher stehen, so plural, dass konkrete Strukturmuster des Zusammenhangs zwischen Lebenswelt(en) der Gottesdienstfeiernden und dem Gottesdienst ungleich aufwendiger und komplizierter zu erheben wären. Das Themenfeld Gesundheit dagegen, das für die Familiengottesdienste in der Kinderklinik sowohl in Bezug auf den Kontext Krankenhaus als auch auf die individuelle Situation der Kinder und ihrer Familien bestimmend ist, erlaubt es, recht präzise exemplarisch die Beziehung zwischen einer aktuellen lebensweltlichen Situation und einer konkreten gottesdienstlichen Praxis transparent zu machen.

Ein drittes Argument, dass die Analyse von Familiengottesdiensten in der Kinderklinik als durchaus geeignet erscheinen lässt, ganz generelle Impulse für die Reflexion und Gestaltung von Familiengottesdiensten benennen zu können, hat mit der existentiellen Krisensituation zu tun, in der sich die Kinder und deren Angehörige befinden. Wenn Eltern und Kinder in einer solchen Situation einen Gottesdienst besuchen, kann davon ausgegangen werden, dass sie sehr sensibel darauf achten, ob und wie die gottesdienstliche Kommunikation auf die spezifische Lage, in der sie sich befinden, eingeht. Der Familiengottesdienst in der Kinderklinik dürfte in der Regel nicht besucht werden, weil einer oder einem gerade einmal ein eher unspezifischer Sinn danach steht. Vielmehr stehen spezifische Anliegen und Erwartungen im Raum, an deren Wahrnehmung und Erfüllung die Qualität des Gottesdienstes bemessen wird. Auch dieses Gefüge von Anliegen und Erwartungen einerseits und konkretem, darauf bezogenen gottesdienstlichem Angebot andererseits bietet die Möglichkeit, an einem exemplarischen Fallbeispiel die Beziehungsstruktur zwischen den Bedürfnissen der Gottesdienstteilnehmenden und dem Gottesdienst wahrnehmen zu können. Über diese, maßgeblich von einer physischen und psychischen Krisensituation geprägte Beziehungsstruktur Näheres zu erfahren, ist nicht nur in Bezug auf den Familiengottesdienst in der Kinderklinik wichtig.

Die Kenntnis des Zusammenhangs von Bedürfnissen und gottesdienstlichen Angeboten ist auch in Bezug auf alle anderen Familiengottesdienstformate bedeutsam. Der Grund dafür ist die Tatsache, dass in all diese Gottesdienste Kinder involviert sind. Sicher sind bei Familiengottesdiensten im parochialen Kontext die akuten Krisensituationen weniger präsent. Dennoch ist davon auszugehen, dass in Familiengottesdiensten für die Bezugspersonen der Kinder ein besonders geeigneter Rahmen erfahrbar wird, um über existenzielle Fragen nachzudenken. Das können sehr wohl Fragestellungen in Bezug auf die Gesundheit der Kinder sein, etwa, wenn es Komplikationen im Zusammenhang mit der Schwangerschaft oder der Geburt des Kindes gab, oder auch, wenn ein Kind unter Umständen schon schwerer erkrankt war. Aber auch andere existentielle Fragen können präsent sein: Wie geht es meinem Kind gerade? Fühlt es sich wohl? Hat es Anschluss zu anderen Kindern? Was wird aus meinem Kind? Was kann ich tun, um es vor schlechten Erfahrungen zu bewahren? Welche Zukunft liegt vor meinem Kind? All das sind existentielle Fragen, die schon die schlichte Anwesenheit von Kindern in Familiengottesdiensten evoziert, und die die Wahrnehmung dieser Gottesdienste in einem nicht zu unterschätzenden Maß prägen. So gesehen sind nicht nur die Familiengottesdienste in der Kinderklinik, sondern mehr oder minder alle Familiengottesdienste gottesdienstliche Situationen, in denen die Frage der Beziehung zwischen den lebensweltbasierten Erwartungen der Gottesdienstteilnehmenden und dem konkreten gottesdienstlichen Angebot in verdichteter Weise präsent ist.

Es ließen sich noch weitere Gründe dafür nennen, warum es sich lohnt, aus der Perspektive des Familiengottesdienstes in der Kinderklinik auf das Feld aller weiteren Familiengottesdienstformate zu schauen. Aber die drei genannten sollen genügen, um deutlich zu machen, dass es sich sachlich gut begründen lässt, empirisch einmal genau zu schauen, was die Familiengottesdienste in der Kinderklinik ausmacht, um sich von dort aus in Bezug auf andere Gottesdienstkontexte anregen zu lassen.

3.   Haltung – Gestaltung – Effekt. Ein Ursache-Wirkungs-Modell für Familiengottesdienste

Die synthetisch-fallübergreifende Analyse des empirischen Materials führt zu dem Ergebnis, dass die Familiengottesdienste durch ein spezifisches Ursache-Wirkungs-Schema charakterisiert sind. Die Logik dieses Schemas wurde oben in Form einer hermeneutischen These formuliert. Sie lautet: *Die individuelle Wahrnehmung aller Gottesdienstteilnehmenden und die auf dieser Basis erfolgende Konstituierung einer gottesdienstlichen Gemeinschaft machen den Gottesdienst zu einer wohltuenden Unterbrechung des Klinikalltags.*[13] Unter Berücksichtigung aller Strukturmerkmale, die die Familiengottesdienste in der Kinderklinik kennzeichnen, wurde diese hermeneutische These weiter interpretiert und konkretisiert. Auf diesem Weg wurde eine systematisierende Gesamtdeutung der empirischen Befunde vorgenommen, bei der die Dimensionen Haltung, Gestal-

---

13   Vgl. Kretzschmar in diesem Band, 226.

tung und Effekt im Zentrum stehen. Ebenfalls systematisierend und deutend wurden diese drei Dimensionen in ein Ursache-Wirkungs-Schema gebracht. Dieses Schema folgt der Logik, dass mit einer spezifischen Haltung, die man als Liturgin oder Liturg zu einem bestimmten gottesdienstlichen Angebot hat, bestimmte Formen der Gottesdienstgestaltung einhergehen, die wiederum bestimmte Effekte bei den Gottesdienstteilnehmenden evozieren. So, wie man nun mit diesem Ursache-Wirkungs-Schema nach dem Muster Haltung-Gestaltung-Effekt alle in dieser Studie empirisch erhobenen Daten deutend plausibilisieren kann, so kann dieses Schema auch dazu verwendet werden, über Impulse nachzudenken, die von der vorliegenden Studie auf Familiengottesdienste in kirchlichen Kontexten jenseits der Kinderklinik, vor allem in parochialgemeindlichen Kontexten, ausgehen können. Das soll nun geschehen.

4. Impulse – Konkretion des Ursache-Wirkungs-Modells in Bezug auf Familiengottesdienste in Parochialgemeinden

4.1. Haltung

Ausganspunkte für die folgenden Impulse sollen die Aspekte Adressatenorientierung, Spontanität, Interaktivität und spielerische Atmosphäre sein.[14] Doch bevor darauf näher eingegangen wird, soll ein Thema angesprochen werden, das die genannten Aspekte miteinander verbindet und so etwas wie eine grundlegende Haltung darstellt, aus der heraus Familiengottesdienste konzipiert und gefeiert werden. Gemeint ist hier ein echtes Interesse an den Kindern und den Familien sowie der Wunsch, ihnen etwas anzubieten, was sie bei ihren Interessen und Anliegen abholt. In Bezug auf den Familiengottesdienst in der Kinderklinik kann eine solche Einstellung bei der Pfarrerin allein schon aus dem Grund vorausgesetzt werden, weil ihr Dienst ohne diese Grundhaltung schlicht keinen Sinn ergeben würde.

In einer Parochialgemeinde kann diese Haltung nicht automatisch vorausgesetzt werden. Natürlich wird man in den meisten Gemeinden ein Interesse und eine Offenheit gegenüber Kindern und deren Familien voraussetzen können. Dennoch kann es in bestimmten Fällen auch anders sein. Eine solche Situation ist dann gegeben, wenn sich Haupt- und Ehrenamtliche in Gemeinden zu Familiengottesdienstangeboten aus bestimmten Gründen gedrängt fühlen. Ein Beispiel für einen mehr oder minder subtilen Druck zum Angebot von Famili-

---

14 Vgl. a.a.O., 227-231.

engottesdiensten kann die Erwartung gemeindeleitender Gremien nach so etwas wie einer Verjüngung des Kreises derjenigen Menschen sein, die sich am Veranstaltungsangebot der Gemeinde, vor allem an Gottesdiensten und regelmäßig stattfindenden weiteren Veranstaltungen beteiligen. In solchen Fällen werden Kinder und ihre Familien Teil einer kirchengemeindlichen Antigeriatrisierungsinitiative oder zumindest einer Rekrutierungsinitiative, bei der es um die Neugewinnung von Menschen geht, die in ein spezifisches, normativ gesetztes Raster von Erwartungen und Praktiken des gemeindlichen Lebens eingepasst werden sollen. Die Kinder und deren Familien werden dann nicht als Akteurinnen und Akteure ihrer je eigenen Religiosität und Kirchenbindung, sondern als wie auch immer zu bearbeitende Objekte wahrgenommen. Gerade kirchengemeindliche Gremien, die sich in einem Prozess des Nachdenkens über eine Intensivierung der Angebote für Kinder und deren Familien befinden, sollten sich darüber austauschen, ob hier eher strategische Eigeninteressen oder ein tatsächliches Interesse an den Kindern und ihren Familien im Raum steht.

Nur wenn Letzteres klar im Vordergrund steht, können die Haltungsaspekte, die die Familiengottesdienste in der Kinderklinik auszeichnen, als sinnvolle Anregung für Familiengottesdienste in Parochialgemeinden aufgegriffen werden. Doch wie genau kann das gehen?

Auch bei Familiengottesdiensten in Parochialgemeinden sollte eine konsequente *Adressatenorientierung* im Mittelpunkt stehen. Bei der Adressatenorientierung, die die empirischen Befunde in Bezug auf die Gottesdienste in der Kinderklinik erkennen lassen, handelt es sich um ein komplexes Phänomen. Sie beinhaltet eine gezielte Zuwendung der Pfarrerin zu jedem einzelnen Kind. Die Kenntnis des Namens eines Kindes zu Beginn der gottesdienstlichen Kommunikation gehört genauso dazu wie eine aufmerksame Wahrnehmung jedes Kindes während des Gottesdienstes.

Diese aufmerksame Wahrnehmung wiederum ist es, die es der Pfarrerin ermöglicht, spontan auf explizite Äußerungen oder auch parasprachliche Kommunikationsformen eines jeden Kindes zu reagieren. Im Kontext des Familiengottesdienstes ist die *Spontaneität*, mit der die Pfarrerin auf die vielfältigen kommunikativen Äußerungsformen seitens der Kinder reagiert, Teil der spezifischen liturgischen Präsenz, über die Pfarrinnen und Pfarrer, die Familiengottesdienste feiern, verfügen sollten.

Ebenfalls Teil einer solchen familiengottesdienstlichen liturgischen Präsenz ist das für die Dauer des Gottesdienstes durchgehende Bewusstsein davon, sich ohne Unterbrechung in einer *Interaktion mit den Kindern* auf Augenhöhe zu befinden. Auf Augenhöhe meint hier nicht, dass sich die Pfarrerin oder der Pfarrer unangemessen aus der liturgischen Prozessverantwortung zurückzieht, sondern diese so ausfüllt, dass kommunikative Beiträge und Äußerungen der Kinder wahrgenommen und so innerhalb der gottesdienstlichen Kommunikation verortet werden, dass sich jedes Kind mit seinen Anliegen ernstgenommen fühlt.

Schließlich ist im Zusammenhang mit der Dimension der Haltung, aus der heraus Pfarrerinnen und Pfarrer Familiengottesdienste konzipieren und durchführen sollten, der atmosphärische Aspekt zu nennen. Die *Atmosphäre* beziehungsweise die Stimmung, die die Liturgin oder der Liturg ausstrahlt, sollte *spielerisch* sein. Es sollte keinerlei Form von Druck im Raum stehen. Lockerheit, Zugewandtheit, Freundlichkeit könnten Attribute sein, die die Atmosphäre, welche die Pfarrerin oder der Pfarrer in die gottesdienstliche Kommunikation einbringen, prägen sollten.

Grundsätzlich sollten die hier genannten Haltungsaspekte auch die Basis für die Feier von Familiengottesdiensten in anderen Kontexten als dem der Kinderklinik sein können: Eine Haltung konsequenter Adressatenorientierung, professioneller Spontaneität, interaktiver Präsenz und einer positiven Ausstrahlung, können Pfarrerinnen und Pfarrer in jeden Gottesdienst mitbringen. Eine gewisse Herausforderung dürfte dagegen die Frage darstellen, wie in den verschiedenen denkbaren Settings zum Beispiel die räumliche Gestaltung der gottesdienstlichen Kommunikationssituation so vorgenommen werden kann, dass Liturginnen und Liturgen einerseits und die Kinder andererseits zumindest potentiell in einem durchgehenden interaktiven Kontakt miteinander stehen können. Doch dafür sollten sich in der Regel gute, kreative Lösungen finden lassen.

4.2. Gestaltung

Als zentraler Effekt des im Rahmen dieser Studie herausgearbeiteten Ursache-Wirkungs-Modells ist die Konstituierung einer gottesdienstlichen Gemeinschaft zu nennen, die den Gottesdienst zu einer wohltuenden Unterbrechung des Klinikalltags macht. Um diesen Effekt zu erzielen, stellen die empirischen Befunde nicht nur die gerade geschilderte Haltung zum Familiengottesdienst heraus, sondern auch sehr deutlich bestimmte gestalterische Elemente. Konkret handelt es sich dabei um Rituale, inhaltliche Impulse und die Musik.[15] Welche Impulse können in Bezug auf diese gestalterischen Elemente vom Familiengottesdienst in der Kinderklinik auf Familiengottesdienste in Parochialgemeinden ausgehen?

In Bezug auf *Rituale* als gestalterische Elemente in Familiengottesdiensten ist zunächst einmal darauf hinzuweisen, dass das agendarische Grundmuster, das den meisten Familiengottesdienstentwürfen etwa in Materialsammlungen zugrunde liegt, der Struktur des Predigtgottesdienstes ohne Abendmahl folgt. Auf dieser Basis kann man zwar im Gottesdienst als ganzem ein ritualartiges Phänomen sehen, indem sich dessen einzelne Phasen zum Beispiel der von van Gennep klassisch herausgearbeiteten Ritualstruktur von Trennungsphase,

---

15 Vgl. a.a.O., 231–234.

Transformationsphase und Wiedereingliederungsphase zuordnen lassen.[16] Als eigenständige liturgische Elemente innerhalb eines oder mehrerer der drei Teile des Predigtgottesdienstes finden sich jedoch keine Rituale im strengen Sinn. Im Messformat ist das anders. Hier stellt die Feier des Abendmahls ein liturgisches Element dar, das sich klar ersichtlich als Ritual erkennen lässt. Auf Grund der überaus positiven Evaluationen, die das empirische Material in Bezug auf die Rituale im Familiengottesdienst der Kinderklinik präsentiert, ist ein erster Impuls, der in gestalterischer Hinsicht an dieser Stelle formuliert werden kann, dass auch für Familiengottesdienste außerhalb des Kontexts der Kinderklinik die Arbeit mit Ritualen sehr bedenkenswert ist.

Doch was genau macht die Arbeit mit Ritualen im Familiengottesdienst in der Kinderklinik aus? Das lässt am besten der Blick auf das Gebetsritual erkennen. Dieses Ritual kann man als so etwas wie einen Raum begreifen, in den sich alle Gottesdienstteilnehmenden genauso einbringen können, wie es für sie selbst in der gottesdienstlichen Situation im Speziellen, aber auch in der Situation des Krankenhausaufenthaltes im Allgemeinen gerade angebracht erscheint. Sie können frei entscheiden, ob sie das Ritual nutzen oder nicht, und, wenn ja, auf welche Weise und in welcher Intensität. Die mit drei verschiedenen Symbolhandlungen verbundenen Möglichkeiten, Belastendes, Wünsche für andere Menschen und Hoffnungen entweder explizit ausgesprochen oder in der Stille vor Gott zu bringen, tragen, ganz im Sinne einer konsequenten Adressatenorientierung, den individuellen Bedürfnissen und den mit ihnen einhergehenden Anliegen der Gottesdienstteilnehmenden Rechnung. Zusätzlich beinhaltet das Gebetsritual das Angebot, die individuellen Anliegen nicht nur vor Gott zu bringen, sondern diese in die Gemeinschaft der Gottesdienstfeiernden einzutragen und sie gegebenenfalls auch mit dieser Gemeinschaft zu teilen.

Das Gebetsritual in dieser, oder auch in daran angelehnten Formen, ist etwas, das mit Sicherheit nicht nur im Familiengottesdienst in der Kinderklinik praktiziert werden kann, sondern grundsätzlich in jedem Familiengottesdienst. Auch ohne den Hintergrund der Klinik ist davon auszugehen, dass Kinder wie Angehörige in ihrem Alltag und ihrer Lebenswelt mit ganz unterschiedlichen Dingen beschäftigt sind, die sie in solch einem Ritual auch vor Gott bringen möchten. Die Offenheit und frei gestaltbare Nutzbarkeit des Rituals bietet in dieser Hinsicht noch einmal weitergehende Möglichkeiten als zum Beispiel Gebete. Schließlich sind diese durch vorgegebene Inhalte und Formulierungen stärker strukturiert und im Blick auf individuelle Formen des Zugangs und der Rezeption direktiver, als das beim Gebetsritual im untersuchten Familiengottesdienst der Kinderklinik der Fall ist.

Ein *inhaltlicher Impuls* zählt, so wie auch das Gebetsritual, zu den liturgischen Elementen, die in jedem Familiengottesdienst in der Kinderklinik vorkommen. Der inhaltliche Impuls steht, wenn man sich an offizielle agendari-

---

16   Vgl. van Gennep 1986.

sche Bezeichnungen hält, im Zentrum des Verkündigungsteils an der Stelle der Predigt. Inhaltlich ist der Impuls deutlich stärker fokussiert als das Gebetsritual. Das resultiert aus der Tatsache, dass die Pfarrerin eine biblische Geschichte oder ein religiöses Thema in den Raum stellt, dessen Inszenierung sie im Vorfeld des Gottesdienstes vorbereitet hat. Doch die konsequente Adressatenorientierung, die die Familiengottesdienste in der Kinderklinik auszeichnen, kommt auch im Fall des inhaltlichen Impulses zum Tragen. Konkret geschieht dies dadurch, dass die Pfarrerin keine monologische Rede hält, sondern einen biblischen Text oder ein religiöses Thema im Rahmen einer Inszenierung in den Gottesdienst einspielt. Diese Inszenierung wiederum zielt auf Dialog und Interaktion mit den Kindern, aber auch mit anderen Gottesdienstteilnehmenden. Auf diese Weise bringt die Pfarrerin zwar eigene, im Vorfeld des Gottesdienstes erarbeitete und vorbereitete inhaltliche und gestalterische Akzente ein. Das macht sie jedoch nicht so, dass hier so etwas wie ein starr vorgegebenes Drehbuch eins zu eins zur Aufführung gebracht würde. Vielmehr stellt sie ihre inhaltlichen Ideen und gestalterischen Anregungen den Kindern vor und tritt mit ihnen in einen Austausch darüber, wie sie, die Kinder, zu den Inhalten und gestalterischen Anregungen stehen.

Auf dieser Grundlage realisiert sich der inhaltliche Impuls des Familiengottesdienstes als inszenatorischer Prozess, in den sich die Pfarrerin einerseits sowie die Kinder und gegebenenfalls auch erwachsene Gottesdienstteilnehmende andererseits einbringen können. Die konsequente Adressatenorientierung wird in diesem Fall nicht nur dadurch umgesetzt, dass Kinder und Erwachsene eigene Sichtweisen, Anliegen und Gestaltungsideen in den Inszenierungsprozess einspielen können, sondern auch dadurch, dass die Pfarrerin mit einer so großen Offenheit auf alternative Sichtweisen und Meinungen eingeht, dass sie ihren ursprünglichen Inszenierungsplan hintenanstellt und gemeinsam mit der Gruppe etwas Neues, Anderes inszeniert.

Auch unter dem Gesichtspunkt der Gemeinschaftsbildung zeigt eine solche Art der Inszenierung des inhaltlichen Impulses besondere Charakteristika. Beim Gebetsanliegen eröffnet die Pfarrerin einen Raum für die Konstitution einer gottesdienstlichen Gemeinschaft, indem sich alle Gottesdienstteilnehmenden individuell mit ihren Inhalten und in der von ihnen gewünschten Intensität einbringen können. Im Fall des inszenierten Impulses tritt die Pfarrerin dann aus ihrer Rolle im Hintergrund heraus und tritt in die Gemeinschaft derer ein, die sich an der Inszenierung des Impulses beteiligen. Sie ist nun klar als Teil der gottesdienstlichen Gemeinschaft erkennbar – und dass nicht hierarchisch direktiv, sondern dialogisch und interaktiv auf Augenhöhe mit allen anderen Gottesdienstteilnehmenden.

Wie schon in Bezug auf das Gebetsritual ist hinsichtlich des inhaltlichen Impulses ebenfalls grundsätzlich davon auszugehen, dass dieser auch in parochialgemeindlichen Familiengottesdiensten realisierbar ist. Auch hier bringen Kinder wie auch Erwachsene Anliegen und alltagsweltliche Themen mit in den

Gottesdienst, die sie in die Inszenierung eines inhaltlichen Impulses so einbringen können, dass dies eine Bereicherung für die gottesdienstliche Gemeinschaft darstellt. Ob ein so gedachter inhaltlicher Impuls dann auch tatsächlich
realisierbar ist, dürfte schlicht von eher äußeren Faktoren abhängen. Zum
einen müssen geeignete räumliche Verhältnisse herrschen, um in Interaktion
und Dialog miteinander eine biblische Geschichte oder ein Thema inszenieren
zu können. Zum anderen, das ist vielleicht noch entscheidender, sollte eine
Liturgin oder ein Liturg in der Lage sein, sich auch tatsächlich auf einen solch
offenen Prozess der Inszenierung einzulassen. Interesse für die Anliegen und
Bedürfnisse der Gottesdienstteilnehmenden sowie Lust und Freude daran, die
eigene liturgische Kompetenz in den Dienst der gottesdienstlichen Gemeinschaft zu stellen, sind die Voraussetzungen hierfür.

Zu den gestalterischen Elementen, die im Familiengottesdienst der Kinderklinik zur Konstituierung einer gottesdienstlichen Gemeinschaft beitragen und
den Gottesdienst zu einer wohltuenden Unterbrechung des Klinikalltags machen, zählt schließlich die *Musik*.[17] Von der Art und Weise, wie mit Musik im
Familiengottesdienst der Kinderklinik umgegangen wird, können ebenfalls
Impulse auf Familiengottesdienste in anderen Kontexten ausgehen. Der entscheidende Aspekt, der den Umgang und die Funktion der Musik im Familiengottesdienst der Kinderklinik auszeichnet, ist wohl darin zu sehen, dass sich
jedes Kind zu Beginn des Gottesdienstes ein orffsches Instrument nehmen
kann. Dadurch können sich die Kinder nicht nur mittels ihrer Stimme beim
Singen von Liedern individuell in den Gottesdienst einbringen, sondern zusätzlich auch durch das Musizieren mit einem Instrument. Wie beim Gebetsritual
und beim inhaltlichen Impuls werden die Kinder auch in musikalischer Hinsicht in den Status von Akteuren versetzt, die sich aktiv in den Gottesdienst
einbringen und ihn mitgestalten können.

Durch die ausgehändigten Musikinstrumente können sich die Kinder auch
auf der musikalischen Ebene artikulieren. Mit der Musik steht den Kindern eine
Ausdrucksebene zur Verfügung, auf der sie Stimmungen und Emotionen noch
einmal anders, gegebenenfalls sogar umfassender, zum Ausdruck bringen können, als das auf der kognitiv-verbalen Ebene der Fall ist. Besonders bemerkenswert ist dabei der in den empirischen Befunden geschilderte Sachverhalt,
dass die musikalische Partizipation der Kinder ihren Ausgangspunkt zwar auf
der individuellen Ebene nimmt, letztlich aber auf dem Weg musikalischer Interaktion mit der Pfarrerin und allen anderen Mitmusizierenden wieder in eine
Gemeinschaftserfahrung mündet: Jede und jeder, die oder der mitmusiziert,
kann erleben, wie die eigene Situation und das damit verbundene Empfinden in
die gottesdienstliche Gemeinschaft eingebracht und von ihr aufgenommen
wird.

---

17   Vgl. Kretzschmar in diesem Band, 333f.

Natürlich bringt die Pfarrerin oder auch die mitwirkende Musikerin oder der mitwirkende Musiker musikalische Vorgaben in den Gottesdienst ein. Doch werden diese Vorgaben, wie auch im Fall des inhaltlichen Impulses, nicht in einem starren Sinn als etwas verstanden, das so und nicht anders umzusetzen sei. Die Vorgaben verstehen sich stattdessen eher als Ausgangspunkt oder als Vorschlag, von dem aus das Musizieren jeweils beginnt, ohne dass im Vorfeld klar wäre, wie ein Lied dann letztlich gemeinschaftlich tatsächlich inszeniert und interpretiert wird.

Der Impuls, der von der musikalischen Gestaltung der Familiengottesdienste in der Kinderklinik auf Familiengottesdienste in anderen Kontexten ausgehen kann, besteht in erster Linie darin, die Musik im Gottesdienst als eigenständige kommunikative Ebene zu begreifen, die letztlich allen Gottesdienstteilnehmenden die Möglichkeit bieten sollte, individuelle Bedürfnisse, Empfindungen und Anliegen auf der musikalischen Ebene in den Gottesdienst und die sich in ihm konstituierende Gemeinschaft einzubringen. Eine Möglichkeit, wie das geschehen kann, zeigt das Beispiel der Familiengottesdienste in der Kinderklinik. Vermutlich gibt es daneben noch weitere Möglichkeiten, Gottesdienstteilnehmerinnen und -teilnehmer musikalisch in den Status eigenständig handelnder Akteurinnen und Akteure zu versetzen. Klar sollte dabei allerdings sein, dass durch das schlichte Angebot, Lieder einfach mitzusingen oder Instrumentalstücke einfach anzuhören, die partizipativen Möglichkeiten der musikalischen Ebene noch nicht ausgeschöpft sind. Nicht zuletzt ein gemeinschaftliches, sorgfältiges und intensives Zusammenwirken von Liturginnen und Liturgen auf der einen und Musikerinnen und Musikern auf der anderen Seite – sowohl im Vorfeld als auch während eines Gottesdienstes – dürfte in Bezug auf die aktive musikalische Einbindung möglichst vieler Gottesdienstteilnehmenden aussichtsreich sein.

4.3. Effekt[18]

Die dritte Dimension des Effekts im Ursache-Wirkungs-Schema Haltung-Gestaltung-Effekt, kann nicht unmittelbar zur Grundlage für die Formulierung von Impulsen in handlungsorientierender Hinsicht genutzt werden. Schließlich handelt es sich bei Effekten ja um Resultate und nicht um Ursachen, die zu diesen Resultaten führen. Wird an dieser Stelle dennoch auf die empirisch erhobenen Effekte eingegangen, die der Familiengottesdienst in der Kinderklinik mit sich bringt, dann darum, weil auch die Wirkung, die dieses Gottesdienstformat erzielt, eine orientierende und damit impulsgebende Funktion in Bezug auf Familiengottesdienste in anderen Kontexten erfüllen kann. So kann man die in dieser Studie erhobenen Effekte als mögliche Zielvorstellung von

---

18 Vgl. a.a.O., 235-241.

Familiengottesdiensten sehen, zu denen man sich verhalten und die Frage stellen kann, ob man für die Familiengottesdienstpraxis im eigenen Kontext ähnliche Ziele anstrebt. Ist das der Fall, rücken die nun anzusprechenden Effekte des Familiengottesdienstes in der Kinderklinik in die Nähe dessen, was oben im Zusammenhang mit dem Begriff der Haltung zum Familiengottesdienst geschildert wurde. Daher kann auch dem Blick auf Effekte eine handlungsorientierende Funktion zukommen.

Versucht man, den Effekt, das heißt die Art und Weise, wie der Familiengottesdienst in der Kinderklinik bei den Gottesdienstteilnehmenden wirkt, skizzenartig zu umschreiben, dann entsteht das folgende Bild: Der Familiengottesdienst in der Kinderklinik bezieht sich auf die individuelle Religiosität aller Teilnehmenden. Nahezu all seine Gestaltungselemente zielen darauf, die Religiosität der Teilnehmenden aufzugreifen und in die gottesdienstliche Kommunikation einzuspielen. Individuelle Bedürfnisse und Anliegen können in Relation zu den Bedürfnissen und Anliegen anderer Gottesdienstteilnehmenden gesetzt werden. Die sich im Gottesdienst einstellenden Bezüge führen zu Gemeinschaftserfahrungen und damit zur Konstitution einer gelegenheitsbasierten gottesdienstlichen Gemeinschaft. Die Pfarrerin leitet den Gottesdienst, indem sie das im Vorfeld erstellte Gottesdienstkonzept als Angebot an alle Teilnehmenden versteht. Dieses Angebot bildet die Basis für eine gottesdienstliche Kommunikation, die gleichermaßen strukturiert wie auch offen für situationsbezogene und adressatenorientierte spontane Änderungen ist. In permanenter Interaktion mit den Teilnehmenden führt die Pfarrerin durch den Gottesdienst. Vordergründig steht sie dadurch im Zentrum des gottesdienstlichen Kommunikationsprozesses. Tatsächlich jedoch kommt den Kindern die Zentralstellung im Gottesdienst zu. Sie sind so etwas wie der Dreh- und Angelpunkt während des gesamten Gottesdienstes. Ihrem Verhalten, ihren Äußerungen und ihren Handlungen wird höchste Aufmerksamkeit geschenkt. Ihnen steht ein Kommunikationsraum zur Verfügung, in dem sie sich innerhalb eines breiten Spektrums von Rezeption und Aktion individuell und variabel verorten können. In dieser faktischen Zentralstellung sind die Kinder so etwas wie Gatekeeper, die den Erwachsenen Zugänge zum gottesdienstlichen Geschehen eröffnen. Durch die enge Bindung zwischen Kindern und Eltern wird dieser Zugang von den Erwachsenen vermutlich gar nicht im Sinne einer Schwelle empfunden, die es aktiv zu überschreiten gilt, sondern eher als unmittelbares mit Hineingenommensein in das gottesdienstliche Geschehen. Die Eltern sind nicht nur physisch bei ihren Kindern, sondern auch gedanklich. Dadurch, dass die Kinder die Erwachsenen gleichsam automatisch in die gottesdienstliche Kommunikation mitnehmen, ist der Familiengottesdienst ein Gottesdienst, an dem die Erwachsenen sowohl emotional als auch inhaltlich mit hoher Intensität partizipieren. In der spezifischen Situation des Krankenhausaufenthaltes spielt das Thema Gesundheit eine herausragende und in der Regel wohl belastende Rolle. Der Familiengottesdienst wird als Ort erlebt, an dem alles, was gerade an Belastendem im Raum steht, in die gottesdienstliche Gemeinschaft, aber auch vor Gott gebracht werden kann. Die Art und Weise, in der im Gottesdienst mit aktuell Belastendem umgegangen wird, unterscheidet sich von den pflegerisch-medizinischen Formen des Umgangs. Diesen Unterschied stellt das empirische Material dadurch besonders heraus, dass es den Familiengottesdienst in der Kinderklinik als wohltuende Unterbrechung des Klinikalltags näher charakterisiert.

Im Blick auf Familiengottesdienste in Kontexten jenseits der Kinderklinik besteht der maßgebliche Impuls, der von dieser Wirkungsskizze des Familiengottesdienstes in der Kinderklinik ausgeht, darin, Familiengottesdienste als besondere Zeit und Gelegenheit zu verstehen. Mit Hilfe des Stichworts der *wohltuenden* Unterbrechung kann die Besonderheit dieser Alltagsunterbrechung, die der Familiengottesdienst bieten kann, näher beschrieben werden. Was genau kann zu einer wohltuenden Empfindung im Zusammenhang mit dem Familiengottesdienst führen?

Ein erster Aspekt, der an dieser Stelle zu nennen ist, ist die Zeit, die sich Teilnehmende wie auch Mitwirkende für den Gottesdienst nehmen. Sowohl in Bezug auf den Familiengottesdienst in der Kinderklinik als auch in Bezug auf Familiengottesdienste in anderen Kontexten ist es so, dass alle, die mit dem Gottesdienst zu tun haben, für eine bestimmte Zeit ihre üblichen Alltagsroutinen verlassen. Sind diese Alltagsroutinen im Krankenhaus von Pflege und medizinischer Behandlung geprägt, sind es jenseits des Krankenhauses andere Faktoren, die den Alltag prägen und die für die Teilnahme und Mitwirkung am Gottesdienst verlassen werden: Kinder kümmern sich einmal nicht um die Schule, konsumieren keine Medien und so weiter. Die Eltern unterbrechen ihren Arbeitsalltag, lassen Hausarbeit und andere Erledigungen ruhen. Und auch die Pfarrerin, der Pfarrer sowie musikalisch Mitwirkende verlassen ihre Alltagsroutinen und nehmen sich Zeit für den Gottesdienst. Alle Beteiligten verlassen somit ihre sonst üblichen Zeitstrukturen und von spezifischen Zweckrationalitäten geprägten Alltagsvollzüge. Dieses Heraustreten aus den normalen Alltagsstrukturen ist ein besonderer Schritt und macht die Dauer des Gottesdienstes zu einer besonderen Zeit.

Der zweite Aspekt, der einen Familiengottesdienst zu einem wohltuenden Erleben machen kann, ist die individuelle Wahrnehmung aller im Gottesdienst anwesenden Personen. Gerade weil sonst übliche Alltagsroutinen in Bezug auf Zeitstrukturen und Zweckrationalitäten verlassen werden, werden auch die im Alltag dominierenden Rollen verlassen. Diese Rollen sind in der Regel Teil einer Zweckerfüllungsstruktur, so dass sie Persönlichkeitsmerkmale, die nichts mit den alltäglichen Routinen der Zweckerfüllung zu tun haben, überlagern. Was einen Menschen tatsächlich in einem umfassenden Sinn ausmacht, kann daher im gewöhnlichen Alltag leicht verborgen bleiben. Da der Gottesdienst nicht von den alltäglichen Zweckrationalitäten geprägt ist, bietet er einen Raum, in dem sich Kinder genauso wie auch Erwachsene einmal auf eine ganz andere

Weise wahrnehmen können, als das im Alltag der Fall ist. Kinder können ihre Eltern einmal als Menschen wahrnehmen, die nicht nur über die Arbeit und andere Verpflichtungen reden. Eltern wiederum können an ihren Kindern Seiten entdecken, die nichts mit Schule oder anderen leistungsorientierten Kontexten zu tun haben. Eine Pfarrerin oder ein Pfarrer schließlich hat während der Zeit des Gottesdienstes die Möglichkeit, sich letztlich ohne Zweckbindung auf Bedürfnisse und Anliegen der Menschen, mit denen sie oder er Gottesdienst feiert, einzulassen. So wird die gottesdienstliche Zeit zu einem Raum, in dem Menschen mit all dem in Erscheinung treten können, was sie als Persönlichkeit ausmacht.

Der dritte hier zu nennende Aspekt knüpft an den vorangegangenen an. Indem Menschen im Familiengottesdienst deutlich stärker als je individuelle Persönlichkeiten in Erscheinung treten können, als das im normalen Alltag der Fall ist, können in der besonderen Zeit des Gottesdienstes Themen virulent werden, die im alltäglichen Leben aller Beteiligten keinen rechten Ort haben. Denkbar ist aber auch, dass Themen virulent werden, die durchaus auch im Alltag der Gottesdienst feiernden Menschen präsent sind, dies aber zum Beispiel in einer Weise, die so im Alltag nicht denkbar wäre. Möglich ist die Präsenz ganz eigener Themen, aber auch der Umgang mit Alltagsthemen aus neuen, ungewohnten Perspektiven, weil die gottesdienstliche Kommunikation eben frei ist von den den Alltag prägenden Mustern der Zweckrationalität. Das daraus resultierende Gefühl, dass der Familiengottesdienst eine wohltuende Alltagsunterbrechung ist, kann auf dieser Grundlage dahingehend konkretisiert werden, dass die gottesdienstliche Kommunikation als etwas erlebt wird, das das eigene Leben und die mit ihm verbundenen Sinn- und Rationalitätsmuster in einer befreienden, Perspektiven öffnenden Weise sehen lässt.

5.   Schlussbemerkung

Wie eingangs gesagt, soll dieser Beitrag nicht als Plädoyer dafür verstanden werden, möglichst alle Familiengottesdienste jenseits der Kinderklinik so stark wie möglich am Modell des Familiengottesdienstes in der Kinderklinik zu orientieren. Das wäre auf Grund ganz unterschiedlicher Rahmenbedingungen in den diversen Kontexten weder realisierbar noch wäre es angesichts der Fülle und Vielfalt, die die Topografie des Formats Familiengottesdienst auszeichnet, wünschenswert. Schließlich sind diese Fülle und Vielfalt als Reichtum zu begreifen, der es ermöglicht, an vielen Orten und bei ganz unterschiedlichen Gelegenheiten Menschen in ihrem je eigenen Lebenskontext zu erreichen. Ein normatives Herausstellen des Familiengottesdienstes in der Kinderklinik als vermeintliches Ideal eines jeden Familiengottesdienstes wäre letztlich ein Plädoyer für die Etablierung einer familiengottesdienstlichen Monokultur.

Nein, das Ziel des Beitrags ist ein anderes. Tatsächlich werden hier Aspekte benannt, die im Sinne einer möglichst guten Passung zwischen einem gottesdienstlichen Angebot und der lebensweltbasierten Religiosität der Menschen positiv hervorgehoben werden können. Das allerdings mit der Intention, einmal ganz grundsätzlich über das Phänomen Familiengottesdienst nachzudenken. Der Beitrag hat sein Ziel erreicht, wenn er, zunächst noch ganz unabhängig vom Familiengottesdienst in der Kinderklinik, auf die Chancen neugierig gemacht hat, die Familiengottesdienste in Bezug auf eine religiöse Kommunikation bieten können, die das Leben der Menschen mit seinen je aktuellen Themen, Fragen und Herausforderungen zum Ausgangspunkt macht. Wenn dieser Text auf dieser Grundlage eigene Ideen für familiengottesdienstliche Projekte oder auch an der ein anderen Stelle Impulse für die Weiterarbeit an einer schon bestehenden familiengottesdienstlichen Praxis gegeben hat, wäre das sehr schön. Dann hätte er einen Beitrag dazu geleistet, Familiengottesdienste an welchen Orten und bei welchen Gelegenheiten auch immer zu Orten der Seelsorge zu machen.

Was ist da drin? – Erfahrungen mit „Kindergottesdienst in Tüten"[1] in Pandemiezeiten

Beate Bühler-Egdorf

Die Analyse der Familiengottesdienste in der Tübinger Kinderklinik stellt heraus, dass die individuelle Zuwendung zu den teilnehmenden Kindern und Erwachsenen eine Gottesdienstgemeinschaft ermöglicht, die den Alltag der Klinik wohltuend unterbricht. Wie diese Gemeinschaft entstehen kann, wenn durch die Einschränkungen der Pandemie direkte Begegnungen im Kinderkrankenhaus nicht möglich sind, wird am Beispiel der „Kindergottesdienste in Tüten" verdeutlicht. Der durch strenge Hygienemaßnahmen bestimmte monotone Ablauf des Tages wird auch durch diese Form des Gottesdienstes wohltuend unterbrochen. Dadurch wird die Wahrnehmung von Kindergottesdiensten bei den Kindern, Familien und den Mitarbeitenden der Stationen positiv verstärkt.

1.　Kinder lieben Überraschungen

Die Freude am Überraschungsei ist seit Jahrzehnten ungebrochen. Da gibt es verlässlich Schokolade und eine Überraschung, die je nachdem auf unterschiedliche Gegenliebe stößt. Bei Überraschungen verlässt man sich darauf, dass es jemand gut mit einem meint und ist gespannt, was zum Vorschein kommt. Vertrauen und positive Erwartungen gepaart mit Vorfreude und Neugier sind für große und kleine Entdecker unwiderstehlich.

Seit wir durch die Pandemie keinen Kindergottesdienst mehr in Präsenz feiern dürfen, verteile ich „Kindergottesdienst in Tüten". Sehr oft werde ich gefragt: was ist denn da drin? Die Überraschungstüte stößt auf große Gegenliebe und das nicht nur bei den Kindern. Die Frage nach dem Inhalt bezieht sich natürlich in erster Linie ganz handfest darauf, was in der Tüte an begehrenswerten Objekten zu finden sein wird, aber auch auf den inhaltlichen Kontext.

1　Seit über 50 Jahren wird im Elisabeth-Kinderkrankenhaus (Universitätsklinik für Kinder- und Jugendmedizin, Klinikum Oldenburg) Kindergottesdienst gefeiert. Selbstverständlich nehmen Kinder jeden Alters und Erwachsene an diesem Gottesdienst teil. Da er aber immer und bewusst die Kinder in den Mittelpunkt stellt, wird anstelle der Bezeichnung Familiengottesdienst der in der Klinik vertraute Begriff Kindergottesdienst genutzt.

Viele wissen nicht, was in einem Kindergottesdienst geschieht und haben daher auch keine (positiven) Erwartungen. Eine Kindergottesdiensttüte scheint in gewisser Weise verlockend zu sein, aber kann man dem Inhalt auch trauen? Manche Kinder sind Fremdem gegenüber in der Klinik zurückhaltend. Für den Besuch eines Kindergottesdienstes in einer unbekannten, teilweise bedrohlichen Umgebung ist das Vertrauen darauf, dass etwas Gutes geschehen wird, eine grundlegende Voraussetzung, die nicht immer gegeben ist. Dagegen ist eine ansprechende Tüte mit reizvollem Inhalt ein kalkulierbares Wagnis. Um zu vermitteln, was von Gottesdiensttüten erwartet werden kann, müssen die Stationsteams in das Konzept einbezogen sein. Auch Kindergottesdienst in Tüten geschieht im gemeinsamen Handeln.

Ich möchte im Folgenden darauf eingehen, wie Kindergottesdienst in der Kinderklinik in Pandemiezeiten gestaltet und wahrgenommen wird. Daraus ergibt sich die Überlegung, wer am Gottesdienst teilnimmt, teilhat und wie aus der einzelnen Kindergottesdiensttüte ein Gemeinschaftserleben werden kann.

2. Kindergottesdienst in der Kinderklinik ...

... ist für viele Menschen ein unerwartetes Angebot. Die Situation als krankes Kind oder mit einem kranken Kind im Krankenhaus zu sein, ist für alle Beteiligten belastend und fremd. Das Familiensystem, was sonst oft sehr gut funktioniert, muss neu organisiert werden, zusätzlich bereitet der gesundheitliche Zustand Sorgen. Die meisten Menschen sind im Krankenhaus verunsichert, zum Teil emotional erschüttert. Sie haben viele Fragen und brauchen Erklärungen, um selbst nachzuvollziehen und begreifen zu können, was mit ihnen und ihrem Kind geschieht.

Verlässliche Informationen vermitteln ein sicheres Gefühl und bauen Vertrauen auf. Das kann man auf den Kindergottesdienst übertragen. Den meisten An- und Zugehörigen ist sowohl Seelsorge als auch Gottesdienst im Kinderkrankenhaus unbekannt und fremd. Daher ergeben sich auch dazu viele Fragen: Was verbirgt sich eigentlich hinter einem Kindergottesdienst in der Kinderklinik? Wer ist eingeladen? Was wird dort gemacht? Menschen, die bereits Zugang zur Kirche und zu Gottesdiensten haben, können sich eher vorstellen, was ein Kindergottesdienst im Bereich der Kinderklinik sein kann. Andere sind irritiert aber auch interessiert: Wie passt Kirche auf einmal in ein Kinderkrankenhaus und was will sie dort von mir? Nimmt einerseits die Skepsis der Menschen zu, dass Kirche eine verlässliche Partnerin in Krisen sein kann, wächst andererseits der Wunsch eine starke und zuverlässige sowie kompetente Begleitung an der Seite zu haben. Kirchliche Angebote im Kinderkrankenhaus sind dabei nicht notwendigerweise im Horizont der kleinen Patienten oder ihrer begleitenden Personen. Daher sollen Informationen leicht und wiederholt zugänglich sein. Dabei muss bedacht werden, dass drei verschiedene Systeme hier aufeinandertreffen:

- Die Familie mit dem kranken Kind muss sich zuerst orientierten, um ein seelsorgliches Angebot wahr- und annehmen zu können.
- Das Kinderkrankenhaus muss sich für die Relevanz psychischer und spiritueller Angebote öffnen und Raum dafür bereitstellen.
- Die Kirchen müssen sich ihrerseits für seelsorgliche Angebote bei Kindern an anderen, außerkirchlichen Orten engagieren und öffnen.

Damit ein Kindergottesdienst überhaupt stattfinden kann, müssen diese drei komplexen Komponenten miteinander funktionieren, bestenfalls sogar harmonieren. Daher gehören die mitarbeitenden Teams auf den Stationen unbedingt zum Gestalten und Umsetzen des Kindergottesdienstes dazu, ohne dass sie direkt als Teilnehmende dabei sind. Sie sind nicht nur grundlegende Stützen und ermöglichen ein gemeinschaftliches Erleben, sondern gehören auch selbst zur erweiterten Gemeinschaft des Kindergottesdienstes dazu.

3.   Ein Ergebnis der Untersuchung der Familiengottesdienste im Kinderkrankenhaus ist, ...

... dass durch „die individuelle Wahrnehmung aller Gottesdienstteilnehmenden die Konstituierung einer gottesdienstlichen Gemeinschaft resultiert".[2] Durch die Zuwendung zum einzelnen Kind und damit zum Elternteil und zur Familie entsteht beziehungsweise geschieht Gemeinschaft im Gottesdienst. Kinder und Erwachsene sehen sich verbunden in der gleichen oder zumindest einer vergleichbaren Situation im Krankenhaus. Einer Situation, die viele außerhalb der Klinik oder auch nur außerhalb eines Alltags mit einem kranken Kind nicht nachvollziehen können. Niemand muss sich hier erklären. Das entlastet und erleichtert. Im Gottesdienst wird diese Gemeinsamkeit zu einer Gemeinschaftserfahrung vor Gott, was oft darüber hinaus verbindet und die Grundlage für existentielle und religiöse Gespräche legt.

4.   Wie geht das nun in Pandemiezeiten?

Gerade dann, wenn Menschen so sehr auf Gemeinschaft angewiesen sind, dürfen keine gemeinschaftlichen Aktivtäten stattfinden. Kindergottesdienste dür-

---

2   Kretzschmar in diesem Band, 226.

fen seit Ostern 2020 in der Kinderklinik nicht gefeiert werden. Die Pandemie hat den Kindergottesdienst verändert. Durch strenge Besuchsregeln sind die meisten jüngeren Kinder nun mit einem Elternteil gemeinsam im Zimmer, haben dafür aber keinen direkten Kontakt zu anderen Familienmitgliedern oder Kindern. Manchmal sind zwei Kinder in einem Zimmer mit ihren Eltern. Andere Besuche finden nicht statt. Alle Spielzimmer sind gesperrt, auch Kontakte von Patienten und Patientinnen zueinander auf den Fluren oder in den Küchen sind untersagt oder es muss ausreichend Abstand gehalten werden. Die psychische Belastung für Angehörige sowie für die Kinder ist hoch. Viele Mütter und Väter finden keine Ruhe gemeinsam mit dem kranken Kind im Zimmer und leiden an Schlafmangel. Die Kinder langweilen sich, vermissen Kontakte zu anderen Kindern und vertrauten Menschen. Geduld zu bewahren ist in der Kliniksituation äußerst schwer. Die Herausforderungen für den Kindergottesdienst liegen nun zusätzlich darin, dass

- man sich in der Kinderklinik nicht versammeln darf,
- der Bewegungsradius stark eingeschränkt ist,
- Ehrenamtliche, die den Kindergottesdienst mitgestalten, die Klinik nicht betreten dürfen,
- Kinder, Eltern und Mitarbeitende unter vermehrtem Stress stehen,
- sich verändernde Hygienevorschriften eingehalten werden müssen,
- Körperkontakt vermieden werden sollte und
- trotzdem Gott den Familien nahegebracht werden will.

Die Überlegung war also wie unter den Veränderungen der Pandemie eine inhaltliche Entsprechung zum Kindergottesdienst geschaffen werden kann. Ist Kindergottesdienst normalerweise eine Versammlung unterschiedlicher Personen als eine Gemeinschaft vor Gott, so sind jetzt oft nur zwei Personen eines Haushalts im Zimmer. Wird sonst jeder und jede wahrgenommen, mit Namen begrüßt und je nach Temperament und Persönlichkeit wertgeschätzt, so ist nun häufig der Kontakt auf eine kurze Vorstellung, Begrüßung und Überreichung der Tüte beschränkt. Wird ein Thema oder eine Geschichte in Präsenz erzählt, die die Kinder kreativ mitgestalten, so muss jetzt jede Familie für sich die Geschichte beziehungsweise das Thema erkunden. Gibt es sonst einen Wechsel in eine andere Räumlichkeit oder die Möglichkeit zu Musik, Singen oder rituellem Handeln, so ist nun der Ort der gleiche und weder Musizieren oder rituelles Handeln im Sinne von Berühren beim Segen möglich. Bleiben normalerweise einige nach dem Gottesdienst noch zum Aufräumen und zum zwanglosen Gespräch zusammen, so ist nun Abstand und Vereinzelung nötig.

Diese einschränkenden Bedingungen konnten dennoch konstruktiv und kreativ aufgegriffen und umgesetzt werden. „Kindergottesdienst in Tüten" ist die Alternative, die in der Kinderklinik sehr gut angenommen wird und praktikabel für alle Beteiligten ist.

5. Die Idee mit der Kindergottesdiensttüte ...

... kam sehr spontan. Erfahrungen gab es bereits mit dem Verteilen von Heften und Materialien an Kinder, die wegen Ansteckungsgefahr nicht am sonntäglichen Kindergottesdienst teilnehmen durften. Die Hygienebedingungen konnten so eingehalten werden. Jetzt mussten weitere Hygienestandards bedacht werden, z.B. wer wie die Tüten überreichen darf. Um auf der sicheren Seite zu sein, wurden auch digitale Formate erwogen, die aber z.T. schon aus technischen Gründen in der Kinderklinik schwer möglich sind. Dagegen sind die Vorteile der „Überraschungstüte", dass sie, selbst mit Mundschutz und Kittel überreicht, sehr niedrigschwellig ist und sich zu einem gewissen Grad selbst erklärt. Mit ihrer ansprechenden Optik wirkt sie auf Kinder einladend, weckt ihre Neugier und die Freude am Beschenkt werden.

Der Kindergottesdienst in Tüten ist auch für Kinder mit unterschiedlichen sprachlichen und kulturellen Hintergründen attraktiv, da sich vieles ohne Übersetzung erschließt. Ein bunter Luftballon zum Aufblasen an der Tüte, braucht keine weitere Erläuterung. Aufgrund dieser Kleinteile, wird an Kinder ab drei Jahren verteilt, nach oben ist keine Altersbegrenzung nötig. Manche Sechzehnjährigen freuen sich über Mandalas, Buntstifte und Segensbänder genauso wie erwachsene Begleitpersonen. Die gepackten Papiertüten sollen für Mädchen und Jungen möglichst gleich interessant sein und auf alle Fälle etwas gegen Langeweile beinhalten.

Zum Inhalt gehört immer eine Geschichte oder ein Thema, das mit dem Erleben des Kindes zu tun hat und mit Gott in Beziehung gesetzt wird. Eine Kindergottesdienstzeitschrift bietet hier Geschichten zum Angucken, Lesen oder Vorlesen, ebenso wie Rätsel, Bastelspaß, Anregungen für Spiele und Mitmachaktionen. Aber auch Stichworte wie Licht und Dunkel, Segen, Mut, Angst und Hoffnung und so weiter sind seelsorgliche Themen, die aufgegriffen werden. Sehr gerne werden Farben aufgenommen, Rot als Symbol für die Liebe mit passenden Texten und Bastelmöglichkeiten oder Blau, wenn es um Wasser und Taufe geht. Neben den oben genannten inhaltlichen Themen sollen die Tüten folgende Elemente beinhalten:

Es soll etwas zum Gestalten oder selber machen enthalten.

Viele Kinder leiden darunter, dass sie durch eine Krankheit nicht mehr so selbständig sind wie vorher. Der Krankenhausalltag hat einen anderen Rhythmus, der für sie schwer verständlich ist und dem sie sich nicht widersetzen können. Ihre Möglichkeiten sind auch körperlich oft eingeschränkt. Selber kreativ zu sein, etwas gestalten zu können und ein Ergebnis zu sehen, muntert auf und macht manchmal sogar stolz.

Es soll Spaß machen.

Freude hilft heilen. Lachen macht gesund. Viele dieser Aussagen sind bekannt und belegt. Mit Klinikclowns, die während der Pandemie nicht auf die Stationen durften, gibt es einen ganzen Therapieansatz dazu. Der Spaßfaktor war schon immer ein grundlegender Aspekt im Kindergottesdienst. Sich leicht fühlen, erleichtert sein, Freude teilen, lachen können – dies sind Grundnahrungsmittel für die Seele.

Es soll sofort umsetzbar sein.

Nichts ist so frustrierend wie eine Aufgabe, die ich nicht bewältigen kann: Ein Bild malen ohne Papier, etwas zusammen zu kleben ohne Klebstoff, einen Kerzenhalter basteln ohne Kerze... Alles, was in die Tüte kommt, muss an Ort und Stelle umsetzbar und praktikabel sein. Am besten es funktioniert auch zum wiederholten Mal. Enttäuschungen kann man nicht gebrauchen, die gibt es im Alltag genug.

Es soll eine Überraschung sein.

Die Tüte und die Aktion an sich sind für die meisten überraschend. Kleine Besonderheiten sind aber sehr willkommen und bleiben im Gedächtnis haften: Warum geht die Papierblüte im Wasserbad auf? Warum schimmern Seifenblasen wie ein Regenbogen? Staunen können ist vielen Kindern eigen. Sich an Kleinigkeiten freuen und die Welt entdecken gehört zur kindlichen Entwicklung. Willkommen in Gottes Welt.

Es soll für andere sichtbar sein oder andere einbeziehen.

Die Botschaft weitersagen ist Teil des Gottesdienstes. Andere einzubeziehen ist für Kinder ganz selbstverständlich: ein Bild für die Großeltern oder die Geschwister malen; ein Foto von dem selbstgebastelten Kerzenhalter an die Schulklasse verschicken, das aufgeklebte Tattoo dem Arzt oder der Pflegenden zeigen. Teilhaben lassen, an dem was geschieht ebenso wie die gute Nachricht weitersagen; all das gehört hier zusammen. Für den Kindergottesdienst in Tüten ist das wie Werbung in eigener Sache und viele Stationsteams bekommen eine konkrete Idee von dem, was sich hinter der Aktion verbirgt.

Es soll ein Segen mitgegeben werden.

An jeder Tüte heftet ein kurzes und einprägsames Segenswort. Viele können
das lesen, aber meistens gibt es einen sinnlich erfahrbaren Segen dazu, um
Gottes Nähe spürbar oder sichtbar zu machen. Kinder wie Erwachsene brauchen Zuspruch und Halt, sehnen sich nach einer Kraftquelle und nach Berührung. Nur selten gibt es in der Coronazeit die Möglichkeit durch Auflegen der
Hände zu segnen. Doch manche werden durch eine Geschichte oder ein Se-
genszeichen innerlich berührt. Kleine Engelanhänger finden großen Anklang,
ebenso wie Segens- und Trosttücher oder Segensbänder, die Große und Kleine
eine Weile sichtbar und spürbar begleiten. So sind auch intensive liturgische
Elemente mit der Kindergottesdiensttüte möglich.

6.   Der Kindergottesdienst in Tüten bietet viele Elemente, die auch der bekannte Kindergottesdienst in Präsenz zeitigt

Nach wie vor fehlt jedoch das gemeinsame Zusammenkommen. Kann der Kindergottesdienst in Tüten eine Möglichkeit oder gar zeitweise ein Ersatz sein, in
anderer Weise Gemeinschaft mit Gott und eventuell auch mit anderen zu erfahren? In der präsentischen Gemeinschaft im Kindergottesdienst bringen
Kinder immer wieder ihre Familie mit ein. Sie verstehen und erleben sich als
Teil einer größeren Lebensgemeinschaft, die mit der Familie im engeren Sinn
beginnt aber auch die Haustiere, die Freunde, die nähere Umwelt einbezieht.
Für sie wird gebetet, von ihnen wird erzählt, an sie wird gedacht. Dieser Aspekt
einer Gemeinschaft bleibt beim Kindergottesdienst in Tüten bewahrt und wird
durch die Möglichkeit, etwas für andere zu gestalten oder etwas aus der Tüte
zu zeigen, gestärkt. Für viele Kinder sind Frieden und die Bewahrung der
Schöpfung ein existentielles Anliegen. Sie fühlen sich mit anderen Menschen
und Lebewesen eng verbunden. Besonders deutlich wurde dies in einer Regen-
bogenaktion für den Frieden. Alle haben daran teilgenommen und einen Se-
gensbogen aus der Kindergottesdiensttüte gestaltet und ans Fenster oder die
Tür geklebt. Es entstand eine sichtbare Fürbittgemeinschaft, die den Radius des
eigenen Zimmers erweiterte und einzelne Personen durch Zeichen miteinander verband.

　　Für jemanden zu beten ist ein Anliegen, das an die Seelsorgenden in Kinderkliniken herangetragen wird. Zu wissen, dass jemand für mich betet, an
mich denkt, mein Anliegen vor Gott bringt, gibt Hoffnung und Halt. Manche
erzählen auch, dass die Schulklasse oder die Konfirmandengruppe Kerzen an-

gezündet haben. Diese Art der Gemeinschaft durch Gebet gilt auch für den Kindergottesdienst in Tüten. Sie eröffnet für die spirituelle Dimension einen sichtbaren Platz im Patientenzimmer. Es ist eine Ausrichtung hin zu Gott und das ermöglicht ein Gefühl von Getragen sein auch ohne zeitgleiche Präsenz.

7. Das Verteilen der Kindergottesdiensttüten wird immer wieder als ein Angebot zum Gespräch verstanden ...

... und wahrgenommen. Wenn es die Situation erlaubt, ergibt sich aus dem kurzen Besuch im Patientenzimmer ein Gespräch mit den Kindern und auch mit den Eltern von ganz unterschiedlicher Intensität. Vom Smalltalk bis zur Lebensbeichte ist alles möglich. Zugleich wird der Besuch „von der Kirche" als ein Zeichen von Gottes Güte und Treue erlebt. Jemand denkt an mich, jemand nimmt wahr wie schwer die Situation mit Sorgen, Langeweile und der Alltag im Krankenhaus ist. Für einige ist es eine ganz neue Erfahrung, dass Kirche sie aufsucht. Sie fordert nicht, erwartet nichts, kommt einfach und ist da. Dabei hilft die Kindergottesdiensttüte manche Grenze zu überwinden, denn der eigene Glaube und die eigene Spiritualität sind für viele ein großes Tabu. Ein Sprechen darüber ist häufig mit Scham besetzt, mit Hilfe der Gottesdiensttüte wird eine zwanglose Begegnung eröffnet. Niemand muss sich entscheiden zum Kindergottesdienst zu gehen und sich zu „outen". Im geschützten Raum kann überlegt werden, das Angebot anzunehmen, es sogar durch ein seelsorgliches Gespräch zu erweitern oder es abzulehnen.

8. So kann der Besuch mit der Kindergottesdiensttüte zu einer wohltuenden Unterbrechung des Klinikalltags[3] werden

In der eingeschränkten Situation während der ersten Zeit des Lockdowns war deutlich geworden, dass sich besonders die Erwachsenen über diese Unterbrechung gefreut haben. In dieser Phase der Pandemie wurden keine elektiven Patientinnen und Patienten aufgenommen, sondern ausschließlich akut, teilweise schwerkranke Kinder und Jugendliche, die auf Grund ihrer gesundheitli-

---

3   Vgl. ebd.

chen Disposition häufig Schlaf und Ruhe brauchten. Für sie war die Unterbrechung daher nicht immer angebracht. Ihre Eltern jedoch waren froh auf diese
Weise „Besuch" zu bekommen. Sowohl das Material der Kindergottesdiensttüte, das Abwechslung bot, als auch die Möglichkeit eines Seelsorgegespräches
wurde dankbar angenommen. So haben viele Eltern die kreativen Möglichkeiten auch für sich genutzt. Der gar nicht alltägliche Klinikalltag brauchte eine
wohltuende Unterbrechung, um aus der Enge des Zimmers und der Sorgen
zumindest gedanklich und durch kreative Beschäftigung einen Ausweg zu finden.

Natürlich haben auch die Kinder die Gottesdiensttüte sehr genossen. Das
Stichwort Kindergottesdienst eröffnete einigen ganz ohne Scheu, von ihren
Erfahrungen mit Gottesdienst im Kindergarten zu erzählen, und zu berichten,
was sie mit Kirche und ihrem Glauben erlebt haben. Sie wussten, dass sie Positives erwarten dürfen und waren gespannt, was sie nun auspacken können.
Sogleich ergab sich dadurch eine interaktive Basis, die manchmal andere Menschen im Zimmer spontan einbezieht. So wurde in einem Zimmer mit zwei
Patienten und ihren beiden Müttern die letzte Tüte als Preis für das nächste
Kartenspiel ausgerufen. Der Kindergottesdienst in Tüten wurde zum Gewinn,
bei dem jeder mitspielen kann. Damit steht nicht mehr der Alltag des Krankenhauses im Vordergrund oder die Behandlung, sondern dessen wohltuende
Unterbrechung. Dieser leichte und offene Umgang ermöglicht auch kirchenfernen Familien einen Zugang zum Gottesdienst in kompaktester Form.

Andere näherten sich eher vorsichtig der Tüte an, beäugten sie kritisch,
wogen ab und die meisten griffen zu. Nur wenige lehnten ab. Selbst in diesen
Begegnungen ergab sich manchmal eine wohltuende Unterbrechung des Klinikalltags, da Einzelne gesehen und wahrgenommen wurden.

9.   Aus Sicht des Kindes sind die Kindergottesdiensttüten in erster Linie ein Geschenk

Beschenkt zu werden ist nicht nur wohltuend, sondern zudem erfreulich, weil
jemand sich für mich Mühe gegeben hat. Ich bin persönlich gemeint und werde
als so wertvoll erachtet, mit einem Präsent bedacht zu werden. „Ja, extra für
dich" war der Titel für die Jubiläumsveranstaltung zu 25 Jahre Kinderkrankenhausseelsorge in Bereich der EKD[4]. Es ist ein stehender Begriff in der Kinder

---

4   „Ja, extra für dich' – in Ihrer Überschrift zur Jubiläumskonferenz wird deutlich, wie die
    Kinderklinikseelsorge kontextbezogen nach einer Sprache sucht, nach einer zärtlichen
    Übersetzung des Trostes durch das Evangelium in Worte und Gesten, die die Herzen betroffener Kinder, ihrer Eltern und Großeltern berühren." Grußwort von Präses Nikolaus

krankenhausseelsorge geworden, der die Wahrnehmung des Einzelnen insbesondere des kranken Kindes ausdrückt. Für dich ist dieses Geschenk auch wenn du dich nicht gut fühlst, nicht direkt ansprechbar bist, nur eingeschränkt wahrnimmst, be- oder überlastet bist. Für dich bin ich jetzt da, für dich bringe ich etwas mit, extra für dich.

Im Akt des Beschenktseins liegt viel theologisches Potenzial, das Kinder durchaus verstehen und was ihnen nahe ist. Theologisch schwingt mit, dass wir als Geschöpfe beschenkt sind mit Leben, Gnade und der Nähe Gottes. Dieses Bild blitzt im Überreichen des Kindergottesdienstes in der Tüte auf. Den Kindergottesdienst als Geschenk zu verstehen, entspricht dem Gedanken des Dienstes Gottes an den Menschen.

Kinder kennen wohl kaum diese theologischen Implikationen, doch wissen auch sie, dass schenken eine besondere Aufmerksamkeit ist, die sie selbst genießen und auch praktizieren. Sie erleben dabei, wie wohltuend es ist, anderen eine Freude zu bereiten. Dabei werden zugleich das eigene Selbstwertgefühl und die Kommunikationsfähigkeit gestärkt. Gerne verschenken sie ihre gemalten Bilder an die Stationsteams und bedanken sich für die Tüte auf unterschiedlichste und fantasievolle Weise. So entsteht ein feines Gespinst von Kommunikation über religiöse Themen, Bilder, Ideen und Fragen, das vielfach Wurzeln schlägt. Bilder oder Gebasteltes transportieren, Dank, Freude, Traurigkeit Angst, Hoffnung, Sorgen, etc. alles Themen, die auch im Gottesdienst vorkommen und die Grundlagen für viele Gespräche mit Familien und Mitarbeitenden gelegt haben. Die Kinder nutzen ihre vielfältigen Fähigkeiten, ihre Gefühle anderen und Gott gegenüber zum Ausdruck zu bringen.

10.   Was ist da drin?

Die Kindergottesdiensttüte ist sicherlich mehr als ihr objektiver Inhalt. Sie ist Kommunikationsmittel für Seelsorgerinnen und Seelsorger, Patientinnen und Patienten und Zugehörige, Verständigungsmöglichkeit über verschiedene Kulturen und Sprachen hinweg, sie öffnet Raum für religiöse und spirituelle Themen, setzt sichtbare Zeichen für Kirche im Krankenhaus. Sie verbindet Kinder und Erwachsene. Sie durchbricht Vorurteile über Gottesdienste und erneuert Begegnungen mit Kirche. Sie kann profanes Mitbringsel und Überraschung sein, schlicht und einfach eine Tüte mit Kleinigkeiten. Sie kann aber auch als Kindergottesdienst verstanden werden, den ich für mich oder mit einem vertrauten Menschen begehen kann, der mich mit lieben Menschen

---

Schneider anlässlich der Jubiläumskonferenz zu 25 Jahre Kinderklinikseelsorge im Bereich der EKD 2013.

zuhause verbindet oder mit anderen, die ich noch nie gesehen habe, aber im Zimmer nebenan liegen.

Ich weiß mich durch Geschichten, Texte, Gebet, Segen und dem Überreichen der Kindergottesdiensttüte mit anderen verbunden, die auch einen Platz für religiöse Fragen brauchen oder haben.

Das alles ist nicht die Gottesdienstgemeinschaft, die wir kennen und vermissen. Dennoch bildet sich auch hier ein zartes Netz von Berührungspunkten und Begegnungen, die christliche Inhalte explorieren und weitertragen. Es werden digitale Verbindungen über Fotos, Sprachnachrichten und die Nutzung von Onlineangeboten über ganz verschiedene Medien verknüpft.

Die Stationsteams möchte ich hierzu noch einmal besonders erwähnen. Schon vor der Pandemie war es wichtig, sie in die Organisation des Kindergottesdienstes im Spielzimmer der Station einzubeziehen. Ohne Ihre Unterstützung würde kein Kindergottesdienst funktionieren. Nun aber haben sie großes Interesse an dieser Form des Kindergottesdienstes gezeigt. Einige Teams überlegen schon im Vorfeld, welches Kind ganz besonders mit einer Tüte bedacht werden soll und haben konkrete Begründungen dafür. Das heißt sie haben eine Vorstellung, was mit diesen Tüten möglich ist. Sie treten auch in Kommunikation mit den Eltern und Kindern, kündigen das Angebot an oder erzählen von eigenen Erfahrungen mit der Kindergottesdiensttüte. Einige schauen gerne einmal nach, was denn da drin ist und nehmen Anregungen und manchmal auch eine Tüte zu ihren eigenen Kindern mit. So hat sich das Thema Kindergottesdienst auf den Stationen stärker manifestiert und wird noch mehr geschätzt. Es ist deutlich geworden, das Spiel, Spaß und Freude sich mit den ernsthaften Themen, die auch die Patienten bewegen, verbinden lässt. Es werden Gebetsanliegen und Segenswünsche für die Kinder geäußert und eigene Anliegen seelsorglich besprochen. Somit haben die Stationsteams auch Teil am Kindergottesdienst und gehören zu dieser Gottesdienstgemeinschaft.

Kindergottesdienst in Tüten ist eine Erfahrung geworden. War er eigentlich als Überbrückung kindergottesdienstloser Zeit gedacht, so ist daraus ein eigenständiger Kindergottesdienst geworden, der den Kindergottesdienst in Präsenz nicht ersetzt, aber eine eigene Berechtigung hat und neue Möglichkeiten eröffnet, die vorher so nicht in den Blick getreten sind. Gerade der Geschenk-Charakter dieses Kindergottesdienstes überzeugt viele und hat auch theologische Qualitäten. Um so mehr freuen wir uns alle auf Kindergottesdienste in Präsenz und wünschen uns eine Verbindung zwischen Kindergottesdienst in Tüten und dem Erlebnis einer Gottesdienstgemeinschaft mit Singen, Sehen und Berühren. Das wird die Seelsorge in der Kinderklinik weiterhin bereichern.

Epilog

Gerald Kretzschmar / Samuel Lacher

Die Intention zur Durchführung der empirischen Studie zu den Familiengottesdiensten in der Kinderklinik Tübingen war getragen von dem begründeten Eindruck, dass die Familiengottesdienste eine besondere, konstruktive Funktion in der von Krankheit geprägten Familiensituation im Allgemeinen und im Klinikalltag im Speziellen erfüllen. Zu diesem Eindruck zählte auch die Hypothese, dass Spiritualität und Ritualität in diesem Zusammenhang einen entscheidenden Beitrag leisten. Diese Grundannahme brachte der Arbeitstitel, unter dem die Studie anfänglich konzipiert und durchgeführt wurde, deutlich zum Ausdruck. Er lautete: „Spiritualität von Kindern und Eltern in Familiengottesdiensten in Kinderkliniken: Ritualpraktiken und Ritualerfahrungen". Die Auswertung des empirischen Materials, das die Studie hervorgebracht hat, nennt in der Reihe der wichtigsten Ergebnisse, dass die Familiengottesdienste in der Kinderklinik als wohltuende Unterbrechung des Klinikalltags wahrgenommen werden. Die empirischen Detailanalysen in Kapitel II und die vertiefend interpretierenden Analysen in Kapitel III des vorliegenden Bandes führen aus, inwiefern Spiritualität und Ritualität für diese wohltuende Unterbrechung des Alltags in der Klinik tatsächlich wichtig sind.

In diesem Epilog sollen nun nicht noch einmal empirische Befunde der Studie präsentiert werden. Stattdessen geht es hier darum, abschließend auf die anfänglichen Annahmen und Fragestellungen der Studie zu schauen und dazu unter dem Eindruck der Forschungsergebnisse eine Art Quintessenz zu ziehen. Außerdem sollen – ebenfalls inspiriert durch die Studienergebnisse – Impulse für die praktisch-theologische Forschung und die kirchliche Praxis benannt werden.

Zunächst einmal zur Quintessenz: Es fällt auf, dass in keinem der Teilnehmendeninterviews der empirischen Studie das Wort Spiritualität genannt wird. Vor diesem Hintergrund könnte man es sich nun einfach machen und sagen, Spiritualität sei dann wohl auch kein Phänomen, das das empirische Material der Studie signifikant prägen würde. Die oben genannte Grundannahme, wonach Spiritualität für die Wahrnehmung der Gottesdienste als wohltuende Unterbrechung des Klinikalltags eine entscheidende Rolle spielt, wäre danach falsifiziert. Doch das wäre eine übereilte Schlussfolgerung.

Hält man nicht oberflächlich nach dem Wort Spiritualität an sich Ausschau, sondern nach Phänomenen, die durch das Wort Spiritualität bezeichnet werden können, sieht die Sachlage gleich ganz anders aus. Mit Hilfe einer Umschreibung Michael Schibilskys, womit es Spiritualität im eigentlichen Sinn zu tun hat, kann dies aufgezeigt werden. So hat Spiritualität „es zu tun

1. mit Menschen – um Gottes willen;
2. mit Dunkelheit und Nacht;
3. mit Unfaßbarkeit und flüchtigen Elementen;
4. mit Ängsten und Erlösungswünschen;
5. mit Bildern, Symbolsprache und Geschichten;
6. mit Erlernbarem und Einzigartigem und schließlich
7. mit Zeitunterbrechung und ritualisierender Wiederholung"[1].

Der vergleichende Blick zwischen Michael Schibilskys Umschreibung von Spiritualität und den empirischen Befunden der vorliegenden Studie lässt unschwer erkennen, dass Spiritualität auf der Phänomenebene durchaus ein Thema des empirischen Materials ist. Was sonst, wenn nicht Begegnungen von Menschen und Gott in schweren Lebensumständen, verbunden mit Angst und Hoffnung, mit der Erfahrung, im Gespräch, im gemeinsamen rituellen Erleben, im Wahrnehmen und Reflektieren von Bildern, Symbolen und Geschichten für eine begrenzte Zeit an einem ganz bestimmten Ort etwas Wohltuendes gespürt zu haben, sind die Themen aller empirischen Materialien und Analysen dieser Studie? Tatsächlich zeichnet die Studie ein überaus differenziertes Bild davon, wie genau es dazu kommt, dass die Familiengottesdienste in der Kinderklinik als etwas erlebt werden, das in der spezifischen Situation im Krankenhaus von allen Involvierten als konstruktiv wahrgenommen wird.

Bemerkenswert – und darum in diesem Epilog auch besonders hervorzuheben – ist dabei die Tatsache, dass die in den empirischen Texten und Analysen dokumentierten Sachverhalte, die man mit Michael Schibilsky als Spiritualität, grundsätzlich aber auch je nach Deutungskontext ganz anders bezeichnen könnte, keinen Sachverhalt darstellen, den man im Vorfeld eines Gottesdienstes eindeutig definieren und dann durch bestimmten Maßnahmen der gottesdienstlichen Operationalisierung definitionsgemäß umsetzen könnte. Stattdessen handelt es sich, mit Michael Schibilsky, tatsächlich erst einmal um etwas nicht Fassbares, Flüchtiges, letztlich Kontingentes, das sich auf der Grundlage all dessen, was die an dem Gottesdienst Beteiligten an biografischen Hintergründen, religiösen Vorstellungen, aktuellen Hoffnungen und Befürchtungen und vielem mehr mitbringen, auf jeweils einzigartige, so nicht wiederholbare Weise realisiert.

Auf der Phänomenebene sperrt sich dieses spirituelle gottesdienstliche Geschehen und Erleben jedem normativen Anspruch. Selbst die Tatsache, dass sich diese Spiritualität in einem Gottesdienst einstellt, der im Namen des dreieinigen Gottes unter der Leitung einer evangelischen Pfarrerin gefeiert wird, heißt ja noch lange nicht, dass die Spiritualität der Familiengottesdienste hinreichend mit dem erfasst werden kann, was gemeinhin unter der Überschrift

---

1   Schibilsky 2001, 11.

„Christliche Spiritualität" firmiert. Es ist vielmehr ein Phänomen, das sich im Bedingungsgefüge des Gottesdienstes einstellt und im Blick auf seine jeweilige faktische Realisierung und Konkretion so etwas wie ein selbstständiges Eigenleben aufweist. Der Gottesdienst und die Art und Weise, wie die Pfarrerin ihn konzipiert, arrangiert und durchführt, stellen einen ermöglichenden Rahmen für ein besonderes Erleben dessen dar, was im praktisch-theologischen Deutungshorizont der Studie als Spiritualität bezeichnet werden kann. Die Pfarrerin Gisela Schwager beschreibt diesen ermöglichenden Rahmen wie folgt: „Für mich muss Gottesdienst unbedingt etwas sein, bei dem man sich frei fühlt."[2] Ob, und wenn ja, wie genau sich darin ein spirituelles Erleben ereignet und von den in den Gottesdienst involvierten Personen je individuell wahrgenommen wird, ist letztlich eine völlig offene Angelegenheit. Festzuhalten ist allerdings, dass der gottesdienstliche Rahmen, den die Tübinger Familiengottesdienste bieten, so zeigen es die Studienergebnisse, mit hoher Wahrscheinlichkeit das Erleben von Spiritualität ermöglichen und den Gottesdienst zu einem wohltuenden Ort der Seelsorge machen kann. Die Gottesdienste werden so sichtbar als Orte für die Religion der Menschen. Bezogen auf die Familiengottesdienste in der Kinderklinik konkretisiert Pfarrerin Schwager dazu: „Spiritualität und Religiosität sollen als etwas Stärkendes erlebt werden, auch von Menschen, die wenig religiös erscheinen. Vielleicht kann der Gottesdienst wie ein Ruhekissen wahrgenommen werden, auf dem sie ausruhen können, weil sie von Gott angenommen sind. Darum ist für mich im Gottesdienst fast alles möglich. Alles ist so in Ordnung, wie es gerade ist."[3]

Doch wie genau werden die Familiengottesdienste zu Räumen der Spiritualität und der Religion der Menschen? Wie werden sie zu Orten der Seelsorge? Vor dem Hintergrund der Studienergebnisse setzt man zur Beantwortung dieser Frage vermutlich am besten bei der Ritualität an, die die Gottesdienste wesentlich kennzeichnet. Sie prägt sowohl den Gesamtcharakter als auch zentrale Gestaltungselemente der Gottesdienste. Das Spezifikum der Ritualität, das die Familiengottesdienste konstituiert, besteht darin, dass sie sich grundlegend von einem Ritualismus unterscheidet, der unter Absehung von Anliegen, Bedürfnissen, Ausdrucks- und Handlungsmöglichkeiten der involvierten Akteure auf das Absolvieren einer starren Ordnung fokussiert ist. Die Ritualität der Familiengottesdienste in der Kinderklinik stellt sich demgegenüber völlig anders dar.

Ausgangspunkt und Basis der Ritualität ist hier die individuelle Wahrnehmung aller am Gottesdienst Teilnehmenden. Jede und jeder wird persönlich begrüßt, die Kinder werden nach ihrem Namen gefragt und im weiteren Verlauf des Gottesdienstes mit Namen angesprochen. Alle, die am Gottesdienst

---

2   Interview mit Gisela Schwager in diesem Band, 344.
3   A.a.O., 340.

teilnehmen, werden als Personen in ihrer Individualität und, soweit möglich, in ihren Kontexten wahrgenommen.

Ein weiterer Aspekt, der die Ritualität der Familiengottesdienste auszeichnet, knüpft daran an. Für ihn stehen die Stichworte Spontaneität und Offenheit. Pfarrerin Schwager unterstreicht dazu: „Der Gottesdienst selbst sollte liturgisch so einfach und verstehbar wie möglich sein. Dabei versuche ich, die Kinder mit hineinzunehmen in das Geschehen."[4] Auf der Basis der individuellen Wahrnehmung der anwesenden Kinder und Erwachsenen wird ein Interaktionsraum eröffnet, in dem sich die rituelle Kommunikation nun realisieren kann. Hierbei ist entscheidend, dass die Pfarrerin zwar rituelle Vorgaben und Rahmungen einbringt, dabei allerdings jederzeit bereit ist, spontan und in aller Offenheit auf Reaktionen, verbale und nonverbale Äußerungen sowie kommunikative und atmosphärische Besonderheiten zu reagieren.

Alle Formen der Ritualität in den Gottesdiensten gehen mit einer dichten kommunikativen Verbindung zwischen der Pfarrerin und den Teilnehmenden einher. Auf diese Weise gewährleisten die rituellen Elemente des Gottesdienstes, dass alle Teilnehmenden ihre je eigenen Anliegen und Bedürfnisse so in die Rituale und damit auch den Gottesdienst insgesamt einbringen können, wie sie das in dieser Situation gerade möchten. In diesem Fall handelt es sich bei der rituellen Kommunikation um Kommunikation auf Augenhöhe. Es kann sein, dass ein Ritual so durchlaufen wird, wie es die Pfarrerin ursprünglich konzipiert hat. Es kann aber auch passieren, dass die Dinge einen anderen Verlauf nehmen. Doch das ist kein Problem, sondern Ergebnis einer rituellen Kommunikation, deren Ziel es ist, das Ritual als einen Raum zu gestalten, in den Menschen ihre Anliegen und Bedürfnisse auf eine ihnen wohltuende Weise einbringen können. Für die Liturgin ist das eine besondere Herausforderung: „Das ist für mich nach wie vor ein hartes Brot, loszulassen vom Konzept, von meinem roten Faden, von meiner Vorstellung, wie es gut gelingen könnte, und mich stattdessen auf das einzulassen, was für die Leute gerade dran ist und sie einbringen. Und mich davon auch überraschen lassen!"[5]

Ein dritter Aspekt, der die Ritualität der Familiengottesdienste auszeichnet, zielt auf das Phänomen der Vergemeinschaftung. Auch wenn die Ritualität der Familiengottesdienste ihre Basis und ihren Ausgangspunkt bei der individuellen Wahrnehmung der Teilnehmenden hat und es erst einmal darum geht, dass sich jede und jeder individuell zu den rituellen Vollzügen der Gottesdienste verhält, so ist es gerade der Ansatz bei der Individualität der Menschen, der die Voraussetzung für Phänomene der Vergemeinschaftung in den Gottesdiensten darstellt. Offenbar schließen sich eine subjektorientierte Grundhaltung und Gemeinschaftsbildung im Kontext der Familiengottesdienste nicht aus.

---

4   Ebd.
5   A.a.O., 339.

Im Gegenteil, sie scheinen einander zu bedingen. Durch die individuelle Partizipation an den rituellen Vollzügen agieren die Teilnehmenden zwar zunächst auf sich selbst oder auf Gott bezogen, gleichzeitig nehmen sie sich im Teilnehmendenkreis aber auch gegenseitig wahr und interagieren untereinander. Beispielhaft beschreibt das Pfarrerin Schwager für den Familiengottesdienst so: „In der durchmischten und offenen Gruppe der Feiernden wird Spiritualität für mich deutlich erlebbar. Da passiert was bei den Menschen, gerade aufgrund der besonderen herausfordernden, existentiell belastenden Situation. Und das schafft eine besondere Möglichkeit für Gemeinschaft und gegenseitige Stärkung, weil sich alle verletzlich zeigen können und niemand sich dafür erklären muss. Diese Form von Solidarität ist besonders. Durch offene spirituelle Elemente rücken persönliche Herausforderungen, eigene Themen deutlicher in den Mittelpunkt als bei klassischen Gottesdienstformaten."[6] Im Rahmen dieser Interaktion stellt sich das Erleben von Gemeinschaft ein. Wichtig dabei ist, dass es sich hier nicht um eine wie auch immer strategisch oder programmatisch forcierte Form der Gemeinschaftsbildung handelt, sondern um eine zeitlich befristete, gelegenheitsförmige, eher flüchtige und kontingente Form des Gemeinschaftserlebens. Aber gerade weil diese Form der Gemeinschaftsbildung auf individuellen Entscheidungen beruht, die in aller Freiheit und Spontaneität getroffen werden, handelt es sich hier um Gemeinschaftserfahrungen, deren Dichte, Intensität und lebensweltliche Relevanz auf dem Weg strategisch arrangierter Versuche der Gemeinschaftsbildung nicht erreicht werden können. Die Ritualität der Familiengottesdienste ist somit auf eine ganz besondere Weise gemeinschaftsbildend.

Auf dieser Basis kann im Rahmen dieses Epilogs auch etwas zu der Frage gesagt werden, ob und wie es im Rahmen der Familiengottesdienste gelingt, eine in kultureller und religiöser Hinsicht plural verfasste Besucherschaft kommunikativ zu integrieren. Auch diese Frage zählte zu den leitenden Forschungsinteressen, die die Durchführung dieser Studie veranlasst haben. Grundsätzlich zeigen die durchgängig positiven Evaluationen der Gottesdienste, dass die kulturelle und religiöse Integration hier gelingt. Auch in diesem Fall ist es wieder der Blick auf die besondere Form der Ritualität der Familiengottesdienste, der zu verstehen hilft, wie genau diese Integrationsleistung möglich ist. Der Ansatz bei den individuellen Anliegen und Bedürfnissen, denen im Rahmen der rituellen Vollzüge Raum geboten wird, eröffnet nicht zuletzt auch die Möglichkeit, den je eigenen kulturellen und religiösen Hintergründen Ausdruck zu verleihen. Grundlage für die Eröffnung dieser Möglichkeit ist eine spezifische Haltung, aus der heraus die Familiengottesdienste konzipiert und gefeiert werden. Zu dieser Haltung sagt Pfarrerin Schwager: „[I]ch möchte Mut machen, die eigene Spiritualität und Seelenkraft zu entdecken. Da geschieht vieles ohne Worte. Ich möchte andere unterstützen, einen eigenen Weg zu

---

6   A.a.O., 341.

finden."[7] An anderer Stelle formuliert sie: „Alles zielt darauf, dass sich die Leute gottesdienstlich als kompetent erleben, und zwar schon allein deshalb, weil sie da sind."[8] Die auf dieser Basis möglichen Formen der Interaktion und Gemeinschaftsbildung integrieren in der Folge dann nicht nur die Pluralität des Teilnehmendenkreises, sondern auch dessen multikulturelle und multireligiöse Struktur.

Schließlich spielen die Kinder eine ganz entscheidende Rolle im Zusammenhang mit der Ritualität der Familiengottesdienste. Sie sind es, die in der Regel den Grund darstellen, den Gottesdienst, der wie oben bereits herausgestellt ja auch insgesamt als Ritual betrachtet werden kann, zu besuchen. Wären die Kinder nicht da, wären die Erwachsenen auch nicht da. Doch nicht nur hinsichtlich der generellen Entscheidung, den Gottesdienst zu besuchen, spielen die Kinder eine Schlüsselrolle. Auch in Bezug auf die diversen rituellen Vollzüge innerhalb der Gottesdienste sind die Kinder ganz besondere Akteure. Stärker noch als die Erwachsenen bringen sie sich in die rituellen Vollzüge ein und bespielen diese auf je eigene Weise. Auch dieses initiative Agieren der Kinder innerhalb einzelner ritueller Vollzüge ist letztlich so etwas wie ein Türöffner für die Erwachsenen, der sie zum eigenständigen rituellen Agieren und Interagieren motiviert. In Bezug auf die konkreten Formen dieses Agierens und Interagierens seitens der Erwachsenen dürfte es dann wiederum so sein, das von den Kindern maßgebliche Anregungen ausgehen. Die Kinder inspirieren in diesem Punkt die Erwachsenen wesentlich, ja generieren letztlich sogar in hohem Maße die rituelle Praxis der Erwachsenen. Auch wenn es vermutlich selbstredend ist, sei es an dieser Stellen trotzdem gesagt: Im Blick auf die spezifische kulturelle und religiöse Integrationsleistung der Familiengottesdienste dürften die Kinder ergänzend zu den schon genannten Spezifika der Ritualität dieser Gottesdienste eine herausragende Rolle spielen. Die Kinder generieren in den Familiengottesdiensten ganz maßgeblich Integration und Religion.

Abschließend seien, inspiriert durch die hier präsentierten eingehenden Analysen der Familiengottesdienste in der Kinderklinik, noch drei Impulse für die praktisch-theologische Forschung und die kirchliche Praxis genannt.

Der erste Impuls ist ein Plädoyer für eine Intensivierung empirischer Gottesdienstforschung. Motiviert ist das Plädoyer durch die Tatsache, dass das Bild von Kirche in der gesellschaftlichen Öffentlichkeit maßgeblich durch die Art und Weise geprägt ist, wie sich die Kirche in ihren Gottesdiensten inszeniert. Diese These mag auf den ersten Blick überraschen – vor allem wenn man auf zum Teil dramatisch niedrige Besucherzahlen agendarischer Sonntagsgottesdienste schaut. Weitet man jedoch den Blick auf die Fülle des gottesdienstlichen Lebens über den agendarischen Sonntagsgottesdienst hinaus auf das weitere Feld von Gottesdiensten im Kontext klassischer wie neuer Kasualien,

---

7   A.a.O., 342.

8   A.a.O., 339.

auf Gottesdienste mit bestimmten thematischen Schwerpunkten, auf Zielgruppengottesdienste, auf musikalische Gottesdienste, auf die Vielfalt von Andachtsformaten und den wirklich großen Bereich der Familiengottesdienste, dann stellt sich die Situation gleich ganz anders dar. Das gottesdienstliche Leben steht dann für eine stark ausdifferenzierte Form religiöser Kommunikation, deren Wahrnehmung aus Sicht der Individuen, aber auch in größeren, gesamtgesellschaftlichen Bezügen, maßgeblich darüber entscheidet, ob Kirche als konstruktiv relevante Größe im individuellen wie auch gesellschaftlichen Leben gesehen wird. Um in Bezug auf das gottesdienstliche Leben in seiner Breite ein tragfähiges und solide informierendes Bild der Lage zu erhalten, ist die Intensivierung und weitere Professionalisierung empirischer Gottesdienstforschung geboten. Sie führt nicht nur die faktische Fülle und Vielfalt des gottesdienstlichen Lebens vor Augen, sondern kann vor allem zeigen, wie genau es gelingt – oder auch nicht gelingt – im Rahmen gottesdienstlicher Kommunikation die christliche Religion als etwas erlebbar und erfahrbar zu machen, dem im Leben der Menschen und damit der Gesellschaft eine Relevanz zukommt. Dazu sollte die wissenschaftliche Theologie die Reflexion über das gottesdienstliche Leben nicht mehr einer einseitig historisch oder dogmatisch orientierten Liturgiewissenschaft überlassen. Vielmehr bedarf es der Etablierung eines praktisch-theologischen Faches Gottesdiensttheorie, das das breit angelegte interdisziplinär verfahrende Wahrnehmungs- und Reflexionspotenzial der Praktischen Theologie für die Erforschung des gottesdienstlichen Lebens fruchtbar macht. Konkret bedeutet das die Nutzung eines multimethodischen empirisch-sozialwissenschaftlichen Methodenrepertoires sowie in spezifisch praktisch-theologischer Hinsicht des Zugriffs auf die Gesamtheit praktischtheologischer Reflexionsperspektiven wie zum Beispiel der Homiletik, der Poimenik, der Religionspädagogik, der Kirchentheorie und weiterer einschlägiger Perspektiven. Nur so können die empirischen Phänomene, die das gegenwärtige gottesdienstliche Leben ausmachen, angemessen wahrgenommen werden. Auf dieser Grundlage kann dann zum Beispiel kirchenleitenden Gremien praxisorientierendes Wissen zu einer zeitgemäßen Gestaltung des gottesdienstlichen Lebens zur Verfügung gestellt werden. Historische und dogmatische Zugänge sind diesbezüglich nicht ausreichend.

Der zweite Impuls ist kirchentheoretischer Natur und knüpft an den vorangegangenen an. Die hier präsentierte Studie über Familiengottesdienste in der Kinderklinik richtet den Blick auf ein Phänomen kirchlich-religiöser Kommunikation, das von allen, die damit in Berührung kommen, rundweg positiv wahrgenommen wird. Dabei sollte es gerade hinsichtlich notwendiger kirchlicher Maßnahmen im Bereich von Strukturreformen von besonderem Interesse sein, dass mit den Familiengottesdiensten eine Form religiöser Kommunikation einhergeht, der es gelingt, christlich-religiöse Inhalte so erfahrbar und erlebbar zu machen, dass sich deren lebensweltliche Relevanz auch und gerade in familienbiografischen Krisensituationen aufschließt. Und dies unter den Bedingungen kultureller und religiöser Pluralität. Gerade in einer Zeit des Übergangs, in der angesichts dauerhaft hoher Kirchenaustrittszahlen das Verhältnis, in dem Menschen zur Kirche stehen, nicht mehr hinreichend durch den Rekurs auf die traditionelle Mitgliedschaftslogik erfasst werden kann, liegt eine große Chance in einer sorgfältigen Wahrnehmung und Pflege religiöser Kommunikationssituationen, die von den Beteiligten als gelungen erlebt werden. Die Frage, ob ein Kirchenbindungsphänomen als positiv einzustufen ist, entscheidet sich nicht mehr im Horizont der Frage, ob jemand Kirchenmitglied ist oder nicht. Kirchenbindungsphänomene, die für Nähe zur Kirche stehen, ebenso wie solche, die für Distanz zur Kirche stehen, gibt es sowohl im Modus der Kirchenmitgliedschaft als auch im Modus der Nichtmitgliedschaft. Da die Kirchenmitgliedschaft als leitendes Rechtskonstrukt, das sowohl die Organisation des kirchlichen Lebens als auch dessen Finanzierung reguliert, mittelfristig ausfallen wird, ist die Wahrnehmung und Pflege positiv bindungsrelevanter Gelegenheiten religiöser Kommunikation gerade in Bezug auf anstehende Maßnahmen kirchlicher Strukturveränderungen besonders wichtig. Im Blick auf konkret anstehende Maßnahmen kirchlicher Strukturveränderungen sollten daher Praxisfelder wie die Familiengottesdienste in Kinderkliniken weiterhin ein fester Bestandteil im Spektrum des Portfolios kirchlicher Präsenz in der Gesellschaft bleiben.

Der dritte und abschließende Impuls stellt eher eine offene Frage in den Raum. Während der Coronapandemie hat das gottesdienstliche Leben weitreichende Einschnitte erfahren. Phasen- und stellenweise fanden gar keine Gottesdienste statt, vielerorts nutzte man digitale Möglichkeiten, um gottesdienstliche religiöse Kommunikation trotz der Pandemie aufrecht zu erhalten. Bei allem Engagement, das haupt- und ehrenamtlich Mitarbeitende in dieser Zeit eingebracht haben, muss doch festgestellt werden, dass die Vielfalt und Fülle dessen, was das gottesdienstliche Leben in den Jahren und Jahrzehnten vor der Pandemie ausgemacht hat, bei weitem nicht aufrecht erhalten werden konnte. Erst zu Beginn des Frühjahrs 2022 eröffneten sich nach und nach wieder Möglichkeiten, die Breite des gottesdienstlichen Lebens zu reaktivieren. Bis zum gegenwärtigen Zeitpunkt – im September 2022 – lässt sich jedoch noch überhaupt nicht erschließen, wie sich das gottesdienstliche Leben im Vergleich zu Vorcoronazeiten verändert hat. Was hat gelitten? Was ging womöglich sogar verloren? Was hat sich aber auch verändert? Was ist neu hinzugekommen? All das gilt es, in den kommenden Monaten und Jahren herauszufinden. Im Blick auf die Familiengottesdienste in der Kinderklinik im Speziellen und auf Familiengottesdienste in vielen weiteren Kontexten im Allgemeinen wäre es natürlich schön und wünschenswert, wenn diese wieder so gepflegt und gefeiert werden könnten, wie das vor der Pandemie der Fall war. Sollte es pandemiebedingt jedoch dazu kommen, dass sich das gottesdienstliche Leben in einem umfassenderen Maße wandelt, dann wäre es schön, wenn das ein oder andere Ergebnis der vorliegenden Studie das Nachdenken über neue, gewandelte Formen des gottesdienstlichen Lebens konstruktiv anregen würde. Insbesondere das, was die vorliegende Studie zu den Themen Adresssatenorientierung, Ritualität und Spiritualität entfaltet hat, sind Aspekte und Sachverhalte, die unseres Erachtens für die Gestaltung eines gottesdienstlichen Lebens, das den individuellen wie auch den sozialen Konstitutionsbedingungen einer modernen Gesellschaft Rechnung trägt, bedacht werden sollten.

Anhang: „Die Kinder sollen wissen, dass Gott auf ihrer Seite ist" – Ein Interview mit Gisela Schwager

Gerald Kretzschmar / Samuel Lacher / Gisela Schwager

Gerald Kretzschmar / Samuel Lacher: Mit welcher Einstellung sind Sie in die Familiengottesdienste gegangen?

Es war ein Lernprozess. Anfangs hatte ich ein Konzept, von dem ich dachte, dass es gut ist. Ich hatte das Gefühl, den Kindern etwas Stärkendes anbieten zu können. Bald wurde mir aber klar, wieviel Unberechenbares es gibt, auch Störungen durch den Klinikalltag: Wenn etwa medizinisches oder pflegerisches Personal während des Gottesdienstes in den Raum kommt, um etwas zu holen oder Kinder zur Untersuchung abgeholt werden. Zudem wusste ich ja gar nicht, wer in den Gottesdienst kommt. Welche Sprache sprechen die Leute? Aus welcher Kultur stammen sie? Dadurch stellte ich mir nun eher die Frage, was denn grundsätzliche Themen der Familien sein könnten und welche Emotionen sie wohl mitbrächten. Dafür sollte Raum sein. Ich wollte nicht mehr strikt an einem Konzept festhalten, das ich vor dem Gottesdienst ausgearbeitet hatte. Das ist für mich nach wie vor ein hartes Brot, loszulassen vom Konzept, von meinem roten Faden, von meiner Vorstellung, wie es gut gelingen könnte, und mich stattdessen auf das einzulassen, was für die Leute gerade dran ist und sie einbringen. Und mich davon auch überraschen zu lassen! Das hat herausfordernde Seiten: Es ist wichtig, dass ich mich von der Unruhe der Kinder, auch manchmal der Eltern nicht anstecken lasse. Echte und gute Einleitungen zu finden, in einfachen, verständlichen Sätzen zu sprechen, mit denen Menschen etwas anfangen können und nicht mit starren religiösen Sätzen und Begriffen. Alles zielt darauf, dass sich die Leute gottesdienstlich als kompetent erleben, und zwar schon allein deshalb, weil sie da sind.

Was soll der Familiengottesdienst Ihrer Meinung nach im besten Fall leisten? Aus Sicht derer, die kommen?

Zunächst einmal ist er eine Unterbrechung des Klinikalltags. Der Gottesdienst soll helfen, das Wochenende und den Sonntag zu gestalten. Theologisch und seelsorgerlich geht es um Stärkung. In Bezug auf die Kinder ist mir wichtig, dass nicht alles krankheitsfokussiert ist, dass sie das Gefühl haben, nichts leisten zu müssen. Der Gottesdienst soll nichts mit Therapiefrust zu tun haben. Stattdessen sollen die Kinder spüren, dass es gut ist, so wie sie sind, dass sie etwas Kostbares sind und dass sie eine Kraft in sich tragen, ihr Leben zu gestalten. Dass Gott auf ihrer Seite ist. Auch in unsicheren Zeiten sollen sie in Gott einen Bündnispartner sehen können, der ihnen Hoffnung gibt.

Und dann geht es im Gottesdienst darum, die Eltern zu stärken. Gerade angesichts der Frage „Was ist richtig für unser Kind?" oder auch in Bezug auf manches Gefühl der Hilflosigkeit und des Unvermögens. Vor allem die Eltern-Kind-Beziehung soll in diesem schwierigen Setting gestärkt werden. Den Eltern soll vermittelt werden, dass sie gute Eltern sind, auch wenn sie sich manchmal zwischen krankem Kind und gesunder Restfamilie zerrissen fühlen, als könnten sie keinem wirklich gerecht werden. Im Kliniksetting ermöglicht der Gottesdienst Gemeinschaft mit Menschen in ähnlicher Situation. Das ist besonders. Spiritualität und Religiosität sollen als etwas Stärkendes erlebt werden, auch von Menschen, die wenig religiös erscheinen. Vielleicht kann der Gottesdienst wie ein Ruhekissen wahrgenommen werden, auf dem sie ausruhen können, weil sie von Gott angenommen sind. Darum ist für mich im Gottesdienst fast alles möglich. Alles ist so in Ordnung, wie es gerade ist.

An welchen Stellen des Gottesdienstes machen Sie das besonders stark? Wo, in welchen gottesdienstlichen Elementen, können denn Kinder und Eltern so sein, wie sie gerade sein möchten und es ihnen guttut?

Das beginnt schon mit der persönlichen Einladung. Allen versuche ich zu vermitteln, dass der Gottesdienst ein Raum ist, an dem die Person als ganze in der aktuellen Situation vorkommen darf. Ein Raum der Freiheit quasi: Ich darf ausprobieren, was zu mir passt und kann wieder gehen, wenn es nicht passt. Auch das Zusehen von außen, durch die geöffnete Tür ist willkommen. Und die Kinder versuche ich natürlich neugierig zu machen.

Der Gottesdienst selbst sollte liturgisch so einfach und verstehbar wie möglich sein. Dabei versuche ich, die Kinder mit hineinzunehmen in das Geschehen. Gleichzeitig will ich vermitteln, dass es völlig in Ordnung ist, wenn jemand einfach nur so dabeisitzt.

Musikalisch geht es nicht darum, perfekt zu sein. Es soll sich jede und jeder so einbringen können, wie sie oder er es will. Ich arbeite gern mit Rhythmusinstrumenten. Sie ermöglichen es, Musik zu machen, auch wenn jemand nicht singen will, oder etwas auszudrücken, was mit Worten schwierig ist.

Ein zweites liturgisches Element ist der inhaltliche Impuls. Dabei ist für mich die leitende Frage: Wie kann ich die Geschichte erlebbar machen? Offenheit ist ganz entscheidend. Man sollte kein Problem damit haben, wenn der Impuls von den Kindern und Eltern anders aufgegriffen und verstanden wird als von mir gedacht.

Ein drittes liturgisches Element ist das Gebetsritual mit unterschiedlichen Materialien. Ich sehe es als ein Angebot, sich mit der eigenen Seele vor Gott zu erleben und auszudrücken. Und wer will, kann auch selber dabei etwas sagen.

Das vierte Element ist der Segen. Gerade in Krisensituationen ist mir das wichtig, dass sich die Menschen im Gottesdienst gegenseitig segnen können. Hier geht es um Mündigkeit. Die Eltern segnen ihre Kinder und die Kinder segnen ihre Eltern. Das bedeutet den Leuten viel.

Alle Elemente wollen aktivieren, Lust machen und Erlebnisfreude ermöglichen. Gerade den Kindern gelingt das trotz schwerer Krankheit erstaunlich gut. Außerdem stärkt es das Vertrauen in die eigene religiöse Mündigkeit und die eigenen Ressourcen.

Was zeichnet aus Ihrer Sicht die Familiengottesdienste in spiritueller Hinsicht besonders aus?

In der durchmischten und offenen Gruppe der Feiernden wird Spiritualität für mich deutlich erlebbar. Da passiert was bei den Menschen, gerade aufgrund der besonderen herausfordernden, existentiell belastenden Situation. Und das schafft eine besondere Möglichkeit für Gemeinschaft und gegenseitige Stärkung, weil sich alle verletzlich zeigen können und niemand sich dafür erklären muss. Diese Form von Solidarität ist besonders. Durch offene spirituelle Elemente rücken persönliche Herausforderungen, eigene Themen deutlicher in den Mittelpunkt als bei klassischen Gottesdienstformaten. Manchmal wird eine Veränderung greifbar zwischen vor und nach dem Gottesdienst – für die Einzelnen und auch innerhalb der Gruppe. Das wurde auch außerhalb bemerkt, wenn die Kinder fröhlich aus dem Gottesdienst kommen.

Kann dieses spirituelle Erleben, diese Fröhlichkeit auch als Zuversicht beschrieben werden?

Das auf jeden Fall. Kinder können das wunderbar ausdrücken, zum Beispiel dass sie Gottes ‚Königskinder' sind. Diese Zusage, dass Gott auf ihrer Seite steht, wird mit Symbolen unterstützt und im Gottesdienst erlebbar. Da merkt man wirklich, wie die Kinder aufrecht beziehungsweise aufgerichtet werden. An Palmsonntag lasse ich etwa gerne die Kinder den Einzug Jesu in Jerusalem nachspielen. Wenn dann das Kind im Rollstuhl, der als Ersatzesel dient, als König oder Königin eine Runde im Kreis fährt und die ganzen Palmwedel sieht, die extra ausgelegt und geschwenkt werden – das verändert. Viele Kinder wollen eine solche Runde im Spielzimmer drehen und dieses Gefühl erleben. Hier Formen und Sprache zu finden, um Ängste zu überwinden und Lebensfreude zu wecken, das ist etwas unheimlich Schönes.

Welche Gottesbilder und theologische Grundüberzeugen leiten Ihre Arbeit in den Familiengottesdienste? Was ist in solch einem pluralen Setting theologisch anschlussfähig?

Da gibt es viele Gottesbilder. Zunächst einmal das Bild, dass Gott da ist und dass Gott einer ist, der sieht (Gen 16,13). Er ist da, auch wenn man das scheinbar anders erlebt oder aufgrund der Gegenwart anders erwarten würde. Er ist einer, der einem etwas zumutet, aber auch etwas zutraut. Das kann man etwa gut an der Geschichte von der Heilung des Gelähmten (Lk 5, 18ff) sehen, wo dessen Freunden einiges abverlangt wird, um den Gelähmten zu Jesus zu bringen. In gewisser Weise machen die Familien der kranken Kinder das auch, indem sie ihr Kind vor ihn bringen, weil man sich sagt: Du bist mir so wichtig, da muss auch noch etwas anderes, besseres für dich, für uns möglich sein. Gott ist eben auch immer einer, der Zukunftsbilder hat (Jer 29,11).

In der Geschichte von der Sturmstillung, erlebe ich Jesus als einen, der auch mal wachgerüttelt werden kann und muss. Ich kann ihm meine Wut und meinen Ärger offen zeigen. Kinder können wunderbar wütend sein – und doch gleichzeitig in der Erwartung bleiben: „Da muss noch mehr sein, da muss sich was ändern!"

Außerdem das Bild, dass Gott einer wie Vater und Mutter ist. Er ist immer auf der Seite der Eltern. Er sieht sie als Menschen in allen Grenzen und in allem, was auf der Strecke bleibt. In allen Schuldgefühlen etwa gegenüber der Restfamilie, die da entstehen.

Und Gott ist einer, der segnet. Da sind Eltern, die den Kindern einen unsichtbaren Gott geradezu zärtlich berührend vorleben. Sie daran zu erinnern und darin zu bestärken, ist sicherlich ein Ziel des Gottesdienstes.

Ganz kurz gesagt: Gott ist die Liebe. Und wenn man dann die Liebe der Eltern sieht, dann ist da auch Gott anwesend. Das ist für mich auch so ein Beispiel, für ein anschlussfähiges Gottesbild für die Kinderintensivstation. Dort kommt immer wieder die Frage von den Eltern: „Und wo ist ihr Gott nun?" Wenn ich dann die zärtlichen Brührungen und Gesten der Eltern ihrem Kind gegenüber sehe, dann sage ich: „Gott sei Dank sind Sie da. Sie tun das jetzt!" Ich bemühe mich zu sagen – und habe das auch erst erlernt –, Gott ist nicht einer, der alles gut macht. Er gibt die Kraft auszuhalten und er sieht hin. Er schenkt Wertschätzung, ermutigt zu Liebeszeichen für jede Situation, egal wie schlecht diese auch sein mag.

Wie sehen Sie Ihre eigene Rolle als Pfarrerin in den Familiengottesdiensten?

Das Bibelwort: Gott ist einer der sieht, möchte ich als Pfarrerin versuchen umzusetzen. Ich will wahrnehmen, was die Kinder und Eltern umtreibt, möchte einen anderen Blick zeigen neben allem Medizinischen. Und ich möchte Mut machen, die eigene Spiritualität und Seelenkraft zu entdecken. Da geschieht vieles ohne Worte. Ich möchte andere unterstützen, einen eigenen Weg zu finden.

Im evangelischen Kontext wird die Seelsorge zumeist als persönliches Gespräch diskutiert. Worin besteht aus Ihrer Sicht das Seelsorgliche in diesem Gruppenangebot des Familiengottesdienstes?

Auf jeden Fall im Sinne der Seelsorge als Gemeinschaftserfahrung. Nach meinem Verständnis ist Seelsorge nie ein Zweiergespräch, da ist immer noch Gott dabei. Und ich als Seelsorgerin bin nicht diejenige, die alles im Griff hat.

Was in der Gemeinschaft innerhalb der Familiengottesdiensten passiert, das kann etwas Befreiendes, Tröstendes und auch etwas Lust Machendes sein. Das zeigt sich beispielsweise im Umgang mit den Instrumenten. Das habe ich nicht nur im Familiengottesdienst, sondern auch in der Kinder- und Jugendpsychiatrie erlebt. Es tut gut, wenn ich einen Ton, einen Rhythmus finde, der zu mir passt. Ganz egal ob das jetzt reinpasst oder nicht. Das macht auch etwas mit der Gruppe. Da entwickelt sich etwas weiter, auch etwas Gemeinsames und jede und jeder hat seinen Platz dabei.

Außerdem wird das Seelsorgliche in Gottes Anwesenheit spürbar, die aufrichtet, im Alltag unterstützt und beflügelt.

Wenn wir von den einzelnen Individuen weggehen, würden Sie dann auch davon sprechen, dass da Seelsorge sogar für das ganze System Krankenhaus geschieht?

Der Gottesdienst wird im System von vielen als Entlastung wahrgenommen, als Raum für „die Seele" der Familien. Das Angebot nimmt einen klaren Platz auch in der Klinik ein, weil etwa Belastungen und Seelennöte vorkommen können, für die in den Behandlungen und Arztgesprächen kaum Zeit bleibt. Außerdem feiern wir das Leben im Kontext von Krankheit und Tod. Wir können einen Gegenraum bieten zum eher defizitorientierten Behandlungsfokus der Klinik. Als der Gottesdienst wegen Corona nicht mehr stattfinden konnte, wurde das auch vermisst: Formen, die Krisen, die es in der Klinik immer gibt, abfedern.

Wenn Sie vor der Aufgabe stünden, die vielen Eindrücke, die Sie vom Tübinger Familiengottesdienst in der Kinderklinik haben, zu überblicken und zu sagen, was für Sie den Kern des Familiengottesdienstes ausmacht, was wäre das aus Ihrer Sicht?

Vielleicht vorab: Grundsätzlich passiert all das, was im Tübinger Gottesdienst stattfindet, auch in vielen anderen Kinderkliniken. Das weiß ich durch den Austausch mit meinen Kolleginnen und Kollegen, die an anderen Orten tätig sind. Zu Ihrer Frage nach dem Kern des Gottesdienstes: Ich erlebe es nach wie vor als Geschenk und Mutmacher, dass die wohltuende Dimension in den Gottesdiensten für die Menschen erlebbar und einübbar ist. Hier dabei zu sein, vor allem bei den Ritualen, das ist auch stärkend für mich in vielem Belastenden. Auch wenn es ein bisschen abgehoben klingen mag, aber das ist für mich, als würde was vom Himmel aufblitzen, eine andere Dimension sich öffnen. Dabei geht es für mich weniger darum, dass auch ich in dem Moment ein religiöses Erlebnis habe. Mir geht es um das, was zwischen den Menschen und mit den Menschen geschieht. Luther hat einmal gesagt: „Wenn Du ein Kind siehst, hast Du Gott auf frischer Tat ertappt." Solche Situationen habe ich aus vielen Gottesdiensten vor Augen.

Kommen wir einmal auf die Ergebnisse unserer Studie zu sprechen. Gibt es denn Befunde, die Ihnen besonders aufgefallen sind?

Was mich überrascht, ist die Bedeutung der Namensnennung. Dass die Eltern die Anrede und Nennung des Namens ihres Kindes im Gottesdienst so
bewusst wahrnehmen und positiv würdigen, ist für mich wirklich überraschend. Ein weiterer Befund, über den ich mich sehr freue, ist die Rückmel-
dung, dass sich die Leute im Zusammenhang mit dem Gottesdienst nicht genötigt fühlen. Für mich muss Gottesdienst unbedingt etwas sein, bei dem man
sich frei fühlt.

*Wenn Sie den Blick über den Familiengottesdienst hinaus auf andere kirchliche Hand-
lungsfelder weiten, was ließe sich von dem Familiengottesdienst in anderen Settings, in
anderen Kontexten lernen? Wo liegen beim Familiengottesdienst in der Kinderklinik
Potenziale, die sich auch andernorts entfalten könnten?*

Auf meiner neuen Stelle in einer Kirchengemeinde bin ich gerade dabei, in
den Gottesdiensten nach Formen zu suchen, in deren Rahmen die Menschen
etwas tun können. Das ist ja bei den Gottesdiensten in der Kinderklinik ein
ganz wichtiger Punkt. Das probiere ich aus. Zum Beispiel beim Abschlussgot-
tesdienst der Konfi-3-Zeit, den wir kürzlich feierten. Ein fester Bestandteil war
die Tauferinnerung und Segnung der Kinder. Nicht nur die Konfi-3-Kinder
selbst, sondern auch die Geschwister und andere Getaufte konnten zum Tauf-
stein kommen und sich segnen lassen. Es hat mich total überrascht, wie viele,
auch Ältere, dieses Angebot angenommen haben. Das war für mich so eine
Erfahrung, mutiger damit zu werden, die Leute zu aktivieren, einzuladen.

In einer anderen Situation habe ich bei einer Beerdigung das Gebetsritual
aus den Familiengottesdiensten angewendet. Ich wollte damit den Trauerfami-
lien mit mehreren Enkelkindern die Möglichkeit bieten, das Schwere und Belastende, aber auch das Schöne und Kostbare mit dem Verstorbenen vor Gott
zu bringen. Es war für mich faszinierend zu sehen, dass die vorher auf mich
eher heterogen und befangen wirkende Familie durch dieses Ritual ein gutes
Stück zusammengerückt ist.

An solchen Versuchen will ich gerne weiter dranbleiben. Ich bin davon
überzeugt, dass das Bedürfnis, selber etwas zu tun, sich einbringen zu können,
in der Gemeinde genauso vorhanden ist wie in der Kinderklinik. Das haben mir
einige, auch ältere Menschen, deutlichgemacht. Es ist den Menschen und ganz
besonders den Kindern wichtig, einen Gottesdienst als Ort zu erleben, in dem
sie sich selbst ausdrücken und mit dem Unverfügbaren in Berührung kommen
können.

*Mit ihren vielfältigen Eindrücken und Erfahrungen im Hintergrund, was meinen Sie, ist
eigentlich ein Gottesdienst? Wie würden Sie denn spontan die Frage beantworten?*

Im Gottesdienst ist Gott für mich die Mitte. Hier dient Gott uns, der Gemeinde. Dieser Mitte möchte ich als Pfarrerin nicht im Wege stehen. Es gibt ja
durchaus Möglichkeiten, sich als Liturg oder Liturgin im Gottesdienst in gewisser Weise zu breit zu machen.

Ich mag es, wenn ich bei Predigten die eigene Betroffenheit der Pfarrerin oder des Pfarrers, das Engagement spüre für den Text oder die Leute, die da sind. Außerdem ist der Gottesdienst für mich ein Ort, zu dem auch Stille gehört. Jede und jeder soll Zeit haben, das vor Gott zu bringen, was ihr oder ihm am Herzen liegt. Schließlich gehört für mich zum Gottesdienst das Singen, bei dem auch tatsächlich viele mitsingen können. Das Gesangbuch ist in dieser Hinsicht „etwas" problematisch. Insgesamt wird für mich in Gottesdiensten zu viel Gottesdiensterfahrung vorausgesetzt. Das ist nicht einladend. Es gibt da viele Hürden, die es den Menschen schwer machen, einen Zugang zu finden.

Gibt es denn Punkte, die Sie gerne noch ansprechen möchten, Punkte, die wir in unseren Fragen noch nicht angesprochen haben?

Ja, das hat etwas mit meinem Wechsel von der Kinderklinik in die Gemeinde zu tun. Bei den Gottesdiensten in der Kinderklinik waren Offenheit und Einfachheit etwas Wichtiges. Beides war vom System Krankenhaus gefragt und befürwortet. Familiengottesdienste sind nicht nur für ein festes christliches Klientel. Es wurde wahrgenommen, dass da etwas Besonderes passiert, dass da Gott im Spiel ist. Also diesen Punkt, das Gespür für das Besondere, dafür, dass man in einem Gottesdienst mit Gott rechnet, den wünsche ich mir auch für den traditionellen Gemeindegottesdienst. Es geht um mehr als Ordnung.

Doch ich möchte die beiden Kontexte, also Kinderklinik und Gemeinde, nicht gegeneinander ausspielen. Das ist mehr eine Anfrage an mich selbst. Vor allem frage ich mich, wie ich zum Beispiel über Rituale Offenheit und Einfachheit so zum Ausdruck bringen kann, dass das für die Menschen in der Gemeinde einladend und nicht irritierend, weil ungewohnt ist. Da suche ich nach Wegen. Ziel ist, dass jede und jeder mitkommt. Ich glaube, wenn man zuhört und offen ist für die Menschen, kann das gelingen.

Zum Schluss unseres Gesprächs möchten wir Sie gerne fragen, was Sie der Kirche für ihren Weg in die Zukunft wünschen - vielleicht auf dem Hintergrund dessen, was Sie während Ihrer Zeit in der Kinderklinik erlebt haben.

Ich wünsche mir Mut und eine größere Offenheit, Neues auszuprobieren, anzugehen und wieder mehr unterwegs zu sein als lernende, neugierige Kirche zu den Menschen um uns herum.

Die Frage, die sich mir stellt, ist: Wo und wie sprechen wir Familien an? Wo sprechen wir Eltern an, die sich nicht nur als Begleitung ihrer Kinder verstehen. Da sehe ich etwa aus England Impulse wie die Messy!-Church, oder wie es in Deutschland heißt Kirche Kunterbunt oder Familienkirche. Manches mit Kindern, mit Familien ist einfach „messy", unkontrollierbar. Hier Zugänge und Offenheit zu gewinnen, das würde ich unseren Gottesdiensten wünschen.

Sehen Sie darin auch die schon angesprochene Willkommenskultur, die Sie sich in der Kirche wünschen? Wie könnte die konkret aussehen?

Ganz einfach: Mehr offene Türen in Kirchgebäuden, damit Musik und vielleicht manche Bilder auf der Leinwand auch außen wahrnehmbar werden, neugierig machen. Die Musik könnte pluraler werden, auch wenn mir das Gesangbuch persönlich am Herzen liegt. Vielleicht könnte ein Gottesdienst mal mit Wunschliedersingen beginnen, oder dass man sich das Segenslied auswählen kann. Eine Predigt, die Raum zum Austausch schafft, etwa eine Bibliologform, in der vielleicht sogar die Kinder die Inhalte mitentwickeln können. All das sind aus meiner Sicht Dinge, die es schaffen, das Gefühl von Willkommensein, von Weggemeinschaft zu erzeugen. Doch es muss natürlich zur Gruppe, zur Gemeinde, zu den Menschen vor Ort passen.

Literatur

Achelis, Christian: Lehrbuch der Praktischen Theologie. Band 3: Poimenik, Koinonik (Innere Mission, Gustav-Adolf-Verein, Auslands-Diaspora, Ev. Allianz, Ev. Bund), Heiden- und Judenmission, Kybernetik, Leipzig ³1911.

Adam, Ingrid (Hg.): Gottesdienst mit Kranken. Predigten, Texte, Gebete, Modelle, Gütersloh 1976.

Aristoteles: Rhetorik (hrsg. v. Gernot Krapinger), Ditzingen 2018.

Asmuth, Bernd: Art. „Angemessenheit", in: Historisches Wörterbuch der Rhetorik 1, Berlin / New York 1992, 579-604.

Becker, Ingeborg u.a. (Hg.): Handbuch der Seelsorge, Berlin 1983.

Bell, Catherine: Ritual, Theory, Ritual Practice, Oxford 2009.

Benz, Albrecht: Erlebnisgottesdienste mit Senioren. 30 Entwürfe für Altenheim und Gemeinde, Göttingen 2019.

Benz, Brigitte / Kranemann, Benedikt (Hg.): Deutschland trauert. Trauerfeiern nach Großkatastrophen als gesellschaftliche Herausforderung, Würzburg 2019.

Bernecker, Roland: Art. „Adressant/Adressat", in: Historisches Wörterbuch der Rhetorik 1, Berlin / New York 1992, 119–131.

Bernhard, Marlies / Keller, Doris / Schmid, Ursula: Wenn Eltern um ihr Baby trauern. Impulse für die Seelsorge – Modelle für Gottesdienste, Freiburg u.a. 2003.

Besser, Dieter: Typen des Familiengottesdienstes, in: Reiher, Dieter (Hg.): Gottesdienst mit Familien. Überlegungen – Entwürfe, Berlin 1980, 77-81.

Bieritz, Karl-Heinrich: Liturgik, Berlin 2011.

Ders.: Ritus und Rede. Die Predigt im liturgischen Spiel, in: Engemann, Wilfried / Lütze, Frank Michael (Hg.), Grundfragen der Predigt. Ein Studienbuch, Leipzig 2006, 303–320.

Ders.: Seelsorge in Gottesdienst, Predigt und Amtshandlungen, in: Becker, Ingeborg u.a. (Hg.): Handbuch der Seelsorge, Berlin 1983, 213–231.

Black, Edwin: The Second Persona, in: The Quaterly Journal of Speech 56 (1970), 109–119.

Blasberg-Kuhnke, Martina / Wittrahm, Andreas (Hg.): Altern in Freiheit und Würde. Handbuch christliche Altenarbeit, München 2007.

Bohnsack, Ralf: Rekonstruktive Sozialforschung. Einführung in qualitative Methoden, Opladen / Toronto 2014.

Bollig, Sabine / Schulz, Marc: Art. „Ethnografie", in: WiReLex 2016; http://www. bibelwissenschaft.de/ stichwort/100117/ (aufgerufen am 20.07.2021).

Bühler-Egdorf, Beate: Seelsorge am Anfang des Lebens. Trauer- und Sterbebegleitung auf der Neonatalen Intensivstation, in. Wege zum Menschen 58 (2006), 510–516.

Cicero, Marcus Tullius: De oratore. Lateinisch und deutsch (hrsg. v. Harald Merklin), Stuttgart 1976.

Charbonnier, Lars / Roy, Lena-Katharina: Religion – Alter – Demenz. Zum Forschungsstand einer wachsenden Herausforderung für Theologie und Kirche, in: International Journal of Practical Theology 16 (2012), 349–408.

Collins, Randall: Interaction Ritual Chains, Princeton 2014.

Dahm, Karl-Wilhelm: Beruf: Pfarrer. Empirische Aspekte zur Funktion von Kirche und Religion in unserer Gesellschaft, München ³1974.

Depping, Klaus: Altersverwirrte Menschen seelsorgerlich begleiten. Band 1: Hintergründe, Zugänge, Begegnungsebenen, Hannover 1993.

Ders.: Altersverwirrte Menschen seelsorgerlich begleiten. Band 2: Eine Vermittlungshilfe für Aus- und Fortbildende verschiedener Bereiche, Hannover 1993.

Ders.: Demenz. Seelsorgerliche Kommunikation bei Rationalitätsverlust, in: Klie, Thomas / Kumlehn, Martina / Kunz, Ralph (Hg.): Praktische Theologie des Alterns, Berlin / New York 2009, 365–384.

Dezernat Pastoral und Zukunftsbildprojekte des Bistum Essen: Handbuch vielfältiger Gottesdienstformen, Würzburg 2020.

Diakonie Rheinland-Westfalen-Lippe e.V. (Hg.): Ich werde bleiben im Hause des Herrn immerdar. Menschen mit Demenz feiern Gottesdienst, Münster 2008.

Dirschauer, Klaus: Besondere Probleme des Gottesdienstes im Krankenhaus, Berlin 1967.

Domay, Erhard (Hg.): Gottesdienste feiern mit Kranken. Gottesdienstmodelle, Andachten, Predigten, liturgische Texte, Gütersloh 2005.

Domay, Erhard / Schibilsky, Christel / Schibilsky, Michael (Hg.): Gottesdienste mit Kranken, Gütersloh 1991.

Drechsel, Wolfgang: „Was ist das Spezifische der Seelsorge an alten Menschen?", in: Wege zum Menschen 62 (2010), 469–487.

Ders.: „Wenn ich mich auf deine Welt einlasse..." Altenseelsorge als eine Anfrage an Seelsorgetheorie und Theologie, in: Kunz, Ralph (Hg.): Religiöse Begleitung im Alter. Religion als Thema der Gerontologie, Zürich 2007, 207–233.

Duesberg, Hans: Perspektiven der Seelsorge in der Institution Klinik, in: Wege zum Menschen 51 (1999), 289–303.

Ebeling, Renate: Der Schrei des Bartimäus. Erfahrungen mit einem Heilungsgottesdienst, in: Wege zum Menschen 50 (1998), 404–408.

Dies.: Spiritualität im Krankenhaus, in: Wege zum Menschen 46 (1994), 390–397.

Eglin, Annemone u.a. (Hg.): Das Leben heiligen. Spirituelle Begleitung von Menschen mit Demenz. Ein Leitfaden, Zürich 2006 (³2008).

Eglin, Annemone / Schroder, Brigitta: Tragendes entdecken. Spiritualität im Alltag von Menschen mit Demenz. Reflexionen und Anregungen, Zürich 2009.

Eichenberg, Friedrich Carl: Familiengottesdienste, in: Zeichen der Zeit 11 (1975), 284-286.

Ende, Natalie: Einleitung, in: dies. (Hg.), Bei Gott zu Besuch. Gemeinsame Gottesdienste von Monat zu Monat für Erwachsene und Kinder, Bd. 1 – Dezember bis April, Frankfurt 2012, 10–20.

Engemann, Wilfried (Hg.): Handbuch der Seelsorge. Grundlagen und Profile, Leipzig 2007. ³2016.

Evangelische Bildungsberichterstattung Comenius-Institut: Aktuelle Herausforderungen für die Kirche mit Kindern. Zusammenfassung von Ergebnissen der Evangelischen Bildungsberichterstattung, Münster 2018; https://comenius.de/wp-content/uploads/2018-Brosch%C3%BCre-Bildungsbericht-gottesdienstliche-Angebote.pdf (aufgerufen am 22.07.2021).

Evangelische Landeskirche in Württemberg / Diakonisches Werk Württemberg (Hg.): „Ich will euch tragen". Handbuch für die Seelsorge in der Altenpflege, Reutlingen 2006.

Evangelische Kirche in Deutschland: Gezählt 2021. Zahlen und Fakten zum kirchlichen Leben, Hannover 2021.

Fechtner, Kristian / Klie, Thomas (Hg.): Riskante Liturgien. Zum Charakter und zur Bedeutung von Gottesdiensten in der gesellschaftlichen Öffentlichkeit, Stuttgart 2011.

Feddersen, Jan / Gessler, Philipp: Phrase unser. Die blutleere Sprache der Kirche. München 2020.

Flick, Uwe: Design und Prozess qualitativer Forschung, in: Ders. / von Kardorff, Ernst / Steinke, Ines (Hg.): Qualitative Forschung. Ein Handbuch, Reinbek bei Hamburg 2000.

Fischer, Wolfram: Soziale Konstitution von Zeit in biographischen Texten und Kontexten, in: Heinemann, Gottfried (Hg.): Zeitbegriffe, Freiburg 1986, 355-377.

Foucault, Michel: Die Geburt der Klinik. Eine Archäologie des ärztlichen Blicks, Frankfurt/M. ⁸2008. (Erstveröffentlichung: Naissance de la Clinique: une Archéologie du Regard Médical [1963].)

Fuchs, Thomas: Das Gedächtnis des Leibes, in: Loccumer Pelikan 3/12 (2012), 103–106.

Fuchs-Heinritz, Werner: Biographische Forschung. Eine Einführung in Praxis und Methoden, Opladen 2000.

Fürst, Walter u.a. (Hg.): „Selbst die Senioren sind nicht mehr die alten...". Praktisch-theologische Beiträge zu einer Kultur des Alterns, Münster u.a. 2003.

Fröchtling, Andrea: „Und dann habe ich auch noch den Kopf verloren...". Menschen mit Demenz in Theologie, Seelsorge und Gottesdienst wahrnehmen, Leipzig 2008.

Gassner, Julia: Art. „Internet-Rhetorik", in: Historisches Wörterbuch der Rhetorik 10, Berlin / New York 2012, 410–423.

Gennep, Arnold van: Übergangsriten, Frankfurt/M. 1986 (frz. 1909).

Gerstenkorn, Uwe: Hospizarbeit in Deutschland. Lebenswissen im Angesicht des Todes, Stuttgart 2004.

Gestrich, Reinhold: Am Krankenbett. Seelsorge in der Klinik, Stuttgart 1987.

Goffman, Eving: Asyle. Über die soziale Situation psychiatrischer Patienten und anderer Insassen, Frankfurt/M. 1973. (Erstveröffentlichung: Asylums. Essays on the Social Situation of Mental Patients and Other Inmates [1961].)

Goldschmidt, Stephan (Hg.): Erinnerungsfeste. Gottesdienste mit und für Menschen mit Demenz, Göttingen 2014.

Göttert, Karl-Heinz: Einführung in die Rhetorik. Grundbegriffe – Geschichte – Rezeption, Paderborn [4]2009.

Gräb, Wilhelm: Predigtlehre. Über religiöse Rede, Göttingen 2013.

Ders.: Predigt als religiöse Rede, in: Kubik, Andreas (Hg.), Predigen im Angesicht der Moderne. Emanuel Hirschs „Predigerfibel" im Lichte klassischer und neuerer homiletischer Fragestellungen, Tübingen 2018, 25–39.

Greier, Kirsti: Gottesdienstliche Angebote mit Kindern. Empirische Befunde und Perspektiven, Münster / New York 2018.

Grethlein, Christian: Art. „Familiengottesdienst", in: RGG[4] 3 (2000), 29–31.

Ders.: Kirchentheorie. Kommunikation des Evangeliums Im Kontext, Berlin / Boston 2018.

Ders.: Gottesdienstliche Angebote mit Kindern und die Kommunikation des Evangeliums, in: Greier, Kirsti / Schröder, Bernd (Hg.), Kirche mit Kindern. Empirische Befunde – Konzepte – Desiderate, Evangelische Bildungsberichterstattung Bd. 6, Münster / New York 2020, 61–72.

Habermas, Jürgen: Theorie des kommunikativen Handelns. Bd. 2: Zur Kritik der funktionalistischen Vernunft, Frankfurt/M. 1981

Häußer, Ilse: Seelsorge in der Kinderklinik, in: Herberg, Helmut (Hg.): Segen erfahren. Ein praktisches Begleitbuch für die Seelsorge im Krankenhaus, München 2000, 12–36.

Hahn, Alois: Biografie und Lebenslauf, in: Brose, Hans-Georg / Hildenbrand, Bruno (Hg.): Vom Ende des Individuums zur Individualität ohne Ende, Opladen 1988, 91-106.

Haustein, Manfred: Gottesdienst und Seelsorge, in: Schmidt-Lauber, Hans-Christoph u.a. (Hg.): Handbuch der Liturgik. Liturgiewissenschaft in Theologie und Praxis der Kirche, Göttingen [3]2003, 655–663.

Henkys, Jürgen: Der Familiengottesdienst, in: Handbuch der Praktischen Theologie (Berlin), Bd. 3, Leipzig 1983, 52-54.

Hermelink, Jan: Kirchliche Organisation und das Jenseits des Glaubens. Eine praktisch-theologische Theorie der evangelischen Kirche, Gütersloh 2011.

Ders. / Koll, Julia / Hallwaß, Anne Elise: Liturgische Praxis zwischen Teilhabe und Teilnahme, in: Bedford-Strohm, Heinrich / Jung, Volker (Hg.): Vernetzte Vielfalt. Kirche angesichts von Individualisierung und Säkularisierung. Die fünfte EKD-Erhebung über Kirchenmitgliedschaft, Gütersloh 2015, 90-111.

Herrmann, Jörg: Seelsorge mit alten Menschen. Eine praktisch-theologische Herausforderung der Zukunft, in: Pastoraltheologie 95 (2006), 202–216.

Hertzsch, Klaus-Peter: Die Predigt im Gottesdienst, in: Engemann, Wilfried / Lütze, Frank Michael (Hg.): Grundfragen der Predigt. Ein Studienbuch, Leipzig 2006, 323–338.

Heymel, Michael: Was trägt die Kirche zu einer altersfreundlichen Kultur bei? Thesen zur Zukunft der Altenseelsorge, in: Deutsches Pfarrerblatt 8 (2010), 422–426.

Hille, Gerhard / Koehler, Antje: Seelsorge und Predigt für Menschen mit Demenz. Ein Arbeitsbuch zur Qualifizierung Haupt- und Ehrenamtlicher, Göttingen 2013.

Hinrichs, Imke: Diagnose Krebs. Erfahrungen als Seelsorgerin auf einer onkologischen Station, in: Wege zum Menschen 58 (2006), 501–509.

Hirschauer, Stefan: Ethnographisches Schreiben und die Schweigsamkeit des Sozialen. Zu einer Methode der Beschreibung, in: Zeitschrift für Soziologie 30 (2001), 429-451.

Hofhansl, Ernst: Kindergottesdienst (einschließlich Krabbelgottesdienst), in: Schmidt-Lauber, Hans-Christoph / Bieritz, Karl-Heinrich (Hg.): Handbuch der Liturgik, Göttingen [3]2003, 807–819.

Hurtley, Rosemary: Insight into Dementia, Farnham 2010.

Josuttis, Manfred: Segenskräfte. Potentiale einer energetischen Seelsorge, Gütersloh 2000.

Ders.: Ich bin ein Gast auf Erden. Eine pastorale Lebensgeschichte, Gütersloh 2016.

Jung, Carl Gustav: Individuation als Selbst-Erfahrung, in: Merle, Kristin / Weyel, Birgit (Hg.): Seelsorge. Quellen von Schleiermacher bis zur Gegenwart, Tübingen 2009, 107–116.

Kääb-Eber, Heidi. Lernen vom Rand und mittendrin, in: Wege zum Menschen 70 (2018), 510–521.

Kabel, Thomas: Die Sprache des Körpers im Gottesdienst. Zur liturgischen Präsenz im Kirchenraum, in: ZGP 17 (1999) Heft 3, 11–13.

Karle, Isolde: Perspektiven der Krankenhausseelsorge. Eine Auseinandersetzung mit dem Konzept des Spiritual Care, in: Wege zum Menschen 62 (2010), 537–555.

Keetmann, Regine / Bejick, Urte: Verwirrte alte Menschen seelsorgerlich begleiten, in: Kobler-von Komorowski, Susanne / Schmidt, Heinz (Hg.): Seelsorge im Alter. Herausforderungen für den Pflegealltag, Heidelberg 2005 (²2006), 124–141.

Kemnitzer, Konstanze: Der Kindergottesdienst im VELKD-Agendenwerk, in: dies. (Hg.): Gussformen der Gottesdienstgestaltung. Das Agendenwerk der VELKD zwischen Neuaufbruch und Restauration, Leipzig 2021, 157–168.

Kleemann, Jürg: Familiengottesdienst – ein Überredungsversuch, in: Wissenschaft und Praxis in Kirche und Gesellschaft 64 (1976), 474–485.

Klessmann, Michael (Hg.): Handbuch der Krankenhausseelsorge, Göttingen ²2001 (¹1996).

Ders.: Liturgie und Seelsorge. Zwei unterschiedliche, aber gleichberechtigte Formen religiössymbolischer Kommunikation, in: Wege zum Menschen 59 (2007), 188–202.

Ders.: Seelsorge. Begleitung, Begegnung, Lebensdeutung im Horizont des christlichen Glaubens. Ein Lehrbuch, Neukirchen-Vluyn ⁴2012.

Klie, Thomas / Kumlehn, Martina / Kunz, Ralph (Hg.): Praktische Theologie des Alterns, Berlin / New York 2009.

Klie, Thomas: Liturgik. Alte im Gottesdienst – Gottesdienst für Alte, in: Ders. / Kumlehn, Martina / Kunz, Ralph (Hg.): Praktische Theologie des Alterns, Berlin / New York 2009, 449–470.

Knape, Joachim: Was ist Rhetorik?, Stuttgart 2000.

Kobler-von Komorowski, Susanne / Schmidt, Heinz (Hg.): Seelsorge im Alter. Herausforderungen für den Pflegealltag, Heidelberg 2005 (²2006).

Kohl, Marion: Körperorientierte Seelsorge in der Klinik, in: Wege zum Menschen 67 (2015), 550–560.

Kolbe, Markus: Gottesdienste im Krankenhaus, in: Zeitschrift für Theologie und Gemeinde 6 (2001), 109–141.

Koll, Julia: Empirische Gottesdienstforschung: ein Überblick, in: Praktische Theologie 54 (2019), 23–29.

Koll, Julia / Kretzschmar, Gerald: Gottesdienst im Plural. Zwischen Gewohnheit, Desinteresse und Aufbruch, in: Evangelische Kirche in Deutschland (Hg.): Engagement und Indifferenz. Kirchenmitgliedschaft als soziale Praxis. V. EKD-Erhebung über Kirchenmitgliedschaft, Hannover 2014, 52-57.

Korczmarek, Jürgen / Kraus, Bernhard (Hg.): Gottesdienste für Menschen mit Demenz. Gott loben mit Herzen, Mund und Händen, Freiburg im Breisgau 2013.

Krause, Katharina: Pastoral Care and Dementia. Reflections on the Role of Empirical Practical Theology in Counterbalancing Constructions of Dementia as Crisis, in: International Academy of Practical Theology. Conference Series (2020) (im Erscheinen begriffen).

Kretzschmar, Gerald: Kirchenbindung. Praktische Theologie der mediatisierten Kommunikation, Göttingen 2007.

Ders.: Wie hört der moderne Mensch? Zur Hörbarkeit der Predigt unter den Bedingungen mediatisierter Kommunikation, in: Pastoraltheologie 103 (2014), 445–455.

Ders.: Inszenierte Kirche. Das Beispiel „Familiengottesdienst", in: Merzyn, Konrad u.a. (Hg.): Reflektierte Kirche. Beiträge zur Kirchentheorie, Leipzig 2018, 231–242.

Ders.: Gemeinde als Gemeinschaft, in: Bubmann, Peter u.a. (Hg.): Gemeinde auf Zeit. Gelebte Kirchlichkeit wahrnehmen, Stuttgart 2019, 40–51.

Kretzschmar, Gerald / Lacher, Samuel: Wie sich Kirche zeigt. Kirchliche Öffentlichkeitsarbeit im Internet als Inszenierung von Bildern, in: Praktische Theologie 55 (2020), 161–166.

Kugler, Georg: Familiengottesdienste. Entwürfe – Modelle – Einfälle, Gütersloh 1971.

Ders.: Familiengottesdienst, in: Handbuch der Praktischen Theologie (Gütersloh), Bd. 3, Gütersloh 1983, 79-88.

Kugler, Georg / Lindner, Herbert: Neue Familiengottesdienste, Gütersloh 1973.

Dies.: Neue Familiengottesdienste IV, Gütersloh 1980.

Kunz, Ralph (Hg): Religiöse Begleitung im Alter. Religion als Thema der Gerontologie, Zürich 2007.

Lamnek, Siegfried: Qualitative Sozialforschung. Band 1: Methodologie, Weinheim 1995.

Lange, Ernst: Funktion und Struktur des homiletischen Aktes, in: Engemann, Wilfried / Lütze, Frank Michael (Hg.): Grundfragen der Predigt. Ein Studienbuch, Leipzig 2006a, 157-169.

Ders.: Auf der Suche nach einem neuen homiletischen Verfahren, in: Engemann, Wilfried / Lütze, Frank Michael (Hg.): Grundfragen der Predigt. Ein Studienbuch, Leipzig 2006b, 175-185.

Langhoff, Johannes: Zu Fragen des Familiengottesdienstes, in: Die Christenlehre 35 (1982), 140-144.

Lewitz-Danguillier, Antje: Seelsorge mit Demenz. Trost leibhaftig erfahren, in: Wege zum Menschen 69 (2017), 224-238.

Liturgische Konferenz: Kirchgangsstudie 2019; https://www.fachstelle-gottesdienst.de/fileadmin/mediapool/gemeinden/E_fachstellegottesdienstneu/Materialdateien/Kirchgangsstudie_2019_Ergebnispapier.pdf (aufgerufen am 22.07.2021).

Lödel, Ruth: Seelsorge in der Altenhilfe. Ein Praxisbuch, Düsseldorf 2003.

Dies.: Gottesdienst im Altenheim. Erfahrungen, Anregungen, Herausforderungen, Stuttgart 2012.

Lütze, Frank M.: Homiletische Situationsanalyse. Zum Beitrag von Ernst Lange, in: Engemann, Wilfried / Lütze, Frank Michael (Hg.): Grundfragen der Predigt. Ein Studienbuch, Leipzig 2006, 171 173.

Luhmann, Niklas: Die Gesellschaft der Gesellschaft, Bd. 2, Frankfurt/M. 1999.

Martin, Gerhard Marcel: Predigt als „offenes Kunstwerk". Zum Dialog zwischen Homiletik und Rezeptionsästhetik, in: Evangelische Theologie 44 (1984), 46-58.

Mayer-Scheu, Josef: Seelsorge im Krankenhaus, Mainz 1977.

Mayring, Philipp: Einführung in die qualitative Sozialforschung. Eine Anleitung zu qualitativem Denken, Weinheim/Basel 2016.

Mes, Rieke / Nauer, Doris: Seelsorge für demente Menschen im Pflegeheim, in: Blasberg-Kuhnke, Martina / Wittrahm, Andreas (Hg.): Altern in Freiheit und Würde. Handbuch christliche Altenarbeit, München 2007, 360-367.

Meyer-Blanck, Michael: Zeichen und Worte im Ernstfall. Das gottesdienstliche Handeln im Krankenhaus und die gegenwärtige Kasualdebatte, in: Wege zum Menschen 50 (1998), 408-419.

Ders.: Gottesdienstlehre, Tübingen ²2020 (2011).

Moos, Thorsten / Ehm, Simone / Kliesch, Fabian / Thiesbonenkamp-Maag, Julia: Ethik in der Klinikseelsorge. Empirie, Theologie, Ausbildung, Göttingen 2018.

Morgenthaler, Christoph: Seelsorge, Gütersloh 2009.

Muntanjohl, Felizitas: Ich will euch tragen bis zum Alter hin. Gottesdienste, Rituale und Besuche in Pflegeheimen, Gütersloh 2005.

Nassehi, Armin: Die Deportation als biographisches Ereignis. Eine biographieanalytische Untersuchung, in: Weber, Georg u.a. (Hg.): Die Deportation von Siebenbürger Sachsen in die Sowjetunion 1945-1949, II. Die Deportation als biographisches Ereignis und literarisches Thema, Köln u.a. 1995, 5-412.

Nauer, Doris: Sorge um die Seele, Stuttgart ³2014.

Dies.: Katholische Altenheimseelsorge. Ist-Stand und Zukunftsszenarien, in: Diakonia 47 (2016), 218-224.

Naurath, Elisabeth: Seelsorge als Leibsorge. Perspektiven einer leiborientierten Krankenhausseelsorge, Stuttgart 2000.

Noth, Isabelle / Kunz, Ralph (Hg.): Nachdenkliche Seelsorge – seelsorgerliches Nachdenken. Festschrift für Christoph Morgenthaler zum 65. Geburtstag, Göttingen 2012.

Pechmann, Burkhard: Durch die Wintermonate des Lebens. Seelsorge für alte Menschen, Gütersloh 2007.

Peglau, Dorothee: Gottesdienste im Krankenhaus, Bielefeld 1998.

Dies.: Gottesdienste im Altenheim 2, Bielefeld 2008.

Peglau, Dorothee / Prey, Kirsten / Prey, Norbert (Hg.): Gottesdienste im Altenheim, Bielefeld 2000.

Plieth, Martina: „Da will ich hin, da darf ich sein…" Zur Gottesdienstkultur im Altenheim, in. Pastoraltheologie 101 (2012), 169–187.

Plüss, David: Ist Seelsorge Religion? Variationen zum Verhältnis von Seelsorge und Liturgie, in: Noth, Isabelle / Kunz, Ralph (Hg.): Nachdenkliche Seelsorge – seelsorgerliches Nachdenken. Festschrift für Christoph Morgenthaler zum 65. Geburtstag, Göttingen 2012, 260–276.

Ratzmann, Wolfgang: Didaktischer Familiengottesdienst, in: Die Christenlehre 35 (1982), 145f.

Ders.: Art. „Familiengottesdienst", in: Schmidt-Lauber, Hans-Christoph / Meyer-Blanck, Michael / Bieritz, Karl-Heinrich (Hg.): Handbuch der Liturgik. Litugiewissenschaft in Theologie und Praxis der Kirche, Göttingen 2003, 820-831.

Rehm, Jeanette / Gerhard, Gary (Hg.): Dein Bleiben war nur geliehen. Abschiedsriten und Liturgien mit Sterbenden im Krankenhaus, Innsbruck / Wien 2007.

Reich, Werner: Gottesdienstgestaltung im Altersheim, in. Für den Gottesdienst 57 (2001), 39–42.

Reimann, Horst: Kommunikations-Systeme. Umrisse einer Soziologie der Vermittlungs- und Mitteilungsprozesse, Heidelberg / Tübingen 1968.

Reiner, Artur: Die Krankensalbung, in. Wege zum Menschen 46 (1994), 418–429.

Rinn, Angela: Kurz und Gut. Über Chancen und die Herausforderungen der Kurzpredigt, in: Zeitzeichen 18 (2017), 38–39.

Röhrs, Thekla: Weihnachten im Kinder- und Jugendhospiz. „Wir sind da, wir tragen mit – im Leben und im Sterben", in: Diakonia 48 (2017), 270–275.

Rosenthal, Gabriele: Erlebte und erzählte Lebensgeschichte. Gestalt und Struktur biographischer Selbstbeschreibungen, Frankfurt/M. 1993.

Roser, Traugott: Schmerz ausdrücken und behandeln in Ritualen, in: Praktische Theologie 49 (2014), 221–226.

Roy, Lena Katharina: Demenz in Theologie und Seelsorge, Berlin / Boston 2013.

Saß, Marcell: Orientierung und Sinn durch altersgerechte Liturgien, in: Beier, Miriam u.a. (Hg.): Religion und Bildung – Ressourcen im Alter? Zwischen dem Anspruch auf Selbstbestimmung und der Einsicht in die Unverfügbarkeit des Lebens, Leipzig 2016, 97–101.

Schäfer-Breitschuh, Uta / Lenzen, Wilfried: Die Bedeutung von Abendmahl und Taufe in der seelsorgerlichen Begleitung Sterbender, in: Wege zum Menschen 46 (1994), 397–409.

Scheuer, Hans Günter: Tröstlich predigen im Krankenhaus. Anleitung und Beispiele, Göttingen 2013.

Schlarb, Verena: Narrative Freiheit. Theologische Perspektiven zur Seelsorge mit alten Menschen in Pflegeheimen, Leipzig 2015.

Schibilsky, Christel: Theologisch-homiletische Einführung, in: Domay, Erhard / Schibilsky, Christel / Schibilsky, Michael (Hg.): Gottesdienste mit Kranken, Gütersloh 1991, 7–17.

Schibilsky, Michael: Spiritualität in der Diakonie. Annäherungen aus dem Alltag, in: Hofmann, Beate / Schibilsky, Michael (Hg.): Spiritualität in der Diakonie. Anstöße zur Erneuerung christlicher Kernkompetenz, Stuttgart 2001.

Schildknecht, Susanne (Hg.): Mit sprechenden Gesichtern. Gottesdienste in Altenheimen, Gütersloh 1998.

Schliephake, Dirk: Kindergottesdienst, in: Fendler, Folkert (Hg.): Qualität im Gottesdienst, Gütersloh 2015, 36–46.

Ders.: Kindergottesdienst im Fokus – Zwischen empirischer Berichterstattung und riskantem Resonanzraum, in: Kalloch, Christine / Schreiner, Martin (Hg.): „Eigentlich sind wir alle Geschenke". Religiöse Bildung im Elementarbereich, Jahrbuch für Kinder- und Jugendtheologie, Stuttgart 2020, 205–212.

Schneider-Harpprecht, Christoph: Seelsorge zu Beginn des 21. Jahrhunderts. Ein Buchbericht zur deutschsprachigen Seelsorgeliteratur 2000–2014. Teil II (1), in, Theologische Rundschau 80 (2015), 180–213.

Ders.: Seelsorge zu Beginn des 21.Jahrhunderts. Ein Buchbericht zur deutschsprachigen Seelsorgeliteratur 2000–2014. Teil II (2), in: Theologische Rundschau 80 (2015), 296–334.

Schröder, Bernd: Gottesdienstliche Angebote mit Kindern – religionspädagogische Beobachtungen, Impulse, Baustellen, in: Greier, Kirsti / ders. (Hg.): Kirche mit Kindern. Empirische Befunde – Konzepte – Desiderate, Münster / New York 2020, 41–60.

Schütze, Fritz: Biographieforschung und narratives Interview, in: Neue Praxis 13 (1983), 283–293.

Ders.: Kognitive Figuren des autobiographischen Stegreiferzählens, in: Kohli, Martin / Robert, Günther (Hg.): Biographie und soziale Wirklichkeit. Neue Beiträge und Forschungsperspektiven, Stuttgart 1984, 78–117.

Schwager, Gisela: Interkulturelle Feiern als Chance der Seelsorge in der Kinderklinik. Feste und Feiern in der Kinderklinik als elementare Möglichkeit für die Kinderklinikseelsorge, in: Wege zum Menschen 70 (2018), 522–536.

Schweitzer, Friedrich / Schreiner, Peter: Vorwort, in: Greier, Kirsti (Hg.): Gottesdienstliche Angebote mit Kindern. Empirische Befunde und Perspektiven, Münster / New York 2018, 7f.

Schwier, Helmut: Inhalte, Formen, Hörerinnen und Hörer, in: Deeg, Alexander (Hg.): Erlebnis Predigt, Braunschweig / Leipzig 2014, 81–97.

Seiler, Klaus: Wie eine Brücke. Gottesdienste im Krankenhaus. Ein Praxisbericht aus dem Elbe Klinikum Stade, in: Wege zum Menschen 61 (2009), 543–560.

Ders.: Wie eine Brücke. Gottesdienste im Krankenhaus. Ein Praxisbericht aus dem Elbe Klinikum Stade, in: Wege zum Menschen 61 (200), 543–560.

Siegrist, Johannes: Seelsorge im Krankenhaus – aus Sicht der Krankenhaussoziologie, in: Klessmann, Michael (Hg.): Handbuch der Krankenhausseelsorge, Göttingen [3]2008, 28–39.

Sprang, Heinz: Gemischte Verhältnisse. Anzeichen einer Balance von „Gemeinschaft" und „Gesellschaft", in: Schlüter Knauer, Carsten (Hg.): Renaissance der Gemeinschaft? Stabile Theorie und neue Theoreme (Beiträge zur Sozialforschung 5), Berlin 1990, 75–92.

Sprakties, Gerhard: Sinnorientierte Altenseelsorge. Die seelsorgerliche Begleitung alter Menschen bei Demenz, Depression und im Sterbeprozess, Neukirchen-Vluyn 2013.

Städtler-Mach, Barbara: Spiritualität in der Kinderkrankenseelsorge. Aspekte zu Gottesdienst, Feier und Ritual in der Kinderklinik, in: Wege zum Menschen 46 (1994), 410–418.

Stauffner, Hermann: Art. „Psychagogie", in: Historisches Wörterbuch der Rhetorik 7, Berlin / New York 2015, 406–415.

Stiller, Harald: Kasualien im Kontext eines Krankenhauses, in. Wege zum Menschen 50 (1998), 396–404.

Stollberg, Dietrich: Seelsorge praktisch, Göttingen [3]1971.

Ders.: Seelsorge und Gottesdienst, in: Klessmann, Michael (Hg.): Handbuch der Krankenhausseelsorge, Göttingen [3]2008 ([1]1996), 221–228.

Strübing, Jörg: Qualitative Sozialforschung. Eine kommentierte Einführung, Berlin/Boston 2018.

Stuck, Lukas: Seelsorge für Menschen mit Demenz. Praktisch-theologische Perspektiven im Kontext von spiritueller Begleitung, Stuttgart 2020.

Swinton, John: Dementia. Living in the Memories of God, Grand Rapids, Mich / Cambridge 2012.

Ders.: What's in a Name? Why People with Dementia Might be Better off without the Language of Personhood, in: International Journal of Practical Theology 2014, 234–247.

Usener, Sylvia: Art. „Hörer", in: Historisches Wörterbuch der Rhetorik 3, Berlin / New York 1996, 1561–1570.

Wagner-Rau, Ulrike: Seelsorge als religiöse Praxis. Überlegungen im Gespräch mit Henning Luther, in: Fechtner, Kristian / Mulia, Christian (Hg.): Henning Luther. Impulse für eine praktische Theologie der Spätmoderne, Stuttgart 2014, 127–140.

Dies.: Vertrauensbildung und Kreativität. Das Spannungsfeld der Interaktion, in: Merzyn, Konrad u.a. (Hg.): Reflektierte Kirche. Beiträge zur Kirchentheorie, Leipzig 2018, 126–149.

Wander, Philip: The Third Persona: An Ideological Turn in Rhetorical Theory, in: Ott, Brian L. / Dickinson, Greg (Hg.), The Routledge Reader in Rhetorical Criticism, New York / London 2013, 604–623.

Weirich, Wolf-Gernot: Der Gottesdienst in der Klinik als Ritual und Symbol, in: Berliner Theologische Zeitschrift 6 (1989a), 106–117.

Ders.: Der Wunsch nach Kommunikation. Gottesdienst im Kontext des Krankenhauses, in: Wege zum Menschen 41 (1989b), 479–493.

Westhof, Jochem (Hg.): Familienkirche ist lebendig. Gottesdienste mit Eltern und Kindern, Gütersloh 2014.

Weyel, Birgit: „Steckt der Hörer im Text?". Die Predigt als Interpretation des Predigers/der Predigerin, in: Predigtstudien 41 (2010), 9–12.

Dies.: Sich über Religion verständigen, in: Charbonnier, Lars u.a. (Hg.): Homiletik. Aktuelle Konzepte und ihre Umsetzung, Elementar – Arbeitsfelder im Pfarramt, Göttingen / Bristol 2012, 231–246.

Dies.: Die Predigt zwischen biblischer Textauslegung, offenem Kunstwerk und religiöser Persuasion: Überlegungen zu einer Hermeneutik der Predigtarbeit, in: Landmesser, Christof / Klein, Andreas (Hg.): Der Text der Bibel. Interpretation zwischen Geist und Methode, Neukirchen-Vluyn 2013, 117–130.

Wiesinger, Christoph: Authentizität. Eine phänomenologische Annäherung an eine praktisch-theologische Herausforderung, Tübingen 2019.

Wiggermann, Karl-Friedrich: Krankenhaus- Altenheim-, Militär- und Gefängnisgottesdienst, in: Schmidt-Lauber, Hans-Christoph u.a. (Hg.): Handbuch der Liturgik. Liturgiewissenschaft in Theologie und Praxis der Kirche, Göttingen ³2003, 846–855.

Wittrahm, Andreas: Religiöse Entwicklung im Erwachsenenalter. Anliegen und Anlage eines Forschungsprogramms, in: Fürst, Walter u.a. (Hg.): „Selbst die Senioren sind nicht mehr die alten..." Praktisch-theologische Beiträge zu einer Kultur des Alterns, Münster u.a. 2003, 41–65.

Wortmann, Hartmut: Gedenkgottesdienste für im Krankenhaus Verstorbene, Göttingen 2008.

Ziemer, Jürgen: Seelsorgelehre, Stuttgart ⁴2015.

Zimmermann, Mirjam / Zimmermann, Ruben: Seelsorge bei altersverwirrten Menschen. Tendenzen in der Konstituierung einer Teildisziplin der Altenseelsorge, in: Praktische Theologie 32 (1997), 312–320.

Dies.: Multidimensionalität und Identität in der Seelsorge. Die poimenische Herausforderung durch altersverwirrte Menschen, in: Pastoraltheologie 88 (1999), 404–421.

Autor:innen- und Mitarbeitendenverzeichnis

Bühler-Egdorf, Beate, Jg. 1961, Pfarrerin der Evangelisch-Lutherischen Kirche in Oldenburg und Seelsorgerin in der Universitätsklinik für Kinder- und Jugendmedizin, Klinikum Oldenburg.

Hellinga, Kim Cara, Jg. 1997, Studentin der Evangelischen Theologie an der Eberhard Karls Universität Tübingen.

Krause, Katharina, Dr., Jg. 1984, Pfarrerin der Evangelischen Landeskirche in Württemberg und wissenschaftliche Angestellte am Lehrstuhl für Praktische Theologie III an der Evangelisch-Theologischen Fakultät der Eberhard Karls Universität Tübingen.

Kretzschmar, Gerald, Prof. Dr., Jg. 1971, Professor für Praktische Theologie an der Evangelisch-Theologischen Fakultät der Eberhard Karls Universität Tübingen.

Lacher, Samuel, Dipl. theol, B.A., Jg. 1992, Wissenschaftlicher Angestellter am Lehrstuhl für Praktische Theologie I der Evangelisch-Theologischen Fakultät der Eberhard Karls Universität Tübingen.

Löhr, Miriam, Dr., Jg. 1980, ist Postdoktorandin am Institut für Praktische Theologie an der Theologischen Fakultät der Universität Bern.

Lottermann, Lisa, Jg. 1992, Vikarin der Evangelischen Landeskirche in Württemberg.

Merle, Kristin, Prof. Dr., Jg. 1974, Professorin für Praktische Theologie an der Evangelisch-Theologischen Fakultät der Universität Hamburg.

Steinestel, Jonathan, Jg. 1991, Vikar der Evangelischen Landeskirche in Württemberg.

Volkmann, Evelina, Dr., Jg. 1962, Leiterin der Fachstelle Gottesdienst der Evangelischen Landeskirche in Württemberg.

Warren, Lena, Jg. 1992, Vikarin der Evangelischen Landeskirche in Württemberg.